Die Doppeldeutigkeit des Lebens
– die Wirklichkeit des Seins –

Sabine Kluwig

Die Doppeldeutigkeit des Lebens
– die Wirklichkeit des Seins –

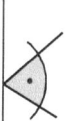

Außer zum Zwecke kurzer Zitate für Buchrezensionen darf kein Teil dieses Buches ohne schriftliche Genehmigung durch die Autorin nachproduziert, als Datei gespeichert oder durch irgendein anderes Medium verwendet bzw. in einer anderen Form der Bindung oder mit einem anderen Titelblatt als dem dieser Auflage in Umlauf gebracht und auch Wiederverkäufern nicht zu anderen Bedingungen als diesen weitergeben werden.

© Sabine Kluwig, Siegenburg
Herstellung und Verlag: Books on Demand GmbH, Norderstedt
Lektorat: Agnes Halski
ISBN 978-3-7412-4873-3
Layout: Sabine Kluwig
Texte und Skizzen: Sabine Kluwig
Digitale Überarbeitung der Skizzen: Reitner PC & Elektronik

Über die Autorin

Sabine Kluwig (1956) widmete sich nach einem schweren Autounfall der Philosophie und Metaphysik. Seid 15 Jahren berät sie Privatpersonen und Führungskräfte, ein möglichst angstfreies und persönlichkeitsstärkendes Leben zu führen. Sich selbst und seine eigenen fremdbestimmten Muster zu erkennen und selbstbewusst sein Leben auszurichten ist für Sabine Kluwig oberstes Ziel für ein selbstbestimmtes, glücklicheres Leben.

Vorwort

An diesem Buch habe ich aktiv ca. 15 Jahre gearbeitet. Erkenntnisse hierfür stammen aus meinen eigenen Denkarbeiten, Schlussfolgerungen und dem Leben selbst. Bücher, die mein Denken bestätigt haben, habe ich im Anhang angebracht. Sie unterscheiden sich lediglich in ihrer Betrachtungsweise. Jeder Autor erklärt eben auf seine Weise das EINE Wissen.
Die »Geistigen Gesetze« haben es mir besonders angetan, erklären sie doch den Sinn und Unsinn des Lebens. Darüber musste ich ein eigenes Buch schreiben, welches im Anhang zu finden ist.
Das größte Wissen aber lieferte mir das Leben selbst, dem eigenen Erlebten und dem Erlebten meiner Kunden, Freunde und Verwandten, deren Namen verändert wurden oder die mir die Erlaubnis zur Veröffentlichung der jeweiligen Geschichten gegeben haben.

Vor allen Dingen kommt dieses Buch zustande, weil ich die wichtigste Frage in meinem Leben beantwortet haben wollte, die da hieß:
»Was ist der Sinn unseres Lebens und warum schaffen wir es oft nicht, ein Leben zu leben, welches uns wirklich erfüllt und zu uns passt!«

Meist leben wir wie fremdbestimmt. Wir wissen auch gar nicht, wie oder was wir denn leben wollen! Unser Leben besteht nur zu oft aus falschen Verantwortlichkeiten, Stress, Einengung durch Verpflichtungen und Angst. Wenn wir anfangen, an uns selbst zu denken und uns fragen, was wir wirklich mit unserem Leben anfangen wollen, steigen nur allzu häufig Schuldgefühle in uns auf. Oft haben wir nicht einmal die geringste Vorstellung von dem, wie unser Leben aussehen sollte. Wir radeln unser Leben ab und fragen uns am Ende unseres Daseins, ob das jetzt alles gewesen sei.

Dies kann uns jedoch auch auf den Weg bringen, uns die Frage nach dem wirklichen Sinn unseres Lebens zu stellen. Leicht scheint es nicht zu sein, ihn zu finden, da wir ja einer andauernden Fremdbestimmung (Kultur, Familienprägungen, Gesellschaftsformen u. Religion) ausgesetzt sind und fremde Normen, Werte und Ziele erlernt haben, die meist mit unserem wirklichen »Sein« nichts zu tun haben.

Durch unsere sehr frühe Prägung und Erziehung geht nur allzu oft unser eigentliches Identitätsgefühl verloren. Wir haben von frühester Kindheit an gelernt, ein Identitätsgefühl aufzubauen, welches sich gängigen Normen anzupassen hatte. Unser »Selbst« musste lernen sich zu verleugnen und Autoritäten gegenüber gehorsam zu sein, ansonsten war die Bindung zu den Erziehern und damit das eigene Leben gefährdet. Als Kinder mussten wir sehr schnell lernen, unser »wirkliches Selbst« abzulehnen, damit wir selbst nicht abgelehnt wurden. Im erwachsenen Alter ist es dann sehr schwer, zu seinem ursprünglichen »SEIN« zurückzukehren, da wir unser früheres Gesicht nicht mehr kennen.

Wenn Sie sich über diese Themen Gedanken machen, werden Sie sehen können, dass es sehr wohl möglich ist, aus seinem Alltagsalbtraum aufzuwachen, um neue, menschlichere und wunderbare Möglichkeiten ergreifen zu können.

Ich selbst lebte in einem Elternhaus, in dem sich die Eltern täglich gestritten haben. In dem hartes Autoritätsgebaren meine Kinderseele sehr verletzt hat und ich am liebsten gestorben wäre.
Und auch heutzutage ist ein autoritärer Erziehungsstil, wenn auch hinter vorgehaltener Hand, das Gesicht der Einstellung noch weit verbreiteter, überholter Gesellschaftsformen. Oft zählt nur Macht und Leistung. Alles Mitmenschliche wird belächelt, für nicht so wichtig gehalten oder gar mit Füßen getreten. Vielen Kinderseelen wurde und wird Furchtbares angetan. Meist wissen wir es nicht besser, da wir selbiges erleiden mussten und unsere Eltern hatten es meist nicht anders erlebt.
Jedoch haben wir einen Verstand und ein Gefühl, welche wir benutzen sollten.

Natürlich färben derartige Kindheitserlebnisse auf unseren Glauben, unser Selbstwertgefühl und auf unser gesamtes Verhalten ab. Dementsprechend fangen wir an, unser Leben zu gestalten! Auch wenn unsere Erfahrungen vielleicht nicht diese Vielfalt an Einschränkungen aufweisen, wie manche sie erleben mussten und müssen, können wir davon ausgehen, dass auch ein geringeres Maß an wiederkehrender Ablehnung und Lieblosigkeit katastrophale Auswirkungen haben kann, so dass wir unser eigenes Leben nicht mehr voll und ganz positiv gestalten, geschweige denn an uns glauben können. Oft wachsen wir in einer andauernden negativen Spannung auf, dass wir diese Spannung so gewohnt werden und sie später, im Erwachsenenleben, unbewusst, selbst immer wieder von Neuem inszenieren.

Aber auch das Gegenteil, welches in der heutigen Zeit eine neue Ausrichtung erfährt, nämlich dem Kind alles zu erlauben, es zu verhätscheln und es zu viel zu stützen, ohne dass es wirklich eine Leistung erbringt, ist ebenso wenig förderlich. Diese Kinder erleben schnell Frustration, Unselbstständigkeit und Ungeduld, wenn Herausforderungen ihren Tribut zollen.

Vielleicht haben wir auch gelernt, dass große Einschränkungen selbstverständlich sind und wir eben nicht alles haben können. Es kommt dann meist darauf an, welche Persönlichkeitsstruktur wir in unser Leben mitgebracht haben. Der eine verzweifelt an einer Sache, der andere sieht es als Herausforderung, sein wirkliches »Selbst« zu finden!

Zudem sind uns Werte wie Bescheidenheit, Rücksichtnahme, Verzicht und Demut als wichtigstes Gut vorgehalten worden. Nicht ganz ohne Hintergedanken! Denn mit ausschließlich diesen Eigenschaften bleiben wir gefügig. Um Gott und auch alle anderen Autoritäten milde zu stimmen und einer Strafe zu entkommen, haben wir gelernt, uns nicht so wichtig zu nehmen, um dann wenigstens nach unserem Tod in den Himmel zu kommen und es dann schön zu haben, oder damit wir endlich doch noch die langersehnte Belohnung erhalten und die Liebe und

Anerkennung unserer Eltern oder anderer, für uns wichtigen Personen ergattern können! So harren wir oft ein Leben lang in einer Passivität aus. Schuldgefühle halten uns häufig in einer ewigen Angst, ein strenger Gott könne vielleicht doch seine strafende Hand über uns legen und ein böses Schicksal könne uns dann alles nehmen, was wir lieben.

Auf der anderen Seite vermittelt uns eine tiefe Gläubigkeit auch, dass Gott schon alles richten wird. Sie gibt uns den bekannten, alten Halt. Und sollte uns doch der eine oder andere Fehler unterlaufen, können wir zur Beichte gehen und Abbitte leisten. Unsere Schuld ist dann vergeben und wir brauchen nicht weiter über unsere Sünden, unser Fehlverhalten oder unsere Lieblosigkeit nachzudenken.

Irgendwann wird Gott uns erhören und uns doch noch belohnen. Mit dieser Einstellung bleiben wir jedoch kindlich-unreif, naiv, manipulierbar und warten auf Hilfe von außen. Wir selbst bleiben hilflos.
Auch wenn der Glaube an sich wertvoll für eine neue Hoffnung ist, kann sie uns dennoch handlungsunfähig machen, wenn wir meinen, der Glaube alleine bewirke von Außen ein Wunder.

Diese Verführbarkeit, nicht wirklich selbst etwas unternehmen zu können und zu müssen, sondern auf Gott alleine zu vertrauen, zeigt sich heutzutage vor allem in religiösen und esoterischen Bereichen.
Viele Wunderheiler, Gurus und Himmelsbesteller haben gerade Hochkonjunktur.
Warum sollten wir es uns schwerer machen, wenn wir nur eine Bestellung nach oben abgeben können?
Ich denke, die Religion oder vielmehr der Glaube an Gott, hatte ursprünglich einen sehr guten Ursprung. Nämlich sich mit wirklicher Schuld, Sühne, Lebensmöglichkeiten und geistigen Gesetzen über eine Göttlichkeit, die Liebe, auseinanderzusetzen. Gott IST Liebe. Leider ist daraus ein großes Machtthema geworden, bei dem es hauptsächlich einen strafenden Gott gibt, der uns Menschen klein, abhängig und ängstlich sein lässt.

Verlassen wir lieber diese kindliche Sichtweise und lernen, uns selbst anzuschauen. Das Aufdecken und Hinsehen unserer Lebens- u. Erziehungslügen und das Hinterfragen unseres eigenen Verhaltens und dem Verbleib unseres »wahren Selbst« ist angstbesetzte und harte Arbeit! Aber es ist ein Weg nachhause.

Nur wenn wir klar und deutlich sehen können, wie wir wirklich gestrickt sind, können auch »Wunder« geschehen.
Aber erst nach einer willentlichen Auseinandersetzung mit uns und unseren Prägungen und negativen Mustern und auch unseren wirklichen Stärken. Erst unsere eigene Arbeit, uns selbst zu erkennen, kann uns die Möglichkeit bieten, eventuell laufende Negativprogramme zu erkennen und aufzulösen und kann uns den Weg für ein schöneres Leben frei machen. Aber es ist Arbeit.
Doch »Im Schweiße unseres Angesichtes« können wahre Wunder geschehen.

Sie werden hier einen Aufruf erhalten, aus Ihrer Lebenspflicht eine Lebenskür zu machen.

Wir alle sind einzigartige Individuen und gleichzeitig ein Teil eines Ganzen. Lassen Sie los von einer Fremdbestimmtheit, die uns meist nur in einer grauen Allgemeingültigkeit untergehen lassen will und lernen Sie, ihr eigenes Leben in hellen und bunten Farben zu leben.

Wenn Sie sich in Ihrer Individualität erkannt haben und sich selbst leben trauen, werden Sie sich vor Begeisterung, was alles möglich ist, nicht mehr halten können!

Ich wünsche Ihnen viel Erfolg!

Ihre Sabine Kluwig

Inhaltsverzeichnis

Prolog	17
I. Teil *Doppeldeutigkeiten*	21
Die Doppeldeutigkeit des Lebens	23
Das Selbst, unsere Seele oder das, was davon übrig blieb	29
Das Ego und das Selbst	35
Spieglein, Spieglein an der Wand….	46
Fremdbestimmung und Selbstbestimmung	56
Schuld und Sühne – das Sterbliche in uns	72
Gut und Böse	94
Arm und Reich – welche Ausrichtung hast du?	109
Scheinbeziehungen und wirkliche Beziehungen	132
Vom Brauchen zum Wollen	154
Das Wunder der Selbstliebe Vorsicht: Selbstsabotage	161
Abgrenzung – oder die Kraft, zu sich zu stehen	176
Wie eigene und fremde Werte unser Leben bestimmen	181
Bewusst denken – unbewusst handeln	196

II. Teil *Die Entscheidung*	**205**
Der Weg nach Hause	206
Schicksal! … oder … Schicksal?	207
Kraftvolles Wünschen ist nur halb gewonnen	211
Sich mit Begeisterung ein positives Leben erlauben	215
Wie Prägungen unsere Persönlichkeit formen können	221
Wie Prägungen unsere Partnerwahl beeinflussen können	229
Die magische Kraft unserer Glaubenssätze	239
Die starke Wirkung unserer Meinungen, Glaubenssätze und Überzeugungen	244
Ein Blick zu unseren Metaphern	245
Die zwei entscheidenden Lebensströme	249
Mit unseren Kindern eine gute Beziehung aufbauen	255
Der Partnerspiegel – Wie Partnerschaften unser persönliches Wachstum ermöglichen	290
Krankheiten – ein Weg, wieder gesund zu werden	297

III. Teill *Ankommen*	**325**
Demut und der eigene Anspruch ans Leben	326
Das Wunder der eigenen Verwandlung	329
Wie das Vorwärtskommen ins Rollen gerät	344
Die Transformation meines Lebens – Was ist das eigentlich genau –	349
Karma – die Wahrheit von Ursache und Wirkung	357
Die Welt als ein Original verlassen	361
EPILOG	365
Empfehlenswerte Bücher	366
Mein Dank	367
Anhang: Bücherliste	368
Zurück zum Anfang	368
Grenzüberschreitungen	369
Die Macht der geistigen Gesetze	370
Unsere stumme Gesellschaft	371
DVD-Reihe	373

Prolog

Mein Geliebter,

diese Zeilen drängen sich mir auf, obwohl sie erst kürzlich in meinem Kopf geboren wurden. Viel Zeit ist vergangen, als wir uns das letzte Mal sahen. Die Zeit danach war für mich wie ein Vakuum, welches sich mir aufdrängte und eine Zeit, in der ich mein Leben neu überdachte. Was tat sich da, dem Grauen meiner Seele gegenübersitzend?
Tagein und tagaus durch die Zimmer schlürfen, mich vor das Fenster setzen und grübelnd die Zeit abwarten, bis die Schatten so lange werden, dass ich sie schließlich gar nicht mehr sehe. Mein Stuhl am Fenster hat sicherlich viele Qualen erleiden müssen, gönnte ich ihm doch keine Ruhepause von meiner Besetzung.
Das Fenster und der Stuhl, meine besten Freunde! Was geht jedoch in einem solchen Menschen vor, wirst du fragen oder frage ich mich selbst?!
Im leeren Getümmel des Alltags, der mir oft so vorkommt wie ein lärmender, schreiender Marktplatz. Jeder preist seine Waren an und versucht doch 1-2 Goldstücke mehr dafür zu bekommen und einen Einfältigen zu finden, dem er einen Spatzen für eine Taube verkaufen kann. In diesem Treiben und Getümmel stehe ich, mich fragend, was ich hier tue. Manchmal kaufe ich mir etwas Süßes, manchmal entleere ich nur meine zu voll gewordene Blase am Rinnstein.
Doch mit der Zeit bekomme ich dort Kopfschmerzen.

Dann begebe ich mich in die Nebengassen. Sie sind menschenleer. Dahin verirren sich nur wenige. Es sind ausgesprochen dunkle, ruhige Gassen. Du hörst deine eigenen Schritte klappernd auf dem feuchten Pflasterstein. Manchmal erschrecke ich vor dunklen Gestalten bis ich erkenne, es ist mein eigener Schatten.
Doch was suche ich hier, wo das Treiben doch auf dem bunten Jahrmarkt ist? Die Frage, die sich zu meiner Geburtsstunde auf mich senkte,

die mir im Laufe meines Lebens keine Ruhe mehr ließ, die mich des Nachts immer noch oft nicht ruhen lässt ist:
Was ist der Sinn des Menschseins?
Gibt es doch sehr wenige Menschen, vielleicht gibt es sie auch gar nicht, die gesund und ihrer selbst mächtig sind.
Gerade auf dem Marktplatz kann ich es sehr gut beobachten, wie die Vielen getrieben sind nach Anerkennung, Macht und Liebe. Jeder Einzelne eingesperrt, in den Kriegswirren seiner eigenen Kindheit. Geschunden, geschändet, hingefallen, wieder aufgestanden und sich bereit machend für den nächsten Sturz.
Nicht aus eigener Kraft laufend und bestimmend, eher fallend, stolpernd, sich auflehnend. Viele auch klagend oder schreiend.
Auf alle Fälle wie eine Klagemauer, die als diese ihre Berechtigung haben will.
Ist das der Sinn des Menschseins?
Sich am Jahrmarkt zu verlustieren oder Klagemauer spielen? Ich finde erst Ruhe fern vom Getümmel, in den dunklen Gassen.
Zu diesen finde ich, wenn das Fensterglas in meiner Wohnstube vor lauter Raussehen und nichts finden können, blind wird. So sehe ich nicht einmal mehr die kleinen Piepmätze auf meinem Balkon.
Wo bringen mich diese dunklen Gassen hin?
Sind sie doch so beruhigend.
An den Ort der Möglichkeiten! Nein, diesen Ort kenne ich nur in meinen Träumen. Im Lärm des Marktplatzes ist kein Wegweiser zu diesen zu sehen gewesen.
Die Möglichkeiten also sollen mich weiterbringen?
Was sind das denn für Möglichkeiten, die der Mensch haben kann?
Ich sehe plötzlich alle Menschen. Sie sind Gefangene ihrer Kindheit. Eingesperrt in einem Gefühlspanzer der Angst, des Nichtgenügens, der Lieblosigkeit, des Zweifels und auch Selbsthasses. Geschundene Seelen!
Der eine Mensch wird stumpf und leblos. Als wären hinter seiner Alltagsmaske nur die stinkenden Gase seiner eigenen Verwesung zu finden.
Der andere Mensch im Knäuel seiner überflutenden Gefühle ausgeliefert.

Beides krank und doch alltäglich. Jeder zimmert an seinem Lebensgebäude, versucht zu verstecken oder zu finden. Alles ohne Richtlinien. Hat er diese ja nie erlernen können, da er aus dem Bauch von Seinesgleichen kommt. Es ist fast schon normal.
Dann ist da die Kirche. Das Zentrum am Platze. Hell erleuchtet, verführerisch, schön und groß. Machtvoll und beschützend! Doch diese Farben sind heute verblasst, so dass ich sie fast nicht mehr sehen kann. Wo nun unser Heil finden? Alleine und verloren auf der Suche! Gilt es nicht, diese Kindheitsfesseln zu sprengen, um seine eigene Schönheit, Sicherheit und Freiheit zu erleben?
Nicht jene Freiheit, die jedem anderen Menschen den Schädel einschlägt, der sich einem in den Weg stellt.

Ich denke an die wirkliche Freiheit.
Die Freiheit, die nicht im Entweder-Oder-Kerker stecken bleibt, sondern die wirklich frei, zufrieden grunzend dem Anderen die Hand reicht, damit dieser nicht stolpert.
Die sich gegenseitig die Schönheit zeigt und vielleicht gemeinsam die Scherben unserer Kindheitsrüstung zusammenkehren lässt.
Danach am Boden sitzen und Wein trinken! Lachen, feiern!
Jetzt haben wir ja einen Grund wirklich zu feiern.
Der Höllengestank unserer Kerkermeister kann gehen! Wunderbar.

Sabine Kluwig

I. Teil
Doppeldeutigkeiten

Die Doppeldeutigkeit des Lebens

Was bedeutet »Leben« eigentlich? Diese Frage stellen sich Menschen immer wieder. »Was fange ich damit an und was ist der eigentliche Sinn des Lebens? Gibt es einen Sinn überhaupt?«

Wenn wir auf die Welt kommen so scheint es, dass jeder Mensch gleich ist, da es uns erst einmal um die Befriedigung unserer Grundbedürfnisse wie Essen, Trinken, Schlafen und Zärtlichkeit, sowie Schutz jeglicher Art geht. Das ist es, was immer nötig ist, um unser Überleben zu sichern. Dadurch, dass wir gleiche Grundbedürfnisse haben, könnte man denken, dass wir auch in anderen Dingen gleich sind. Also gleiche weitere Bedürfnisse haben! Dass wir uns in unserer Persönlichkeit nicht viel voneinander unterscheiden!
Es wird bekanntlich viel darüber philosophiert, wie unsere Persönlichkeit und unsere Charaktermerkmale zusammengesetzt sind. Was bei einem Menschen angeboren ist und welche Anlagen anerzogen wurden. Ein erwachsener Mensch, der seine Kinder erziehen möchte, kann aber wiederum nur aus dem Aspekt seines Erlernten und seiner eigenen Reife und seines Erlebten Zusammenhänge verstehen oder erahnen. Ihm fällt es oft schwer, sein Kind unter dem Aspekt »ein eigenes Individuum zu sein«, mit all seinen Eigenarten zu akzeptieren und zu respektieren, um ihm den geeigneten Lebensraum zu geben.
Er selbst ist schon geprägt durch seine eigene Erziehung und den Richtlinien seiner Umgebung, die auf Gleichheit abzielen.
Er ist den bestimmten Gesetzmäßigkeiten und Bestimmungen seiner unmittelbaren Umgebung unterlegen. Und diese geben viele Eltern einfach weiter, ohne zu hinterfragen, ob diese Gleichheit überhaupt ein erstrebenswertes Ziel ist.
Der Ausspruch: »Das haben wir schon immer so gehalten. Das hat schon meine Mutter/Vater so gemacht!« ist ein Relikt, welches nach starren Regeln weitergegeben wird.

Die Kindererziehung entsteht meist erst einmal über den eigenen Eindruck, den wir dem Kind entgegenbringen und dem, was wir in punkto Kindererziehung gelernt haben. Aufgrund dieser Zweigleisigkeit beginnen wir nach und nach unseren neutralen Blick für dieses neugeborene Individuum zu verlieren und fangen an, es von Außen zu formen. Krampfhaft versuchen wir, unser Kind in eine »Form« zu bringen, die für uns und unsere Gesellschaft akzeptabel erscheint. Dabei verlieren wir den Blick für das, was diesen, noch formbaren Menschen wirklich ausmacht.
Wir sind oft orientierungslos (da es äußere Schwierigkeiten bereitet, wenn ein Kind »widerspenstig« ist oder »seinen eigenen Kopf« hat).
In unserer Hilflosigkeit beginnen wir, unserer Erziehung Nachdruck zu verleihen, wenn nötig mit Zwang und Strafe, worauf wir wiederum mit Widerstand seitens des Kindes konfrontiert werden.
Ein Kreislauf beginnt!
Durch die Anlehnung, uns einem Einheitsbrei beugen zu müssen oder zu wollen, gilt es, an dieser vorgefertigten Form der Kindererziehung festzuhalten und sie bedingungslos auszuüben.
Menschen die auffällig und anders sind, möglicherweise noch unbeugsam gegenüber gesellschaftlichen Normen und ihre Individualität nicht für ein allgemeines »Angenommen werden« verschachern, werden oftmals an den gesellschaftlichen Rand gedrückt.
Dies beginnt bereits im Kindergarten. Sobald ein Kind andere Vorstellungen, Einstellungen oder Ideen hat, wird es wenigstens als seltsam angesehen. Solange es sich lautlos verhält, wird ein Auge zugedrückt. Hat aber ein Kind mehr Ausdruckskraft und noch dazu das Vertrauen, ein Recht auf eigenen Ausdruck zu haben, wird es schon schwieriger. Spätestens jetzt hätte man die Gelegenheit, eine Persönlichkeit kennen zu lernen, die Formen und Zwängen einigermaßen entgangen ist oder wenigstens den Versuch startet, seine eigene Vorstellung durchzusetzen. Unser Problem ist einfach, dass wir gelernt haben, gleich sein zu müssen. Zumindest ähnlich! Nur so können wir uns im Anderen wiederfinden und sehen uns bestätigt. Sonst fühlen wir uns als einsame, oder noch schlimmer, sonderbare Außenseiter, die keinen anerkannten Platz

in unserer Gesellschaft haben. Wir haben gelernt, nicht unangenehm aufzufallen, ansonsten wird uns die Lizenz für die »Zugehörigkeit« genommen.
Und welcher Mensch möchte nicht »dazugehören«? Wenige!

Ich denke, wenn wir lernen könnten, dass eben jeder Mensch anders ist, dass kein Mensch gleich einem Anderen ist und wir die Großzügigkeit besäßen, jedes Individuum so sein zu lassen, wie es für es richtig ist, hätten wir sehr viel mehr Freiheit und könnten unser Leben auch dementsprechend gestalten und genießen.

In Freiheit – miteinander!

Es geht nicht so sehr darum, alles zu akzeptieren, zu verzeihen und zu verstehen. Denn dann wären wir wahrscheinlich so eine Art Buddha oder Jesus!
Vielmehr denke ich, geht es darum, aus der Wertung der Allgemeinheit herauszukommen und uns selbst zu fragen, bin ich eigenständig zu denselben Werten gekommen? Wenn nicht, was für Werte haben für mich Gültigkeit? Und diese Werte sollten nicht von Eigendünkel und Egoverhalten durchtränkt sein. Sie sollten von einer gesunden Portion Selbstliebe, Dankbarkeit und Toleranz durchzogen sein. Sich zu fragen, warum wir dies oder jenes wollen, ist wichtig, um die wirkliche Motivation zu sehen. Dieses WARUM zeigt uns, ob wir noch die Liebe leben oder ob wir unserem Ego einen größeren Platz einräumen. Oder vielleicht lassen wir unsere Schattenseiten unangetastet, da wir sie uns nicht ansehen möchten und sie damit nicht transformieren können. So handeln wir immer aus einer gewissen Dunkelheit heraus. Die wahren Werte bleiben verschwommen!
Wir sollten uns einmal hinsetzen und genau überlegen, was unsere Werte in unserem Leben denn sind? Doch dazu mehr im Kapitel »Eigene Werte leben«!

Ein wichtiges Thema ist auch die Abgrenzung, die zu den eigenen Wer-

ten dazugehört. Ist ein »nein« zum anderen nur ein »ja« zu mir und meinen Werten, ist es gut. Wichtig ist, die Balance zwischen dem »zu mir stehen« und dem »auf den Menschen zugehen«, nicht zu verlieren. Ein zu viel »zu-mir-stehen« könnte schnell zu einem egoistischen »Alleintrip« werden.
Doch erst wenn wir uns selbst wichtig und ernst nehmen und zwar mit unseren Bedürfnissen, unserer ganz eigenen Art, können wir andere Menschen wichtig und ernst nehmen (ohne Bewertung).

Unser Bewusstsein kann sich nur beschränkt erweitern, wenn wir unsere eigene Wichtigkeit ignorieren. Wir müssen erst sehen und erkennen lernen, um akzeptieren zu können.
Einige Menschen vergessen dies und wundern sich, wenn sie nach anfänglicher Großzügigkeit in ihre Kleinlichkeit zurückfallen.
Jede Seele fordert ihr Recht zu leben. Früher oder später!
Wir dürfen lernen, den roten Faden immer wieder neu aufzunehmen.

In meinen Arbeitsgruppen stellen sich die Teilnehmer manchmal die Frage, warum es nach der ersten Anfangseuphorie des Umbruchs dann plötzlich stagniert? Es schaut dann oft so aus, als wäre mit den neuen Erkenntnissen alles noch viel komplizierter geworden. Viele haben das Gefühl, vor ihrem Aufdecken ihrer Lebenslügen wenigstens ruhig geschlafen zu haben. Diese Unruhe, die am Anfang auch schwer einzuordnen ist, kann viele veranlassen, aufzugeben, um ihr altes Leben fortzusetzen, anstatt nach einer Umstrukturierung oder Neuorientierung zu suchen und die Wandlung geschehen zu lassen. Sie meinen dann mit bitterem Unterton: »Wäre auch zu schön gewesen« und »Hat doch alles nicht so geklappt!« Aber in Wirklichkeit ist es so, dass sie mitten in ihrer Aufräumarbeit aufgehört haben. Nun gilt es aber weiterzumachen.
Wie sähe es denn aus, wenn wir einen Frühjahrsputz anfangen würden, alles aus den Schränken nehmen, um sehen zu können, was wir nicht mehr brauchen und dann mittendrin aufhören würden aufzuräumen? Wir sind mitten in einem wunderschönen Chaos! Da sagen wir dann

auch nicht: »Jetzt habe ich mit dem Frühjahrsputz angefangen und nach ein, zwei Stunden sehe ich immer noch keine Ordnung!«
Fast alle von uns wissen, dass ein Frühjahrsputz eine Herausforderung bedeutet, die ihre Zeit braucht! Diese Herausforderung kann uns sehr zermürben. Dann sind wir ganz schnell bereit zu glauben, wir lägen falsch.
Somit bekommen wir eine Bestätigung der Richtigkeit unserer alten Lebenslügen und die Suche nach Fremdbestimmung und Selbstverleugnung kommt damit wieder ins Spiel.

Doch wenn wir genau hinsehen, stellen wir fest, dass wir erst dabei sind, unser altes, eingefahrenes Leben, das uns aber auch Sicherheit gegeben hat, aufzubrechen. Dies ist vergleichbar mit einem Hausbau. Es dauert auch seine Zeit, bis ein Haus fertig ist und somit Sicherheit und Geborgenheit geben kann. Wir müssen Planen, Vorbereiten, Aussuchen, Finanzieren und dann Bauen. Und manchmal dürfen wir auch immer wieder neu definieren, was und wie wir etwas haben wollen.
Einmal abgesehen von dem Ottonormalhäuslebauer benötigen wir viel Zeit und eine Menge Informationen, um unser Traumhaus aufstellen zu können. Je individueller wir unserer Persönlichkeit Ausdruck verleihen wollen, desto aufwändiger ist die Entfaltungsarbeit.
Um die Fensterläden unserer dunklen Persönlichkeitsanteile aufzustoßen und Licht hinein lassen zu können, bedarf es einiger Übung. Auf welche Weise man an diese herangehen kann, beschreibe ich in meinem Arbeitsbuch »Zurück zum Anfang« und wie dies im Alltag aussehen kann, ist in meinem Buch »Grenzüberschreitungen« zu lesen. Nicht immer klappt alles sofort! Wir dürfen lernen, ein Gefühl für unsere Persönlichkeit und unsere Werte zu entwickeln.
Je nach Persönlichkeitsformung in der Kindheit! Bei großer, anerzogener Verleugnung der wirklichen Persönlichkeit könnte es etwas länger dauern, muss aber nicht.
Manchmal braucht es nur ein Aha-Erlebnis, um aus alten Bahnen aussteigen zu können. Ein andermal zwingen uns eine Krankheit oder ein Wink des Schicksals zu einer Kehrtwendung.

Da mit einer Persönlichkeitsentwicklung sehr wahrscheinlich manch alte, behindernde Strukturen, die bis zu diesem Zeitpunkt überlebt haben, aufgedeckt werden, können wir meist zu einer Neuorientierung in der Außenwelt animiert werden, die dann besser zu uns passt.
Somit setzen wir Stück für Stück unserer neu gewachsenen, aber wirklichen Persönlichkeit und gleichzeitig unsere Werte in die Realität um. Im Inneren fangen wir an zu graben und zu hinterfragen, was und wer wir sind und im Zuge neuer Erkenntnisse tauschen wir manch alte, unpassende Situation durch eine nun besser zu uns passenden aus.
Das innere Gewachsene ist dann im Außen zu sehen. Je mehr wir uns im Außen wiedererkennen können, desto glücklicher werden wir, denn wir begegnen immer wieder nur uns selbst. Innen und Außen sind für uns bewusst identisch.
Wir haben nun verstanden, dass unsere wirkliche Lebendigkeit in keiner Fremdbestimmung und Selbstverleugnung existieren kann. Jetzt kann das wirkliche Leben beginnen, aus welchem wir Kraft, Kreativität, Freude, Glück und nie versiegende Selbstachtung schöpfen können.
Der einzige Haken ist: Wir müssen dran bleiben, uns unserer Schwächen und Stärken bewusst bleiben und immer bemüht sein, den rechten (nämlich unseren eigenen) Weg nicht verlassen zu wollen. Fehler dürfen wir machen, wenn wir bereit sind, uns zu verzeihen und uns zu berichtigen.

Das Selbst, unsere Seele oder das, was davon übrig blieb

Eigentlich geht es nur um die eigene Angst. Dieses von Kindesbeinen verängstigte, geschundene Selbst lechzt ja nur nach Überleben. Und wenn möglich, ohne große Blessuren. Auf die Idee, durch ein Überprüfen der Sache vielleicht sogar dauerhaften Frieden zu erlangen, kommen wenige. Wir wollen mit allen Kräften das, was noch übriggeblieben ist vom eigenen Selbst, schützen. Das, was uns geblieben ist, nach jahrelangem Zurechtstutzen unserer eigenen Art, wollen wir nur behüten, da wir fürchten, sonst ins Bodenlose zu stürzen. Angst, vielleicht doch keine Lebensberechtigung zu haben, ist da. Die Angst, wertlos zu sein ist groß. Brauchen wir andere doch, um uns geliebt zu fühlen!

Wir haben gelernt, uns zu schützen, als könne uns jemand etwas von uns wegnehmen. Dadurch, dass die meisten von uns nicht wirklich sie selbst sein durften und sogar bestraft wurden, wollten sie sich in ihrer eigenen Art durchsetzen, haben wir gelernt, vorsichtig und misstrauisch zu werden. Durch dieses wackelige ICH sind die meisten Menschen auch sehr empfindlich, was Kritik angeht. Es gibt bei vielen Menschen keinen Unterschied zwischen destruktiver Kritik und konstruktiver Kritik. Alles wird als Angriff gewertet und wir reagieren mit Kampf und Verteidigung bzw. Erstarren oder Flucht. Schließlich geht es um das bisschen SELBST, welches überlebt hat.
Verlieren wir auch dies, droht uns der Untergang.
Also ist es nicht verwunderlich, dass wir unseren Restbestand vielleicht in hellem Licht erstrahlen lassen wollen. Wenn man bedenkt, dass der Wahrheitsgehalt, den wir anderen in Aussagen über uns geben, doch sehr subjektiv ist, ist es logisch, wenn wir das bisschen, was wir an positivem Feedback bekommen auch behalten wollen. Da erscheint uns Kritik eher als gefährlich.
Somit ist es nicht verwunderlich, wenn wir schon relativ früh lernen,

»Wachposten« aufzustellen, um eventuelle »Positivpunkteverzehrer« (das wäre jegliche Kritik) schachmatt zu setzen. Daher konzentrieren wir uns krampfhaft auf das, was andere an uns als positiv akzeptiert haben. Auf das, was unangefochten als »gut« akzeptiert wurde. Wir haben also keinen objektiven Weitwinkel als Betrachtungsfeld, sondern fokussieren unseren Blick auf das in uns, was als positiv (von uns selbst aber auch von anderen) akzeptiert wurde. Und das möchten wir natürlich behalten. Wir bewachen und beschützen es wie unseren Augapfel. Dieser Schritt, aus diesem Fokussiert-sein herauszugehen, ist nun auch wieder untypisch für uns und steht im Gegensatz zu dem, was wir erlernt haben. Wir haben gelernt, starr und steif zu sein und bewegen uns in sehr unflexiblen Verhaltensstrukturen. Beweglichkeit und eigenes Denken sind nicht wünschenswert.

Wir müssen die Bewertungsschemata, die von unserer Familie, Religion, Politik oder Gesellschaft festgelegt wurden, hinterfragen. Wir müssen überprüfen, ob sie auch wirklich unsere eigenen Werte treffen oder ob wir sie einfach nur übernommen haben. Gedankenlos!

Das ist ein Punkt, den wir uns genauer ansehen sollten.

Wir werden stark von Richtlinien, die unsere Umgebung für richtig erklärt hat, geprägt und geformt, wenn nötig, werden wir in diese Formen gepresst. Es wird uns gesagt, was gut und was schlecht ist. Was förderlich für jeden Einzelnen von uns ist und was nicht förderlich ist. Was »man« tut und was »man« nicht tut. Das könnten wir jetzt beliebig fortführen. Dieses ja und nein wäre gar nicht so schlecht, wenn es unser eigenes, gewachsenes ja und nein wäre.

Aber dorthin ist meist noch ein weiter Weg. Wir dürfen eine stabile Plattform errichten, die es uns ermöglicht, uns neutral ansehen zu können.

Diese Neutralität zu uns selbst, zu der wir gelangen sollten, besteht erst einmal aus einem Innehalten. Ein Innehalten und Weglassen einer Beurteilung. Denn nur ohne eine Beurteilung können wir losgelöst von Normen und Zwängen sehen, was eigentlich wirklich da ist.

Langsam, ganz langsam traut sich das Selbst, das was wir wirklich sind, das, was im Keller unserer Persönlichkeit gelagert wurde, ans Tageslicht, um eigene Bewertungsmuster zu zeigen.
Das alleine ist ein Prozess, der viel Zeit in Anspruch nimmt, da wir ja tagtäglich aufs Neue der Reglementierung unserer Umgebung ausgesetzt sind. Es ist also nicht so, dass wir ungestört zur Ruhe kommen können, um uns gewisse Punkte ansehen zu können. Nein, es bedeutet, die Kunst sich anzueignen, sich trotz permanenter Prägung nicht prägen zu lassen. Nun scheint es für uns sehr schwierig zu sein, ein objektives Bild von uns zu erhalten. Immerhin sind wir mit einem strapazierfähigen Ego ausgestattet, welches gewohnt ist, zu verwirren und zu täuschen.
Mit dieser Überlagerung, die ja sehr menschlich ist, tritt natürlich eine allgemeine Unsicherheit ein. Aber wir vergessen denke ich, einen ganz entscheidenden Teil: Nämlich, dass, wenn uns die Suche nach unserem wahren Selbst ereilt, wir uns nicht entmutigen lassen dürfen und immer wieder die Spur zu uns selbst aufnehmen sollten. Dann geschieht nicht nur im Inneren etwas mit uns, sondern sehr wohl auch im Außen. Begegnungen mit Menschen, Situationen, Zeitentwicklungen, die für uns förderlich sind, werden sich einschalten. Unser inneres Erkennen wird natürlich im Außen wiedergefunden und bestärkt uns, dass wir auf dem richtigen Weg sind.
Das bedeutet, dass wir immer auch in einer Beziehung im Außen sind und somit haben wir die erste Hürde geschafft. Wir sind nicht mehr alleine mit unseren Ausgrabungen und Forschungen. Wir bekommen Begleiter, die uns alles attestieren. Das Außen spiegelt unser ICH wider. Egal ob es Menschen sind, die uns begegnen, unsere Arbeit, unsere Wohnsituation o.ä.!

Gilt sich nur die Frage zu beantworten, wo denn die eigene Ehrlichkeit bei sich selbst liegt? Wollen wir uns wirklich ansehen, wer wir sind? Können wir uns die Realität ansehen und sie in Bezug zu uns setzen? Halten wir das aus? Oder wütet sofort unser Selbstschutzmechanismus und redet uns ein, wir seien doch nur Opfer. Die Opfer haben eine Sonderposition: Sie müssen gar keine Verantwortung tragen! Gut, oder?

Aber auch die andere Seite, nämlich der Egoist oder Selbstherrliche, ist nicht viel besser. Dieser scheint sowieso nie fehlerhaft. Für ihn sind es immer nur die anderen die Schuld haben, wenn etwas schief geht oder nicht klappt!

Komischerweise ruft fast jeder Mensch am lautesten, wenn es um Ehrlichkeit geht. Wie können wir ehrlich sein, wenn wir nicht im ehrlichen Umgang mit uns selbst leben? Ehrlichkeit bedeutet für uns doch auch, einen gewissen Reifegrad zu haben, um uns selbst zu erkennen. Erwachsen zu sein!
Wir geben oft vor, selbst zu entscheiden, was richtig und falsch ist, ohne uns jedoch wirklich zu kennen.

Ich frage mich, warum ist es denn so schwierig, wirklich ehrlich zu sein?
Aber eigentlich liegt es auf der Hand:
Ohne ein Wissen über sich selbst, ohne ein Wissen darüber, was wir sind oder nicht sind, ohne unser eigenes ja und nein erkannt zu haben, können wir auch nicht wirklich ehrlich sein.

Nehmen wir als Beispiel einen jungen Mann, der sich nach einigen enttäuschenden Liebesbeziehungen von seinen Gefühlen lossagt. Er will nie mehr enttäuscht und verletzt werden und möchte sich auch seiner eigenen Eifersucht entledigen. Er sagt sich also von seinen Gefühlen los, weil er die Erfahrung gemacht hat, seine Gefühle können ihn beherrschen. Da er weiß, dass Gedanken viel bewerkstelligen können, meint er, mit einer gewissen Gedankenkraft (in dem Fall wird sie zu seiner zukünftigen Blockade) seine Gefühle kontrollierbar machen zu können. Bis zu einem gewissen Grade ist dies sicherlich manchmal förderlich. Doch in diesem Fall, löst er sich mit der Verweigerung ungute Gefühle auszuhalten, völlig von seiner Gefühlswelt (und damit auch von den guten Gefühlen) und wird gleichgültig. Er empfindet zwar momentane Erleichterung, da ihn scheinbar auch nichts mehr schmerzt, aber richtig freuen kann er sich auch nicht mehr. Denn eine Gleichgültigkeit kann einem auch keine große Freude mehr geben.

Doch seine Seele lässt sich nicht täuschen. Sie weiß um diese Lebenslüge.

Wie sieht nun aus dem Blickwinkel dieser Lebenslüge das weitere Leben aus? Kann dieser nun ein schmerzfreies und glückliches, liebevolles Leben leben? Das ist es ja, was er anstrebt oder sich zumindest dadurch erhofft!

Mit Sicherheit nicht! Die Brille des Selbstbetrugs wird ihn nicht glücklich werden lassen. Denn glücklich sein ist ein Zustand, getragen von liebenden Gefühlen und Dankbarkeit! Und wie geht das ohne das Zulassen von Gefühlen?
Wie können wir glücklich sein, wenn unser Gefühlsseismograph nicht einsatzbereit ist? Unsere Gefühle lassen uns ja wissen, was uns gut tut und was nicht. Wenn wir einerseits, um uns zu schützen eine Gefühlssperre einlegen, können wir andererseits auch nicht mehr spüren, was wir wirklich brauchen.
Wir lassen uns immer weniger auf unser wirkliches Selbst ein. Unser Leben wird oberflächlich! Dem Schutze sei Dank!

Vielmehr geht es in diesem Fall darum, zu lernen, sich anzuschauen. Wir sollten uns fragen: »Was hat bewirkt, dass ich so eine Furcht vor einer Beziehung habe? Habe ich vielleicht Angst, mich selbst zu verlieren? Was bewirkt, dass ich eifersüchtig bin? Fühle ich mich sicher in meiner Beziehung? Warum nicht? Was bräuchte ich, um mich sicher zu fühlen und kann ich dies von meinem Partner erwarten? Fordere ich zu viel oder zu wenig? Lebe ich mich wirklich in meinen Beziehungen? Inwieweit deckt sich die äußere Realität mit meinem Inneren?«
Da, wo es nicht stimmig ist, müssen wir besonders scharf hinsehen. Da haben wir garantiert etwas an UNS zu arbeiten. Warum zieht zum Beispiel eine Frau, die von ihrem Partner geschlagen wird, immer wieder denselben Typ Partner an? Wie ist es mit ihrem Selbstwert bestellt und wie sehr vertritt sie ihn? Wie ist sie in ihrer Kindheit geprägt worden? Hat sie nicht zu lernen, aufzustehen und zu gehen und sich dies nicht

mehr gefallen zu lassen? Aber mit einem kleinen Selbstwert ist das schier unmöglich. Also gilt es für die Frau, an ihrem Selbstwert zu arbeiten, um sich dann trennen zu können und erst dann einen Mann anziehen zu können, der auch einen größeren Selbstwert hat und somit die Partnerin achten kann. Denn der schlagende Partner hat ebenfalls keinen Selbstwert. Er geht nur anders um mit seinem fehlenden Selbstwert als die Frau. Er wird zum Täter und sie wird das Opfer. Keiner der beiden besitzt einen gesunden Selbstwert. Und da beginnt die ganze Arbeit; das altes ICH abzustreifen und zu sehen, welche Schönheit darunter ist. Die dürfen wir dann leben.

Doch wie sieht es mit unserer eigenen Erlaubnis aus, unser Selbst leben zu lassen? Welche Berechtigung geben wir uns selbst?
Es geht um ein klares Ja oder Nein! Es geht auch nicht so sehr um ein Lernen. Es geht ganz viel um ein Spüren. Und da wir manchmal sehr weit weg von uns sind, ist es oft schwierig zu spüren, was uns denn gut täte. Ein Hinspüren! Wo ist ein Ja und wo ein Nein!

Wir meinen oft, alles müsse nur schwer zu erreichen sein, dann ist es erst wertvoll. Manchmal scheint es sogar noch wertvoller zu sein, wenn es so aussieht, als wäre es gar nicht zu erreichen. Zumindest erst am Ende unseres Lebens, wo es dann meistens zu spät ist, wenn uns eine Krankheit fest im Griff hat.
Mit dieser Einstellung harren wir in schlimmen Beziehungen aus, verrichten Tag für Tag unsere ungeliebte Arbeit, ergeben uns den Streitigkeiten im Büro und sind doch Verlierer.
Was hält uns also noch ab, uns auf die Suche nach unserem verlorenen Glück zu machen?

Das Ego und das Selbst

In vielen esoterischen Lehren wird aufgezeigt, dass ein Ego nicht wünschenswert ist. Das Ego wird zum Buhmann erklärt, der den Menschen unrein, unedel und unreif macht. Es sollte wenn möglich, ganz niedergelegt werden. Das Ego wird damit zum Feind aller reinen und guten Menschen deklariert. Es heißt, wir sollten uns frei vom Ego machen! Es heißt aber nicht, wir sollten uns frei von einem zu großen Ego oder sogar von einem zu kleinem Ego machen! Das Ego wird allgemein als schlecht hingestellt, weil es angeblich nur protzt und sich aufspielt.

Das Ego ist aber ein Teil unserer Persönlichkeit und kann nicht wegrationalisiert werden. Wir können es weder verleugnen noch weg beten, ohne Schaden zu erleiden. Es begleitet uns unser ganzes Leben. Wir haben jedoch die Gelegenheit, es im Auge zu behalten und immer wieder nachzusehen, was es gerade im Schilde führt. Ob es sich aufbäumt, um uns mächtig fühlen zu lassen, da wir uns unbewusst »minderwertig« fühlen oder ob es resigniert und uns glauben lässt, wir sind sowieso unfähig, irgendetwas auf die Beine stellen zu können oder irgendeinen Wert zu haben. Es gibt Menschen, die in ihrer Kindheit gar kein Ego entwickeln durften und sich somit sehr leicht manipulieren oder unterdrücken lassen.

Ein gesundes Ego ist also lebenswichtig! Erst wenn wir ein gesundes Ego aufgebaut haben, können wir uns entschließen, wann und wo wir zu Gunsten eines besseren Miteinanders unser Ego ablegen wollen. Wir können freiwillig kein Ego ablegen, wenn wir keines haben. Dann sind wir noch nicht selbstbestimmend! Wir sind unfähig selbstbestimmt zu handeln.

Aber was ist denn nun ein falsches Ego?
Unser falsches Ego will uns vor angeblichen Angriffen schützen und unser Minderwertigkeitsgefühl kaschieren.

Dieses falsche Ego lässt uns immer wieder Grenzen durchbrechen. Meist nicht unsere eigenen, sondern die der Anderen. Wir verletzen, demütigen, bestrafen und quälen mit einem auf den höchsten Gipfeln stehendem Ego andere Mitmenschen oder eben uns selbst.
Egal, ob es unsere eigenen Kinder, unsere Freunde, Verwandte oder unser Partner ist, überall wittern wir einen möglichen Verrat und unser Ego, welches aber nicht wirklich klar sehen kann, schreitet ein. Entweder es will uns größer machen oder es macht uns unmündig. Oder es meint, uns vor dem Bösen beschützen zu müssen. Unser Ego ist verblendet und kann unsere Seele nicht wirklich sehen, da es meist noch nie wirklich einen passenden Platz in uns erhalten hatte.

Ein gesundes Ego braucht dagegen einen gesunden Selbstwert! Haben wir diesen nicht, schreitet unser falsches Ego ein und bestimmt, wer wir sind.

Dass es wichtig ist, ein gesundes Ego zu haben, sieht man an Menschen, die scheinbar gar kein Ego haben. Diese Menschen werden eher für friedlich, liebend und selbstlos gehalten. In Wirklichkeit trauen sie sich nicht sich aufzulehnen, scheuen Verantwortung, sind eine gewisse Hilflosigkeit gewohnt und wollen diese auch behalten. Sie ist ja auch bequem, da man für nichts geradestehen muss. Das sind dann oft die »leidenden« Menschen.
Meist sind dies Menschen, die in ihrer Kindheit so klein gehalten wurden, aus denen der letzte Tropfen eines Ego`s herausgewrungen wurde, so dass sie auch kein Gefühl für ihre Rechte und Pflichten haben und schon gar keinen Mut. Das sind dann die verlorenen Kinder, die bis dahin nur eine Daseinsberechtigung erfahren haben, indem sie dienen und es anderen egostärkeren Menschen recht machen wollen.

Wir ahnen vielleicht schon, dass es sich hiermit zwar um das Gegenteil eines vom Ego strotzenden Menschen handelt, aber ebenfalls um einen Menschen, der Egoprobleme hat.
Sich klein und handlich zu geben ist keinesfalls erstrebenswert. Sich

selbst aufzugeben hat auch nichts mit Demut zu tun. Eher das Gegenteil! Wenn wir unser Geschenk, unser Leben, nicht würdigen, weil wir uns selbst knechten und nicht anerkennen, ist das keine Wertschätzung uns selbst gegenüber. Es ist ein vertanes Leben!
Warum spricht man aber bei diesen Menschen nicht von einem Egoproblem? Ganz einfach! In unserer Gesellschaftsstruktur sind solche Menschen praktischer, da diese leichter zu führen und zu manipulieren sind. Noch dazu steht »lieb sein« für Gutmütigkeit, ja sogar Heiligkeit. Ist Gott doch auch nur Liebe!

Fragen wir uns einmal: Sind wir eher Opfer? Dann haben wir wahrscheinlich ein Ego, welches uns klein macht. Oder sind wir Täter, da wir egoistisch nur uns selbst sehen können? Macht uns unser Ego größer, als dass wir tatsächlich sind?
Oder stehen sich im Miteinander zwei gleichwertige Menschen gegenüber, die gelernt haben, sich selbst zu vertreten, aber gleichzeitig dem anderen seinen Raum und seine Berechtigung zu geben?!
Wir können so ein Zusammentreffen nutzen, um sehen zu können, wie es mit unserer Einschätzung, welches Ego wir haben, bestellt ist. Denn die Menschen in unserem Leben, die in unmittelbarer Nähe sind und mit uns im Alltag auf irgendeine Art und Weise enger verbunden sind, egal ob es die Nachbarschaft, die Arbeitskollegen oder sogar unsere Kunden sind, geben uns die Möglichkeit, uns dies zu zeigen. In unserer Größe oder Kleinheit!
Festzustellen wäre auch, dass Menschen mit einem großen Ego meist Partner mit einem kleinen Ego suchen, sowie umgekehrt.
Dies geschieht aus einem einfachen Grund: Zwei Egoisten hätten miteinander enorme Schwierigkeiten.
Ebenso können zwei Opfer sich nicht gegenseitig durch handelndes Durchsetzen helfen, da beide handlungs–und durchsetzungsschwach sind. Sie können sich allein nur Mut zusprechen, durchzuhalten. Zwei Opfer oder zwei Täter können längerfristig nicht in einem Gleichgewicht stehen. Das Opfer BRAUCHT den Täter und der Täter BRAUCHT das Opfer!

Mehr zu diesem Thema im Kapitel »Polarität« in meinem Buch über Geistige Gesetze..
Einseitigkeit zu leben macht uns unzufrieden. Und doch verteilen wir diese extremen Rollen allzu oft. Damit die Schieflage nicht so leicht erkannt wird, verkleiden wir unsere Opferrolle oder Täterrolle!
Wir streifen unserer Ohnmachtsrolle ein Mäntelchen über, indem wir uns als besonders demütig, sanft und gutmütig zeigen. Vielleicht haben Sie selbst schon einmal so jemanden kennengelernt. Da heißt es dann: »Dieser Mensch ist einfach ZU gut. Er lässt sich einfach zu GERNE ausnützen! «
Und da haben wir es sogar in unserem Sprachgebrauch: GERNE! In der Tat! Das ist es, was dieser Mensch besonders gut kann, da er nie gelernt hat, sich ein gesundes Ego anzueignen.

Eher haben wir Frauen gelernt, uns hinter einem Mäntelchen des Glanzes zu verstecken: » Die Sanfte, die Edle, die Nonne, die Großzügige, die Gutmütige, die Übermutter.« Dadurch sind wir meist jedoch nur Opfer!

Auch die Menschen mit einem übergroßen Ego tragen ihre Mäntelchen. Nur heißen sie anders. Und oft sind diese Rollen Männern zugeteilt worden: » Der Rechtschaffene, der Mutige, der Waghalsige, der Ritter, der Mächtige, der Helfer, der Unverwundbare, der einsame Cowboy usw.«
Ich habe hier bewusst die Opferrolle den Frauen und die Täterrolle den Männern zugeordnet. Natürlich gibt es das auch umgekehrt. Nur meist sind diese Rollen schon von Generation zu Generation so weitergegeben worden.....die Frau ist schwach; der Mann ist stark. In allen möglichen Varianten!

Einiges kommt wahrscheinlich noch aus der Steinzeit. Der Mann ging auf die Jagd und brauchte seine Muskeln und eine gewisse körperliche Unempfindlichkeit und Stärke, um Tiere erlegen und sie nach Hause transportieren zu können. Viel Kommunikation war auch nicht gerade förderlich, da die Tiere sonst verscheucht worden wären. So war er als

Jäger oft tagelang einsam unterwegs und war hauptsächlich auf sich alleine gestellt.
Die Frau hingegen wartete mit ihren Kindern in der Höhle, kochte und kümmerte sich um die Hausarbeit. Kommunikation war für sie wichtig. Schließlich durfte sie die Kinder erziehen und musste ihnen etwas beibringen. Auch das Emotionale war extrem wichtig, da sie sich in ihre Babys hinein fühlen musste, um sehen zu können, was diese brauchen.

Das große Ego kann sich manchmal aufführen wie ein Kind, welches Vertrauen und Glauben in sich selbst verloren hat. Es will dann etwas bewegen können, will Macht spüren, um sich groß und stark und unabhängig fühlen zu können.

Diesem Ego die Führung zu überlassen ist eine negative Form vom JA zu sich selbst. Eine ermogelte Form! Es ist keine wirkliche Stärke, sondern nur eine vermeintliche, geboren aus einer Schwäche heraus.
Ebenso das kleine Ego, welches in ohnmächtiges Verzagen abdriftet, da diese Person keine Möglichkeit findet, stark und eigenmächtig zu werden.
Doch ein gesundes Ego hat es nicht nötig, sich größer und mächtiger oder kleiner und dafür heiliger zu machen!

Ich hoffe, Sie merken, auf was ich hinaus will!
Um sich gesund zu zeigen und das anzustreben, was wir für richtig halten, um Grenzen setzen zu können, zu fordern was wir brauchen, um nicht fremdbestimmt zu werden, den Willen aufzubringen, unsere Persönlichkeit wachsen zu lassen, dafür BENÖTIGEN wir ein GESUNDES Ego. Kein Ego zu haben bedeutet, willenlos wie ein Papierschiffchen von den momentanen Strömungen mal hierhin und mal dorthin geschaukelt zu werden. Ohne dass die Frage beantwortet wird, ob wir das wirklich wollen.

Meist kommt dann an dieser Stelle der altbekannte Wink »wenn wir vertrauen, hilft uns Gott«. Das stimmt natürlich auch! Aber nicht nur!

Denn wir haben ja unseren Willen von Gott bekommen, damit wir selbst entscheiden können, wohin wir schippern wollen.
Und dann erst mit Gottes Gnaden!

Die meisten missverstehen dieses »auf Gott vertrauen«, indem sie die Hände in den Schoß legen, sich aller Verantwortung entledigen und abwarten. Und wenn dann nichts geschieht, heißt es ganz demütig: »Dann soll es halt nicht sein!«

Eine gesunde Portion Egoverhalten ist wichtig, um unsere Ziele und Werte vertreten zu können. Es ist sozusagen der Motor, etwas in die Tat umsetzen zu können. Unsere Visionen erfüllen zu können!
Es ist unsere Antriebskraft, uns vertreten zu können oder aber auch, wenn nötig, uns nicht zu vertreten! Manchmal ist das Leben eben paradox!

Diese Antriebskraft kann in einem gewissen Einklang mit unserer Seele leben, wenn wir dieser Beachtung schenken und unsere anerzogenen Einengungen und weniger hilfreichen Verhaltensweisen erkennen lernen und korrigieren. Dann hat auch unser Ego einen Platz, unsere Grenzen zu erweitern und uns Mut zu machen. Ein gesundes Wachstum kann beginnen!

Mit unserem gesunden Ego bauen wir einen gesunden Willen auf, können gesunde Grenzen setzen und haben den Mut, uns für unsere Weiterentwicklung einzusetzen.

Gemäß dem geistigen Prinzip: Wie innen so außen. Alles andere ist Schein!

Sogar Mutter Teresa war nicht nur heilig. Sie hatte den Mut und den Willen, sich für die Armen einzusetzen und sich bei mächtigen Institutionen auch durchzusetzen. Dies hätte sie mit einem schwachen Ego bestimmt nicht bewerkstelligen können.

Das Ego und die Angst

Ein großes oder zu kleines Ego hat ein künstliches Selbst.
(Was das Ego meint, was wir sind - zu groß oder zu klein)
Unser falsches Ego kann unser wahres Selbst nicht erkennen.

Bildliche Darstellung des Menschen:

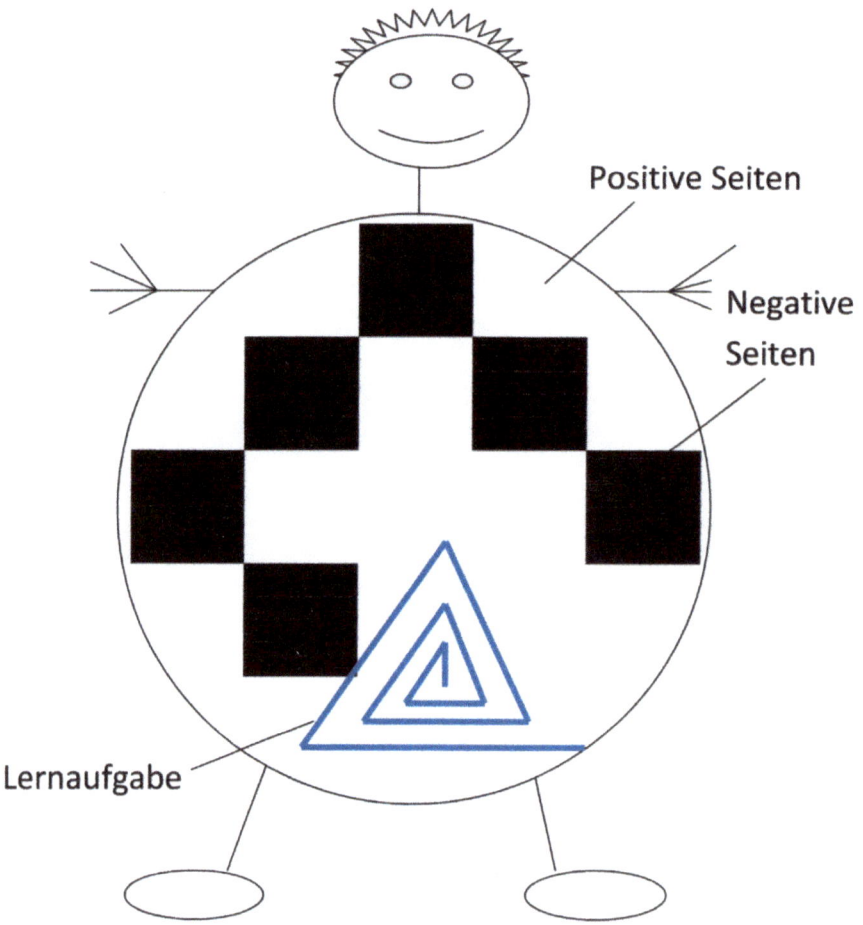

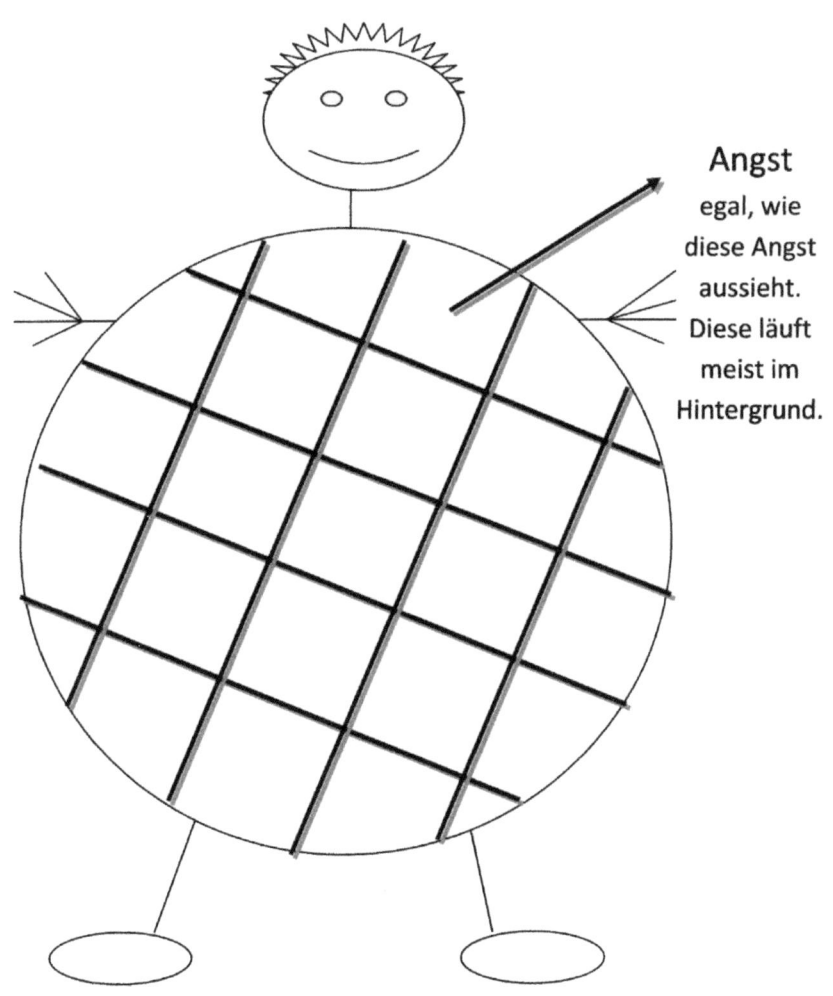

Opfer   Der Mensch hat das Bedürfnis, sich so zu Zeigen, wie er meint, dass er ist!   Täter

Unsere Mäntelchen

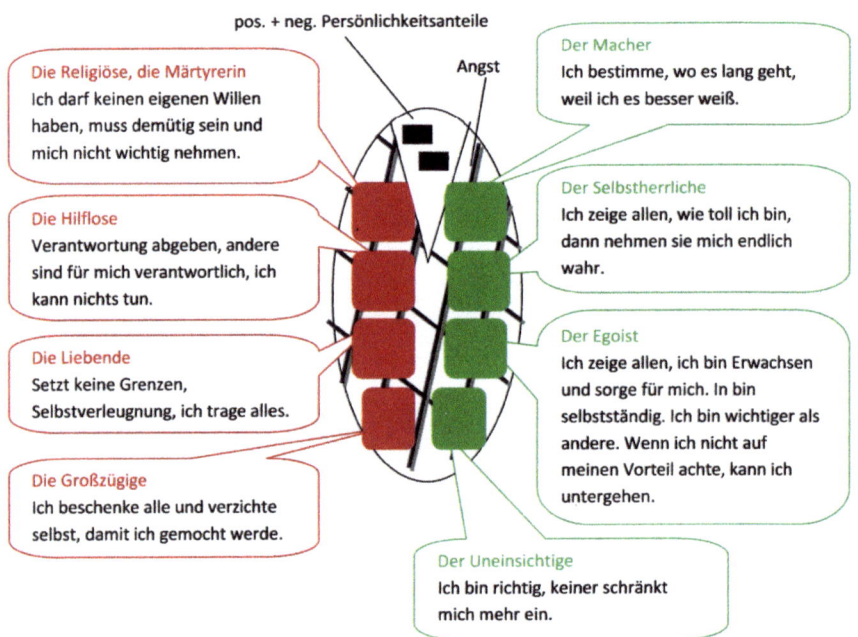

Haben wir uns erkannt,
benötigen wir keine Mäntelchen mehr.

```
                        Niedriger Selbstwert
                    ╱                        ╲
   Kleines Ego            Selbstwert              großes Ego
        │         ←──────────────────────→             │
        │            Gesunder │ Selbstwert             │
        ↓                     │                        ↓
      Opfer                   │                      Täter

Ohnmächtig                                        egoistisch
Hilflos                                           bestimmend
Unterdrückt                                       unterdrückend
Unsicher                                          übertriebene Selbstsicherheit
Unterwürfig                                       herrschsüchtig
Selbstlos                                         selbstherrlich
Über sich bestimmen lassen                        eigenständig (ich brauche
Begrenzt eigenständig                                            niemanden)
Schuldgefühle                                     Schuldzuschiebung
                              ↓
                       Gesundes Ego
              Eigenverantwortung im Miteinander
                              │
                      Antrieb (der Wille)
                              │
                    Schutz (Grenzen setzen)
                              │
           Gesundes Miteinander (sich selbst hinterfragen)
```

Spieglein, Spieglein an der Wand….

Weshalb sind Spiegelbilder für uns so spannend und manchmal auch schmerzhaft? Schmerzhaft deshalb, weil wir uns so tief angesprochen fühlen. Gerade bei tiefen Begegnungen oder Bindungen, egal ob privat oder beruflich, fühlen wir uns besonders verletzlich. Unser Gegenüber oder auch bestimmte Situationen zeigen uns wie ein Spiegel, was wir, bewusst oder unbewusst, von der Welt halten und erwarten. Positiv und negativ!

Die meisten von uns haben nicht gelernt, dass unsere Realität oder unser Partner nur ein Spiegelbild von uns selbst ist. Und zwar von unseren Ängsten, Befürchtungen, Zweifel, Glauben, Hoffnungen, Einstellungen oder Prägungen und Überzeugungen! Unsere Seele weiß aber, dass sie mit diesem Spiegel einen großen Wachstumsschub bekommen könnte, wenn wir uns auf eine Deutung einlassen würden. Also, der Spiegel ist die Realität um uns, die uns sagt:« So siehst du die Welt!«

Um wachsen zu können, brauchen wir den Realitätsspiegel.
In diesem Spiegel werden wir unser wahres Gesicht erkennen können. Wenn auch nicht so direkt, wie in einem wirklichen Spiegel! Diese Spiegelbilder gilt es entziffern zu lernen.

Wo können wir diese Spiegelbilder noch sehen? Ganz einfach: In allem, was rund um uns herum ist und das, was wir davon wahrnehmen und vor allem, wie wir dies wahrnehmen: es ist unser Partner oder Seelenpartner, unsere Wohnung, unser Beruf oder unsere Berufung, unser Geldverdienen, unsere Hobbies, unsere Freunde, unsere Tiere oder unsere Krankheiten!

Die Frage ist:
Sind Sie mit ihrem Leben und Ihrem Umfeld glücklich und zufrieden?

Wenn ja – gratuliere! Sie haben es wirklich geschafft, sich selbst zu leben! Sie leben Ihr persönliches Potenzial und dieses zeigt sich auch im Außen! Im Spiegel der Realität! Sie leben authentisch!

Sind wir aber unglücklich, lebt ein Teil unseres Potenzials noch im Schatten. Er will erlöst werden und schickt uns meist unangenehme Spiegel (Situationen), damit wir Klarheit schaffen können. Damit ist unser Verstand jedoch meist gar nicht einverstanden. Er will uns manchmal weismachen, dass wir Besseres verdient hätten, andere Schuld haben oder die äußeren Gegebenheiten einfach ungünstig sind.

Wir ziehen gewisse Situationen oder Partnerschaften magisch an, die uns einfach nur reflektieren und uns Gelegenheit geben, »ungute« Überzeugungen und Verhaltensweisen zu erkennen und auszumerzen, um unser wirkliches Selbst kennen und leben zu lernen.
Und deshalb lassen wir uns oft auf ungute Menschen oder Situationen auch ein, egal wie laut unser Verstand manchmal schreit »Tu es nicht! Tu es nicht!«.
Unsere Seele weiß dann nur zu gut, warum wir uns, trotz Warnung unseres Verstandes, so sehnsuchtsvoll in eine Partnerschaft stürzen oder uns einer Herausforderung stellen, die ein anderer vielleicht schon im Vorfeld als ungünstig erkennt. Manchmal AHNEN wir instinktiv, dass wir nicht zum gewünschten Ergebnis kommen werden und trotzdem tun wir es. So haben wir sicherlich eine Gelegenheit erhalten, etwas über uns zu lernen.
Wahrscheinlich haben Sie etwas Ähnliches auch schon einmal erlebt!?

Vielleicht meinen wir, bei uns wäre ja alles o.k., aber das Außen will nicht so, wie wir es wollen! Dann beginnen wir häufig, mit den äußeren Umständen zu hadern oder gegen sie anzukämpfen. Wir meinen, die äußeren Umstände verändern zu müssen, damit sie wieder besser zu uns passen.
Aber so geht es leider nicht! Wir dürfen nicht in den Spiegel der Realität schauen, da hineinlangen wollen und das Äußere versuchen zu verän-

dern! Da werden wir sehr viel Kraft verbraten und immer frustrierter werden, da es so nicht klappt. Unsere neue Frustration zeigt sich dann wiederum im Spiegel durch neue negative oder schwierige und unpassende Situationen.
Vielmehr sollten wir lernen, das Original anzusehen, welches vor dem Spiegel steht! Und zwar uns selbst und unsere innersten Anschauungen und Prägungen!

Das fällt uns natürlich oft sehr schwer, haben wir doch gelernt, nicht nach Innen zu sehen, sondern uns im Außen zu orientieren.
Und damit sitzen wir im schwärzesten Loch, in dem wir sitzen können. Wir sind dann abhängig von äußeren Begebenheiten. Wir selbst haben mit dieser Sicht der Dinge, wenig Möglichkeiten, einzugreifen, da wir meinen, dies nur im Außen tun zu können.

Das Gesetz der Entsprechung sagt uns jedoch: Wie innen, so außen! Das bedeutet, die Spiegelbilder im Spiegel können wir nur durch unser neues Verhalten und durch unsere neuen Einstellungen verändern. Durch unsere wirkliche Selbsterkenntnis tätigen wir viel bessere Handlungen, die dann auch greifen können und bestimmt förderlicher sind!

Und wenn wir ehrlich sind, kann jeder in seinen Realitätsspiegel sehen und erkennen, wo er steht. Blicken wir uns doch einfach um! Was sehen wir? Was haben wir schon verwirklicht?

Unser Umfeld ist der ehrlichste Spiegel, den es gibt.

Sind wir mit uns im Reinen? Oder sind wir wie Ohnmächtige, die Gott und die Welt anklagen, weil alles schlecht ist und wir nie eine Gelegenheit erhielten unser Glück zu finden oder wir nicht die Erfahrung machen konnten, unser Leben in den Griff zu bekommen.

Vielleicht sind wir überzeugt davon, dass unsere schlimmen Kindheitserfahrungen uns nur Lebenskrümel übrig ließen? Oder stehlen wir uns

mit diesen Anklagen aus der Eigenverantwortung, dass wir bis zum heutigen Tage zum großen Teil selbst dafür zuständig waren, dass wir da sind, wo wir uns hingebracht haben?
Vielleicht legen wir die Möglichkeit eines besseren Lebens in die Zukunft. Später einmal, wenn wir soviel wissen, dass wir erleuchtet sind, dann…..! Jetzt sind die Umstände noch so schwierig, die Menschen so böse und wer weiß, vielleicht geht es in dieser Welt gar nicht? Was kann ich als kleiner Wurm schon verändern?

Ich kann nur sagen, eine Erleuchtung ist eine tiefe Erkenntnis, die immer mal wieder in kleinen Schritten kommen kann. Nutzen wir doch unsere Spiegel, um Erleuchtung zu erhalten. Die Spiegel zeigen uns genau, wo wir wirklich stehen.

Erleuchtung ist unter anderem ein Wissen, dass das »Böse« ja nur aus einer noch nicht verstandenen Liebe entsteht? Alles Dunkle entsteht aus einer nicht verstandenen Liebe heraus. Die Sonne kann auch nur den Platz erhellen, den sie anstrahlen kann. Andere Bereiche liegen im Schatten. Sie sind dunkler und kälter. Und wir leben nun einmal als Menschen und sind nicht perfekt!
Nicht viel anders verhält es sich mit dem Guten und dem Bösen in uns. Es ist des Lebens Licht und Schatten. Unsere Seele schreit nach einem Erkennen beider Seiten in uns, um gegebenenfalls die Seiten, die unseren Schatten ausmachen, also unsere Schwächen, in Stärken zu verwandeln. Heil zu werden! Oder wir erkennen sie einfach nur?!
Dies braucht bestimmt viele Leben.
In jedem unserer Leben haben wir die Gelegenheit, uns besser kennen zu lernen und aufzuräumen. Unsere inneren kleinen Teufelchen, zu erkennen und zu eliminieren. Oder einfach »Hallo« zu ihnen zu sagen. Wir können uns verbessern oder auch einfach nur stehen bleiben! Wir haben die Wahl!

Wir haben die Gelegenheit in unserem Leben, über eine Bewusstwerdung, uns »bewusst« für ein positives Leben zu entscheiden.

Dem Ganzen geht eine Bewusstwerdung unserer Persönlichkeit voraus. Denn gerade unsere nichtgesehenen Schwächen und Unzulänglichkeiten, aber auch unsere unbewussten Einstellungen oder Prägungen, beeinflussen unsere Handlungen genauso, wie unsere bewussten Wünsche, Bedürfnisse und eigenen Stärken.

Dadurch, dass vieles bei uns im Unbewussten liegt, brauchen wir dringend das Erkennen und Deuten unserer Spiegel. Unser Leben ist ein Resultat unseres Denkens und Handelns! Bewusst oder unbewusst! Durch unser Handeln setzen wir Ursachen und lassen in unserer Welt, die Wirkungen entstehen!

Je mehr wir bei UNS selbst im Schatten stehen, dass heißt, wir unsere dunklen Seiten nicht erkennen und auch nicht akzeptieren können, desto mehr sehen wir den Schatten der Welt, den es ja in der Tat gibt und desto mehr kann uns dieser Schatten der Welt aus dem Gleichgewicht bringen. Er wird für uns riesengroß und sehr bedrohlich erscheinen. Bei politischen Terroranschlägen sieht man es am deutlichsten. Bei so großer Gewalt springen viele Menschen in die Wut, Verzweiflung und Angst, ja sogar in Panik. Und diese lässt sie dann lange nicht mehr los. Und doch gibt es vereinzelte Menschen, die dadurch nicht aus ihrer Ruhe und Geborgenheit kommen. Im Gegenteil! Trotz solcher Gewalt, Provokation und Erschütterung können sie sagen: Es ist sehr schlimm, was da geschieht und ich bin zutiefst erschüttert, aber ich werde der Angst und dem Hass keinen Platz in mir selbst geben!
Ist das nicht eine gute Einstellung ohne das Böse auf der Welt zu ignorieren? Diese Einstellung zeigt großen Mut. Mut, sich selbst im Inneren zu beschützen, so dass diese schlimmen Dinge auch nur im Außen bleiben.

Oft projizieren wir auch andere, eigene negativen Anteile in die Außenwelt.
Die Außenwelt wir dann zum Spiegel unseres eigenen Nicht-sehen-wollen.

Was ist eine Projektion?
Eine Projektion entsteht, wenn wir eine Eigenschaft oder Handlungsweise, die wir selbst haben, nach Außen verlagern (sie vielleicht bei anderen Menschen sehen und hart verurteilen). Da wir sie bei uns selbst nicht erkennen können oder wollen, verlagern wir diese unangenehmen Dinge einfach nach außen.

Beispiel:
Ein Bekannter von mir regte sich immer fürchterlich auf, wenn sein Freund ihn anrief und selbst aber nichts zu erzählen wusste. So wurde mein Bekannter genötigt, sich, um ein Gespräch in Gang zu halten, alles Mögliche aus den Fingern zu saugen.
Innerlich musste ich lächeln, wenn er sich wieder einmal aufregte und sich bei mir beschwerte. Er machte dies bei mir jedoch ebenso. Als ich es ihm sagte, konnte er es nicht glauben und wehrte ab.
So ist das mit unseren Projektionen!
Sie kennen sowas bestimmt auch!

Negative Seiten an uns zu erkennen ist nicht angenehm und meist wehren wir uns heftig, wenn uns jemand auf etwas aufmerksam macht. Wir sind überzeugt davon, dass wir unser Bestes geben und das wirklich »Böse« oder »Schlechte« außerhalb von uns liegt. Der Andere…..!
Sind wir tatsächlich so gut und rein, dass wir wie paralysiert auf das Böse der Welt oder der Menschen sehen müssen und es bekämpfen wollen? Wir, die Edlen und Guten, die sogleich einen Hautausschlag bekommen, sobald wir mit dem Finger auf das »Böse« zeigen. Zu gut für diese Welt?

Ich bestreite nicht, dass es viel Böses in unserer Welt gibt. Viel zu viel Böses! Aber wo liegt unser Schwergewicht im Betrachten unserer Welt? Welche Sicht verfolgen wir? Reagieren wir auf Gutes und Schönes genauso stark? Wenn ja, dann ist es ja gut. Das Gleichgewicht scheint da zu sein.

Und natürlich sollte einem bewusst sein, dass das Massenbewusstsein gerade darauf gedrillt wird, dass das Böse eine gewisse Anziehung für uns hat. Ich bin immer wieder erstaunt, mit welcher Selbstverständlichkeit neue gewaltvolle Filme angepriesen werden. Wir brauchen uns nur die Kino- und Fernsehprogramme ansehen. Wie sehr wird da Gewalt, Verbrechen, Betrügereien, Vergewaltigungen, Angst und Panik verherrlicht, indem darüber Filme gemacht werden und sich die allermeisten solche Filme auch gerne ansehen. Nicht umsonst gibt es ja soviele. Im Laufe der letzten Jahre sind die Filme immer gewaltvoller geworden. Früher sah man in Krimis gar kein Blut. Es wurde nur angedeutet. Und heutzutage sieht man zerfetzte Leiber und das Blut in Fontänen herausspritzen. Ja glauben wir wirklich, wenn wir uns solche Filme ansehen, das mache nichts mit uns? Solche Filme lassen uns verrohen.

Es ist wichtig, dass wir darauf achten, nicht unnötig mit negativen Menschen zusammen zu sein oder uns dauernd Horrorgeschichten anzuhören. Gut zu wissen ist auch: Je ehrlicher wir unsere eigenen Fehler sehen und benennen können, desto weniger werden wir im Außen übermächtigen Spiegeln begegnen. Doch die Masse geht einen anderen Weg, wie wir gesehen haben.

Es ist nur heilsam, sich ganz bewusst seinen Ängsten zu stellen! Meist kommen sie aus unserer Kindheit!
Wenn wir lernen, nichts, was uns Angst macht, nur nach außen zu verlagern, sondern Teile in uns selbst zu erkennen, lernen wir in einem bestimmten Gleichgewicht zu sein und bekommen eher viele positive Spiegel. Wir verdrängen nichts mehr, somit sehen wir auch weniger Spiegel, die uns Negatives aufzeigen müssen. Und mit einem positiven Spiegel, der uns zeigt, wie schön die Welt eben auch sein kann, gehen wir sicherlich anders mit Problemen um.
Aber davon müssen wir uns erst selbst überzeugen! Und das kann harte Arbeit sein!

Aber keiner muss an irgendein Ziel kommen, nur an jenes, welches er sich selbst aussucht. Aber auch dort steht niemand mit einer Stoppuhr und gibt Zeitangaben. Wir gehen den Weg, der für uns momentan begehbar ist. Manchmal in aller Ruhe und manchmal im Eiltempo!
Von unserer Reife, unserem Willen und unserer Bereitschaft, seine eigenen hellen und dunklen Seiten sehen zu wollen, hängt auch unser Wachstum ab. Unser Streben sollte sein, immer liebevoller, dankbarer und wahrhaftiger zu werden (aber nicht heilig, denn das könnte uns verführen, scheinheilig zu werden). Unsere wirkliche Identität zu leben! Gott näher zu kommen! Immer mehr Liebe zuzulassen. Deswegen haben wir ja unsere unzähligen Leben, um dies anzugehen.

Das ist Fortschritt! Es geht immer in Richtung: mehr Erkenntnis, mehr Möglichkeiten, bessere Qualität und damit besseres Leben. Vom Niedrigen zum Höheren!
Dem kann sich nichts entziehen. Und was geschieht, wenn sich doch jemand oder etwas dieser Dynamik entziehen möchte? Es stagniert die Möglichkeit für ein Wachstum! Und da das ganze Leben Wachstum ist, können wir uns selbst die Antwort auf die Auswirkungen geben.

Das Ausmaß unserer Bereitschaft, aus unserer Vergangenheit zu lernen und damit zu wachsen bestimmt, wo wir heute stehen. Das Ausmaß unserer heutigen Bereitschaft bestimmt, wo wir morgen stehen werden.

In einer Partnerschaft ist dies schwieriger, da man auf gegenseitige Hilfe angewiesen ist. In unserer eigenen Betriebsblindheit brauchen wir den Anderen, der uns ein Wegweiser aus unserer Dunkelheit sein kann. Ein Partner ist der beste Spiegel, da er uns so unmittelbar berühren kann und uns mit uns selbst konfrontieren kann. Wir sind mit diesem intimen Spiegel am verletzlichsten. Wir können uns nicht schützen (Mauern hochziehen) und gleichzeitig Nähe aufbauen. Nähe kann verletzlich machen!
Meinen wir jedoch, dass wir uns in Partnerschaften schützen müssen, kann der Spiegel unserer Partnerschaft dies durch immer wiederkeh-

rende Konfrontationen mit Misstrauen, Zweifel, Eifersucht, Anklagen, Projektionen, Unsicherheiten oder ein distanziertes, verständnisloses Miteinander, aufzeigen. Hier dürfen wir uns sofort fragen: »Warum habe ich so eine schwierige Partnerschaft? Welchen Samen habe ich gesetzt? Oder was lasse ich zu?«

Wieder ist zu sehen, wie wichtig das Erkennen solch negativer Zustände ist. Was es heißt, Ursache und Wirkung zu erkennen und eine sichere Nähe aufbauen zu können und nicht die Schuld nur beim anderen zu sehen! Sonst bleiben wir in unseren Beziehungen Einzelgänger. Was ja in der Tat heutzutage oft der Fall ist!
Nur wenige Menschen sind bereit, für missliche Zustände eine Mitverantwortung zu übernehmen. Nein, meistens wollen wir uns reinwaschen!

Es geht einzig und allein um ein großes Aufwachen! Und was ist dieses Aufwachen? Es ist der Blick zu Gott. – Gott ist Liebe! – Alles, was Nichtliebe ist, hat sich von Gott abgewandt oder hat ihn noch nicht gefunden.
Und dazu gehört vor allem, dass wir uns selbst annehmen lernen, so wie wir sind. Mit allen positiven und negativen Seiten in der Erkenntnis, wachsen zu dürfen.
Ich denke, unser Weg ist es, Gott wieder zu spüren und zu finden, um die Liebe leben zu können. Vertrauen zu haben, schon geschützt zu sein, so wie wir sind. Wir brauchen keine künstlichen Schranken oder keine innere Armee, die uns verteidigt.
Das Negative ist der Fallstrick, welcher uns immer wieder einholt, wenn wir uns von der Liebe abwenden.

Schon vor vielen Jahren schrieb Prentice Mulford von zwei Lebensströmen. Es gibt einen Positiven, der zu Gott führt und einen Negativen, der zum Teufel führt. Unser heutiges Massenbewusstsein neigt sich leider all zu leicht dem Niederen zu. Unwissenheit, Ratlosigkeit, Unglück und Angst werden dadurch Tür und Tor geöffnet. Das Paradies ist weit weg!

So ist es auch in unserer heutigen Welt zu sehen: Kriege, Arbeitslosigkeit, Wirtschaftskrisen und Gewalt stehen an der Tagesordnung. Mit unserem Denken und Glauben an diese angebliche Unausweichlichkeit, schüren wir diesen Zustand auch noch und er bleibt. Mit unserem Glauben an eine Sache, ob positiv oder negativ, geben wir immer Energie dorthin und fördern ein »Größer werden«. Der Spiegel der Realität bestätigt uns dies dann!

Die Liebe dagegen will fließen können! Nicht gegen den Strom, sondern mit dem Strom. Dem Lebensstrom, der Kraft des Universums!

Fremdbestimmung und Selbstbestimmung

Unsere Gesellschaft zeigt, dass »Anders sein« »Ausgeschlossen sein« bedeuten kann. Schauen wir uns nur einmal die Punkszene an! Diese Jugendlichen, die sich mit roten und grünen Haaren zeigen und ausgefallene Kleider tragen, sehen für den einen oder anderen von uns manchmal schon sehr skurril aus. Oder sehen wir uns die Menschen an, die sich tätowieren lassen, die stolz ihre bunten Bilder auf ihren Körpern präsentieren. Zu meiner Generation waren es die Hippies, die dem Normalbürger den Anstoß des Entsetzens gaben. Dies war zu damaliger Zeit ein Versuch, seine eigene Individualität zu zeigen. Fernab von allem Gewohnten und Erlaubten!
Die eigene Persönlichkeit braucht aber keine Erlaubnis oder Bestätigung, ob sie richtig ist nur die, die wir ihr geben.
Sie ist wie sie ist! Sie hat die Freiheit so zu sein, wie sie will!
Denn tief in uns wissen wir, dass wir gar nicht alle »gleich« sein können. Jeder Mensch ist ein einzigartiges Individuum mit seinem ganz eigenen kreativen Potenzial.
Diese »Szenen des Andersseins« wollen aufmerksam machen, dass es viele Wahrheiten gibt, wenn es um den Ausdruck der eigenen Persönlichkeit geht. Meist zu dem Preis des »Ausgestoßen seins«.

Doch die meisten von uns haben Angst ausgelacht, bestraft oder gedemütigt zu werden. Am allerschlimmsten ist es für uns, in unserer ganzen Persönlichkeit herabgewürdigt oder abgelehnt zu werden. Deshalb haben wir gelernt, uns anzupassen, um ja nicht unangenehm aufzufallen. Das würde sonst einem Todesurteil gleich kommen. Und wir wollen ja leben!
Also haben wir gelernt (und lernen immer noch), manchmal zwar unter Zähneknirschen, uns anzupassen.
Meine Lehrerin mahnte mich oft mit den Worten: »Sabine, du musst nicht dauernd aus der Reihe tanzen!« Es wurde dann ganz still in der

Klasse und alle Augen richteten sich auf mich. Und das war in der 1. Klasse!
Ich selbst wusste immer gar nicht, was sie damit meint und wollte am liebsten im Erdboden versinken.
Ich weiß auch noch recht gut, dass ich als 15-jähriges Mädchen meiner Mutter entgegenwarf, sie würde mich nur akzeptieren, wenn ich wie sie denken und mich nach ihrem Geschmack kleiden würde. Ich konnte nicht begreifen, wie man so engstirnig denken konnte.

Ich war als Kind ein Trotzkopf und ein rechter Sonderling. Auch im späteren Erwachsenenalter hielten mich viele für äußerst naiv, dumm und kindisch. Die »gspinnerte« Sabine! Dieser Stempel, den ich in meiner Kindheit aufgedrückt bekommen hatte, begleitete mich auch in meinem Erwachsenenleben. Mit meiner angeborenen rebellischen Art habe ich aus dieser »Schwäche« eine Tugend gemacht. Erst einmal nur für mich!
Ich wusste auf der einen Seite, dass ich meine angeblich naive und kindische Art nie ablegen wollte, auf der anderen Seite hatten manche Freunde von mir, meine Eltern, Lehrer oder sonstige Menschen, ein scheinbar gewaltiges Druckmittel um mich, doch noch »normal« machen zu können, indem sie mich damit aufzogen. Welches Teenagergirl wollte schon mit 14 oder 15 Jahren als kindisch und dumm gelten? Oder welch Erwachsener?
Ich lernte aber auch, dass, je weniger es mir etwas ausmachte, so tituliert zu werden, die Anderen weniger Macht über mich hatten, mich manipulieren zu können. Sie konnten mir keine Angst mehr damit machen, indem sie versuchten, mich über meine Persönlichkeit abzustempeln. Dieser Erpressungsversuch schlug immer mehr fehl, so dass sich zum Schluss das Ganze genau ins Gegenteil wandelte und ich sogar bewundert wurde, weil ich mich so zeigen traute, wie ich eben war.
Dieses Phänomen wiederholte sich immer wieder, egal was ich tat.
Jetzt war es aber nicht so, dass ich über ein besonders großes Selbstbewusstsein verfügte, um so zu mir stehen zu können.
Es war eher meine rebellische, trotzige Natur, die sich in mir breit machte, wenn es hart auf hart ging.

Meine Kinder sagen mir manchmal heute noch mit einem Lächeln: »Gell, Mama und jetzt erst recht!«

Unser tiefster Wunsch ist es jedoch, nicht Außenseiter zu sein, sondern dazuzugehören. Meist wollen wir keine Einzelgänger sein.
Wir haben eine selbstverleugnende Einstellung erlernt. Wir erlauben anderen Menschen viel mehr Einfluss auf uns auszuüben, als wir selbst auf uns hören. Wir haben gelernt, uns am wenigsten zu glauben, uns zu betrügen und zu verleugnen. Wir meinen, am wichtigsten ist es, andere Menschen zu respektieren. Wir haben aber nicht gelernt, dass, bevor wir andere Menschen respektieren können, wir erst lernen müssen, uns selbst eine gehörige Portion Respekt entgegen zu bringen.

Der Hinweis von Außen, unsere Selbstachtung wichtig zu nehmen, ist uns meist nur in Form einer Drohung oder höhnisch zu Ohren gekommen: » Mensch, wo ist denn deine Selbstachtung?« oder »Hast Du denn gar keinen Stolz?«. Da darf sie sein, die Selbstachtung! Ist ja eher als Vorwurf zu sehen, denn als Stütze!
Sobald es darum geht, den anderen aufzubauen, weil er vielleicht tief unten ist, dürfen wir ihm zeigen, was für ein toller Mensch er doch ist. Meist wissen wir dann sowieso, dass er dies nicht annehmen kann. Da können wir uns natürlich sehr großherzig zeigen. Nimmt er dies jedoch ehrlich an, heißt es: »Selbstlob stinkt!« oder: »Der ist aber von sich überzeugt!«.

Wir meinen manchmal, erst wenn ein anderer uns erlaubt, uns als gut zu sehen, dann dürfen wir das auch so sehen. Deshalb haben viele von uns gelernt, sich selbst schlechter zu machen, als sie wirklich meinen, dass sie sind. Nur damit uns ein anderer sagen darf, dass wir ganz toll aussehende, gute Menschen sind und eigentlich gar nichts an uns auszusetzen wäre. Wir räumen damit einem anderen Menschen sehr viel Macht ein!

Das ist auf vielen Gebieten zu sehen! Egal, ob es ein Fachverkäufer ist, der

uns entgegen unseres Wunsches sagt, was schön und gut oder schlecht und nicht brauchbar ist oder ob ein Verkäufer uns sagt, was MAN so trägt und deshalb IN und GUT ist. Allgemeingültige Meinungen wollen als Trugbilder wahrer Wirklichkeit verkauft werden, nur damit alles schön gleich und einheitlich ist. Und überschaubar, versteht sich!
Wir wollen keine Individualität. Wir haben nicht gelernt, damit umzugehen!

Im Gegenteil! Eigendünkel, Selbstachtung oder Kritik an bestehenden Maßstäben ist nicht gefragt in unserer Gesellschaft. Zu schnell könnten wir uns der allgemeinen Massenerziehung entziehen und wären außerhalb eines gesellschaftlichen, religiösen und politischen Einflussbereichs.

Nicht hinterfragende Autoritätsgläubigkeit macht uns unmündig. Natürlich haben wir einen Sandkasten zum Spielen zur Verfügung. Dieser ist jedoch genauestens abgesteckt und wir können darin nicht einmal spielen sondern sind zum Dahinvegetieren verdammt.

Vielleicht mag der eine oder andere jetzt sagen: »Das ist aber ganz schön übertrieben!«. Aber ist es das wirklich, wenn wir unseren Lebensradius ansehen? Leben wir ein erfülltes, großzügiges Leben mit all unseren vielleicht extremen, nicht wissenschaftlich abgesegneten Vorstellungen, was für uns Leben bedeutet? Was trauen wir uns zu? Wie drücken wir uns aus? Was wäre, wenn nur wir alleine eine andere, nicht anerkannte Lebensvorstellung hätten? Könnten wir sie vertreten oder erwarten wir ein wohlwollendes Nicken unseres Nachbarn?

Wir können diesen kleinen Radius überall sehen! Welche religiöse Meinung darf sich auch Religion nennen? Nach welchem Bebauungsplan müssen wir unser Grundstück einrichten? Welcher Baustil muss eingehalten werden, egal, ob wir vielleicht eine ganz andere Vorstellung haben? Ja sogar, welche Dachziegel in gewissen Siedlungen benützt werden dürfen, damit ja alles gleich aussieht, wird vorgeschrieben!

Als ich mir einmal ein schönes Grundstück ansah, wies mich der Verkäufer darauf hin, dass nur ganz bestimmte Büsche und Bäume angepflanzt werden dürfen und natürlich auch wie viele.

Ein Freund von mir, in einer leitenden Funktion einer Firma ließ sich die Haare wachsen und wurde gebeten, sie abzuschneiden. Obwohl er den ganzen Tag nur vor dem Computer saß und keine repräsentativen Aufgaben hatte. Er wurde immer wieder gegängelt, sich die Haare abschneiden zu lassen. Wie sähe das denn auch aus?

Gibt es viele Wahrheiten und hat nicht jeder das Recht, seine eigene Wahrheit zu finden und auszudrücken? Jeder bestimmt selbst, ob er durch seine Wahrheit ein wirklich glückliches und zufriedenes, von Liebe beseeltes Leben leben kann oder nicht. Wer bestimmt, was wahr und richtig ist?
Die einzige wirkliche Wahrheit, die für alle gilt ist: Wir werden geboren und müssen irgendwann sterben!

Aber wir selbst sind ja ganz versessen darauf, uns nach Vorgaben zu richten. Freiwillig! Zum Beispiel was Mode angeht, welches Urlaubsziel gerade IN ist, welches Buch gerade aktuell ist oder welcher Film.

Ob es ein Leben vor und nach unserem jetzigen Leben gibt ist erstmal auch unwichtig. Wir leben nun einmal nur jetzt bewusst. Wir können nur unser jetziges Leben beeinflussen. Keiner weiß genau, was vorher war oder nachher kommt! Wir können uns nur Vorstellungen »basteln«, was nach unserem Tod geschieht. Es gibt keine 100%ige Bestätigung.

Lebensrichtungswahrheiten sind menschliche Versuche, sich über das Leben und den Tod Gedanken zu machen. Wir alle brauchen eine Vorstellung von Dingen oder Situationen, sonst werden wir leicht verunsichert. Wir suchen nach dem Sinn einer Sache. Und gerade beim Thema Leben, haben wir keine Beweise. Wir versuchen, das Leben zu verstehen und basteln uns Lebensrichtlinien, wie wir zu leben haben.

Wichtig ist oft nicht, ob diese Richtlinien unserer individuellen Ausdruckskraft förderlich sind, sondern, ob sie auch jedermann annimmt. Wenn nicht, dann stellt man Richtlinien auf, die es zu befolgen gilt. Mit Gesetzen und Strenge! Viele Menschen bekommen für sich einfach eine innere Bestätigung, wenn alle so leben wie sie selbst, dann liegen sie auch richtig mit dem, wie sie leben und was sie machen.

Unsere »Wahrheit« sollte uns frei machen. Auch wenn es nicht die »Wahrheit« unseres Nachbarn ist! Nehmen wir uns doch die Freiheit unseren persönlichen Geschmack zum Ausdruck zu bringen! Wir sollten vor selbsternannten esoterischen Autoritäten, Geschmackspräsidenten und Gerechtigkeitsfanatikern, Wahrheitsbestimmern oder auf einem Podest stehenden, über alles Bescheid wissenden Gurus, Abstand nehmen. Es gibt keine Wahrheit, die für alle gilt!
Ich muss zugeben, dass ich früher auch dachte, es gäbe für jeden nur eine Wahrheit. Und zwar die, glücklich zu werden! Aber auch dies ist eine Anmaßung! Auch das darf jeder für sich selbst entscheiden! Manche wählen bewusst das Unglücklichsein. Wenn für sie dies aber ihr Lebenssinn ist, warum nicht? Vielleicht stehen diesen Menschen in einer Entwicklungsphase, wo es einmal wichtig ist, gegen alles zu sein! Meist brauchen wir ja mehrere Leben um ein Thema abhaken zu können. Ich meine, solange uns selbst nichts aufgezwungen wird, darf jeder glauben und leben was er will.

Aber was kann es noch sein? Warum bekommen wir 50, 60, 70, 80 oder 90 Jahre geschenkt und können doch nicht glücklich werden? Warum geschieht dies? Wie unter einem gewissen Zugzwang wiederholen wir manchmal unser altes Schmerzmuster aus der Kindheit immer wieder. Seelische Schmerzen, die wir in der Kindheit erlebt haben, wiederholen wir gerne unbewusst bis ins hohe Alter. Dieses Schmerzmuster, welches uns in frühen Jahren nicht freudig leben ließ, uns unterdrückte, folterte und fremdbestimmte kann dann in uns fest verankert sein! Warum? Weil Prägungen ins Unterbewusste rutschen und uns von dort aus dirigieren.

Manche von uns gleichen einem Häufchen Elend, welches nur den Wunsch verspürt, zu überleben. Und zwar sein ganzes Leben lang.
Fragen wir uns selbst einmal:
»Was mache ich aus meinem Leben? Nehme ich es, um mich selbst auszuprobieren, zu kreieren, Spaß und Freude zu haben, immer wieder neu zu erfinden, die Lebensherausforderungen anzunehmen, das Göttliche in mir zu leben, Verantwortung für mein Leben zu übernehmen um damit Etwas erschaffen zu können? Oder nehme ich mein Leben, um es einfach nur abzuleben, zu leiden, mich nach fremden Wahrheiten zu richten oder mich in eine Ecke zu stellen, in der der Modergeruch des Nichtgelebten mir die Lust und Luft zum Atmen nimmt?«

In unserer Kindheit werden wir auf anderer Leute Vorstellungen, wie etwas zu sein hat, geradezu fixiert. Wir haben gelernt, uns erst einmal umzuschauen, bevor wir uns vertreten, ob es vielleicht jemanden gibt, der das nicht für gut heißt und ob es noch im Rahmen der Allgemeingültigkeit liegt.

Da diese fremdbestimmten Richtlinien immer mit einem gewissen Zwang, Druck oder Schmerz ausgeübt worden sind, hat zwar diese Fixierung mit der Zeit Fuß fassen können, jedoch auch die daraus resultierende Konditionierung. Als »richtig« fühlen wir uns im Erwachsenenleben meist, wenn wir Zwang, Druck und Schmerz fühlen. Wenn wir fremden Anordnungen entgegen handeln, auch wenn uns ganz klar ist, dass es anders besser für uns wäre, bekommen wir eher ein Gefühl eines »Nicht-richtig-seins«. Wir haben gelernt, mit einer großen Portion Zwang, Druck und Schmerz zu leben. Dies macht es für uns so schwer, sich bei eigener Durchsetzung auch »richtig« fühlen zu können.
Bei einem Schlussgespräch eines Ehepaares, welches eine Ehetherapie bei mir machte und unglaubliche Fortschritte erzielte, meinte der Mann: »Jetzt ist es so schön zwischen uns, wie wir es uns immer gewünscht haben. Wir streiten nicht mehr, wir reden über alles, wir haben jede Menge Spaß zusammen, wir fühlen uns vom anderen verstanden und

trotzdem bin ich nicht entspannt. Es fühlt sich alles so fremd und fast auch falsch an!«.
Genau das ist es, was ich meine! Wir sind andere Färbungen gewohnt! »Das Leben ist ja schließlich kein Zuckerschlecken!«. Sicherlich haben Sie diesen Satz auch schon gehört!

Diese Konditionierungen, dass richtige Handlungen und Entscheidungen in Verbindung mit Zwang, Druck und Schmerz stehen, sind allgegenwärtig. Diese Verknüpfung haben wir gelernt und sind an sie gewöhnt.
Ich denke, deshalb ist es für uns so schwierig, sich selbstständig entscheiden zu können und mit eigenen Entscheidungen leben zu wollen. Wir durften kein Gefühl für Eigenständigkeit entwickeln. Hat uns die Kindheit doch etwas anderes gelehrt! Wir sind es gewohnt, eingesperrt zu leben.
Wenn wir uns heute verwirklichen wollen, treten wir erst einmal unbewusst vor ein Stoppschild: » Darf ich das denn?«.
Kennen Sie auch die Redewendung: »Dir geht es wohl zu gut.«? Ist es denn nicht erlaubt, dass es uns zu gut gehen darf? Hier können wir wieder den Sandkasten entdecken.
Und wenn wir uns Alltagsgespräche ansehen, können wir uns fragen, welche Menschen erlauben sich, wirklich glücklich zu sein? Bei einem Aufzählen von Positivem, wird gleich etwas Negatives nachgeschoben. Als müsse man etwas ausgleichen. Zu gut, gibt's nicht!
Als ich einen Bekannten einmal fragte, ob er glücklich sei (das können Sie auch gleich mal ausprobieren), meinte dieser: »Glücklich sein ist ein großer Zustand. Ich bin schon froh, wenn ich hin und wieder zufrieden in meinem Leben sein kann!«.
Wenn Sie wieder einmal gefragt werden, wie es Ihnen geht, antorten Sie doch einmal mit einem: »Oh danke, mir geht es einfach super!« Sie werden staunen, wie verdattert die Fragenden reagieren, wenn Sie keinen bestimmten Grund für Ihre fröhliche Stimmung angeben.
Es gibt zwei Ausrichtungen im Leben: Freude und Schmerz! Meist haben wir den Schmerzzustand als allgemein gültig erlebt und ihn über-

nommen. »Glücklich sein« dürfen wir meist nur, wenn wir verliebt sind. Oder eben in Ausnahmezuständen!

Der Zwang, der auf uns ausgeübt wurde und wird, ist ein starker Anreiz für unser Handeln. Aber die Angst vor Strafe und Demütigung bei zu viel Eigenregie, lässt uns gerade nicht handeln. Und oft kann uns nicht einmal unser Wille helfen, uns von verkehrten Maßstäben abzuwenden, da oft auch der Wille in unserer Erziehung nicht unbedingt gefördert wurde. Oder unser Wille wurde schon in der Kindheit gebrochen und es wurden uns fremde Maßstäbe aufgedrückt.
Und wenn wir alle aus einer mehr oder weniger großen Fremdbestimmung herauskommen, wie werden wohl unsere Kinder mit ihrer Selbstbestimmung umgehen? Könnten sie von uns nicht viel lernen, wenn wir für sie ein Vorbild wären? Auf alle Fälle könnten sie sich Zeit, Frustrationen und manchmal auch Krankheiten und Schicksalsschläge ersparen. Folgen wir den Zielen der Allgemeinheit erleben wir Anerkennung, folgen wir unseren eigenen Impulsen, erleben wir oft schroffe Zurückweisung und Schmerz. Eine Konditionierung, die uns hemmt! Manchmal unser Leben lang!

So sind wir in einem Dauerzugzwang. Das bekannte Hamsterrad!
Warum fällt es uns so schwer, auszubrechen und unser Leben nach unseren Regeln zu leben?
Ich denke, unsere Konditionierungen über Druck und Strafe, die hinter all unseren Handlungen stehen, die wir immer irgendwie im Auge behalten, gibt uns das Gefühl der Bewegung und nicht der Stagnation. Keinen Druck mehr zu haben, fühlt sich zwar frei und unabhängig an, jedoch scheint eine Herausforderung zu fehlen. Kein MUSS steht hinter uns und schwingt das Damoklesschwert.
Da wir es aber nicht gewohnt sind, ohne Druck unsere Handlungen zu tätigen, fühlt sich das eigenständige Handeln für uns irgendwie falsch an. Wir stehen nicht mehr unter negativer Spannung und müssen nicht mehr kämpfen. Eine gewisse Gelassenheit würde sich bemerkbar machen. Soviel Großherzigkeit sind wir jedoch nicht gewohnt.

Der Sklave braucht die Peitsche!
Und ohne Peitsche fehlt der Ansporn. Was hätte das auch für einen Wert, wenn wir nur unser Ding machen würden? Wir sind es uns ganz einfach nicht wirklich wert. »Wer bin ich schon?«, mögen wir sagen.
Und da kommen wir wieder auf unsere kleingehaltene Wertigkeit zurück. »Ich bin es nicht wert, dass ich meine Vorstellungen und Maßstäbe leben darf!«.
Und was wird aus kleingehaltenen Eltern, die wiederum Kinder bekommen? Wiederholt sich da nicht ein Programm?
Und wenn wir alle nicht so wichtig sind, dann darf auch ein anderer nicht so wichtig sein (z.B. mein Nachbar mit seinem neuen Auto, die Freundin, die Erfolg hat usw.). Und wenn ich auf so viel eigenen Ausdruck verzichten muss, dann darf auch kein anderer Mensch anders sein (siehe Religions- und Rassenkonflikte). Wenn ich mich den Landesgesetzen beugen muss, dann sollen es die anderen auch (z.B. in Kriegen). Wir haben gelernt, unter Drohungen zu leben und zu handeln. Ohne Drohung, nur mit unserem eigenen Einverständnis zu leben, fällt uns deshalb schwer, weil wir es keiner anderen Autorität mehr recht machen müssen. Dies sind wir jedoch gewohnt! Wir sind es gewohnt, nach OBEN zu blicken und auf Anweisung zu warten.

Wir dürfen lernen, uns im Zuge einer wirklichen Eigenständigkeit mit den aus unseren Handlungen folgenden Konsequenzen auseinanderzusetzen. Kurz gesagt, wir würden Eigenverantwortung lernen.
Um aus der Fremdbestimmung heraus zu treten, müssen wir eine neue Art der Selbstbestimmung lernen. Das ist sicherlich nicht ganz einfach! Meist haben wir auch keine wirklichen Vorbilder in unserer Kindheit gehabt. Unsere Eltern waren oft selbst gefangen und verstrickt in ihrem Leid.
Aber zu diesem Thema gibt es eine besonders schöne Geschichte, die ich in meinen Arbeitsgruppen gerne erzähle:

Die Geschichte handelt von einem Vater und seiner Familie.
Dieser Vater war alkoholsüchtig, drogenabhängig, schlug seine Ehefrau

und drohte immer wieder seiner Familie, sie alle umzubringen. Er lag den ganzen Tag vor dem Fernseher, rauchte und trank und schikanierte seine Frau aufs Ärgste, die sich voller Angst vor seinen Gewaltakten und seiner Willkür fast nicht zu atmen getraute.
Dieser Vater hatte zwei Söhne, die mit ansehen mussten, wenn er wieder einmal voller Zorn seine Frau schlug und die Möbel zu Kleinholz machte, weil »die Fliege an der Wand« ihn störte.
In dieser Umgebung wurden nun seine Söhne groß und wir könnten uns vorstellen, dass die beiden auch gleiche Lebensvorstellungen und Verhaltensweisen hatten. Und zwar die, die der Vater ihnen vorlebte.
Aber dem war nicht so. Der eine Sohn war in der Tat wie sein Vater. Auch er war den Drogen nicht abgeneigt, schlug seine Frau und vertrank das bisschen Geld, welches seine Frau als Bedienung verdiente. Er hatte keine Ausbildung gemacht und war arbeitslos.

Der andere Sohn jedoch war ganz anders. Er hatte als Bester sein Abitur gemacht, sich eine eigene Firma aufgebaut, die von Jahr zu Jahr wuchs. Er wurde von seinen Angestellten sehr geschätzt und respektiert. Seine Großzügigkeit seinen Mitarbeitern gegenüber war in seiner Firma hinreichend bekannt. Er hatte eine liebevolle Beziehung mit seiner Frau und zu seinen Kindern und lebte in einer Traumvilla.
Eines Tages wurden diese zwei Söhne zu einem dem Thema »Lebensweg« interviewt. Die Reporter stellten nur eine Frage und bekamen von beiden Söhnen dieselbe Antwort.
Sie fragten: «Warum ist aus Ihnen das geworden, was sie heute sind?« und beide antworteten »Ja, bei d e m Vater!«.

Diese Geschichte könnte ich hundertmal erzählen, weil sie zeigt, wie frei wir wirklich sein können. Es gibt in der Tat diese zwei Möglichkeiten! Die eigene Entscheidung zu Schmerz oder Freude!
Natürlich bestreite ich gar nicht, dass es mit einem gesunden Vorbild natürlich leichter geht, eine gewisse Selbstbestimmung erlernen zu können.
Doch manchmal ist wirklich gerade das Gegenteil der Fall. Gerade

WEIL wir so verheerend aufgewachsen sind, sind wir motiviert genug, es selbst besser zu machen. Für diese Ausrichtung brauchen wir unseren ganzen Mut und unseren unbedingten Willen. Bei der anderen Ausrichtung benötigen wir gar nichts.
Diese unterschiedlichen Ausrichtungsmöglichkeiten erkläre ich genauer im Kapitel » Die zwei Lebensströme«.

Bisher waren die meisten von uns gewohnt, ihr Leben zwar unter Zwang und Druck auszurichten, aber ging da einmal etwas schief, konnten wir immer noch andere dafür verantwortlich machen.
Wir selbst waren ja nur Handlanger.
Jetzt müssen wir umlernen: Eigenverantwortung für all unser Denken und Tun übernehmen! Das hat natürlich wieder seine zwei Seiten! Sobald etwas gut läuft, ist es keine Frage, dass wir zu unseren Handlungen mit ihren Konsequenzen stehen können. Doch bei umgekehrter Stellung, wenn etwas nicht so gut läuft, wenn wir etwas in den Sand setzen oder noch schlimmer, mit unserem Handeln andere Menschen vor den Kopf stoßen, ist es schwieriger zu uns zu stehen.
Jetzt läuft oft ganz unbewusst ein altes Programm aus unserer Kindheit ab: »Du kannst das nicht! Du bist es nicht wert! Du machst alles nur kaputt! Du bist gar nicht fähig, etwas Tolles auf die Beine zu stellen! Du bist schlecht!«.

Da haben wir es wieder! Die Bestätigung!
Diese Bestätigung lässt uns häufig reumütig zu unserer Unterdrückung und Nichteigenständigkeit zurückkehren.

Manchmal ist die elterliche Beurteilung, wer wir sind so heftig gewesen, dass ich hier einige Beispiele meiner Klienten nennen möchte:

Elterliche Beurteilung ihrer eigenen Kinder

»Du bist der Dreck unter meinen Fingernägeln!«
»Wenn ich sterbe, bist Du schuld!«

»Du bringst mich noch ins Grab!«
»Du bist das größte Arschloch, auf Gottes weiter Erde!«
»Du machst mir nur Sorgen!«
»Wegen Dir habe ich auf mein Leben verzichtet!«
»Ich kann dich nicht mehr ertragen!«
»Wenn du nicht wärst, ginge es mir gut!« usw.

Den zweiten Satz habe ich oft von meiner Mutter gehört. Damals wollte ich mir fast das Leben nehmen, weil ich angeblich so viel Schuld auf mich geladen hatte.
Wo soll da Selbstsicherheit wachsen? Wie können wir uns erlauben, uns so wie wir sind, anzunehmen? Aber denken wir da lieber an die zwei Söhne, die ganz unterschiedlich mit ihrer Prägung umgegangen sind. Auch uns ist das möglich! Wundern wir uns jedoch nicht, wenn es nicht auf Anhieb klappt. Manchmal ist es ein wirklich harter, langer Weg da rauszukommen! Aber es wird besser und besser gehen!

Vielleicht stellt sich für uns manchmal die Frage ob, wenn ein Anderer uns schlecht bewertet, er eventuell recht haben könnte?
Wir lassen uns oft viel zu schnell wieder ins Bockshorn jagen. Wir meinen dann, wir dürften uns gerade mit so einer negativen Prägung keine Fehler erlauben, um unser Gutsein wirklich bestätigt zu sehen. Dadurch verharren wir wieder in den althergebrachten Abhängigkeiten und Ängsten, die wiederum eine Selbstaufgabe der eigenen Persönlichkeit fordern.
Aber alle Anstrengungen für eine Verbesserung, die wir machen wollen, brauchen eben Zeit. Das sollten wir uns in Großbuchstaben übers Bett hängen. Manchmal erscheint es uns, dass unsere Entwicklung zu langsam geht. Da wäre es gut, wenn wir eine Großzügigkeit uns selbst gegenüber erlernen könnten.
Diese Eigenständigkeit mit dem Eingeständnis, etwas »vergeigen« zu dürfen, darf erlernt werden. Wie heißt so schön ein altes Sprichwort: »Es ist noch kein Meister vom Himmel gefallen!«.

Was bedeutet nun Eigenständigkeit und Eigenverantwortung in unserer Arbeit?
Soll jeder Mensch sein eigenes Geschäft aufmachen? Jeder ganz alleine sein Ding machen? Sind wir nur frei, wenn wir uns einer Selbständigkeit widmen?
Nein, das denke ich nicht! Es ist in manchen Berufen absolut nötig, in einer Gruppe zu arbeiten. Wir können auch als Angestellte in einer Firma arbeiten! Wichtig ist, dass wir spüren können, wie unsere Position für uns sein sollte. Ist es ein Angestelltenverhältnis, oder ist es besser eine Selbständigkeit, die wir umsetzen möchten? Wo und wie können wir uns am besten ausdrücken? Was entspricht unseren Werten und Vorstellungen, unserem Charakter, unseren Neigungen und unseren Wünschen. Oder ist jetzt die Zeit für einen Umbruch noch nicht reif? Sich mit der jetzigen Situation auseinanderzusetzen und das Für und Wider zu überprüfen, führt zu einer Entscheidung. Was kann ich wirklich umsetzen? Manche Menschen müssen auch erst einmal ihre eigenen Werte und Vorstellungen kennenlernen. Sie wissen noch gar nicht, welche sie haben. Sie kennen nur ihre funktionale Hülle!

Denn, wenn wir es akzeptieren können, dass wir momentan eben noch nicht die Gelegenheit einer Neustrukturierung haben, sondern uns erst einmal kennenlernen dürfen, um uns später auch verändern zu können, sind wir ja schon in unserer Eigenverantwortung. Deshalb ist es so wichtig, immer wieder zu überprüfen, wo man steht und ob etwas verbesserungswürdig ist. Und dieser Verbesserung sollten wir auch nachgehen, so gut es eben geht.

Möchten wir ein Angestellter in einer Firma bleiben, können wir uns trotzdem die Frage stellen, ob es noch Fortbildungsseminare für unseren Bereich in der Firma gibt, die uns als Angestellten noch kompetenter machen würden und wir somit einen weiteren Beitrag für ein Wachsen der Firma leisten könnten. Es ist aber auch völlig in Ordnung, unsere Arbeit nur als Broterwerb zu sehen, solange wir eben unser Bestes geben.

Wenn wir alles tun und alle Möglichkeiten ergreifen, die sich uns bieten, um unser Leben so zu gestalten, wie es für uns passt, sind wir kreativ und erfüllen damit vielleicht unseren Lebenssinn. Das zu leben, was wir sind in verschiedenen Ausdrucksformen! Selbst wenn wir den optimalen Zustand noch nicht erreicht haben und es bis dahin vielleicht noch ein langer Weg ist, können wir beginnen, Spaß am Leben zu bekommen, weil wir dabei sind, in uns hinein zu hören, wer wir eigentlich wirklich sind und was uns ausmacht. Dann können wir anfangen, Entscheidungen zu treffen, um nach unseren Vorstellungen leben zu können.
Jedes Ziel beginnt mit einem Schritt! Jede Entscheidung, die wir treffen, bringt uns voran.
Das heißt natürlich auch, dass wir freiwillig die Verantwortung übernehmen müssen, wenn etwas schief geht. Und, wir dürfen uns eine gewisse Gelassenheit aneignen, wenn die ganze Sache doch nicht so schnell vorwärts geht, wie wir uns das gedacht haben. Aber dies gehört dazu! Selbstverantwortlich unserem Vorwärtsschreiten, aber auch unserem Zögern und unseren Fehlern gegenüber zu stehen. Jetzt haben wir keine Gelegenheit mehr, die Fehler auf jemand anderen zu schieben, wie z.B. den Arbeitskollegen, dem Chef, dem Partner, den ungehorsamen Kindern oder den Umständen. Alles Äußere ist nur eine Reflektion unseres Inneren.

Lernen wir unsere Persönlichkeit nicht genau kennen, handeln wir meist aus einer gewissen Dunkelheit heraus. Das heißt, wir können keine wirkliche Affinität zwischen dem Schicksal, welches uns von Außen entgegenkommt und unserer eigenen Reife und Handlungsursache sehen. Wir fühlen uns dann als Spielball, der ohne Regeln über das Spielfeld rollt.
Die äußeren Umstände wirken eher wie ein Minenfeld, auf welchem wir nie wirklich wissen, was geschieht. Das ist ein Ausgeliefertsein ohne jegliche Rechte und Pflichten!
Da können wir dann meist nur hoffen, dass der liebe Gott es gut mit uns meint. Aufgrund dieser Haltung hat natürlich die Kirche wieder einen großen Bedarfszulauf. Können wir doch so gut wie alles kaufen!

Doch die Zeiten haben sich geändert. Wo wir uns in der Vergangenheit den Himmel, die Erlösung von dem Schlechten erkaufen konnten und uns aufgrund der Beichte für alle Sünden reinwaschen konnten oder Erlösung fanden, indem wir nur viel genug spendeten oder Rosenkränze beten ließen oder selbst beteten, bekommt diese Ausrichtung heute einen faden Beigeschmack. Wir wollen nicht warten, bis wir gestorben sind. Wir wollen jetzt leben und zwar bestens.

Also greifen wir es an!

Schuld und Sühne – das Sterbliche in uns

Ich denke, wir müssen lernen, diese Themen von einer neuen Seite zu betrachten. Schuld ist ein Wort, bei dem mir bereits beim Schreiben alte Ketzergeschichten einfallen und Bilder von Kettengerassel oder Henkersgesellen in den Kopf kommen. Den Scheiterhaufen nicht zu vergessen!

Was hat es denn mit dieser, so grauenhaften Schuld, die oft unser ganzes Leben durchzieht, auf sich?

Wir haben ja von Kindesbeinen an gelernt, dass wir uns nicht schuldig machen dürfen. Gleichbedeutend hieß dies, wir dürfen keine Fehler machen. Schuldig machten wir uns als Kind aber immer wieder, da wir nicht vollkommen sind und erst wachsen müssen. Dieses »sich schuldig machen können« wurde zur Richtlinie, ob wir nun gut oder schlecht waren. Die Eltern, die Lehrer, die Kirche und die Gesellschaft überhaupt bestimmten, was gut und was böse war und wann man sich schuldig machte.
Es wurde blinder Gehorsam verlangt! Meist ohne irgendeine Begründung. Widerrede war zwecklos und wurde höchsten bestraft mit einer langen Unversöhnlichkeit oder schwer zu erreichender Verzeihung.
Natürlich ist nicht abzustreiten, dass der Mensch sich auch wirklich schuldig machen kann.

Was bedeutet es nun, uns schuldig zu machen? Ist es nur eine Schuld einem anderen Individuum gegenüber? Ist es ein Fehlverhalten oder sind es wirklich böse Taten?

Schuld kann nur in unserer Welt der Unvollkommenheit existieren und dadurch entstehen. In diesem Leben werden wir immer wieder einmal auch mit Schuld konfrontiert werden. Wir können uns an uns selbst oder uns auch im Miteinander schuldig machen.

Schauen wir uns dies einmal näher an!

Die meisten von uns haben große Angst vor dieser Schuld. Das Schuldgefühl, oder das Gefühl schlecht zu sein, steht uns als Moralkodex oder Maßstab für unsere erlernten Vorstellungen zur Verfügung, wie wir zu sein haben. Einen Fehler zu machen, wurde und wird immer noch gleichgesetzt mit einem »sich schuldig machen«.

Derweilen sollte ein »Schuldspruch« ursprünglich nur als eine Richtlinie gesehen werden, wann wir uns wirklich schuldig machen.
Dieses schuldig machen hat so rein gar nichts mit »Fehler machen« zu tun! Leider wurde schon immer mit dieser wichtigen Richtlinie von Mächtigeren Schindluder getrieben. Die Mächtigen bestimmen, welche Moral und welche Werte gelebt werden dürfen. Das ist Politik. Momentan wird ja gerade im Parlament heiß diskutiert, welcher Mensch wann bestimmten kann und ob er überhaupt bestimmen darf, wann er sterben möchte, weil dieser vielleicht durch eine Krankheit ein für ihn nicht mehr lebenswertes Leben leben muss. Vielleicht sogar mit dauerhaften unerträglichen Schmerzen, wo keine Besserung in Sicht ist? Die Frage stellt sich: Kann und will das jeder ertragen? Und … muss er das ertragen? Wer darf das bestimmen? Doch der Patient selbst.

Aber auch in unserem ganz nahen Umfeld, wie z.B. Familie, Schule oder im eigenen Freundeskreis werden Maßstäbe gesetzt, was richtig und was falsch ist. Wer sich diesen nicht beugt, wird schuldig gesprochen und dementsprechend bestraft. Meist mit Ausgrenzung und Ablehnung!
So entwickelte sich in uns, meist schon in unserer Kindheit, ein strenger, verurteilender, innerer Richter, der uns immer wieder maßregelt und kleinhalten möchte. Dieser Richter schaut darauf, dass wir uns den anderen anpassen und die vorgegebenen Regeln einhalten. Dieser strenge, innere Richter ist für uns als innere Stimme der eigenen Verurteilung wahrzunehmen, wenn wir es doch einmal versuchen, unsere eigenen Werte und Maßstäbe zu leben. Verzweifelt bemühen wir uns, auch im Erwachsenenleben nach fremden Maßstäben zu richten und

uns bei einem »Nichterreichen« des Fremdmaßstabes, schuldig zu fühlen.

Die Fehlinterpretation dieses wichtigen Messinstrumentes einer wirklichen Schuld, hat uns Menschen sehr viel Angst gelehrt. Sich schuldig zu machen stand und steht immer im Raum. Auch bei Kleinigkeiten gab und gibt es immer noch kein milderes Maß, als sich zu tiefst schuldig zu fühlen.

Sich schuldig zu machen, wurde und wird eingesetzt, wenn wir ganz menschliche Fehler begingen und begehen. Wir haben keinen Unterschied gelernt zwischen dem »sich schuldig machen können«, weil wir Grenzen verletzt haben und dem, einfach nur einen menschlichen Fehler begangen zu haben.

Unter Grenzen verletzen meine ich, wenn wir die Grenzen anderer Menschen willentlich, böswillig oder vorsätzlich verletzen. Wenn unsere Handlungen aus einer Nichtakzeptanz des Anderen in gleichgültiger oder böswilliger Art und Weise geschieht.

Auch ein willentliches »nicht-wissen-wollen und nicht-verstehen-wollen« gehört dazu! Eine willentliche Gleichgültigkeit unserem Nächsten gegenüber können wir mit einer Böswilligkeit gleichsetzen, wenn wir dadurch den anderen Menschen demütigen oder missachten. Eine Missachtung macht ein liebevolles Miteinander unmöglich. Mit einer Gleichgültigkeit können wir nicht mehr erkennen, wann wir die Grenzen unseres Nächsten überschreiten. Dadurch, dass dies aber willentlich geschieht, machen wir uns schuldig, da ein »liebevolles Miteinander« damit abgelehnt wird. Sogar in unseren Familien können wir diese Art von Gleichgültigkeit gegenüber den eigenen Familienangehörigen sehr oft sehen. Bei solchen Grenzverletzungen können wir uns wirklich schuldig machen.

Jedes Land und jede Gesellschaft hat eigene Regeln, was richtig oder falsch ist, wann man sich schuldig gemacht hat. Und da diese Verwechslung von »Schuld« und »menschlichen Fehlern« so gesehen wird und »etwas falsch zu machen« sich »schuldig zu machen« bedeutet, steht diese »Schuld« immer irgendwie im Raum! Der Mensch, der ja immer

auch Fehler macht, geht nun gebeutelt unter der Last von »Schuld« durchs Leben. Ich denke, jeder Mensch spürt innerlich den Unterschied und doch will keiner die Möglichkeit, sich schuldig zu machen, im Raum haben.
Und wenn wir Schuld akzeptieren, wo keine Schuld ist, sondern nur ein Fehlverhalten und wir uns so leicht verurteilen lassen, ist klar, dass wir das auch sehr schnell mit unseren Mitmenschen tun. Wenn wir von anderen Menschen für unsere Ansichten beurteilt und manchmal sogar verurteilt werden, haben wir gelernt, diese Verurteilung ebenso fortzuführen. »Wenn ich nicht darf, darf der Andere auch nicht!«. Dieses »nach Unten treten«, ist weit verbreitet! Nimmst du mir mein Schaufelchen, nehm ich dir dein Eimerchen!

Wir wollen ja nicht alleine mit einer Schuld dastehen und ausgestoßen in der Hölle braten.

Schuldig zu sein wiegt viel schwerer als fehlerhaft zu sein. Fehlerhaft sein ist menschlich und erlaubt. Doch leider kann man mit einem Zugeständnis eines Fehlers, Menschen sehr schlecht manipulieren. Mit Schuld schon!
Also ist es für jeden von uns wichtig, eine ganz klare Trennung zu machen zwischen »Fehler machen« und »schuldig sein«.

Wobei wir bei diesem Thema etwas vorsichtig sein dürfen. Es gibt ja Nationen, die meinen, einen Feind umzubringen ist richtig und bringt ihnen wirklichen Frieden. Sie bekommen sogar von ihren Landesgenossen eine Bestätigung, dass sie nach Ihren Gottesgesetzen gut und richtig gehandelt haben. Dass sie Gottes Plan erfüllt haben, indem sie die Bösen allein für Gott abgeschlachtet haben. Diese Menschen, die so etwas glauben, fühlen sich zutiefst schuldig, wenn sie es NICHT tun würden. Sie sind überzeugt davon, Gott würde sie dann bestimmt bestrafen und Gottes Zorn würde über sie kommen. Das muss ein eigenartiger Gott sein, da er anscheinend nur die Menschen leben lässt, die in einer bestimmten Mannschaft mitspielen.

Das hat alles nicht wirklich etwas mit Freiheit und Liebe zu tun. Kann es sich da wirklich um ein Schuldthema handeln oder ist mit diesem Menschenabschlachten nicht ein riesengroßes und bestimmendes Egoverhalten machthungriger Führer am Wirken? Ja, es ist beides! Darum ist es wichtig zu verstehen, wann man sich wirklich schuldig machen kann. Mord und Totschlag, Böses einem anderen Menschen anzutun gehören sicherlich dazu.

Ja, es gibt allerhand verrückte Einstellungen zu dem Thema »Schuld und Sühne«.

In unseren Breitengraden werden also normale menschliche Fehler als ein »sich schuldig machen« gesehen. Wahllos wird diese Schuld zugesprochen.
Schauen wir doch auf unser eigenes Leben. Wofür fühlen wir uns oftmals schuldig?
Dass das Essen nicht pünktlich auf dem Tisch stand!
Dass wir nicht den richtigen Ton, das richtige Wort zur richtigen Zeit gesagt haben!
Dass wir unbemerkt jemandes anderen Zorn heraufbeschworen haben!
Dass einer beleidigt ist, sich verletzt fühlt oder einfach nur schlecht gelaunt ist!
Dass der Partner fremdgegangen ist oder dass wir schlecht behandelt worden sind!
Manchmal auch....dass wir am Leben sind!
Wir sind schuld!

Häufig fühlen sich Frauen schnell schuldig. Wir, das schwache Geschlecht sind auch mit dieser imaginären, immer anwesenden Schuld groß geworden. Hatte nicht Eva Adam zur Sünde verführt? Und liegt nicht heute noch hauptsächlich den Frauen »die Schuld« als schwere Bürde auf ihren Schultern? Wir leben immer noch in einem Patriarchat. Da haben es die Frauen nicht leicht.
In meiner Praxis kann ich dies beobachten.

Frauen haben leicht und schnell Schuldgefühle!
Wir sind auch selbst schuld, wenn wir geschlagen, vergewaltigt und seelisch misshandelt werden. Dies können wir immer wieder bei Verhandlungen im Gerichtssaal erleben. Wenn junge Mädchen vergewaltigt wurden, hieß es früher oftmals, sie hätten den Täter gereizt und seien eben selber schuld, wenn dieser sich nicht mehr beherrschen konnte. Er ist eben ein Mann! Solche Aussagen sind noch gar nicht so lange her! In manchen Ländern gilt das immer noch!
Wir Frauen haben es provoziert! Wir haben einen Fehler begangen! Wir haben irgendetwas falsch gemacht und sind deshalb auch schuldig …. Zumindest mitschuldig.
Ist es nicht so?

Da so salopp mit »der Schuld« und »einen Fehler machen« jongliert wird, können wir oft selbst gar nicht mehr unterscheiden, wenn es darum geht, wann laden wir uns Schuld auf und wann ist es einfach nur ein menschlicher Fehler?
Durch dieses Wischiwaschi tendieren wir dann auch lieber dazu, uns wegen allem schuldig zu fühlen. Damit ziehen wir natürlich die Opposition heran! Nämlich diejenigen, die Schuld verteilen wollen, damit von ihren eigenen Fehlern abgelenkt werden kann! Und wie Sie jetzt schon ahnen können, gibt es davon nicht wenige!
Oder wir verfallen dem hohen Anspruch an uns, fehlerlos werden zu wollen. Das andere Extrem! Dann kann uns nichts geschehen und wir landen auch nicht in der Hölle!
Ein fataler Ansatz ist der, dass er uns nicht unser Leben ausprobieren lässt. Sind doch gerade im Ausprobieren oft die Fehler schon vorprogrammiert.

Ich denke, es geht nicht darum, fehlerfrei zu werden. Wir alle sind und bleiben Menschen, die wachsen und sich ausprobieren dürfen. Wir dürfen Fehler machen! Wären wir fehlerfrei, wären wir entweder Götter oder Tote. Ich habe den schweren Verdacht, dass auch hier die Kirche einen großen Einfluss darauf hatte, dass wir uns nicht zu gut fühlen

dürfen. Denken wir nur an die Hexenverbrennungen und das Auslöschen ganzer Volksstämme!
Wem es zu gut geht, der fühlt sich auch stark und kann im besten Fall wichtige Dinge selbst für sich entscheiden! Und das ist bei Machthabern nicht erwünscht.

Setzen wir »Fehler machen« mit »Schuld haben« gleich, ist die Gewichtung von diesen Fehlern weitaus schwerer, als wenn wir dies nicht in Zusammenhang mit einer wirklichen Schuld beurteilen würden. Es unterstreicht noch einmal unsere Sündermentalität!
Als Sünder sind wir auf die Welt gekommen und als Sünder sterben wir. Somit tragen wir unseren Stempel des »Sünders« unser Leben lang. Wir sind also von Geburt an »schlecht«!
Ich frage mich, wie können wir an uns glauben, uns vertrauen und uns lieben, wenn uns von allen nur erdenklichen Seiten gezeigt wird, dass wir schlecht sind?
Diese angebliche Schlechtigkeit durchzieht dann unser ganzes Leben. Und unser Glaube an unsere Schlechtigkeit verhindert, dass ein Glaube an unser »Gutsein« wachsen könnte. Das bedeutet, dass in unserem Leben unser »Zutrauen zu einem positiven Leben« eher untergeht als größer wird. Dementsprechend entscheiden wir und handeln danach!
Unsere persönliche Entwicklung ist von Geburt an jedoch so angelegt, dass wir uns verbessern wollen! Dieses Phänomen können wir überall beobachten. Es geht um Fortschritt und Entwicklung. Ob in der Medizin, in der Technik oder im Miteinander!
Wenn aber kein Handlungsbedarf oder keine Handlungsmöglichkeiten, aufgrund unserer angeblich tiefsitzenden Schlechtigkeit (da Unvollkommenheit) vorhanden ist, ist unsere einzige Möglichkeit, uns in unseren persönlichen Werten zu steigern, wenn wir wenigstens den vorherrschenden Strukturen und Regeln genüge leisten oder anders herum, selbst welche setzen, wonach sich dann die anderen richten müssen. Der Weg vom Unterdrückten zum Unterdrücker ist auch überall zu sehen (siehe Hierarchien).

Das heißt: um ein Gefühl des Wachstums zu haben, gut und besser zu werden, versuchen wir unser Selbst zu unterdrücken, uns anzupassen und damit auch die Menschlichkeit immer mehr außer Acht zu lassen. Tief im Inneren wissen wir jedoch, dass das nicht richtig sein kann.
Mit dieser Verdrängung unserer eigenen Person und Anlagen leben wir eine gewisse Sühne unserer angeblich angeborenen Schlechtigkeit. Das Schlimme daran ist jedoch nicht alleine die Verknüpfung die wir gelernt haben, dass Gehorchen und ein Folgen wichtig für uns ist, um uns gut und schuldlos fühlen zu dürfen, sondern auch unser konditioniertes Gefühl, dass dies richtig ist. Es bestätigt also doppelt die falsche Ausrichtung.
Eine folgende Bestrafung, wegen eines eventuellen Fehlverhaltens durch Ausleben unserer wahren Anlagen in einem übergeordneten System, ist für uns normal und tief in uns verankert. So haben wir es schließlich gelernt.
Wenn wir eine Erziehung erleben, bei welcher das Ausleben der wirklichen Identität nicht erwünscht ist, bedeutet dies, lebenslangen Verzicht auf eigenen, persönlichen Ausdruck. Da unser gehemmter Ausdruck aber unser Leben formt, sehen wir uns in Realitäten wieder, die uns meist nicht gefallen.
Dieses Verbotsschild, keinen eigenen Ausdruck haben zu dürfen, müssen wir durchbrechen. Ich denke, das ist eine wichtige Aufgabe für uns Menschen.

Wir sollten lernen, uns zu erkennen und uns erlauben, dies in einem sozialen Miteinander zum Ausdruck zu bringen. Aber ohne Strafe! Auch ohne versteckte Strafe – die hinterrücks agierende Selbstbestrafung!

Je weniger wir uns wirklich kennenlernen wollen, mit all unseren Fehlern und Schwächen, unserem manchmal tief verwurzeltem Selbsthass, desto mehr machen wir uns wirklich schuldig. Nämlich an uns selbst!

Wir erkennen dann nicht unsere Ur-Persönlichkeit an, da wir die Augen vor uns selbst verschließen.

Erlauben wir es uns nur oberflächlich, uns selbst wichtig zu nehmen, folgt oft ein tiefsitzender, unbewusster und angelernter Bestrafungsmechanismus (schau nicht erst auf dich, erst die anderen und dann kommst du; nimm dich nicht so wichtig; sei nicht egoistisch; wirst schon sehen, wo du damit hinkommst; Geben ist seliger als Nehmen; das schaffst du sowieso nicht; usw.). Haben wir dafür niemanden im Außen der uns verurteilt, kann ein unbewusster Selbstbestrafungsmechanismus einsetzen, der alles boykottiert, was wir zum Ausdruck bringen wollen.

Sie haben bestimmt schon von dem verantwortungsbewussten Ehemann gehört, der einen 12-Stunden-Arbeitstag hat und sich wirklich für seine Familie, seinen Chef und seine Freunde einsetzt. Sobald er kurz vor seinem hart verdienten Urlaub steht, wird er krank. Genauso lange krank, wie sein Urlaub geht! Kein Einzelfall! Ich selbst kann ein Lied davon aus meiner Vergangenheit singen. Dies sagt im Grunde nur: »Du hast es nicht verdient!«. Punkt! Aus! Schluss! So einfach und schnell kann es gehen!

Wir leben nur Halbwahrheiten, wenn wir uns weiterhin nicht gestatten, uns, so wie wir wirklich sind, zu entdecken und zu leben. Wir leben auch Halbwahrheiten, wenn wir unseren Kopf in den Sand stecken und meinen, damit aus dem Schneider zu sein, schließlich wissen wir es nicht besser. Unsere Seele ist nicht zu täuschen. Tief im Inneren spüren wir bereits den Kuhhandel.
Wenn wir nur einen Teil unserer Persönlichkeit erkennen können, liegt somit ein Teil im Licht (der, den wir kennen) und ein anderer Teil (der, den wir nicht kennen) liegt im Dunkeln.
Aber auch das kann schwerwiegende Folgen haben.
Wir leben, handeln, richten, werten aufgrund unserer Erkenntnisse, aber auch unserer Nichterkenntnisse.
Somit handeln wir immer aus dem heraus, was wir wissen UND was wir nicht wissen.
Wir leben Halbwahrheiten und im eigentlichen Sinne eine Lüge. Das

wissen und spüren wir meist selbst, verdrängen es jedoch gerne, weil ein Hinschauen einfach zu anstrengend sein kann.

Tiefste Glücksgefühle und Zufriedenheit sind dann bestimmt nicht im Anmarsch! Je mehr wir uns auch unbewusst schuldig fühlen, desto eher ziehen wir automatisch, dank unserer Konditionierung, Strafe an. Ob wir wollen oder nicht!

Wenn wir diese Aufgabe, uns selbst Achtung, Respekt und Selbstliebe zu geben, lernen, dürfen wir nie vergessen, dies unseren Mitmenschen gegenüber auch zu geben. Die Persönlichkeit anderer zu achten und zu respektieren ist genauso wichtig, wie dass wir dies bei uns tun sollten! Natürlich abgesehen von jenen Charaktereigenschaften, die verwerflich sind! Diese Charaktereigenschaften können wir erkennen in Selbstsucht, Egoismus, Hass, Gleichgültigkeit, Vernichtungs- und Zerstörungsgefühlen – und ebensolchen Handlungen. Auch ein »Nichthandeln«, wo vielleicht ein Handeln wichtig wäre, ist verwerflich, wenn wir es aus einer Ignoranz heraus tun.
Da wir immer wieder mit solchen Menschen konfrontiert werden, sollten wir lernen, diese grundsätzlich zu meiden, da sie uns in eine Verwicklung mit diesen Charaktereigenschaften bringen und uns damit sehr schwächen können.

Haben wir gelernt, zu uns zu stehen und uns zu leben und haben wir gleichzeitig die Verantwortung für uns Handeln übernommen, können wir selbstbewusst in die Zukunft blicken, da wir wissen, wir selbst haben die Ursache gesetzt, deren Wirkung weitaus fruchtbarer sein wird, als die einer dauernden Begleichung fremdauferlegter Schuld.

Aber wie steht es nun mit einer wirklichen Schuld? Wir sind nun einmal unvollkommene Wesen, wenn auch lernbereit.
Die Frage ist: Können wir uns ganz frei von Schuld machen?

Ich glaube nicht, dass wir das können. Ich denke aber, wir können sie eingrenzen. Eine Vollkommenheit hier auf Erden gibt es nicht, da wir in einer Polarität leben. Und da gibt es eben gut und böse. Wir sind dem ausgesetzt, darin eingebunden und haben es in uns. Wir dürfen uns immer wieder damit auseinandersetzen, um ein Gleichgewicht herzustellen. Wir dürfen lernen zu unterscheiden und unser Handeln danach auszurichten, was gut und was böse ist. Aber nicht durch eine aufgezwungene, kleinkarierte Fremdbestimmung oder Religiosität, sondern in einer Selbstbestimmtheit und Menschlichkeit, die sowohl eigene als auch übergeordnete Werte hat. Und diese übergeordneten Werte sind für alle gleich, dass wir uns und andere achten sollten. Diese schenken uns Liebe, Geborgenheit, Friede und Freiheit. Immer wieder aufs Neue! Und damit sind wir sowieso schon gut bedient.

Es ist gar nicht so selten, dass unser Ego die Alleinherrschaft über uns hat. Die Seele hockt derweilen zusammengekauert in unseren schwärzesten Verliesen und wartet auf Gnade und Erlösung.
Wenn das Ego jedoch wie eine Streitmacht durch unser Leben kreuzt, wird auch viel kaputt gemacht und wir können uns sehr wohl Schuld aufladen.
Ein zu großes Ego verletzt meistens die Grenzen des Anderen oder achtet sie gar nicht. Ein zu kleines Ego hinterlässt auch beim Gegenüber unnötige Schuldgefühle und gibt eigene Verantwortung und Selbstbestimmtheit ab. Es zeigt sich zu schwach zum Leben, indem es sich nicht wirklich vertritt und damit den Mitmenschen manchmal in eine Täterrolle zwingt. So sucht sich der Täter das Opfer und das Opfer den Täter. Sie brauchen sich! Und jeder bewahrt die Schuld!
Ein vielgelebtes Spiel! Fast so weitverbreitet wie Monopoly!

Doch was hat es jetzt mit den wirklichen Fehlern und der Schuld auf sich?

Diese gibt es natürlich! Sie sind ebenso wichtig, wie nützlich. Es sind quasi die Wachposten in unserem Leben, wenn wir uns verlaufen haben.

Doch da wir auf Wachstum eingestellt sind, hilft uns dieses Erkennen von Fehlern oder unserer Schuld, einen neuen Weg zur Liebe einzuschlagen. Sie kann uns nun zu unserer gesunden Eigenliebe bringen und zu einer Liebe und Achtung der Mitmenschen!
Wenn wir Fehler machen, haben wir immer die Möglichkeit, diese zu revidieren. Genauso ist es mit der Schuld. Wenn wir einen gesunden Bezug zu uns selbst haben, können wir auch erkennen, wann wir uns anderen Menschen gegenüber schuldig machen oder wann wir nur einen Fehler gemacht haben.
Diese Schuld gilt es wieder gut zu machen, um wieder in unser seelisch-geistiges Gleichgewicht zu kommen.
Unser ganzes Leben zielt darauf ab, unser Fehlverhalten, egal ob uns selbst gegenüber oder anderen Menschen gegenüber, zu erkennen und in Liebe umzuwandeln. Wenigstens sollten wir dies versuchen.
Wenn das alle Menschen tun würden, gäbe es ein friedlicheres Miteinander. Und da wir dies nicht alleine im Großen erwarten können, z.B. weltweiten Frieden, müssen wir selbst vor unserer eigenen Haustüre, in unserer Familie, in unserem Freundeskreis, an unserem Arbeitsplatz, kehren.
Wenn unser Gegenüber sieht, dass wir uns wirklich Mühe geben, liebevoll und gerecht zu leben und auch bereit sind, uns eigene begangene Fehler einzugestehen und wieder gutmachen zu wollen, ist auch unser Gegenüber eher bereit, dasselbe tun zu wollen. Wenn wir unsere Fehler und das Wiedergutmachen dieser aufrichtig wünschen, sind wir genau dort, wo wir hingehören.

Das bedeutet aber nicht, dass wir uns um des lieben Friedens Willen kleiner machen müssen. Wir dürfen lernen all die Gefühle, die für uns wirklich wichtig sind, auch auszuleben, auch wenn sie dem anderen nicht passen, solange wir nicht tätlich angreifen oder uns ignorant verhalten.
In unserer Welt der Polarität, gibt es sehr wohl gut und böse. Wir Menschen streben aber eine Entwicklung an, die uns besser, menschlicher und liebevoller werden lassen möchte. Als Ziel steht nicht die

Vollkommenheit selbst, das ist uns hier auf der Welt noch verwehrt, sondern nur unsere eigene Resonanz im Außen zu erleben, damit wir sehen können, wie wir die Liebe umgesetzt haben, wie unsere eigene Liebesbereitschaft in unserem Leben Gestalt annimmt.

Es wird immer wieder Fehler und Schuld in unserem Leben geben. Mit einem Verstehen der Wichtigkeit dieser, erkennen wir auch, dass beides nur besteht, damit wir überhaupt ein Gefühl dafür bekommen, was es wirklich heißt, uns in Liebe zu leben. Nur in dieser Unterschiedlichkeit lernen wir ein Empfinden für Gut und Böse. Damit lernen wir die Freiheit kennen, zu sehen, wie wir leben könnten und unsere Wandlung beginnt. Sofern wir das wollen!

Das Erkennen der eigenen Schuld, bringt uns zur wahren Liebe. Eine Egoschuld muss entschuldigt werden, um wieder unschuldig und damit frei zu werden. Nur wenn wir unsere tatsächliche Schuld erkennen können, lernen wir, wo wir andere Grenzen überschreiten oder, wenn die Schuld gegen uns selbst geht, wo wir unsere Grenzen nicht akzeptieren. Wann ist eine Grenze ein falsches »nein« und wann ein wahres »nein«? Im falschen »nein« (also im Ego-nein) ist niemals die Liebe zu spüren. Höchstens Macht oder Ohnmacht!
Es ist wichtig, richtig mit unserem Erbe, der Schuld, umzugehen. Deshalb sollten wir lernen, wie sich wirkliche Schuld anfühlt. Das gesunde Schuldgefühl kann uns einen Weg weisen, zu spüren, wann wir im Ego sind.
Das Schwierige bei einer Schuldfrage ist leider, dass es uns oft schwer fällt, zu erkennen, wann wir zu sehr im Ego sind und wann wir uns mit unserem gesunden Ego nur selbst vertreten.
Gerade mit dem Verteilen von Schuldgefühlen wurde in unserer Kindheit großzügig umgegangen. Sie wurden als Erziehungsmaßnahme, Drohung oder für die eigene Autoritätsbestätigung eingesetzt. Großzügig und breitflächig!
Jetzt gilt es jedoch, zu hinterfragen, ob eine Schuldzuweisung wirklich Sinn macht oder ob sich jemand nur reiner, größer und besser machen

möchte. Wir sind ja jetzt erwachsen, fit im Geist und haben unseren gesunden Menschenverstand. So Gott will! Wir können unterscheiden lernen zwischen echten und gesunden Schuldgefühlen und den Aufgedrängten, die keinen Sinn ergeben.

Je mehr wir uns zugestehen können, ohne uns einer höllischen Selbstverdammnis auszuliefern, dass wir uns sehr wohl schuldig machen können und wir bereit sind, uns zu entschuldigen, desto mehr Platz hat die Liebe in unserem Leben. Die Gefahr einer neuen Schuld, die vielleicht zur Hintertür hereinkommen möchte, ist kleiner.

Durch unser stetes Hinterfragen und unsere Wachheit ist sie zumindest begrenzt. Unser Ego weiß nun um dessen Beobachtung und die »Schuld« kann immer weniger an andere Menschen oder Situationen, abgegeben werden. Die Selbstverantwortung hat nun Gelegenheit zu wachsen.

Je größer sich das Ego breit macht, da es meint unfehlbar zu sein, desto weniger sind wir zu einer Kurskorrektur bereit. Um Recht zu behalten, versteifen wir uns in unserem Denken. Und es ist erstaunlich, wie schwer sich viele Menschen im Entschuldigen tun.

Wer sich freut ist das Ego. Wieder ein Sieg!

Wir sehen immer wieder, wie wichtig ein Erkennen zwischen falschem Ego und gesundem Ego, welches mit unserem Selbst verbunden ist, sein kann. Ein andauerndes Ausbalancieren, bewusst bleiben und den Weg auf das ausrichten, was wir meinen, dass wahre Liebe in Verbindung mit unserer Persönlichkeit ist.

Um dieses Ausbalancieren überhaupt starten zu können, müssen wir als erstes wissen, wer wir wirklich sind. Wenn wir wissen, wer wir sind, können wir sehr wohl auch erkennen, wann wir uns für unser Selbst und unser Wohl einsetzen und wann wir uns für unser Ego und unsere Rechthaberei einsetzen und damit den Anderen nicht mehr sehen können. Aufgrund unserer Unvollkommenheit werden wir immer wieder Fehler in unserem Leben machen. Dieses anzuerkennen ist hilfreich, um auch gleichzeitig eine Gegenmaßnahme, nämlich sich zu entschuldigen, ergreifen zu können.

Einige religiöse Menschen oder Esoteriker meinen so gut und brav zu sein, dass ihnen keine groben Fehler unterlaufen würden. Vielleicht klitzekleine Notlügen, winzige Angriffe auf einen Mitmenschen oder ein eben unbewusstes Handeln. Denn im unbewussten Handeln steckt ihrer Ansicht nach ja nicht wirklich etwas Böses. Viele Menschen meinen, mit einer Portion Unbewusstheit ist man eh ganz gut aus dem Schneider.
Aber wie heißt es in unseren Gesetzbüchern: Nichtwissen wird ebenso geahndet wie bewusst verkehrtes Handeln!

Gar nicht mal so schlecht!

Viele von uns haben bestimmt schon erlebt, wie es um uns bestellt war, wenn uns jemand etwas Böses angetan hat, bewusst oder unbewusst, sich aber nur sehr halbherzig und nur über ein Aufbäumen seines Ego's, entschuldigen konnte.
Das kam meistens gar nicht gut an und wir konnten auch nicht wirklich verzeihen.
Wenn er sich aber von ganzem Herzen entschuldigt hat und wir sehen konnten, dass es ihn selbst zutiefst belastet hat, dass er Unrecht tat, fiel es leichter, ihm zu verzeihen. Und die begangene Tat war dann wirklich aus der Welt. Nichts lag nun »unterm Teppich« um zu gegebener Zeit hervorspringen zu können. Dies sind dann eher die halbherzig entschuldigten Dinge, die bei jedem Streit unermüdlich wieder hervorgeholt werden und zu einem Dauerschlager werden können.
Oft ist es der Mann, der darüber ein Lied singen könnte, wenn von Seiten seiner Frau zum hunderttausensten Mal Vorhaltungen kommen, weil er dies oder jenes in der Vergangenheit getan hatte. Da wäre die Frage wichtig, mit welcher Aufrichtigkeit er sich und ob er sich überhaupt, bei seiner Frau entschuldigt hat?

Bei der Entschuldigung, die nur halbherzig gegeben wurde, war die Tat nie wirklich gesühnt worden. Deshalb kommt sie wahrscheinlich bei jedem neuen Streit wieder aufs Tablett. Jahrelang! Und das ist der

Unterschied zwischen dem wirklichen Einsehen eines Fehlverhaltens, dem aufrichtigen Entschuldigen und der geheuchelten Entschuldigung oder der Schuld, die nicht wirklich eingestanden wurde.
Wir sehen wie wichtig der Wechsel ist, zwischen fest zu uns zu stehen, um unsere Persönlichkeit leben zu können, aber auch sich klein, verletzlich und fehlerhaft zeigen zu können.
Können wir diese Ehrlichkeit leben, ist zumindest unser Seelenheil im Gleichgewicht. Und das des Anderen hat zumindest eine größere Gelegenheit sich davon etwas abschauen zu können.
Damit ist wieder ein Stückchen Frieden auf die Welt gekommen. Ich denke, im Kleinen steckt so viel wirklich Großes. Probieren Sie es aus!

Nie eine Schuld bei sich zu sehen, lässt uns zu stark im Ego verhaftet sein (Ego will mich schützen: ich bin gut). Viele fürchten wie der Teufel das Weihwasser Kritik oder ein eigenes Schuldeingeständnis. Sie sehen nicht die Möglichkeit damit frei zu sein. Frei, weil nichts mehr versteckt werden muss. Aber mit einem dauernden Abwehrverhalten hat die wirkliche Freiheit keinen Platz.
Wir können natürlich mit unserem Ego in einer Illusion bleiben, wie unfehlbar wir doch sind.

Solange wir hier auf dieser Erde leben, ist es wichtig, denke ich, achtsam mit unserem Leben umzugehen, aufzuräumen, immer wieder zu hinterfragen, warum wir dieses oder jenes tun, uns kennenzulernen und verstehen zu wollen. Sehen und lernen, was will ich und was will ich nicht in meinem Leben. Mich nicht mehr moralisch fremdbestimmen lassen. Wann mache ich einfach nur Fehler und wann mache ich mich tatsächlich schuldig? Da heißt es, unterscheiden lernen.

Aufzuräumen bedeutet auch, uns von dem zu entfernen und zu befreien, was uns nicht gut tut. Wenn wir zu höheren Werten gelangen wollen, müssen wir uns von altem Unguten befreien. Alles, was nicht mehr zu uns gehört, sollte auch aus unserem Lebensraum, sonst sind wir damit immer noch auf gewisse Weise verbunden. Uns von nicht mehr zu uns

passenden Dingen, Menschen oder Situationen nicht zu befreien heißt in manchen Fällen, uns von Vergangenem nicht wegbewegen zu können. Am Alten festzuhalten!
Uns weiter zu entwickeln bedeutet, Flügel zu bekommen, um in unsere selbstbestimmte Freiheit zu fliegen. Manchmal haben wir auch Angst zu fliegen! Immerhin haben wir ja unser Leben lang Zeit!
Eine Selbsterkenntnis befähigt uns, unser Verhalten selbst einschätzen zu können. Wann haben wir uns wirklich schuldig gemacht, indem wir einen anderen Menschen grob missachtet, verwunschen, verurteilt, angegriffen oder weggesehen haben, oder ihm sogar körperliches Leid zugefügt haben.

Aber auch ein Zulassen einer Ungerechtigkeit an uns selbst oder an anderen, kann uns schuldig werden lassen.

Hierzu ein sehr schöner Spruch von Goethe, der dies direkt und ohne Schnörkel benennt: »Was du billigst noch so fern, wird nach Tagen oder Wochen so, als hätt`st du`s selbst gesprochen!«

Wir können drei Schuldtypen einordnen:

Der, der sich immer schuldig fühlt;
Der, der sich nie schuldig fühlt;
Der, der sich genau einzuordnen weiß.

Welcher Typ sind Sie?

Minderwertigkeitsgefühl

Schuldgefühle

keine Schuldgefühle
Überlegenheitsgefühle

Gesunder Selbstwert
= Gleichgewicht

Minderwertigkeitsgefühl

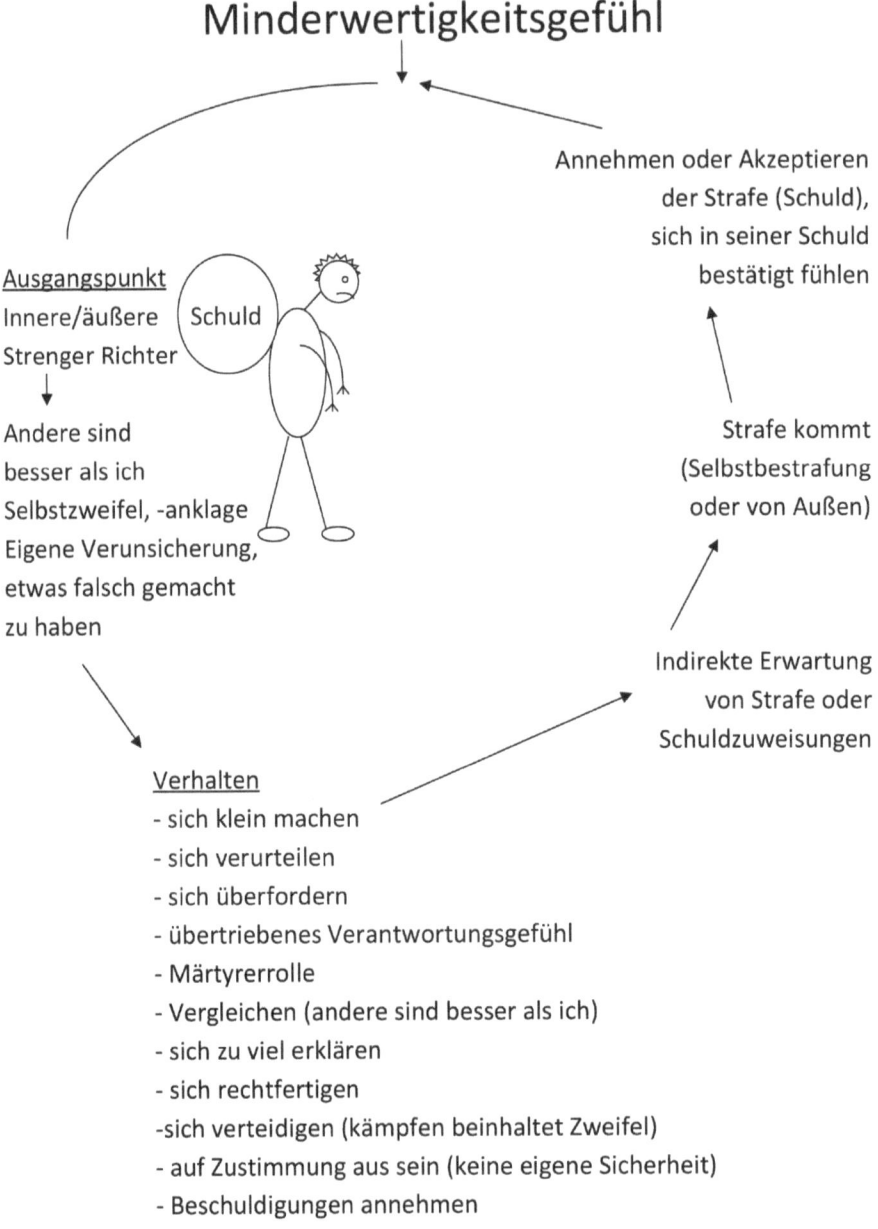

Ausgangspunkt
Innere/äußere
Strenger Richter

Andere sind
besser als ich
Selbstzweifel, -anklage
Eigene Verunsicherung,
etwas falsch gemacht
zu haben

Schuld

Annehmen oder Akzeptieren
der Strafe (Schuld),
sich in seiner Schuld
bestätigt fühlen

Strafe kommt
(Selbstbestrafung
oder von Außen)

Indirekte Erwartung
von Strafe oder
Schuldzuweisungen

Verhalten
- sich klein machen
- sich verurteilen
- sich überfordern
- übertriebenes Verantwortungsgefühl
- Märtyrerrolle
- Vergleichen (andere sind besser als ich)
- sich zu viel erklären
- sich rechtfertigen
-sich verteidigen (kämpfen beinhaltet Zweifel)
- auf Zustimmung aus sein (keine eigene Sicherheit)
- Beschuldigungen annehmen

Minderwertigkeitsgefühl

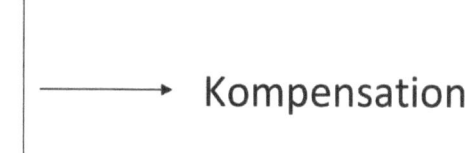 Kompensation

Überlegenheitskomplex

Sich nicht hinterfragen
Falsche Selbsteinschätzung
Ich bin so toll
Ich kann alles
Ich bin super wichtig
Jeder will mich
Keine Selbstzweifel

Schuldzuschiebung
keine Kritik annehmen
selbstgerecht
kein Schuldbewusstsein
kein Strafbewusstsein

Sich aufdrängen
Andere überfahren, unterdrücken
Andere müssen kleiner sein, damit er größer ist
Sich wichtig machen, überbewerten
Unfehlbar sein
Unschuldig

Fazit bei einer ungerechten Schuldzuweisung:

-Wenn der Unschuldige eine Schuldzuweisung annimmt oder sich zu viel rechtfertigt, fühlt sich der Überlegene bestätigt.

-Der Überlegene betreibt Selbstbehauptung auf Kosten des Unterlegenen.

-Je schuldiger sich der Unterlegene fühlt, desto stärker und besser fühlt sich der Überlegene selbst.

- Der Überlegene hat meist keine Einsichten seiner eigenen Schuld, da sonst die Größe seiner Position gefährdet wäre.

Gesunder Selbstwert, gesundes Gleichgewicht

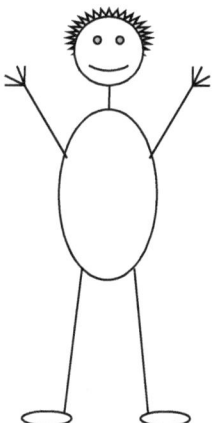

Sich selbst kennen (hinterfragen)
Anerkennen seiner Schwachstellen
Kein strafender Richter
Achtung vor sich und dem anderen
Recht auf Individualität
Gleichwertigkeit leben
Sich auf keine imaginäre Schuld einlassen
Angst vor Strafe ablegen
Konsequenzen zulassen
Zu sich stehen (kein kleiner / größer machen)

1. Erkennen von wirklicher Schuld (gesetzeswidriges oder unsoziales Verhalten Anderen gegenüber)

↓

2. Eingestehen seines Fehlverhaltens
Nichtannahme von Fremdbeschuldigungen

↓

3. Konsequenz ohne Murren und Klagen annehmen

↓

4. Entschuldigen
- Strafzettel bezahlen
- von Herzen entschuldigen

↓

Schuld ist aufgehoben, Gleichgewicht ist hergestellt

↓

Kein gärendes Schuldgefühl
Kein weiteres Schuldgefühl
Keine Altlasten (unterm Teppich)

Gut und Böse

Der Königsweg zwischen Gut und Böse ist Bewusstheit

Als erstes wäre es hilfreich, wenn wir unsere innere Wertung, was Gut und was Böse ist, einmal bei Seite legen könnten.
Wir leben in einer Welt der Polarität, das ist wahr!
Ich bin überzeugt, in dieser Polarität kann nichts getrennt oder einzeln existieren. Beides ist eins!

Wir sehen meist nur eine Seite der Medaille. Da eine Seite alleine aber nicht existieren kann ohne den Gegenpol, die andere Seite der Medaille auf den Plan zu rufen, begegnet uns unwillkürlich die abgelehnte Seite auf irgendeine Weise dann doch noch. Entweder durch Menschen oder Situationen die uns dann in ein Gleichgewicht bringen. Das Verleugnen einer Seite ist auf Dauer also nicht wirklich weise.

Der eine Pol zieht automatisch den anderen Pol nach sich, da die eine Seite, die andere benötigt um nicht aus dem Gleichgewicht zu fallen. Diese Polarität zeigt sich auch in den Naturgesetzen von Ebbe und Flut, Tag und Nacht, Sommer und Winter usw.
Auch das Gute hat seinen Gegenpol, das Böse, mit vielen Abstufungen dazwischen.
Wir Menschen neigen dazu, wenn es um das Akzeptieren von fremden Werten und Lebensvorstellungen geht, eine sehr zielsichere und schnelle Bewertung abzugeben. Als hätten wir die wirkliche Weisheit, was denn nun richtig ist und zwar für alle Menschen, schon mit der Muttermilch aufgenommen und wüssten genauestens Bescheid.

Heißt das nun, es ist egal, was wir leben, da sich anscheinend beides

gegenseitig notwendig macht oder gegenseitig nach sich zieht, weil es zusammen gehört wie Adam und Eva?
Ich denke grundsätzlich drängt es den Menschen dahin, sich zu verbessern. Sei es die eigene Person, irgendwelche Qualitätsansprüche oder Situationen!

Doch erst einmal sollten wir einen Blick auf das »Böse« werfen!
Was heißt oder vielmehr, was bedeutet für uns dieses »Böse«?
Ist es nicht so, dass vieles, was unserem Weltbild, unserem Sein und unserer Lebensphilosophie entgegensteht, für uns Menschen in erster Instanz schon eine Bedrohung darstellt oder böse ist?
Mehr oder weniger!
Je weiter weg, das »Anderssein« von unserer eigenen kleinen Welt ist, desto gleichgültiger und toleranter können wir damit umgehen. Ja, da können wir mit unserer Meinung sehr großzügig werden und manch »Gelassener und Toleranter« kann sogar, man kann dies nur staunend bewundern, jeden Menschen so lassen, wie er eben ist!
Unser trainierter Verstand macht uns schließlich intellektuell drauf aufmerksam, dass es so etwas wie »Gleichberechtigung« gibt und keine andere Einstellung verurteilt werden darf.
Schließlich haben wir schon hunderte von Büchern gelesen, die uns immer wieder darauf aufmerksam machen, jeder Mensch ist gut so wie er ist. Wir sind ja sowas wie Brüder und Schwestern! Eine große Familie!
Aus einer noch höheren Warte gesehen, sind wir schließlich ein großes Ganzes!

Der Eine oder Andere »Ich-kann-alles-akzeptieren-Infizierte« fühlt sich sicher, groß und über den Dingen stehend. Er weiß schließlich Bescheid! Es geht um ein großes »Akzeptieren von allem was ist«. Diese Einstellung ist nicht verkehrt! Oder doch?
Bei näherem Hinsehen, sieht die so oft zur Schau getragene Akzeptanz im eigenen häuslichen, beruflichen, familiären und partnerschaftlichen Bereich ganz anders aus.
Erst wenn ein Schwarzer, ein Moslem oder ein Hippie um die Hand

unserer Tochter anhält, bröckelt unsere liberale Lebenseinstellung. Dann zeigt sich unsere wahre Einstellung: Schwarze sind primitiv, ein Moslem unterdrückt seine Frau und Hippies sind arme Schlucker und können keine Familie ernähren und glücklich machen.
Da entpuppt sich die sichergeglaubte Akzeptanz des Anderen, oder seiner Lebensphilosophie regelrecht als Bedrohung unserer eigenen heilen Welt. Alle Gelassenheit ist auf Nimmerwiedersehen verschwunden.
Was würden Sie sagen, wenn ihre heißgeliebte Tochter ankündigen würde, sie werde jetzt Edelprostituierte, weil das ihr Traumjob wäre!? Das ist der Punkt, an dem wir beginnen, mit unserem eigenen aber nicht wirklich hinterfragten Wertesystem zu arbeiten. Meist unbewusst, schnell und zielsicher! Wir gehen in das Urteilen, noch schlimmer, in das Verurteilen.

Einige von uns meinen, schon einen gewissen Grad an Erleuchtung zu besitzen und deshalb könnten sie auch auf all das Böse in der Welt aufmerksam machen. Das heißt nicht unbedingt, dass sie etwas sehen, was nicht da ist. Da draußen ist auch viel Böses. Aber da draußen ist es leichter zu sehen als vor unserer eigenen Türe oder sogar in uns selbst.

Aber sind wir tatsächlich schon so gut und rein, dass wir wie paralysiert auf das Böse in der Welt oder den Menschen sehen müssen und es bekämpfen wollen?

Ich bestreite nicht, dass es viel Böses in unserer Welt gibt. Aber wo liegt unser Schwergewicht im Betrachten unserer Welt? Welche inneren Signale setzen wir? Oder sind wir am Kämpfen gegen das Böse, wollen es nicht akzeptieren? Unsere Welt ist nun einmal gut und böse! Ob wir wollen oder nicht! Dagegen können wir kämpfen wie wir wollen. Wir holen dadurch das Böse höchstens zur Hintertür wieder rein. Denn wir können in unserer Welt nichts bekämpfen. Mit einem Kampf geben wir höchstens unsere ganze Energie und Aufmerksamkeit hinein und lassen es noch größer werden. Und wir werden dabei schwächer, da ein Kampf Kraft nimmt und nicht schenkt.

Einige Menschen meinen, sich vor dem Bösen in der Welt schützen zu müssen,
Wir brauchen uns nicht in einen Wehrturm zu sperren, weil die Welt da draußen so schlecht ist. Wir müssen uns nur immer wieder positiv ausrichten. Wenn wir lernen, auch unsere dunklen Seiten anzuerkennen und auch unseren Mitmenschen Fehler zuzugestehen, ohne dass wir uns als Richter aufspielen, dann brauchen wir uns auch nicht mehr schützen. Plötzlich ist die Welt gut und eben schlecht! Und wenn wir uns auf das Gute konzentrieren, haben wir zumindest eine größere Gelegenheit auch mit diesem vermehrt in Kontakt zu kommen. Das Böse ist da, ob wir uns jetzt darauf konzentrieren oder nicht. Es gehört zu unserer Welt! Leider, ja!
Wir können einzig und alleine schauen, dass wir selbst einen positiven Weg gehen können.
Ich weiß, es ist nicht leicht, sich positiv auszurichten, wenn man das Treiben der Welt beobachtet. Und doch ist es die einzige Möglichkeit um nicht in dem Strudel der Welt unterzugehen.
Und es ist absolut wichtig zu verstehen, warum es soviel Böses auf der Welt gibt. Es resultiert aus den vielen Unterdrückungen, die weltweit geschehen, der Armut, der Gier, der Macht, der Selbstgerechtigkeit gewisser Politiker usw.). Solange das gefördert wird und das wird es, siehe Religionen, alle Macht- und Manipulationsstrukturen in der Gesellschaft und unsere eigene Kleinhaltung und die Förderung unserer emotionalen, sozialen und moralischen Verrohung durch die Filmindustrie und Computerspiele. Da brauchen wir uns nicht wundern, dass es soviel Böses gibt.
Wo früher der bekannte Filmproduzent Alfred Hitchcock gruselige Szenen nur andeutete, muss heutzutage das Blut aus dem Kopf eines Angeschossenen im Herzrhythmustakt in Nahaufnahme herausspritzen. Ja glauben wir wirklich, das mache nichts mit uns?

Sollten wir mit irgendeinem Thema aber ganz besonders in Resonanz gehen, das heißt, wenn uns gewisse Themen furchtbar aufregen und wir uns so richtig schön ereifern können, haben wir es höchstwahrscheinlich mit einem verdrängten Persönlichkeitsanteil zu tun, den wir an uns selbst nicht sehen können oder wir haben eine dementsprechenden Aufgabe, die wir klären und angehen sollten. Vielleicht selbst liebevoller zu sein? Entweder zu anderen oder zu uns selbst! Vielleicht geht es auch nur um ein Akzeptieren einer eben grausamen Realität.

Was es genau ist, muss jeder für sich selbst heraus finden.

Fest steht, wir wollen meist GUT, EDEL, WEISE und WELTOFFEN sein.
Wobei wir gerade damit wieder beginnen in die Einseitigkeit zurück zu fallen und dadurch den Gegenpol verdrängen. Somit ziehen wir ihn erst recht an, oder sehen ihn plötzlich groß und deutlich in der Welt.
Wir haben den Wunsch, wieder in einem friedlichen Paradies zu leben, sind aber selbst innerlich mit unseren Gedanken, Meinungen und Taten weit weg von diesen paradiesischen Zuständen.
Die Frage ist: Warum wollen wir GUT, EDEL, WEISE und WELTOFFEN sein?
Was ist so Wunderbares daran, so heilsversprechend, dass wir uns gerne selbst auf dieses kleine Treppchen »ich habe es geschafft«, stellen? Wo wir uns kasteien und befehlen zu den Reinsten und Erleuchteten zu gehören. Gottgleich! Warum fällt es uns so schwer, eigene »böse« Anteile anzuschauen? Warum schmerzt uns eine Kritik so sehr, dass wir in eine Abwehr oder in einen Gegenangriff übergehen. Warum fällt es uns so schwer zu sagen: »Oh ja wirklich? Danke, dass du mich darauf aufmerksam gemacht hast! Ich werde das in meinem Leben überprüfen!«

Ich denke, unsere größte Angst ist einfach böse oder schuldig zu sein. Und deshalb ist es für uns so wichtig, über diese Themen genau Bescheid zu wissen.
Die ganze Geschichte der Religionen und Politik, aber auch die Erziehung möchten die Menschen dahin führen, dass sie handzahm sind. Und wenn wir gut sind, bedeutet dies für uns oft, wir handeln uns damit keinen Ärger ein, ersparen uns unangenehme Auseinandersetzungen

und böse Folgen. Und diese Folgen könnten uns aus dem Dunstkreis der »Anerkannten und Richtigen« schließen. Dann wären wir Außenseiter. Und das wollen die wenigsten sein.

Handzahme Menschen sind leichter zu lenken. Und wie unsere Geschichten von Macht und Machtmissbrauch zeigen, ist ein Fußvolk wichtig. Mit einem Fußvolk kann Macht erst richtig gelebt werden.
Gibt es denn Menschen, die sich freiwillig zum Fußvolk erklären lassen?

Oh ja, die gibt es zu genüge. Menschen, die sich keine eigenen Gedanken machen möchten! Die viel lieber mit dem gewöhnlichen Mopp mitlaufen. Sich aber hinter vorgehaltener Hand immer beschweren und beklagen, weil die Regierung, die Religion oder sonstige Führer so furchtbar, gemein und dumm sind.
In privater, bierlauniger Runde regen sie sich fürchterlich über hirnrissige oder stümperhafte Entscheidungen der Legislative auf.
Sie selbst könnten natürlich viel besser regieren, verwalten oder bestimmen! Aber als kleiner Mann/Frau haben sie ja keine Möglichkeit! Hierbei übersehen sie ihren Teil, den sie sehr wohl übernehmen könnten. Und zwar in ihrer eigenen Familie, ihrer eigenen Beziehung, an ihrem Arbeitsplatz oder in ihrer Rolle als Chef! Wenn wir da einmal genau hinsehen merken wir sehr schnell, dass das angebliche Besserwissen nur Geschwätz ist.
Vor vielen Jahren hatte ich einmal eine Bekannte, die sehr mit Engeln und Engelsbotschaften liebäugelte. Sie selbst habe einen direkten Draht zu Jesus Christus. Sie wäre schon so weit, dass sie all das Böse auf der Welt gar nicht mehr ertragen könnte (da kann ich sie ja noch verstehen), dass sie so zartfühlend sei, dass sie selbst schon fast engelsgleich sei.….. Scharfe Worte könne sie überhaupt nicht ertragen und bei Streitereien bekäme sie regelrecht Bauchweh….!Auf der anderen Seite war sie jedoch eine knallharte Geschäftsfrau, die Fehler ihrer Angestellten mit Argusaugen betrachtete, ihre Mitarbeiter hart verurteilte und über sie in lästerlicher Art und Weise herzog. Ich sagte zu ihr immer, sie habe zwei Gesichter, worauf sie ohne Umschweife antwortete, als Chefin

müsse sie sich eine gewisse Strenge erhalten, sonst verliere sie ihre Autorität! Wow! Wie engelsgleich! Warum schließt ein Engelsgleichsein eine Autorität aus? Ganz einfach! Weil für diese Chefin Autorität eine gewisse Strenge bedeutete. Es sind also zwei Gegensätze, die weit von einander entfernt sind. Ihr engelsgleich sein wollen ist der Gegensatz zu ihrem streng sein müssen. Privat engelsgleich und beruflich streng. Hier sehen wir sehr deutlich, wie das Eine unbemerkt das Andere hervorbringt. Wenn auch völlig unerkannt! Für mich stach es damals schon verdächtig heraus. Deswegen bin ich immer alarmiert, wenn ich Personen kennen lerne, die sagen, sie wären nur gut und wünschten sich nur Harmonie und Frieden. Wenn einer das so betonen muss, ist seine dunkle Seite auch nicht weit. Bisher hat sich die andere Seite dann auch prompt gezeigt.

Aber warum ließen sich die Mitarbeiter dies gefallen? Als ich damals nachforschte, bemerkte ich, dass sich zwar viele über die engelsgleiche Chefin beschwerten, aber nicht die Verantwortung auf sich nehmen wollten, diese Ungerechtigkeiten einmal zur Sprache zu bringen. Da war viel Angst da. Angst rausgeschmissen zu werden, Unannehmlichkeiten zu bekommen, nicht mehr lieb und nett zu sein oder auch einfach nur die Angst, zu sich zu stehen, daher wurde die Verantwortung abgegeben: Ich misch mich in gar nichts ein!

Aber es ist nicht nur die Angst, die einige Menschen hemmt. Viele Menschen wollen manchmal auch nur geführt werden und nehmen lieber alles Mögliche in Kauf, egal wie falsch und ungerecht es vielleicht sein mag. Damit geben sie Verantwortung ab und können sogar einen Machtmissbrauch fördern. Wenige machen sich eigene Gedanken und handeln auch danach.

Durch ein unkritisches Akzeptieren sind schon immer auch Kriege entstanden.
Ein akzeptierendes Volk tut immer gut (denken wir nur an Göbbels Ausspruch: »Wollt ihr den totalen Krieg?« Eine jubelnde Menge schloss sich ihm an.)!

Einen Zuspruch für alles zu geben, ohne eigenes kritisches Hinterfragen kann sehr praktisch sein und viele Vorteile bringen. Vor allem, wenn dadurch alle Verantwortung demjenigen zugeschoben werden darf, der letztendlich ihren Geldbeutel leert und ihnen die eigene Selbstverantwortung abnimmt, dafür eine Sicherheit auf Zeit gibt.
Was für eine wunderbare Symbiose!

Sollte es besser sein, dass jeder Mensch denken kann was er will und eigene Lebensvorstellungen entwickelt? Dies würde ja heißen, jeder lebt wie er will! Wo sind denn da noch der große Überblick und die Ordnung? Ist es nicht wichtig, alles im Griff zu haben und zu kontrollieren? Und um kontrollieren zu können benötigen wir natürlich auch ein Wertesystem, welches belegen kann, was gut (förderlich) und was böse (hinderlich) ist. Für denjenigen der kontrolliert, versteht sich!
Schließlich hat jener die Verantwortung für seine Schäfchen, die ihre eigene Verantwortung wie selbstverständlich abtreten, um sich führen zu lassen.

»Gut« ist also grob gesagt, was für uns förderlich ist und böse ist, was für uns hinderlich ist. So haben wir es selbst vorgelebt bekommen.

So arbeiten große Organisationen, Religionen, die Weltpolitik!

Die Hühner richten sich nach dem Gockel, der Schwache nach dem Starken! Und wir Menschen betreiben dasselbe Spiel in unserer, ganz kleinen partnerschaftlichen oder familiären Welt.
Der Mächtige (der, seine eigenen Regeln macht,) unterdrückt leichter den Schwächeren!
Am deutlichsten können wir dies in der Kindererziehung erleben. Eltern sind meist die Mächtigen. Sie bestimmen, wo es lang geht, unabhängig von Wünschen, Meinungen, Vorlieben oder Charakterzügen ihrer Schützlinge. Oft gnadenlos! Bis diese groß und stark werden und selbst Unterdrücker werden! Dann machen sie oft das Gegenteil von dem, was die Eltern von ihnen erwarten. Sie spüren ihre eigene wachsende

Stärke und unterjochen nicht selten ihrerseits ihre Eltern durch Trotz, Aggression oder sonstige Angriffe und geben somit oft alles zurück, was sie selbst erleiden mussten.
Doch die wenigsten wollen die Brille der Fremdbestimmung abnehmen. Entweder aus Angst vor Eigenverantwortung, aus Angst vor Bestrafung und Ablehnung oder aus Angst vor dem eigenen Autoritätsverlust.
Das Ergebnis bleibt dasselbe. Es ist die Angst vor der eigenen Schwäche aber auch vor der eigenen Stärke.
Der Mächtige oder Stärkere (meist haben diese ein übergroßes Ego und sind im tiefsten Inneren von überwältigenden Minderwertigkeitsgefühlen geplagt) benötigt aber einen Schwächeren, dem er befehlen kann. Er kann gar keine wirkliche Gleichberechtigung dulden, sonst wäre ja sein Podest, auf welches er sich begibt wirkungslos (zwei Könige im Land sind einer zu viel).
Wollen wir ihm aber nicht alle Schuld zuschieben. Er wird auch vom Schwächeren genötigt, eine Werteskala zu benutzen, die er für richtig hält, da der Schwache sonst in seine eigene Selbstverantwortung (er müsste sich selbst hinterfragen, was für IHN richtig oder falsch, gut oder böse ist) käme. Und viele Menschen wollen sich keine eigenen Gedanken machen. Es ist unglaublich, obwohl uns, was weiß ich, wie viel Gedanken am Tag unkontrolliert durch den Kopf gehen, selbstgesteuertes Denken wollen wir nicht!

Haben wir nicht wirklich einen gesunden Selbstwert (ich glaube, die wenigsten haben ihn), neigen wir dazu, uns zu entscheiden:
Will ich schwach sein, selbstverantwortungslos, mich nicht selbst behaupten wollen und unmündig sein (kann natürlich auch sehr bequem sein: mach du mal! Ich bin nur ein Opfer), oder will ich es mir beweisen, indem ich allen und jedem zeige: Mit mir nicht! Ich zeige allen wie stark und erbarmungslos ich mich durchsetzen kann. Denn da muss ja wohl ein besonders großes Selbstbewusstsein sein (Täter). Meist ist es jedoch ein Gemisch aus beidem, je nach Situation und wirklichem Selbstwert.

So ist immer wieder dieses Muster zu sehen, im Kleinen wie im Großen. Einer bestimmt, was gut und was schlecht ist und die Gefolgschaft zögert keinen Augenblick, dies in Frage zu stellen.
So funktioniert auch unsere Gesellschaft.
Natürlich ist es wichtig im Zusammenleben mit mehreren Menschen, dass es gewisse Regeln gibt.
Aber diese Regeln sollten nur als Hinweis dienen, wo die eigenen Grenzen aufhören und die der anderen beginnen.
Würden wir diese Regeln pflegen, könnten wir uns eine Menge Verbote und Gebote sparen.
Aber da ist wieder die Angst vor dem großen Chaos! Was wäre, wenn jeder sich selbst leben würde?
Aber ist nicht genau diese Frage gleichzeitig unsere Antwort auf die vielgestellte Sinnfrage des Lebens überhaupt? Geht es nicht um genau diese Aufgabe, sich selbst zu leben?

Wir Menschen haben soviel Ehrfurcht vor dem Bösen, dass wir vor lauter Ehr – furcht oft zu genau diesem werden, wenn auch (vielleicht) in einer anderen Größenordnung oder in einer sehr versteckten und unbewussten Art und Weise!
Ging es Ihnen in jungen Jahren manchmal auch so, dass Sie Eigenschaften von Ihren Eltern total ablehnten, ja sogar verurteilten und dann in späteren Jahren ähnliche Eigenschaften an sich selbst entdeckten?

Die Furcht zieht das an, was wir fürchten.
Noch einmal zurück zu unseren Wertungen. Muss es denn gleich böse sein, wenn jemand vielleicht einfach nur anders ist? Es ist unsere Betrachtungsweise und unsere Wertung, die schnell in Gut und Böse einteilt. Vielleicht stört ein »Anderssein« einen reibungslosen Ablauf unseres Alltags. Oder machen wir ETWAS (eine Handlung, eine Tat, einen Menschen usw.) zu gut und böse, damit wir selbst ganz oben auf dem Siegertreppchen stehen dürfen? Wir, die Guten und die Besserwissenden?

Diese Wertungen teilen auf in durchgefallen oder bestanden.
Wir wurden erzogen, zu »bestehen«, um Anerkennung und somit Liebe zu erhalten.
Liebe und Anerkennung sind wichtig für ein heranreifendes Kind, aber auch für einen Erwachsenen. Anerkennung schenkt uns positive Aufmerksamkeit und damit das Gefühl »Dazu-zugehören« und richtig zu sein.
Wir alle (oder fast alle) sind einem bestimmten Gruppenzwang ausgeliefert. Dies kommt bestimmt aus weiter Vergangenheit, wo wir nur als Gruppe überleben konnten. Dies ist heute noch in Naturvölkern zu beobachten, wo ein Ausschluss aus der Gemeinschaft einem Todesurteil gleich kommt. Bei den Eskimos war es so, dass sich die Alten, die sich dem Tod nahe wussten, der Geborgenheit ihrer Gemeinschaft entzogen, indem sie ihren Stamm verließen, um alleine und schutzlos ins weite Eis, den sicheren Tod zu gehen.

Und noch einmal zurück nach Eden: Gut und Böse…
Wäre es nicht treffender zukünftig in verschiedenen Situationen nicht gleich mit »gut und böse« zu werten, sondern mit einer neuen Wertung: »Gut und Anders«?

Ich denke, aus der Wertung kommen wir nicht heraus und dies ist auch gut und wichtig so. Jeder Mensch ist ein Individuum und hat andere Interessen, Neigungen und Vorstellungen. Es können nicht alle Mensch GLEICH sein. Aber wir dürfen ANDERS sein! Auch ohne in den Abgrund der »Schlechtigkeit« zu rutschen!
Mit diesem »gut und anders« kommen wir aus der Tretmühle der Verurteilung heraus.
Wir stellen damit unsere eigene Züchtigung, Bestrafung und damit auch Selbstverleugnung ein.
Wir haben damit auch nicht mehr den Wunsch, Jesus (damit meine ich die meisten Pseudoheiler, Weisheitsapostel und Weltverbesserer) oder Mutter Teresa zu werden, um dadurch Gott näher zu sein und damit dem Himmel oder dem Paradies, um endlich dort unsere Belohnung

für soviel Qual, Verzicht und eigene Demütigung zu erhalten. Ist nur schade, dass wir nicht sicher sein können, ob dieses dann wirklich so eintritt, wenn wir uns, nach all den Mühen von dannen machen!

Ich sehe es als einen guten Weg, wenn wir uns unserer lichten Seiten, aber auch unserer Schattenseiten bewusst werden und lernen, einen bewussten Weg zwischen diesen zwei Seiten zu gehen.

Eine kleine Geschichte:
Als ich mich mit diesem Thema beschäftigte, hatte ich einen Freund, der sich nichts darum scherte, ob er jetzt für einen anderen Menschen gut oder böse war. Ich regte mich immer wieder fürchterlich über ihn auf und prophezeite ihm seinen persönlichen Untergang, wenn er so weiter machte. Sicherlich hatte er natürlich auch eine etwas egoistische Einstellung! Und ich wollte, dass er lieb und nett wurde, damit wir zusammen bleiben konnten. Damit er endlich einsehen konnte, wie wenig beziehungsfähig er durch sein Handeln war, wollte ich ihn moralisch dazu bringen, sich zu verändern, um mit mir endlich eine richtige Beziehung zu leben. Somit hätte ich es auch leichter gehabt, denn ich bräuchte mich nicht mehr damit auseinandersetzen, warum ich einen Menschen, der nicht zu mir passte, nicht einfach gehen lassen konnte. Also, im Nachhinein war mein so weiser Aufruf, nicht ganz uneigennützig.
Aber dadurch, dass ich ja die Liebe predigte, musste ich doch im Recht sein?! Ja, ist das wirklich so?
Als ich ihm erklären wollte, wie wichtig es ist »gut« zu sein und wie sehr er sich in seinem Verhalten verlaufen habe, meinte er ganz trocken: »Sabine, du kannst das nicht so behaupten. Weißt du denn, was ich in diesem Leben zu lernen habe? In welcher Entwicklung ich gerade stecke? Vielleicht ist gerade diese Erfahrung, die ich mit meiner Einstellung mache und machen werde, sehr wichtig für mich. Wer gibt dir das Recht zu sagen, ich bin auf einem verkehrten Weg?«
Wumm!! Das saß!

Und ich machte mir wieder einmal große Gedanken darüber, inwieweit wir anderen Menschen wirklich sagen können, was gut oder böse ist. Manchmal lernen wir erst etwas dazu, wenn wir gelernt haben, dass ein von uns gewählter Weg falsch war. Wir lernen durch unsere eigenen Fehler! Und wenn ich bei mir so zurücksehe, muss ich gestehen: Durch meine eigenen Fehler konnte ich am besten lernen und das Erlernte nachhaltig in meine Persönlichkeit integrieren!
Und um diese Erfahrung dürfen wir niemanden bringen! Auch uns selbst nicht!
Seit dieser Erkenntnis bin ich viel vorsichtiger im Werten. Auch mir selbst gegenüber.
Es brachte mir die unglaubliche Einsicht, wie schnell wir auch mit guten Ratschlägen ins Urteilen oder Verurteilen kommen können.

Und natürlich gibt es auch Böses. Wirklich Böses auf der Welt! Immer da, wo andere Menschen übervorteilt werden, Gewalt und Niedertracht im Spiel ist, wo Grenzen des anderen massiv verletzt werden, wo Ungerechtigkeiten andere Menschen in die Knie zwingen und dort, wo Mord und Totschlag herrscht. Und einiges mehr!

Es ist wichtig, nicht die Augen zu verschließen, zu sehen, zu sprechen und zu handeln, wo dies auftritt. Aber wir dürfen lernen, nicht vorschnell zu urteilen.

Wir Menschen neigen durch unsere Entweder-Oder-Haltung dazu, immer nur eine Seite sehen zu können. Oder hauptsächlich!

Wir möchten dann aufmerksam machen.... entweder auf das Gute oder auf das Schlechte in der Welt!
Am stärksten beobachte ich dies momentan auf Facebook. Manche sprechen nur vom Wunder der Liebe und andere nur vom Bösen der Welt. Damit zeigen wir, wie sehr wir polarisieren und wie stark wir die andere Seite verdrängen oder nicht sehen wollen. Mit der wir auf Kriegsfuß stehen! Sehr interessant!

Es geht auch gar nicht darum, die Welt damit besser machen zu können, wenn wir nur (und das geht ja gar nicht) die Liebe leben. Dann wären wir wahrscheinlich eher im Himmel richtig!

Ich verstehe auch, dass es manchmal nur ein Aufruf ist, die Menschen daran zu erinnern, was es heißt, die Liebe zu leben! Wir dürfen nur nicht zu krampfhaft daran festhalten. Sonst werden wir mit dem Gegenteil konfrontiert! Das »Böse« schleicht sich dann in unser Leben, weil wir es verleugnen, ignorieren und nicht haben wollen.

Der Ansatz, die Liebe vermehrt zu leben, ist schon wichtig, da wir einfach noch zu wenig darüber wissen. Kennt man aber die »Gesetzes der Geistigkeit« ist das dann wiederum auch klar. Vom Niederen zum Höheren! Mit all den Zwischentönen! Ohne Verleugnung, Verdammung und Schuldzuweisung! Wir dürfen lernen, langsam, je nach unserer Entwicklung, das Gute zu suchen und zu finden. Mit unserer wirklich verstandenen Liebe, die eben auch um das Böse weiß und annimmt, weil es zu unserer Unvollkommenheit gehört, können wir Meilensteine setzen. Vor unserer eigenen Tür! Ich möchte ausdrücklich wiederholen, dass ich nicht meine, wir sollten das Grausame, die Unterdrückung von Völkern und das Auslöschen ganzer Zivilisationen bejahen. Wir sollten bejahen, das wir Menschen sind, die gut und böse in sich vereint haben, jeder aber daran arbeiten sollte, ungute Seiten oder sogar böse Seiten abzubauen, damit die Liebe Platz bekommt.

Denn, je mehr wir, gut wie wir sind, auf das Böse verweisen UND je mehr wir meinen, die Welt an die Liebe erinnern zu müssen, desto mehr polarisieren wir selbst.

Dass die Liebe mehr gelebt werden sollte hier auf unserer Welt, ist nicht nur unsere Entscheidung.
Manchmal können wir erst aufwachen, wenn wir sehen können, was wir angerichtet haben.

Denn, wenn wir selbst mit diesen zwei Seiten stimmiger leben lernen, dann können wir auch die Herausforderung, in einer Polarität zu leben, ohne damit in einen Zwiespalt von Gut und Böse zu kommen, leichter annehmen. Dann können wir lernen, trotz gegensätzlicher Ansätze in einem gewissen Gleichgewicht zu leben. Wunderbar! Was für eine wunderbare Gelegenheit!

Arm und Reich – welche Ausrichtung hast du?

In den letzten Jahren habe ich mich oft mit dem Thema Armut und Reichtum beschäftigt. Vielleicht gerade deswegen, weil ich mich zu Beginn meiner Selbstständigkeit nach anfänglicher Gipfelbesteigung oft an der Armutsgrenze befand.
Meine Überzeugung war jedoch, lebte ich mein ganzes Potenzial, dürfte Gottes Fülle auch nicht weit sein. Gemessen an Geld, versteht sich!
Immer wieder empfand ich den Aufstieg eines beruflichen Dauererfolges als sehr anstrengend und manchmal sogar als unerreichbar.
Erst später begriff ich, dass der so sehnlichst erwünschte Reichtum damals eine Kompensation für mich war. Wenn ich äußerlich reich wäre, so dachte ich, wäre ich auch etwas wert. Das könnte dann jeder sehen!

Ich setzte mich mit dem Thema der eigenen Wertung auseinander und damit, in welchem Zusammenhang dies mit Geld steht. Viele esoterische Ausrichtungen zeigen da einen etwas einseitigen Zusammenhang: Ist dein Selbstwertgefühl gut und stabil, ziehst du auch gute Gelegenheiten und Geld an. Ist dein Selbstwertgefühl schlecht, vergraulst du auch das Geld.
Das ist doch eine zu einfach gestrickte Theorie, obgleich sie natürlich einen Wahrheitsanteil beinhaltet.
Viele Menschen arbeiten künstlich an ihrem Selbstwert. Sie meinen, wenn sie sich nur groß und mächtig aufspielen, vertreten sie damit ihren Wert. Wenn sie große Ansprüche ans Leben zeigen und wenn sie kämpfend gegen alles angehen, was sich ihnen in den Weg stellt, sind sie richtig. Sie wollen sich selbst damit ihren großen Selbstwert demonstrieren. Sich schwach oder nachgiebig zu zeigen, heißt für diese Selbstbewusstseins-Neuankömmlinge, versagt zu haben und schwach zu sein.
Aber es geht um mehr! Denn solch ein Sich-vertreten mit aller Gewalt zeugt nicht gerade von einem stabilen Selbstwert. Im Gegenteil. Mit

aller Gewalt etwas zu wollen, zeigt die eigene Unsicherheit und findet meist das Gegenteil! Die Ablehnung (geistiges Gesetz)!

Meist wollen wir einen gewissen Reichtum, um finanziell einfach frei zu sein und uns alles leisten zu können, was wir wollen. Das ist auch gut so.
Oft geraten wir aber mit einem plötzlichen Reichtum oder Geldsegen in einen Konsumrausch, wo es nur noch darum geht, im Außen zeigen zu können, wer wir sind. Wir wollen uns nicht nur nach Herzenslust unsere materiellen Wünsche erfüllen. Wir wollen es uns nicht nur schön machen und genießen. Wir wollen uns jetzt selbst und allen anderen zeigen, wie toll wir doch sind und was wir uns alles leisten können! Leider ist ein »Mehrhaben« in unserer Gesellschaft, aber auch in manch anderen Ländern, ein Zeichen von »Ich bin besonders toll, außergewöhnlich geschickt und auf alle Fälle gescheiter und damit auch mächtiger als andere, die nicht so viel haben.«
Das heißt nicht, dass wir nicht konsumieren dürfen.
Aber reich und mächtig sein zu wollen, artet einfach oft als eine Kompensation des nicht wirklich empfundenen Eigenwertes und eines nicht wirklich erfüllten Lebens aus. Hat damit also andere Beweggründe, als genussvoll zu leben, weil es einfach Spaß macht.
Aber nur Spaß haben wollen, macht meist hungrig. Ewig hungrig!

Meist wird gar nicht hinterfragt, warum wir etwas wollen und ob es uns wirklich erfüllt. Wir greifen sehr schnell zu! Zu lange haben wir vielleicht schon verzichten müssen und gewartet. Jetzt sofort sollte alles doppelt und dreifach befriedet werden.
Und, ist das eine Schande? Schon, da wir mit einem unbegrenzten Konsumieren immer weiter von uns selbst wegkommen können. Ja, die Versuchung ist groß. Wir sehen keinen Grund mehr, uns mit unseren Zweifeln und Ängsten auseinanderzusetzen und zu hinterfragen, was uns wirklich gut tun würde, wo wir gerecht oder ungerecht sind. Viel zu aufregend sind die Möglichkeiten des »Habenkönnens«. Wir können unersättlich werden, aber wir bleiben innerlich leer.

Und mit Selbstwert hat das alles nicht wirklich etwas zu tun! Im Gegenteil!

Ein gesunder Selbstwert kann sich auch zeigen, wenn wir uns KEINEN unnötigen Konsum »gönnen«, sondern überlegt mit Geld umgehen und uns trotzdem in höchstem Maße über unser Leben freuen können. Vielleicht legen wir unseren Brennpunkt auch auf wirkliche Werte, z.B. wie wir unser Leben gestalten wollen? Wie wir authentischer leben könnten? Oder wir sparen lieber unser Geld und legen es an? Aber deswegen müssen wir uns keinem Spaß entsagen. Wir können und sollten trotzdem genießen.

Viele von uns haben in der Kindheit kein gutes Verhältnis zu Geld aufbauen können. Vielleicht hatten wir Vorbilder, die nicht mit Geld umgehen konnten und die uns nur nach unseren Leistungen Liebe und Anerkennung gegeben haben. Die wenigsten von uns hatten eine gute Anleitung, was Geld bedeutet und wie wir damit gewinnbringend umgehen können.

Vielleicht fragen Sie sich jetzt, für was ist dann Reichtum gut, wenn es nicht um ein Konsumieren geht?
Reichtum gibt uns die Möglichkeit, uns selbst zu entfalten und auszuprobieren. Wir alle haben unterschiedliche Interessen und Charaktereigenschaften. Um sich bewusst zu werden, was wirklich zu einem passt, oder einfach nur, was uns Spaß macht, müssen wir die Gelegenheit haben, uns ausprobieren zu können. Und das kostet in unserer Zeit und Gesellschaft einfach Geld. Je mehr Möglichkeiten wir haben, etwas ausprobieren zu können, desto größer werden meist unsere Wünsche. Aber das ist nichts Schlechtes, solange wir uns eben nicht in einem völlig unsinnigen Konsum- oder Erlebnisrausch verlieren!
Im Gegenteil! Je größer die Möglichkeiten sind, uns ausprobieren zu können, desto mehr Schätze können wir in uns finden.
Und doch besteht gerade hier die Gefahr, sich zu verlaufen in einem: »Zu viel ausprobieren«! Wenn immer wieder etwas Neues her muss! Ein

neuer Kick, ein neuer Spaß, ein neuer Kurs, der uns nicht mehr ruhen lässt, weil wir vielleicht tief in unserem Inneren auch Angst haben, etwas verpassen zu können. Vielleicht müssen wir auch eine innere Leere füllen? Und da wir oft gar nicht wissen, was wir wirklich wollen, ziehen wir ziellos umher und hoffen mit mehr Quantität als Qualität innere Ruhe zu finden.

Vielleicht wurde uns dieser Gefahr wegen von vorne herein gelehrt, »Reichtum und reich sein wollen« ist moralisch gesehen schlecht. Seelig sind die Wunschlosen und Demütigen.
Viele von uns haben nicht gelernt, für sich einzustehen und vorwärts zu gehen, eher haben wir gelernt, zögerlich drauf zu warten, was denn möglich WÄRE? Was denn kommen KÖNNTE? In der heutigen Zeit wird dieses »Abwarten« sehr gefördert von einer neuen, sehr boomenden Esoterik, »Augen zu und einfach nur wünschen«! Oder von Eltern, die es sich als Langzeitarbeitslose einfach bequem gemacht haben (hier meine ich nicht die Arbeitslosen, die durch Krankheit oder sonstige Schicksalsschläge einfach nicht arbeiten können), deren Kinder als Lebensziel »Hartz IV-Empfänger werden« ist.
Im Gegenteil: Zu großes Engagement wurde oft schon in der Kindheit verpönt.
Haben Sie in der Schule auch Kollegen gehabt, die super gut sein wollten, viel lernten, um gute Noten zu bekommen und von den anderen Mitschülern als Streber ausgegrenzt und abgewertet oder sogar ausgelacht worden sind? Ich kann mich an einige Streber erinnern und sie waren alle NICHT sehr beliebt. Da spielt wohl auch eine Portion Neid mit. Auf der einen Seite wissen wir sehr wohl, dass wir uns für ein gutes Ergebnis anstrengen müssen, auf der anderen Seite können wir uns nicht wirklich aufraffen.
So blockieren wir uns immer wieder selbst. Irgendwie hoffen wir, von Außen würde das große Glück schon kommen und wenn nicht, dann soll es halt nicht sein. Mit dieser Einstellung sind wir auch ganz gut aus dem Schneider. Wir brauchen unseren verpönten Ehrgeiz nicht zeigen.
Als ich einmal gefragt wurde: »Sabine, was wünscht du dir am meisten?«

und ich geantwortet habe: »Ich möchte so gerne reich sein!« wurde ich von den allermeisten Menschen mit einem verstörten oder sogar angewiderten Gesichtsausdruck belohnt.
Viel lieber wollten sie hören: »Liebe auf der ganzen Welt. Keine Kriege und Hungersnöte mehr. Gleichberechtigung für alle.« Mein Wunsch nach Reichtum schließt ja so etwas nicht aus, wobei mein Wunsch wohl noch realistischer war, als dieser selige Wunsch von ewiger Liebe auf der ganzen Welt, der immer Utopie bleiben wird. Schließlich dürfen wir ja an diesen Umständen in der Welt, wachsen.
Auf der anderen Seite kann es auch sein, dass ein »Zuviel haben« uns etwas träge machen kann.
Oder haben Sie schon einmal bemerkt, wenn es Ihnen so richtig gut ging und Sie grunzend in ihrer Hängematte lagen, die Welt für Sie in bester Ordnung war und Sie nichts, aber rein gar nichts mehr auszusetzen hatten, dass Sie noch den Wunsch verspürten, irgendetwas zu verbessern? Etwa, noch an sich selbst zu arbeiten? Warum sollten Sie? Es ging Ihnen ja schon so gut!
So sind wir Menschen halt. Je besser es uns geht, desto weniger sind wir bereit, etwas zu hinterfragen oder an uns zu arbeiten. Wir lassen anstrengende Denkarbeiten öfter mal schleifen.
Sicherlich kennen Sie gewisse berühmte Musiker oder Schauspieler, die sich, trotz großem Ruhm und Erfolg, um nichts mehr kümmern. Weder um Ihr Eheglück noch um ihre Kinder! Viele sind es dann gewohnt, einfach nur noch zu bekommen. Sie wollen mehr und mehr und werden doch nicht zufrieden sein.

Es ist auch ein Fehler zu meinen, nur wenn wir unseren Wert vertreten, können wir Geld anziehen. Geld ist gleich unser gewachsener Eigenwert. Quatsch! Unser steigender Selbstwert schenkt uns eher ein neues Zulassen von neuen Werten (geistig oder materiell) und damit ein qualitativ besseres Handeln. Wir erlauben uns mehr, weil wir es uns wert sind.
Natürlich sollte unser Selbstwert es zulassen können, reich zu sein oder zu werden oder einfach nur gut leben zu können, auch wenn dies mo-

mentan nicht mal in Sichtweite ist. Aber um dahin zu kommen, müssen wir erst einmal einsehen, dass wir nicht mehr konsumieren brauchen, weil wir es eben nicht nötig haben, uns über ein Konsumverhalten aufzuwerten. Und das ist schwer, weil unsere Wünsche die Tendenz haben anzuwachsen und somit eben leicht eine Gier entstehen kann.

Unser Selbstwert sollte uns lieber unterstützen, dass wir uns über längere Zeit für unsere Arbeit einsetzen können, ohne sofort die Geldbestätigung im Außen zu erhalten. Unser Selbstwert darf uns ermuntern, wenn es nicht gleich auf Anhieb klappt, weiter zu machen. Wir haben vielleicht immer wieder eine Durststrecke zu durchlaufen, die es zu überwinden gilt. Und natürlich brauchen wir auch Glück, zur richtigen Zeit, am richtigen Ort, die richtigen Menschen zu treffen.

Ein gesunder Selbstwert alleine, ohne ein dementsprechendes Handeln, hilft wenig. Ein gesunder Selbstwert zeigt sich gerade im Handeln, in unserer Kreativität, im Erschaffen wollen. Mit geringem Selbstwert trauen wir uns dagegen nichts zu, deshalb steht meist auch kein Handeln an. Gerade wenn uns ein Schicksalsschlag einholt, sind wir oft viel zu schwach für ein kraftvolles Handeln. Dann sind wir meist wie gelähmt vor Schreck oder Angst. Es fehlt dann die Kraft und das Vertrauen, dass wir erschaffen, verändern und aufbauen können. Aber das ist nachvollziehbar. Die Hauptsache sollte sein, dass wir uns davon wieder erholen und wieder in eine positive Handlung gehen können.

In einer Zeit, in der ich mich sehr wohl fühlte, mich stark und selbstbewusst empfand, verlor ich fast mein ganzes Geld, das ich hatte. Warum? Ganz einfach! Weil ich nicht weiter in die Handlung ging, sondern mich auf meinen Lorbeeren ausruhte! Da half mir auch mein ach so großes Selbstbewusstsein nicht!

Viele esoterische Bücher weisen immer wieder darauf hin: »Wenn Du dich annimmst, wie du bist, dann kommt auch Geld auf dich zu. Du brauchst gar nicht viel dafür tun! Du sollst Geld lieben, ihm einen Kuss geben, wenn du es ausgibst und ihm sagen, er solle seine Brüder und Schwestern zu dir schicken. Du sollst keine Schuldgefühle haben, wenn du dir mal was Gutes leistest, schließlich bist du ja ein toller Mensch und hast alles verdient. Auch solltest du darauf schauen, ob du wirklich großzügig zu dir selbst bist. Oder bist du eher geizig? Dann brauchst du dich nicht wundern, wenn das Geld nicht kommt!«

Das stimmt so aber nur zur Hälfte!

Diese Einstellung des »Glauben ist alles«, ist wie Hefe im Brotteig. Sie geht im Glauben der Menschen auf. Sie kann dann aber genauso schnell wieder in sich zusammenfallen. Denn Glauben braucht auch ein Handeln.
Eine künstlich aufgebaute Einstellung, »Glaube ist alles« verführt den Menschen dann eher zu einem künstlichen Selbstwert, Passivität und zu Schulden.

Es gilt zwar ein Vertrauen und Glauben aufzubauen, aber auch in die Hände zu spucken UND dranzubleiben UND seine Arbeit zu lieben UND verantwortlich mit seinen Finanzen umzugehen UND sich eine schöne Zukunft für sich und andere vorstellen zu können.

Als ich mein Buch an einen Verlag schickte, meinte ich zu meiner Freundin, einer sehr taffen Geschäftsfrau, wie ich dachte: »Ich bin mir aber nicht sicher, ob sie es nehmen werden!« Da kam ein Entsetzensschrei aus ihrer Kehle: »Oh Sabine, wie denkst du denn über dein Werk. Mit dieser Einstellung kann das nichts werden. Du musst sagen: Dieser Verlag nimmt es auf alle Fälle!«
Aber so funktioniert es eben nicht! Ich sagte ja nicht, dass ich jetzt schon verzweifelt wäre, da sie es bestimmt nicht nehmen würden. Ich äußerte lediglich meine Bedenken, ob mein Buch passend für den Verlag war. Den Wert meines Buches sah ich deshalb nicht als gering an, auch wenn es nicht angenommen werden würde. Ich halte gar nichts von Lippenbekenntnissen.

Mit unserem Denken und Wünschen sollten wir trotzdem den Boden unter unseren Füßen noch spüren können.

Es geht einfach darum, realistisch abschätzen zu können, wo wir momentan stehen und wo wir etwas in Angriff nehmen können und welche Möglichkeiten wir haben. Und uns dieses mit einem unerschütterlichen Glauben zu erlauben! Aber nicht in einer Selbstverständlichkeit. Denn die gibt es nicht!
Den Selbstwert brauchen wir für unsere eventuellen Projekte, die wir in Angriff nehmen wollen. Unseren Eigenwert brauchen wir auch für unseren Einsatz, den wir zu leisten gewillt sind und natürlich dann auch für den Lohn, den es anzunehmen gilt! Und den Glauben an uns brauchen wir, um immer wieder aufzustehen, wenn es noch nicht gelungen ist.

Ich verweise bei diesem Thema immer wieder auf ein ganz einfaches Prinzip: Erhöht man eigene Qualitäten, so kann auch der Selbstwert steigen und wir können dann auch das Beste geben und unser Glaube kann wachsen und gegebenenfalls dann Berge versetzen.
Ansonsten gilt es, wirtschaftlich zu arbeiten und Geld sparen oder anlegen! Und dann brauchen wir eben noch eine große Portion Glück! Aber unter diesen Voraussichten ist das Glück wahrscheinlich näher bei uns, als bei einem passiven »Wunschverhalten«.

Ich weiß, dass manche Esoteriker jetzt den Kopf schütteln! Aber es ist einfach so! Wenn wir uns z.B. auf das Sparen konzentrieren, dann konzentrieren wir uns auf ein HABEN. Und wie wir ja wissen, dort wo wir Energie rein geben, kann eine Sache wachsen. Wenn wir ein Gefühl und Wissen des HABENS (und wenn es auch erstmal noch so klein ist) aufbringen können, kommt ein geistiges Gesetz zur Wirkung. Wie innen, so außen! Das Gesetz der Entsprechung! Die Gefahr ist nur, wenn wir zu sehr sparen, so dass wir in Armut leben, dann kann es passieren, dass wir nicht mehr auf HABEN ausgerichtet sind, sondern auf NICHTHABEN, also Armut. Dann kehrt sich das HABEN in ein NICHTHABEN um (Habe ich auch erlebt).

Nehmen wir noch einmal das Thema »Reichtum« auf. Die Frage, die wir uns unter anderem stellen sollten, wäre, wollen wir ihn aus Machtgelüsten, Raffgier oder Kompensation haben, weil wir selbst leer sind oder wollen wir den Reichtum aus Wertschätzung allem Schönen gegenüber und weil wir im Schönen die eigentliche Schöpfung sehen können? Und was haben wir dafür einzusetzen?

Eine wichtige Grundlage ist unter anderem, dass wir das, was wir jetzt haben auch wertschätzen. Auch wenn es nicht optimal ist; es könnte ja noch schlimmer sein! Wenn wir das nicht wertschätzen können, was wir JETZT haben und uns selbst nicht wertschätzen können, begegnet uns vielleicht einmal eine Fülle, aber wir können diese nicht lange halten, da wir nicht wirklich in Resonanz damit gehen können. Wir sind es nicht gewohnt, damit umzugehen. Vielleicht empfinden wir ein Gefühl des »es passt nicht zu uns«. Oder wir haben gar kein Auge für dementsprechende Möglichkeiten, weil wir uns soviel Glück nicht zutrauen.

Ich selbst habe so eine Situation erlebt!

Vor einigen Jahren fuhr ich einen MX5. Auf Pump! Damals kam ich zu der Überzeugung, ich wäre so ein toller Mensch und dürfe mir, obwohl ich kein Geld hatte, ruhig so einen tollen Wagen kaufen. Mit so einem Reichtum würde ich neuen Reichtum anziehen (laut diverser Bücher). Aber in Wirklichkeit war es nur mein Ego, welches ein bisschen prahlen wollte. Prahlen mit etwas, was ich mir nicht wirklich leisten konnte. Momentan konnte ich zwar Menschen damit beeindrucken, aber innerlich kannte ich meine Lüge sehr genau.

»Irgendwie wird das Geld für die Raten schon zu mir kommen!«, dachte ich. Und so war es auch! Allerdings bemerkte ich nicht, dass ich zwar die Raten meines Autos abzahlen konnte, aber dafür woanders ein Loch aufriss. Primär war mit diesem Auto natürlich mein Selbstwert umschmeichelt! Aber sekundär (und dieses Sekundäre verschleiert sich sehr gerne vor uns) untergrub ich es auch mit meinen neuen Schulden.

Fünf Jahre später, als ich dies merkte, verkaufte ich das Auto, weil es im Unterhalt zu teuer war und ich bereits anfing über meine Finanzen und meinen Selbstwert nachzudenken.

Ich lernte viel über Wertschätzung, Vertrauen und Sparen und dass alles zusammenhängt. Also kaufte ich mir erst einmal einen alten klapprigen Toyota. 16 Jahre hatte er schon auf dem Buckel, war verbeult und hatte einige Roststellen. Damit wollte ich meinem etwas aufgeblasenen Ego die Spitze nehmen. Offen, ehrlich und zu mir stehend! Das sollte meine Situation werden! In aller Rostigkeit!«

Damit fuhr ich einige Jahre. Nach einem heftigen Schicksalsschlag (meine Augenerkrankung) wuchs plötzlich mein Verständnis für meine Situation. Ich lernte, Verantwortung für mich zu tragen, immer wieder aufzustehen und ... total zu sparen. Durch mein Sparen lebte ich fast an der Armutsgrenze. Ich gönnte mir nur das Nötigste, lernte ein Haushaltsbuch zu führen und verbot mir »Das-bist-du-dir-wert-Dinge« zu kaufen.

Meine damalige Freundin schüttelte nur mitleidig den Kopf und meinte: »Wenn du so geizig mit dir bist, kann das Geld nicht kommen. Schau, ich mache jetzt einen Urlaub, obwohl ich es eigentlich finanziell gar nicht kann. Weil ich mir das wert bin!«.

Ich habe jedoch nicht im Traum an mir und meiner Vorgehensweise gezweifelt. Ich machte so weiter und freute mich über jeden Euro, den ich sparen konnte.

Nun, das ging so weit, dass ich mir eine kleine Summe für unruhigere Zeiten sparen konnte.

Meine Freundin war wieder ganz entsetzt: »Wenn du für Notzeiten sparst, bekommst du sie auch! Ich mache das nicht, denn ich will ja kein Unglück anziehen! Ich genieße mein Leben, da die Fülle mir zusteht. Irgendwie habe ich immer Glück!«.

Ich für mich wusste aber, so MUSS ich es machen. Das war für mich richtig. Ich wollte mich nicht mehr in eine Scheinsicherheit begeben, wo Gott schon alles richten würde.

Und diese Notzeit kam! Und ich war froh, mich das erste Mal in meinem Leben in Sicherheit wiegen zu können, da ich verantwortungsvoll und vorausschauend gewesen war und für mich gesorgt hatte.

Meine Freundin ist in eine ähnliche Notzeit geraten .... !

Einen Haken hatte die Sache aber doch! Ich war so im Sparen, dass ich mir Luxus gar nicht mehr vorstellen konnte. Ich war ja auf Sparen programmiert.
Mein Toyota rostete weiter vor sich hin, bis ich mich wirklich dafür schämte. Er war rostig und eingedellt! Ich bemerkte, dass er für das, für was er stand, nicht mehr wichtig in meinem Leben war. Ich brauchte nicht mehr zu demonstrieren, mit wie wenig ich auskommen konnte. Ich wusste es jetzt, ich konnte es! Mein Lebensgefühl wollte langsam wieder ins »genießen« kommen! Ich wollte mich mit schönen Dingen umgeben!
Zur selben Zeit verkaufte eine Freundin von mir ihren Mini Cooper zu einem super Dumpingpreis. Ich sagte sofort zu.
Doch dann kam ich in einen Zwiespalt. Auf der einen Seite empfand ich, dass der rostige Toyota nicht mehr zu mir passte, auf der anderen Seite hemmte mich irgendetwas, meinen neuen Mini (ein Jugendtraum) anzumelden und damit zu fahren. Mit einer abgöttischen Liebe hing ich plötzlich an meinem alten Fahrzeug. Ich fühlte mich als Verräterin. Da hatte ich nun mit meinem Mini eine einmalige Gelegenheit ergriffen und konnte doch nicht wirklich zugreifen.
Lange habe ich über diese Situation nachgedacht und bin zu dem Schluss gekommen, dass ich durch das extreme Sparen in ein materielles Armutsdenken gerutscht war. Auch wenn ich es so wollte und es mir bewusst war, warum ich dies tat. Und trotzdem war ich eine Zeitlang in keinem »Habendenken«, sondern in einer gedanklichen Armut und traute mich nicht mehr, zuzulangen. Ich hatte mich also gedanklich etwas verlaufen. Die selbstgewählte Armut ist mir in Fleisch und Blut übergegangen, so dass ich enorme Schwierigkeiten hatte, »Geschenke des Lebens« anzunehmen. Ich hatte also doch ein Armutsbewusstsein entwickelt!
Ich prahlte regelrecht damit, mit wie wenig ich auskommen konnte. Ich hatte mich auf ein Minimum reduziert. Um dieses Sparen durchzuhalten, entwickelte ich unbewusst einen Hang zum Minimalismus! Ich ging praktisch ins andere Extrem!
Gott sei Dank, bin ich nach langen Überlegungen draufgekommen. Ich

konzentrierte mich das nächste halbe Jahr wieder auf die Fülle UND aufs Sparen. Damit war ich im Gleichgewicht. Ich meldete mein neues Auto an!
Ich überlegte mir auch die Art und Weise, wie ich leben wollte. Erst einmal!
Ich wollte Geld haben, um meinen Unterhalt bestreiten zu können und gleichzeitig viel Zeit für das Schreiben meiner neuen Buch -und DVD-Projekte haben. Natürlich utopisch! Meine Freunde lachten mich aus: »Ja, das will ich auch gerne. Kannst mich auch gleich anmelden. Ich bin dabei! Du spinnst doch, komm zurück auf die Erde ... usw.«
Es war jedoch kein »Ich will nicht mehr arbeiten. Das Arbeiten ist mir zuwider!«, sondern ein: »Ich will mich von meiner damaligen langen Krankheit (diese Geschichte habe ich im Kapitel über Krankheiten näher beschrieben) erholen können und meine Arbeitspläne für die nächsten Jahre, wenn ich wieder gesund bin, entwickeln können, ohne in Geldnot zu kommen!«
Ich blieb konzentriert bei meinem Wunsch auch wenn ich einen Plan B hatte, falls alles anders kommen würde (was ja nicht selten der Fall ist). Und so konnte ich loslassen und Vertrauen aufbauen, dass das Richtige jetzt kommen kann. So oder so! Ich hatte alles mir Mögliche getan.
Und plötzlich kam das Wunder...!
Wie durch Geisterhand bekam ich Bescheid, dass ich nun Rente auf Zeit bekommen würde. Ich hatte vor einigen Jahren diese schwere Augenverletzung und kämpfte für meine Rente, wobei ich eine Absage nach der anderen erhielt. Natürlich könnte man jetzt sagen: »Naja, darauf kann ich verzichten, wenn ich erst krank werden muss. Und dann ist es ja selbstverständlich, dass ich Rente bekomme«.
Ich kann nur sagen: Nein, es ist gar nicht selbstverständlich.

Durch meine schlimme Augenverletzung wurde ich gezwungen, einmal zur Ruhe zu kommen und nachzudenken, warum ich diese hatte und wo ich mich verlaufen hatte. Das war schon richtig so. Aber jetzt brauchte ich mir keine zusätzlichen finanziellen Sorgen machen. Und dafür bin ich unglaublich dankbar gewesen. Das war schon ein Anfang von »mich reich fühlen können«. Im Kleinen zwar aber irgendwo muss man ja anfangen.

Klar war es noch kein: »Ich habe eine Villa und viel, viel Geld, damit ich mir alles leisten kann!« Ehrlich gesagt, steht mir da auch noch mein innerer, alter Richter entgegen, der sagt: »Sabine, Sabine übertreibe jetzt nicht!«
Aber es war schon mal ein guter Anfang in einer sehr schwierigen Zeit.

Achten wir also auf unsere Wertschätzung allem gegenüber, ohne in Extreme zu fallen oder Extreme zu erwarten. Denn, ob wir uns Extreme wirklich erlauben würden und ob sie gut wären, ist eine ganz andere Frage.

Was bedeutet »Wertschätzung«?
Wenn wir etwas, was für uns einen Wert hat, wirklich achten und schätzen können, ist das eine Wertschätzung. Das Wort »schätzen« kommt von »Schatz« und ein Schatz hat einen Wert. Der Wert eines Schatzes ist bekanntlich positiv, also das »Schätzen« dieses Wertes auch. Deswegen »wertschätzen«! Den Wert schätzen! Und das können wir auf alles beziehen.

Bei dem Wort »Wertschätzung« geht es darum, uns einmal zu fragen, was oder wen können wir wirklich, von ganzem Herzen wertschätzen? Wo beginnt sie und wo hört sie auf? Wie viel erlauben wir uns und können wir es überhaupt? Wie viel haben wir schon und jammern nur gerne auf hohem Niveau? Oder schätzen wir etwas wert, weil es gesellschaftlich einen höheren, moralischen Wert hat, als in Wirklichkeit? Schätzen wir eine Armut, weil wir nichts anderes erreichen können? Das wäre eine Pseudowertschätzung. Oder haben wir uns in unserer Ausrichtung verlaufen? Oder schätzen wir eine Armut, weil wir dadurch lernen, Kleinigkeiten wertzuschätzen. In einer gewissen Armut können wir uns viel eher über Kleinigkeiten erfreuen.
Als ich jung verheiratet war, waren wir sehr arm. Mein Mann hatte

eine Heilpraktikerpraxis aufgemacht. In der Woche kamen vielleicht fünf Leute. Manchmal kam auch niemand. Ich hatte gerade mein erstes Kind bekommen und konnte nicht arbeiten gehen. Wir lebten von fast gar nichts. Es war wirkliche bittere Armut. Aber wir konnten uns über jede Kleinigkeit freuen. Es war unter anderem eine Zeit, in der wir sehr glücklich waren trotz der Armut, in der wir uns befanden. Vielleicht fiel es uns so leicht, weil unsere Freunde genauso lebten und wir zusammen trotzdem viel Spaß hatten und uns »gleich« fühlten. Wir hatten einen anderen Maßstab bezüglich Luxus und damit eine schnellere Wertschätzung Dingen und positiven Situationen gegenüber. Wobei ich niemanden eine Armut wünsche (höchstens wenn er daraus etwas Wichtiges über sich selbst lernen könnte). Oft ist es im Leben so, dass wir erst etwas zu schätzen wissen, wenn wir es verloren haben. Ich bin überzeugt davon, dass es gut wäre, beides einmal in seinem Leben zu erfahren. Armut und Reichtum. Dann fänden wir bestimmt leichter eine ausgleichende Lebenseinstellung.

Viele Menschen haben sich mit diesem Thema noch nie wirklich auseinandergesetzt. Manch arme Menschen sind resignierend zu der schnellen Überzeugung gekommen, dass sie keine kostbaren und qualitativ hochwertigen Dinge um sich herum haben müssen und auch nicht brauchen. Sie könnten einfache Dinge auch wertschätzen und benötigen keinen Luxus und auch kein Geld. Das ist vielleicht sehr lobenswert, ich frage mich jedoch, ob dies nicht für manche Menschen als Ausrede dient, damit sie sich nicht anstrengen und sich ihren Versagensängsten stellen müssen. Aber manchmal ist das auch eine wirkliche Lebenseinstellung, die gesund ist, da unsere Konsumgesellschaft zu drückend auf uns wirkt und wir einfach nur übersättigt sind. In der Einfachheit sind wir uns leichter näher.

Meist jedoch wollen wir uns nicht wirklich anstrengen, um bessere Resultate zu bekommen. Wir haben Angst etwas auszuprobieren. Gelingt es mir oder gelingt es mir nicht? Viele denken dann lieber: »Was ich nicht weiß, macht mich nicht heiß«, was soviel heißt wie: »Wenn

ich nicht meine Grenzen kennenlerne, zu was ich fähig sein kann und zu was ich eben nicht fähig bin, brauche ich mich auch nicht mit eventuellen eigenen Unzulänglichkeiten oder Minderwertigkeitsgefühlen auseinandersetzen, falls ich es nicht schaffe«.
Immerhin können wir uns ja im Geiste unserer genialen Handlungsmöglichkeiten berauschen. Was wir alles könnten, wenn wir nur wollten! Es kann ja keiner wirklich überprüfen! Und so schlummern wir unser Leben zu Ende. Aber wirkliche und tiefe Befriedigung finden wir oft nicht. Wir verarmen zwar nicht an Ideen, aber sicher an Handlungen. Und Gleiches zieht Gleiches an!

Dann gibt es die ganz speziellen Esoteriker. Die ganz weit Entrückten! Im Grunde ist es dieselbe Einstellung und derselbe Hintergrund nur in einer anderen Verpackung wie bei jenen Menschen, die sich selbst nichts zutrauen. Da heißt es dann: »Ich bin edel und gut, vor allem, wenn ich in Armut (wird oft mit Bescheidenheit gleichgesetzt) lebe. In Armut zu leben bedeutet für sie, demonstrativ ihre Demut zu zeigen: »Ich benötige keine irdischen Reichtümer, da ich schon weiter bin!«
Meist sind solche Reden innere »Mutmacher« mit einer unbefriedigenden Situation zurecht zu kommen oder einfach auszuhalten.
Natürlich wissen wir, dass Armut nichts damit zu tun hat, ob wir gut oder nicht gut sind. Diese Frage stellt sich auch gar nicht. Die Frage stellt sich eher, warum strengen wir uns so wenig an, erfolgreich zu sein? Inwieweit glauben wir an uns? Wir dürfen mit unserer Arbeit natürlich auch hinfallen, hundert Mal (und werden das vielleicht auch), aber wir dürfen lernen, immer wieder aufzustehen, an uns zu glauben und weiter zu machen. Das wäre dann ein Zeichen eines gesunden Selbstwertes.
Wenn »reich sein« unseren Selbstwert ausdrücken würde, müssten ja alle reichen Menschen einen super Selbstwert haben und alle armen Menschen dürften dann gar keinen Selbstwert besitzen. Das wäre ganz engstirniges Denken! Und das stimmt so auch nicht. Ich kenne viele reiche Leute mit einem sehr mauen Selbstwert und ich kenne viele arme Menschen, die herzensgut sind und einen gesunden Selbstwert besitzen. Ein guter Selbstwert kann uns aber helfen, disziplinierter zu sein,

konstruktive Lösungen zu suchen und zu finden, dementsprechend zu handeln und eine gute Energie auszustrahlen, die wiederum positive Ereignisse anziehen kann. Wenn wir einen gesunden Selbstwert haben, erlauben wir uns auch, zuzugreifen. Mit einem niedrigen Selbstwert sind wir in diesen Punkten eher gehemmt und trauen uns nichts zu. Auch nicht zuzugreifen! Dementsprechend schauen dann unsere Ergebnisse aus. Und natürlich brauchen wir immer auch eine Menge Glück, damit wir zur richtigen Zeit am rechten Platz sind und die richtigen Leute kennenlernen oder wir gesehen werden.

Ich bestreite nicht, dass es auch Menschen gibt, die eine große Herzensgüte haben und denen Reichtum nicht wirklich wichtig ist.
Manche lehnen Reichtum sogar obligatorisch ab. Als klebe allgemein am Reichtum etwas sehr Schlechtes. Viele verbinden Reichtum mit einer Ausbeutung und Unterdrückung anderer Menschen. Sicherlich, auch das gibt es! Aber nicht immer! Wir könnten es ja besser machen und den Menschen etwas abgeben, die sonst keine Hilfe bekommen würden.

Vielleicht kommt diese Großzügigkeit, Reichtum abzulehnen, aus einer falschen Bescheidenheit heraus, die bei uns oft überaus hoch gelobt wird? Wir brauchen uns nur den Menschen an sich anzuschauen. Inwieweit freuen sich Menschen wirklich über Reichtum von anderen? Meist ist es nicht erwünscht, diesen zur Schau zu stellen. Die Reichen werden von Normalbürgern oft als korrupt und unehrlich eingeschätzt. Das Zeigen ihres Reichtums wird als Protzen angesehen. Nein, wir dürfen nicht stolz auf unseren Reichtum sein! Sofort stellen sich Neider ein, die alles schlecht zu machen versuchen.

Unsere Eltern haben uns oft genug gewarnt: »Gib nicht so an. Versteck das lieber, sonst wollen die anderen auch was haben!« Unsere Religionen befürworten eine gewisse Armut. Jesus hatte auch nichts und ….. ja, und was eigentlich? Jesus hatte wahrscheinlich eine ganz andere Aufgabe als wir sie haben! Und arm war er auch nicht. Wir dürfen uns fragen, ob wir versuchen, uns mit unserer Bedürfnislosigkeit vor der eigenen Verantwortung drücken zu können, Qualität und Schönheit in unser und das Leben anderer zu bringen? Einige meinen: »Ach, es reicht mir, mittelmäßig zu leben. Reichtum verdirbt nur den Charakter. Es sollten doch innere Werte mehr gelten!« Das eine schließt das andere ja nicht automatisch aus! Aber natürlich kann es dazu verführen.

Wir haben auch unterschiedliche Rahmenbedingungen. Der eine wird schon wohlhabend geboren und ein anderer eben nicht.
Wir sollten den Selbstwert eines Menschen nicht an seinem Geld oder seinen Reichtümern messen.
Der eine hat vielleicht in beruflicher Hinsicht einen großen Ehrgeiz und ein Selbstvertrauen, ist aber privat ein unliebsamer Geselle. Der andere traut sich beruflich vielleicht nicht viel zu, hat aber ansonsten ein sehr großes Herz.

Aber wir dürfen zulassen, dass die Liebe zu uns selbst innerer Reichtum ist, der im Außen auch gesehen werden darf! Wenn wir die Möglichkeiten dazu haben, diesen im Außen sichtbar werden zu lassen, warum nicht? Wir haben nicht nur Freude an inneren Werten, sondern auch an äußeren. Das darf materiell gezeigt werden, indem wir uns das Allerschönste gönnen. Gold, Silber, Edelsteine, große Häuser, tolle Autos und gute Qualität vor allem! Wenn wir es können? Warum sind innere Werte gut und äußere Werte unwichtig oder sogar schlecht? Oder ist es vielleicht doch nur der Neid?

Wirkliche innere Werte werden nicht abgekoppelt, nur weil wir im Luxus leben. Eher sehe ich es so, dass äußerer Reichtum die wirklichen, eigenen inneren WAHREN Werte sehen lässt. Und den Charakter! Und diese inneren WAHREN Werte oder der Charakter waren auch schon da, als wir weniger reich waren. Nur da konnten wir noch nicht wirklich prüfen, wie standhaft und authentisch wir wirklich sind. Wir hatten für eine Bewährungsprobe unserer Werte noch keine Gelegenheiten! Ich glaube, deshalb kam der Spruch auf: »Geld verdirbt den Charakter!«

Ich hatte einmal einen Bekannten, der zeigte sich absolut anspruchslos, lieb, etwas unsicher und harmlos. Er war sehr hilfsbereit und dankbar für alle Aufmerksamkeit, die er bekam. Er hatte auch eine unglaubliche würdevolle Ausstrahlung. Ich dachte schon, ich sei Jesus begegnet!
Dieser Bekannte machte im Laufe einiger Jahre einen Karrieresprung. Früher die graue Eminenz, doch im Laufe der Zeit zeigte er, was noch so in ihm steckte. Er entwickelte sich zu einem unglaublichen Machtmenschen, der gerne nach unten trat. Als ich ihn einmal darauf ansprach, meinte er: »Ja, wenn es mir zu gut geht, kann ich ganz anders werden!«
Ich denke nicht, dass die Karriere ihn verändert hat. Ich glaube, die Karriere hat einen Persönlichkeitszug hervorgebracht, der im Ansatz schon immer auch da war. Wenn dieser auch geschlafen hatte!
Bei mir selbst hatte ich ähnliches erlebt. Immer wenn ich sehr viel Geld über längere Zeit verdient hatte, wurde es selbstverständlich und die Dankbarkeit wich. Ich wurde sogar ein bisschen großkotzig. Wenn auch nur im Ansatz, aber ich bemerkte es: ich brauchte unbedingt handgemachte Schuhe, um mich richtig wohl fühlen zu können! So ein Unsinn! Wie gesagt, Gott sei Dank bin ich mir draufgekommen. Also habe ich bemerkt, dass in mir schon auch eine gewisse Dekadenz wohnt. Wenn sie auch nur klein ist. Ich glaube sogar, dass alle Eigenschaften die es überhaupt gibt, in einem Menschen wohnen. Vielleicht wohnen sie zu unterschiedlichen Anteilen in uns und doch können sie jederzeit aktiviert werden. Jeder Mensch benötigt vielleicht einen anderen Auslösemechanismus. Eben je nach Persönlichkeit und Sensibilität des Menschen selbst.
Aber mit Qualität und Reichtum zu spielen hat einfach seinen Reiz. Unsere Natur zeigt uns auch ihren wahren Reichtum! Den bewundern wir doch auch?!

Also, Reichtum in der Natur ist gut! Aber äußerer Reichtum im Materiellen ist zweifelhaft! Wer hat denn diese Wertung vorgenommen? Nehmen wir dem Reichtum also erst einmal die Schärfe unserer erlernten Verurteilung!

Reichtum finde ich gut, sofern er genossen werden kann und nicht für eine Kompensation steht!

Manche haben nur ein vorgefertigtes, nicht hinterfragtes Urteil über Reichtum übernommen, welches gar nicht ihrem wirklichen Denken entspricht.

Viele Menschen wissen auch gar nicht, was sie wollen. Die meisten wissen nur, was sie nicht wollen. »Wollen« ist oft negativ behaftet. Auch besteht große Angst sich – um ein »Wollen« leben zu können – verändern zu müssen. Wir haben das zuvor mit den Finanzen genau geklärt!

Wir wissen zwar, dass wir großzügiger, gerechter, selbstloser, sparsamer, verständnisvoller, durchsetzungsbereiter, kritischer oder liebevoller werden müssten!
Aber leichter ist es, wenn alles so bleibt, wie es ist und wir uns nicht verändern müssen! Da wissen wir wenigstens, was wir haben und können alles Unglück schön nach Außen projizieren. Die Eltern, die Kinder, die Not, der Chef, die Wirtschaft, die Umstände oder die ungünstigen Möglichkeiten. Diese sind für uns gute Projektionsflächen. Sie haben noch dazu Allgemeingültigkeit!

Reichtum ist eine Fülle, die wir akzeptieren sollten, und dass sie auch uns zusteht und wir sie jetzt vielleicht schon haben, aber erstmal nicht da, wo wir sie uns vielleicht wünschen würden. Egal in welcher wirtschaftlichen Lage wir uns befinden. Langsam, Schritt für Schritt, dürfen wir uns mehr Fülle erlauben. Wir dürfen lernen, das wertzuschätzen was wir haben. Uns an kleinen Dingen erfreuen zu können, um uns damit selbst zeigen zu können, von welchem Reichtum wir schon umgeben sind, ist wichtig!
Das können wir auch tun, wenn wir arbeitslos geworden sind und Arbeitslosengeld erhalten. Oder wenn es noch schlimmer kommt und wir Sozialhilfe erhalten! Wie froh dürfen wir sein, dass wir trotz dieser Umstände von unserem Staat nicht fallen gelassen werden und überle-

ben können? Haben wir da nicht enormes Glück? Oder sehen wir nur wieder das, was wir nicht haben?
Und laut dem Gesetz: Gleiches zieht Gleiches an ...... wir kennen das Ende!

Doch viele Menschen glauben: »Für mich doch nicht!« Sie trauen sich keine positiven, neuen Handlungen zu!
Da erkennen wir dann den nicht vorhandenen Selbstwert. Allerdings können wir uns den Selbstwert auch nicht durch egoistisches Handeln und Denken ermogeln. Vielleicht kann dadurch jemand Reichtum erzwingen, dafür werden aber Abstriche auf anderen Gebieten sichtbar werden. Unser Handeln erzielt eine Wirkung! Im Guten, wie im Schlechten! Ich kenne einige Menschen, die sehr egoistisch materiellen Reichtum angehäuft haben, dann irgendwann jedoch krank wurden, sich einsam und verlassen fühlten, ewig lebenshungrig waren oder gänzlich unerfüllt lebten. Ob das jetzt Zufall ist? Ich glaube nicht!
Reichtum, aus einer stimmigen und gesunden Mitte heraus, greift auf andere Gebiete über und somit werden wir noch reicher. Ebenso geschieht es, wenn wir uns an der Armut festklammern. Armutsdenken erzeugt Armutsgefühle! Und Armutsgefühle lassen unser Handeln armselig werden.
Es geht um eine wirkliche Entscheidung, wohin wir wollen. Wirklich wollen, um dann alles dranzusetzen, es umzusetzen. Dem Ganzen voraus geht die Bewusstheit. Wenn wir uns unserer Werte, unserer Selbstliebe und unserer Aufgaben bewusst sind, können wir bewusst etwas verändern. Immer in einer gewissen Demut und Dankbarkeit! Wenn wir an diesem Thema bewusst arbeiten, unterstützen uns geistige Gesetze. Dass ich trotz sehr schlechter Aussichten und etlichen Absagen doch meine Rente auf Zeit bekam, erschloss sich jetzt nicht nur durch meine Einstellung, sondern vor allem durch mein Handeln. Ich beließ es einfach nicht bei diesen trüben Aussichten, sondern ich tat alles Erdenkliche, ging freiwillig von Arzt zu Arzt, kämpfte gegen deren Gleichgültigkeit, kämpfte überhaupt wie eine Löwin für mein Recht und brachte unermüdlich mein Anliegen an dementsprechenden Stellen immer wie-

der aufs Neue vor, obwohl ich nur Absagen erhielt … » Abgelehnt«…!
Bis zum Schluss! Aber dann…..

Im Außen können wir sehen, was wir über uns denken und was wir uns schon erarbeitet haben. Es zeigt uns ohne Schonung, wo wir stehen. Wie ehrlich, wie selbstbewusst und wie liebevoll wir sind. Ausnahmezustände sind Krisen- und Umbruchzeiten. Da wird oft das unterste nach oben gekehrt und umgedreht, bis sich alles wieder stabilisiert und neu fügt. Deshalb dürfen wir uns auch nicht verunsichern lassen, wenn wir in Zeiten leben, die vielleicht erst einmal beengend sind. Eine längere Krankheit, eine Arbeitslosigkeit oder überhaupt ein Warten auf etwas Bestimmtes. Das alles hat sicherlich seinen Grund! Meist können wir es erst im Nachhinein sehen. Nutzen wir die Zeit der Stagnation (das Gesetz des Rhythmus), um uns klar darüber zu werden, was wir wirklich wollen und dass wir trotzdem gut sind. Manchmal kann die Zeit einer Stagnation auch als Ruhepause gesehen werden, damit wir einfach wieder Kraft tanken können. Um im Anschluss daran, mit voller Kraft und Freude neu durchzustarten!

Dieses Hinterfragen, was wir wollen und warum, ist sehr wichtig. Eine positive und liebevolle Einstellung zu sich selbst ist nun mal nicht »Gang und Gebe«. Das dürfen wir erst wieder lernen! Wir müssen herausfinden, wo wir hin wollen und was dafür zu tun ist. Manchmal gilt es, einen Preis zu zahlen, um empfangen zu können. Und das auch noch im Voraus!

Die Raffgierigen und die Undankbaren wollen nur »Nehmen« ohne den Wert und die Bedeutung wirklicher Fülle oder innerer Zufriedenheit zu erkennen. Ihnen geht es ums »Haben-wollen«, sich selbst wollen sie aber nicht verändern. Geschweige denn Dankbarkeit zeigen! Und dieses »Haben-wollen« ist ein Fass ohne Boden und macht nicht dauerhaft zufrieden.

Dafür haben wir viele Beispiele: Menschen, die durch Lottogewinne plötzlich reich werden und dann unbegrenzt Partys feiern und damit

ihr gewonnenes Geld mit vollen Händen rausschmeißen. Manch einer will sich mit einem »finanziellen Helfen« Liebe und Achtung erkaufen, oder die Menschen trauen sich nicht, dieses Geld wirklich für sich in Anspruch zu nehmen. Dann stehen plötzlich unglaublich viele »neue Freunde« vor der Türe.
Manch einer kommt auch gar nicht darauf, sogar in der Familie etwas abzugeben! Ich denke auch an diejenigen, die sich keine Gedanken darüber machen, ihr Geld auch anzulegen, damit es bleiben kann. Bei diesen Menschen geht es hauptsächlich um das Konsumieren, darum, künstlich ihren Wert aufzupolieren. Geld anzulegen würde jedoch bedeuten, erst einmal auf einen Geldbetrag verzichten zu müssen. Und da manche Lottomillionäre so im Mangeldenken sind, benützen sie das Geld dafür, um eine eigene Pseudomacht zu spüren, indem sie einfach kaufen. Oder sie freuen sich, endlich eine so lang gewünschte Anerkennung von neuen, dubiosen Freunden zu erhalten. Meistens, bis das Geld alle ist! Dann schlägt der kompensatorische Größenwahn zurück und eine noch größere Einsamkeit und Armut kann folgen. Doch diesmal ist sie doppelt so schwer zu ertragen, da durch den unverhofften Geldsegen auch ein Bewusstsein von Fülle erblüht ist.

Um in Resonanz mit Fülle im Außen zu kommen ist es also wichtig, die innere Fülle (Verantwortung für eigene Werte zu übernehmen, Selbstliebe aufzubauen, Dankbarkeit zu spüren, Mitgefühl für andere zu entwickeln, ein liebevolles Miteinander zu leben und die Bereitschaft seinen Obolus abzugeben) groß zu machen und dafür Verantwortung zu übernehmen. Und sogar dann haben wir keine Garantie dafür. Zumindest haben wir einen guten Boden bereitet! Dies aufzubauen ist für den einen oder anderen nicht unbedingt ein Tagesgeschehen. Wir wachsen meist langsamer!
Manch einer erkennt plötzlich, dass äußerer Reichtum ohne den inneren Reichtum unerfüllt macht und auf Dauer unbefriedigend ist.

Allerdings gibt es natürlich auch Gewinner, die in ihrer Lebensfreude und Dankbarkeit erst richtig aufwarten können, wenn sie mit irgendeiner Art von Reichtum konfrontiert werden. Das ist immer sehr schön anzusehen!

Ich sah einmal einen Bericht über einen Gewinnermillionär, der seine Garage mit reichhaltigen Malereien ausstattete. Als er gefragt wurde, ob er nicht übertreibe, meinte er: »Ich möchte einfach, dass mein toller, neuer Wagen auch einen tollen Platz bekommt. Und jeden Morgen, wenn ich in diese Garage komme und in meinen neuen Wagen steige, geht mein Herz vor Freude auf. Ich bin so dankbar, dass ich alles schön machen kann!«
Ist das nicht wunderbar! Hätten auch wir so eine große Wertschätzung?

Und dennoch muss betont werden:
Geld alleine macht nicht glücklich. Aber Armut auch nicht. Vielleicht finden wir hier einen Ansatz, uns Gedanken zu machen, was uns wirklich glücklich machen kann. Damit wird die Frage nach dem Sinn unseres Lebens wieder aktuell. Vielleicht finden wir hier unseren wahren Reichtum?

Scheinbeziehungen und wirkliche Beziehungen

Ein überaus wichtiges Thema sind Beziehungen. An diesen können wir manchmal regelrecht verzweifeln. Wenn der Partner wieder mal nicht so ist, wie wir uns das wünschen. Wenn er auf Biegen und Brechen nur das macht, was er möchte! Wenn er nicht mit uns über schwierige Probleme reden möchte und sich uns gegenüber verschließt! Wenn er scheinbar sich selbst lebt, aber eher als Single anstatt als Partner.

Was bedeutet es, Partner zu sein?
Kennen Sie das? Sie treffen auf einen Menschen und haben das Gefühl, ihn schon lange zu kennen. Sie fühlen sich sehr zu diesem Menschen hingezogen, sogar wenn Sie noch gar nichts über ihn wissen?
Wir sind dann oft überzeugt, wir seien Seelenverwandte!
Und wenn sich verwandte Seelen begegnen, haben diese oft die Vorstellung, nichts könne sie mehr trennen. Es ist eine unglaubliche Verbundenheit zu spüren.
Solche innigen Begegnungen haben manchmal eine bedeutende Nachricht für uns. Vielleicht geht es weniger um ein Miteinander, sondern um ein Aufzeigen wichtiger Veränderungen und Entwicklungen, die für uns jetzt anstehen. Dieser Seelenpartner, der uns so tief berühren kann, dient so manches Mal als Spiegel. Er kann zu einem großen Anstoß werden, unsere Persönlichkeit wachsen zu lassen und eigene Werte zu finden. Und gerade weil eine Seelenverbindung uns nicht so leicht trennen kann, haben wir die Möglichkeiten inneren Wachstum zuzulassen. Ein solcher Seelentreff, egal wie intensiv und später vielleicht auch schmerzhaft wir ihn empfinden, ist als ganz besonderes Geschenk zu sehen.
Meist wissen wir dies erst im Nachhinein, wenn der Schmerz des »Haben-wollens« und »Nicht-bekommen-könnens« abgeklungen ist. Es kann uns zu einer neuen Bewertung unseres Lebens führen.
Um eine Neubewertung unseres Lebens zulassen zu können, müssen

wir aus unserem Tiefschlaf wachgerüttelt werden. Dies schafft eine Seelenverwandtschaft schnell und gründlich, weil wir hier bereit sind, uns tief einzulassen! Auch wenn sich die Wege wieder trennen sollten, so bleibt doch ein Nachklang, an den wir uns unser ganzes Leben erinnern werden. Es zeigt uns etwas auf, was wir vielleicht in einer etwas anderen Form leben sollten, dies aber bisher noch nicht in unser Leben integrieren konnten.

Als erstes sei gesagt, dass jedes heute ungeklärte Problem in einer Beziehung die Grundlage für die Beziehung von Morgen ist. Je weniger geklärt wird, desto unsicherer und auch oberflächlicher wird die Beziehung werden und desto schwieriger wird es, sich sicher zu fühlen. Langanhaltende, nicht gelöste Probleme führen zu Verhärtungen der Unsicherheit. Daraus folgt Misstrauen, Angst und ein Gefühl des Nichtgeborgenseins. Und ein partnerschaftlicher Kampf (der dann wirklich zerstören kann) kann beginnen.
Viele Paare scheuen sich vor einem Tiefgang in der Beziehung. Zu leicht könnten Lebenslügen entdeckt werden. Wir wollen Leichtigkeit, Lust und Spaß haben. Ernste, tiefgreifende Gespräche, wo es um das wahre ICH geht, sind bei vielen Menschen angstbesetzt und werden oft deshalb gemieden.
Was haben nun diese »schweren« Gespräche an sich, dass sie oft umschifft werden? Liegt es wirklich daran, dass sie Lusttilger und Spaßverderber sind?
Das paradoxe ist, dass schwere Gespräche die Schwere in einer Beziehung nehmen können.
Gerade in unseren intimen Beziehungen ist es wichtig, einen Austausch über Gedanken, Gefühle und Vorstellungen zu tätigen. Seine eigene Verletzlichkeit zuzulassen, um sehen zu können, was uns in Wirklichkeit verletzt. Zu erkennen, wo die eigentliche Wunde liegt und wo wir einen Mechanismus erlernt haben, um mit eventuellen Schmerzen besser umgehen zu können. Meist haben wir gelernt, über Verleugnung unserer wirklichen Gefühlswelt und unserer Ängste nicht gut genug zu sein, nicht unangenehm aufzufallen sondern uns anzupassen.

Scheinwirklichkeiten lassen uns in einer Scheinzufriedenheit leben und können uns immer weiter von unserem wirklichen Selbst wegbringen, bis wir bemerken, dass wir uns restlos verirrt haben. Unser Leben fühlt sich nicht mehr stimmig an. Manchmal ist es sogar unerträglich und freudlos geworden.
Eine wirkliche Nähe zum Partner verspüren wir dann nicht mehr! Bleiben wir partnerschaftlich an der Oberfläche, ist dies oft nur eine Zweckgemeinschaft! Wir lassen uns nicht wirklich ein!
Unser Ego hat dann immer noch die Kontrolle über uns. Es will bestimmen, wo es für uns lang geht. Natürlich aus einem verzerrten Blickwinkel heraus! Das Ego geht von unseren ganzen Beschränkungen, Selbstzweifeln und Ängsten aus. Deshalb ist es bereit uns glauben zu machen, wir müssten uns schützen vor eventuellen Angriffen und den Gefahren einer zu großen Offenheit und Freilegung unserer Schwachstellen.

Schwere oder tiefe Gespräche, können Lebenslügen entlarven und den eigenen, manchmal künstlichen Selbstwert in Frage stellen. Sie können aber auch das wirkliche Selbst hervorholen, welches uns tiefe Glücksgefühle und wirkliche Befriedigung gibt.

Warum sich also unnütz das Leben schwer machen?
Wir haben dagegen meist von unseren Eltern gelernt, Unangenehmes herunterzuschlucken oder unter den Teppich zu kehren.

Jetzt, wo wir erwachsen sind, haben wir oft das Gefühl, wir sind fertig mit Wachsen. Endlich ist die Zeit des Sich-verbiegen-müssen und Sich-anpassen-müssen vorbei. Die Freiheit winkt! Geht es bei solchen tiefen Gesprächen nicht wieder darum, dass wir nicht richtig sind?
Wir sind es leid, dauernd nicht zu genügen! Es erinnert uns an unsere Kindheit, in der wir möglicherweise ständig beschnitten wurden und nicht genügten.

Jetzt geht es aber um ein Verstehen unserer alten Muster und Schutzmanöver, die einem im Endeffekt das Leben schwer machen.

Mit unserem Nicht-klären-wollen machen wir uns das Leben schwer, obwohl wir gerade das vermeiden wollten. Noch dazu haben wir gelernt, dass es, wenn wir uns lieben, doch keiner so großen Worte bedarf. Am liebsten hätten wir es, wenn wir uns auch ohne viele Worte prächtig verstehen könnten. Manche von uns sind sogar der Überzeugung, dass, wenn sie viele Worte gebrauchen müssen, dies ein Zeichen für eine schlechte Partnerschaft ist. Aber das sind kindische Vorstellungen!
Wenn wir uns wirklich ohne viele Worte gut verstehen, auch in Krisenzeiten, können wir davon ausgehen, dass wir im Vorfeld unsere Kommunikation gut ausgebildet und angewandt haben, so dass wir uns nun so gut kennengelernt haben, dass wir uns sicher und verstanden fühlen können und unseren Partner ebenso verstehen, auch ohne viel Worte.
Wir wissen jedoch auch, dass wir jederzeit, sollten wieder einmal unangenehme Meinungsverschiedenheiten auftreten (und das werden sie), bereit sein werden, darüber zu reden, um den anderen in seinem Sosein zu verstehen. Und das geht nun einmal nicht ohne Worte. Natürlich wollen wir alle lieben und geliebt werden! Dafür dürfen wir aber auch selbst einen Einsatz bringen.
Fürsorge, Verantwortung, Respekt, Wissenwollen, Empathie und Opferbereitschaft gehören allemal dazu!

- Fürsorge für uns und den Partner;
  erst wenn wir gelernt haben, auf uns selbst zu schauen, können wir im richtigen Gleichgewicht auf unseren Partner sehen.

- Verantwortung;
  dies bedeutet erst einmal, sein eigenes Drama zu verstehen (seine Prägung) und das daraus resultierende Verhalten. Erst wenn wir Verantwortung für uns selbst und unser Leben übernommen haben, können wir Verantwortung für unseren Teil, eine gesunde Partnerschaft zu führen, übernehmen.

- Respekt;
  Respekt für den anderen aufzubringen ist ein sehr wichtiges Ele-

ment. Respekt vor der Individualität und Freiheit des anderen, der für sich selbst entscheiden darf, wie er sein Leben gestalten will (da haben wir nur die Möglichkeit, sollte uns dies ganz und gar nicht gefallen, dementsprechende Konsequenzen, mit unserer Verantwortung uns selbst gegenüber, abzuwägen).

– Wissen wollen;
bedeutet, die Bereitschaft zu entwickeln, uns und unseren Partner auch wirklich kennenlernen und verstehen lernen zu wollen. Erst wenn wir wissen und verstehen, können wir auch manchmal ein »Nichtverstehen« stehenlassen. Aber nicht umgekehrt. Ein »Nicht-verstehen« dem »Wissen- und Verstehen-wollen« vorzuziehen könnte leicht zu einer gewissen Gleichgültigkeit führen.

– Empathie; mich in den Partner hineinversetzen können.

– Opferbereitschaft
Da zu sein, mit viel Geduld die eigene Einstellung zu erklären oder zuzuhören, was im anderen vorgeht. Da zu sein oder zurück zustecken, weil ein anderer momentan noch nicht die Kraft hat uns entgegen zu kommen. Da zu sein, wenn wir bemerken, dass der andere uns oder unsere Hilfe braucht.
Natürlich ist das eine Gradwanderung, nicht ausgenützt zu werden! Da dürfen wir unterscheiden lernen!

Es gibt jedoch auch Missstände in einer Partnerschaft, die weder Verantwortung, Respekt, Fürsorge, Wissen oder Opferbereitschaft in sich tragen.

Nehmen wir ein typisches Frau/Mann Thema, welches oft zu sehen ist: Ein Partner kann oder will vielleicht keine Emotionen zeigen und will auch nicht darüber reden (Erziehung, Prägung, Verhaltensstörungen usw.). Solange das Gleichgewicht damit nicht sonderlich gestört wird, ist es nicht besonders tragisch. Es gibt ja immer Situationen, in denen der

eine Partner stärker ist als der andere, soweit dies in anderen Punkten wieder ausgeglichen werden kann, ist es nicht schlimm.
Ich meine aber jetzt die Extremsituation, die eine gewisse Verzerrung des Verhaltens zeigt. Wenn sich ein Partner weigert, jegliches Gefühl zu zeigen oder wenigstens darüber zu sprechen. Es gibt nicht wenige Menschen, die sich emotional in autistischen Grenzbereichen bewegen.

In der Verliebtheitsphase fangen wir (mit einer gesunden, emotionalen Einstellung) dieses Manko unseres Partners freiwillig auf, ohne dass erst einmal unser eigener Emotionshaushalt ins Wanken gerät und wir das Gleichgewicht verlieren.
Da ein Paar nicht nur eine körperliche Verbindung hat, sondern auch eine seelische und geistige Verbindung, fangen wir an, nun dauerhaft auszugleichen. Wir tun dies, indem wir vermehrt Emotionen zeigen, um den Teil einzubringen, den eigentlich der Partner miteinbringen müsste. Das Zeigen und Leben von Emotionen ist nun alleine unsere Aufgabe geworden. Unser Partner fühlt sich damit sicher und sieht auch keine Notwendigkeit mehr, Gefühle zeigen zu müssen; (ich glaube daher kommt es auch, dass Frauen manchmal zu emotional werden, da es oft an einer emotionalen Beteiligung von Seiten ihres Partners mangelt).
Wenn der Partner nie oder selten Emotionen zeigt und sein Partner dauernd ausgleichen muss, wandert dieses Thema des Ausgleichs nach einiger Zeit unbemerkt in den Keller der Unbewusstheit und kann bei dem Partner, der ausgleichen muss bei Gelegenheit dann verzerrt, wieder ans Tageslicht kommen. Z.B.: in manch fraulicher Hysterie, übertriebenem emotionalen Überschwang, emotionalem Überschwappen bei Streitzuständen, Vorwürfen, schleichender Unzufriedenheit, Müdigkeit, einem Ausgelaugt sein und permanenter Unzufriedenheit!
Wie gesagt, wir sprechen von einem Ungleichgewicht, welches auch als solches empfunden wird von demjenigen, der sich für diesen Ausgleich verantwortlich fühlt. Wir wollen ja auch gleich schwingen und das wäre gefährdet, wenn wir den Missstand in seiner Fehlstellung lassen würden.

Sicherlich gibt es diese Thematik auch in umgekehrter Form, wobei sich die Frau weigert, Emotionen zu zeigen und der Mann in die Ausgleichrolle schlittert.

Manche Partner wundern sich, dass sie mit gewissen Partnern auch unterschiedliche Emotionen oder Themen vermehrt leben müssen, als wären sie selbst andere Menschen geworden. Hier können wir sehen, dass, wenn ein Partner gewisse Verhaltensweisen oder Emotionen unterdrückt, der andere Partner sie für ihn mit ausleben muss, oder gewisse Verhaltensweisen gefördert oder gehemmt werden können. Zumindest wird er dazu herausgefordert. Nimmt er nun diese Herausforderung an, kann er damit selbst aus dem Gleichgewicht fallen. Jeder Mensch hat irgendwo ein Manko und dies wird oft in Partnerschaften ausgeglichen. Soweit dies in einem gewissen, akzeptablen Rahmen stattfindet, ist das natürlich! Solange es nicht weh tut!
Haben wir jedoch ein zu großes Manko, suchen wir uns oft in traumwandlerischer Sicherheit den Partner, der uns früher oder später mit der Nase drauf stößt und uns zeigt, was uns selbst fehlt. Ein durchsetzungsstarker Mensch sucht sich dann einen durchsetzungsschwachen Menschen und umgekehrt.

Oder ein emotionsschwacher Partner SUCHT sich eine sehr emotionale Partnerin, die ihn mit ihren übergroßen Emotionen überrollt, da beide nicht in einem Gleichgewicht sind und sich zusammen ausgleichen.

Bei manchen Paaren ist es so, dass sich der Mann, der sich eigentlich stark, sicher und fürsorglich fühlt, beschwert, weil seine Frau am Ende eines Streits anfängt zu schreien und zu weinen, um ihn doch noch in ihre gewünschte Richtung zu bringen. Warum geschieht so etwas? Für ihn wäre es wichtig, für eine Aussprache auch wirklich entsprechend Zeit mitzubringen und vor allem ein wirkliches Interesse am anderen zu zeigen. Er sieht sich selbst als ruhig und sachlich und bemerkt vielleicht gar nicht, dass er nicht wirklich emotional auf die Fragen und Wünsche seiner Frau eingeht, weil er wiederum auch schon eine ganz feste Vorstellung von etwas hat und davon überzeugt ist, dass eine sachliche Information reichen würde. Die Frau möchte emotional gesehen werden und der Mann meint, eine sachliche Information reiche aus. Oft kommen wir bei solchen festgefahrenen Diskussionen in einen Kampf und in eine Ich-hab-Recht-Haltung. Nur allzu leicht fühlen wir uns angegriffen oder missverstanden. Wird mit einem gewissen Thema vielleicht auch noch ein wunder Punkt in uns berührt, sind wir einfach nicht mehr so gelassen und können gar nicht richtig zuhören, weil wir meinen, uns schützen zu müssen. Hier sehen wir auch wieder die Wichtigkeit des »Wissens«…. um uns selbst.

Dieses »sich-nicht-wirklich-einlassen« oder sagen wir, dieses Scheineinlassen, spürt die Frau natürlich. Sie fühlt sich ungeachtet und sieht sich als Verliererin. Aufgrund seines indirekten Abblockens ihrer Wünsche (er hat ja schon eine feste Vorstellung, wie er etwas haben will und lässt sich damit auf keine wirkliche Diskussion ein) spürt seine Partnerin, dass sie keine gleichberechtigte Chance hat. Sie versucht nun, noch mehr zu erklären. Gleichzeitig bahnt sich eine innere Verzweiflung an, nicht wirklich gesehen zu werden. Je bestimmter und genervter nun ihr Partner reagiert, desto aggressiver vertritt sie sich (es ist wie ein kleiner Überlebenskampf).
Das kann soweit gehen, dass es wirklich zum Geschrei und zu Tränen kommt. Aber weniger geht es hier um ein Durchsetzen eigener Wünsche, sondern eher um das Erkennen der Ausweglosigkeit gehört zu werden.

Wie kommt so eine Situation eigentlich zustande? Ich denke, dass es daher rührt, dass einer der Partner eher bereit ist, sich kommunikativ einzubringen und der andere nicht lange »fackelt«. Also eher unbeweglich ist.

Würde die Frau aber um ihre Rechte als gleichberechtigte Partnerin wissen und sie weiterhin emotional ruhig und sachlich vertreten können und würde sie sich auch nicht einschüchtern lassen (aufgrund seiner bestimmenden, abwertenden oder ungeduldigen Haltung seitens ihres Partners) und sich so lange Zeit zum Ausdiskutieren nehmen wie sie eben braucht, würde sich ziemlich sicher das Blatt wenden. Jetzt wäre es wahrscheinlich der Mann, der das Schreien anfangen würde, um damit das Ende der Diskussion anzudeuten oder er könnte endlich wirklich zuhören.

Zurück zu unserem Beispiel:
Also, der eine Partner macht emotional dicht und der andere fängt dies durch sein vermehrtes, eigenes emotionales Ausleben auf. Das können wir natürlich phasenweise gerne tun, aber nicht auf Dauer.
Vor allem, wenn die Verliebtheitsphase endet, wird dem auffangenden Partner sein Tun mit der Zeit zu einer Belastung werden. Da sich sein »emotionsschwacher« Partner mittlerweile so sehr auf ihn und sein vermehrtes Ausleben verlässt, kommt von seiner Seite auch immer weniger. Um eine emotionale Stabilität für diese Partnerschaft zu bekommen, wird der emotionsstarke Partner immer wieder gefordert, in dieser Hinsicht mehr zu leisten.
Ein Teufelskreislauf beginnt.

Ist der emotionsschwache Partner nicht bereit, seine Verantwortung im Zeigen seiner Emotionen zu tragen, entsteht für den anderen eine dauerhafte emotionale Überlastung.
Zieht sich der schwache Partner dann zeitweise zurück (der andere Partner zeigt mittlerweile offen seine Unzufriedenheit), muss wiederum der stärkere Partner vermehrt eine Verbindung herstellen.
Belastung Nr. 2 kommt also hinzu.

Verändert sich der schwache Partner trotz eindringlicher Bitten nicht und bleibt im emotionalen Rückzug (er hat schon eine Verknüpfung hergestellt zwischen »wenn ich mich zurückziehe, kommt der Partner vermehrt auf mich zu und ich werde emotional gefüttert, ohne dass ich etwas dafür tun muss«), verhärtet sich diese Ausgleichsbelastung beim anderen. Der belastete Partner beginnt nun, sich schwach, schwer und

unfrei zu fühlen, was sich nun auch langsam im Außen zeigt. Auf ihm liegt die emotionale Hauptverantwortung.
Das heißt, dementsprechende belastende, nicht greifbare Dinge können nun auch außerhalb der Beziehung geschehen. Die innere Schwächung zeigt sich nach einiger Zeit auch im Außen! Der so geschwächte Partner benötigt für alltägliche Dinge immer mehr Kraft, die er jedoch nicht ohne weiteres aufbringen kann. Aber nur der geschwächte Partner, der die Doppelbelastung tragen muss. Hier zeigt sich dann das Gesetz »wie Innen so Außen«!
Beim Anderen geschieht das Gegenteil. Da er emotional von seinem Partner mit verköstigt wird und selbst nichts geben muss, wird er emotional stark und bekommt nun Situationen, in denen er noch mehr bekommt. Geht diese Geschichte weiter, geschieht eine Umkehrung. Der schwache Partner wird plötzlich stark (er bekommt ja viel von seinem Partner, wird dadurch stark und bekommt stärkende Situationen im Außen) und der starke Partner wird schwach (da er dauernd Emotionen für seinen Partner mit ausleben muss und dabei selbst an Kraft verliert). Dieses zeigt sich wieder im Außen. Denn Schwaches zieht immer Schwaches an! Auch Krankheiten!
Mit der Zeit wird der erst Emotionsschwache so stark, dass er ohne viel Anstrengung nach Außen gehen kann, neue Menschen kennenlernen kann und offener wird.
Der einst schwache Partner ist so offen und stark geworden, dass sein Selbstbewusstsein (es ist ja eher sein Ego) immer größer wird. Bekommt er doch alles geschenkt, ohne viel dafür tun zu müssen. Somit verfestigt sich sein Glaube, er liege in seinem Verhalten, keine großen Gefühle zu zeigen, völlig richtig.

Nehmen wir einmal an, dieser schwache, jetzt starke Partner macht nun alleine einen Urlaub und lernt Menschen vom anderen Geschlecht kennen. Er unternimmt vielleicht sogar etwas mit ihnen, (er möchte jetzt sein Pseudoselbstbewusstsein ausleben), obwohl er sich früher nie darauf eingelassen hätte, (sein Selbstbewusstsein war ja eher klein und er hatte überhaupt kein Interesse an neuen Bekanntschaften) kann es

jetzt anders sein. Er lernt Urlauber kennen und unterhält sich mit ihnen. Eine ganz harmlose Geschichte! Dies erzählt er, aufgedreht von seinen tollen, neuen Urlaubserfahrungen, seinem Partner.
Was geschieht?
Der starke/schwache Partner fühlt sich so schwach und allgemein verunsichert, dass er eifersüchtig wird. Endlich findet er einen Kanal, sein Ungleichgewicht zu spüren und wird es höchstwahrscheinlich nicht mehr unterdrücken können.
Allein diese Urlaubsgeschichte wäre früher kein Problem gewesen. Aufgrund der Verhärtungen durch nicht gelöste Probleme, ist keine Sicherheit mehr da, um so eine Situation problemlos auffangen zu können.

Wohin dies führt, wenn kein Gleichgewicht gefunden wird, kann sich jeder ausdenken.
Ende in Sicht!
Wäre der emotionsschwache Partner jedoch einsichtig und würde er sich bemühen, (ohne dass er das Gefühl aufkommen lässt, sich verbiegen zu müssen, sondern die Notwendigkeit seiner Neueinstellung erkennend), Emotionen wenigstens ab und zu zeigen, wäre auch der andere Partner entlastet und die Verantwortung für eine gesunde emotionale Beziehung läge bei beiden.
Es gäbe dann keine Beschwerden bezüglich des Themas und der schwache Partner (der jetzt stärker geworden ist) müsste sich dann auch nicht mehr zurückziehen, da er gelernt hat, sich emotional zu zeigen, indem er offen ansprechen kann, was ihn stört oder wo er sich verletzt fühlt.
Ein auf dieser Ebene gewünschter Alleinurlaub wäre unbedenklich und wahrscheinlich eine Bereicherung für beide (Distanz/Nähe).

In unseren Partnerschaften ist es wichtig, ein Gleichgewicht halten zu können. Das bedeutet jetzt nicht unbedingt, dass jeder anteilsgleich alles zurückgeben muss. Wir können gewisse Schwächen, die der Eine oder Andere hat, ausgleichen, indem wir dafür in einer anderen Sache mehr geben.
Wichtig ist, dass es für unseren Partner auch als Ausgleich zählt!

Unsere Verbindungen, ganz gleich ob Partnerschaften oder Freundschaften, sollten ein ausgewogenes Geben und Nehmen sein.
Je toleranter und großherziger wir werden, desto leichter fällt es uns, gewisse Eigenarten beim Partner zu akzeptieren. Vor allem wenn man weiß, dass es der andere ebenso tut.
Wir können uns nun akzeptieren und müssen nicht mehr verbissen um etwas kämpfen, was uns der Partner nicht geben möchte. Da beide Partner gelernt haben, ihre Verantwortung für ein Gelingen einer guten Partnerschaft einzubringen und trotzdem die eigene Art leben zu dürfen, sind solche Machtkämpfe ein für alle mal erledigt.
Das Eine schließt das Andere nicht aus!

In Partnerschaften geht es nicht darum, den Anderen zu verändern, sondern UNS zu stärken. Gegenseitig!
Wir verwechseln oft »die eigene Stärke zu leben« mit »sich zu wehren, sich zu verteidigen und anzugreifen«, sobald Ungerechtigkeiten auf einen zukommen. »Sich zu wehren« ist sicherlich in manchen Fällen auch wichtig! Es geht aber nicht nur um ein Reagieren, denn dann sind wir Spielball der Anderen und haben verloren.
Wir sind dann nur eine Reaktion auf äußere Handlungen und nicht wirklich stabil in unserem Selbst.

Es geht darum, VORHER zu wissen, wer wir sind und wohin es für uns gehen soll. In dieser Position können wir unseren Weg gehen und vertreten, ohne auf Äußerlichkeiten oder Meinungen nur reagieren zu müssen. Und bei Unstimmigkeiten in Partnerschaften können wir über einen respektvollen Umgang und das Wissen, dass jeder seine eigenen Sichtweisen hat, neue Wege gehen. Aber zusammen! Immer die Bereitschaft im Auge, seine eventuellen Schwächen und Selbstlügen auszubessern. Das setzt natürlich eine ordentliche Portion Mut voraus. Wir lügen uns allzu gern selbst in die Tasche, um uns groß, stark und schön zu sehen. So oft haben wir in unserer Kindheit gehört, dass wir nicht gut sind, so wie wir sind. Jetzt endlich, im Erwachsenenalter, möchten wir selbst bestimmen, dass wir gut und schön sind. Das wäre

an und für sich auch in Ordnung. Doch leider haben wir oft in unserer Kindheit keine Gelegenheit bekommen, uns wirklich kennenzulernen. Somit leben die meisten Menschen auch noch im Erwachsenenalter mit einem Zerrbild ihres Selbst. Sie bestehen praktisch drauf, endlich gesehen und akzeptiert zu werden, ohne vorher wirklich ihre Persönlichkeit von all der Fremdbestimmung freigelegt zu haben.
Mit diesem Wunsch nach Akzeptanz seiner unerlösten Persönlichkeit ist jedoch ein Kämpfen vorprogrammiert. Denn, die unerlöste Persönlichkeit, fast würde ich sagen, die Kinderpersönlichkeit, ist in Wirklichkeit im Innersten von Unsicherheit geprägt. Das Ego ist sich dessen natürlich bewusst und findet Möglichkeiten, diese Pseudoakzeptanz seiner Selbst, wenn nötig auch im Kampf zu behaupten.

Wenn wir so unsicher sind, dass wir nur reagieren können, sind wir wieder nur im Außen. Ein Fähnchen im Wind.
Wollen wir dies? Nein, natürlich nicht! Deshalb soll ein Außen ein Außen bleiben. Höchstens zu sehen als eine Resonanz, wie weit wir innerlich schon sind. Wir können sie als Korrektiv sehen, welches uns hilft, uns noch besser zu erkennen. Denn…. wie außen, so innen!
Dies zahlt sich sicherlich besser aus, als gegen Äußerlichkeiten anzukämpfen.

Auch in Beziehungen geht es um ein klares JA oder NEIN. Wir sollten wieder SPÜREN lernen. Das dürfte sich für uns als schwierig genug erweisen, da wir so weit von unseren eigenen Emotionen weg sind. Es ist nicht so einfach, sich die Erlaubnis für eine Berechtigung eigener Emotionen zu geben. Meist haben wir schon in der Kindheit gelernt, dass unsere Gefühle sowieso falsch sind. Noch dazu haben wir eingetrichtert bekommen, hauptsächlich auf den anderen zu schauen. Wir selbst sind nicht so wichtig!
Erlauben wir uns wirklich das Beste? Manch einer von uns meint sogar, etwas wäre nur wertvoll, wenn es recht schwierig zu erreichen ist. Oder am Besten »gar nicht?«

Ist es uns so nicht von Kindesbeinen anerzogen worden, dass wir zurückstecken sollten? Dass nur durch harte Arbeit eventuell eine Belohnung herauskommt? Dass Geben seliger macht als Empfangen?
In vielen Beziehungen sind es gerade die Frauen, die geben, verzichten und sich aufopfern.
Ein aus meiner Studie ersichtlicher Grund, warum Frauen oft so einen niedrigen Selbstwert haben und an einer Aufopferungshaltung in ihrem Leben festhalten ist der, dass sie es nicht anders gelernt haben. Mit diesem Verhaltensmuster wird eine Partnerschaft eingegangen, um das Erlernte dann in die Tat umzusetzen.

Alle Anderen sind wichtig, nur die Frau selbst nicht. Denn sie kann es aushalten! Sie hat es auch von ihrer Mutter vorgelebt bekommen. Sozusagen zur Bestätigung: »Schau mein Kind, so verhält sich eine wirkliche Frau und Mutter, wenn sie gut sein möchte! Sie kennt keine eigenen Bedürfnisse und ist zu jeder Zeit bereit, zurückzustecken, den Mund zu halten und Ungerechtigkeiten auszuhalten! Denn sie hat die alleinige Verantwortung für ein harmonisches Miteinander!«

Männer haben wiederum gelernt, alles mit sich selbst auszumachen. Nur keine Emotionen zeigen, denn das wäre unmännlich, schwach oder noch schlimmer – er wäre ein Weichei oder Warmduscher.

Mit diesen widersprüchlichen Verhaltensweisen ist es sehr schwierig, gemeinsam einen glücklichen Weg zu gehen.
Doch so eine polare Verbindung – sollten wir uns dieser aussetzen – hat natürlich als erstes den Grund, wachsen zu können. Das gilt für beide Partner!
Ist die Anziehung so groß, dass wir nicht gleich das Weite suchen, falls uns ein recht gegensätzlicher Partner vor die Füße läuft, ist diese Verbindung auf alle Fälle wichtig für einen Lernprozess. Unser Partner spiegelt uns eine wichtige unentwickelte Seite unserer Persönlichkeit wider, die gelebt werden möchte. Nicht unbedingt auf dieselbe Weise, wie sie unser Partner spiegelt, aber sicherlich in einer erstaunlichen Ähnlichkeit.

Und da es sehr oft in unserem Leben vorkommt, dass wir uns scheinbar mit dem »falschen« Partner liieren, bekommt diese Geschichte jetzt ein ganz anderes Gesicht.
Nach dem Gesetz der Resonanz können wir nicht einen Partner anziehen, den wir uns vielleicht wünschen, wenn wir selbst noch in unserem eigenen Gefängnis alter, einengender Verhaltensmuster sitzen. Es wird kein Prinz und keine Prinzessin kommen, wenn wir selbst nichts dazu lernen.
Deshalb ist erst einmal der Partner richtig, den wir jetzt haben. Allerdings hätten wir die Möglichkeit zu wachsen und uns in unserem eigenen Inneren von alten Denkstrukturen zu befreien. Erst dann kann ein Partner auf uns zukommen, der wiederum nur eine Bestätigung unseres eigenen Wachstums ist. Mit etwas Glück wachse nicht nur ich, sondern gleichzeitig mein Partner auch. Dann wachsen beide und die Möglichkeit besteht, trotz Wachstum zusammenbleiben zu können. Oder gerade wegen des gemeinsamen Wachstums.

Leider meinen wir nur allzu oft, einen falschen Partner zu haben oder ihn bekämpfen zu müssen. Vielleicht meinen wir auch, uns radikal lösen zu müssen, ohne den Hintergrund wirklich verstanden zu haben. Was folgt ist der nächste Partner »in grün«.

Wir haben die Wahl, unser Leben neu zu gestalten, wenn wir bereit sind und die Verantwortung übernehmen. Nicht immer das Alte zu wiederholen, sondern unseren wahren Werten und Zielvorstellungen näher zu kommen! Wir sind unseres eigenen Glückes Schmied.
In einer Partnerschaft ist es wichtig, trotz persönlicher Unterschiedlichkeiten einen gemeinsamen Nenner zu finden. Viele Paare machen dies bereits auf die ihnen eigenen Weisen. So gibt es gemeinsame Hobbies, gleiche Urlaubsziele, Fernsehprogramme oder eine gemeinsame Arbeit, die zusammenschweißen. Vielleicht geht es bei manchen Paaren nur darum, zusammen beruflich erfolgreich zu werden? Alle persönlichen Bereiche sind dann vielleicht nicht mehr so wichtig? Vielleicht finden sich zwei Genießer, die einfach Freude am Leben haben wollen?

In manchen Fällen sind es auch Schulden, Ärger mit den Kindern oder eine Desillusioniertheit in beider Leben. Vielleicht sind es auch nur zwei Pechvögel, die sich gefunden haben und sich gegenseitig immer wieder in ihrem Pechmarienleben aktivieren und bestätigen, so dass eine Fortsetzung folgen kann. Beide gehen Hand in Hand dem »Sonnen« ... Untergang entgegen.

In diesen Partnerschaften, die schon einen fixen Programmablauf haben, wird es äußerst schwierig, eine Veränderung einzuleiten. Solange er positiv und aufbauend ist, ist es ja schon super. Sollte er negativ sein, ist es für uns schwieriger, eine Veränderung herbeizuführen. Halten wir doch zu gerne das Alte fest. Manch einer spürt jedoch, dass das alte Programm nicht mehr für ihn passt, wenn er sich weiterentwickeln möchte. Er spürt, dass es noch um etwas anderes gehen muss. Er spürt den Drang einer Weiterentwicklung und den Wunsch, persönlich zu wachsen. Wir Menschen wollen immer gerne etwas verbessern. Doch bietet die alte Struktur auch enorme Sicherheit. »So haben wir es schon immer gemacht und es ist ganz gut gelaufen!«
Bei einer Neuorientierung in der Partnerschaft kommt das alte Refugium ganz schön ins Zittern. Alte Strukturen werden eingerissen und neue müssen gefunden werden. Für den Partner, der wachsen will, ist das eine Herausforderung. Aber für den anderen Partner, der noch nicht den Wunsch nach persönlichem Wachstum in sich spürt, kann es erstmal eine Katastrophe sein.
Das Alte war so sicher!
Doch war es in Wirklichkeit vielleicht eine Scheinsicherheit in einem ganz bestimmten, festgesetzten Rahmen? Und eine Veränderung bringt erst einmal Unsicherheit mit sich. Sie kennen sicherlich das Sprichwort: »Was ich habe, das habe ich!« oder »Lieber den Spatz in der Hand als die Taube auf dem Dach.«
Wachsen bedeutet – Entfaltung – und Entfaltung bedeutet – Veränderung – und Veränderung bedeutet oft Angst!

Wie die Natur, die sich jedes Frühjahr einen neuen Raum nimmt! Die

Rosen im Garten sagen auch nicht:»Hey ihr Gänseblümchen da drüben, ihr hattet letztes Jahr den Platz v o r dem Birnbaum und da bleibt ihr auch. Was macht ihr jetzt auch noch h i n t e r dem Birnbaum?«

In einer wirklichen Partnerschaft sind zwei Dinge sehr wichtig: Gemeinsamkeit und ein gewisser Alleingang!
Ein Alleingang ist wichtig, um seine eigene Persönlichkeit kennenlernen zu können, ohne ängstliche oder destruktive Einflüsterungen seitens des Partners, der unsicher wird und eine Veränderung aufhalten will.
Das Miteinander und die Gemeinsamkeiten sind wichtig, um sich als ein Ganzes, bestehend aus zwei Individuen, fühlen zu können, die einen Weg miteinander gehen wollen.
Haben wir keine Gemeinsamkeiten, die uns in unserem Leben wirklich verbinden und somit einander näher bringen können, werden sich höchstwahrscheinlich die Wege irgendwann wieder trennen.
Es reicht also nicht, gemeinsam Kinder großzuziehen, das Haus abzuzahlen und ansonsten geht jeder seiner eigenen Wege.
Manchmal tun wir dies trotzdem, weil wir Angst haben, unsere Vorstellungen einzubringen und dann vielleicht vom Partner abgelehnt und verlassen zu werden. Manchmal unterlassen wir einen eigenen Einsatz aufgrund unserer Überzeugung, kein Recht auf eigene Entfaltung zu haben.
Lieber verzichten wir auf unsere Lebendigkeit, als nach Lösungen zu suchen.
Doch was geschieht im Allgemeinen, wenn die Kinder aus dem Haus sind und das Haus abbezahlt ist? Meist entsteht eine große Leere! Man macht sich auf, nach neuen Bestätigungen und neuen Hobbies oder neuen abenteuerlichen Herausforderungen zu suchen! Tiefen Frieden, ein Gefühl des Angekommen-seins empfinden wir aber manchmal trotzdem nicht!
Wichtig in einer Partnerschaft ist, dass beide sich weiterentwickeln und neue Möglichkeiten zulassen wollen. Jedoch sollten wir ein Miteinander immer im Auge behalten.

Manchmal gilt es einfach, die Gegenwart neu zu gestalten mit unserer neuen Entfaltung unserer Persönlichkeit. Denn das Zulassen des Neuen in unserer Gegenwart formt schon die Zukunft.
Wenn wir jetzt nicht herausbekommen, wer wir wirklich sind und welche Beziehung wir jetzt anstreben, wird es Zukunft bleiben.

Wichtig ist zu überprüfen: Was hat uns früher verbunden und was verbindet uns gegenwärtig? Ist der heutige Zustand noch tragfähig? Dies sollte über das alleinige Gefühl der Liebe hinausgehen, denn wir haben noch einen Alltag, der seine Herausforderungen hat.
Ich denke es ist wichtig, unsere Wünsche, Werte, Vorstellungen und Ziele einmal mit denen unseres Partners zu vergleichen. Gibt es eine gemeinsame Basis?
Wir Menschen sollten kein sinnloses Leben wählen, sondern sehr wohl unseren Sinn erkennen lernen. Welchen Sinn geben wir unserem Leben und können wir es mit dem unseres Partners vereinbaren? Oder blockieren wir uns nur gegenseitig?

Unser Ausleben im Alltag zeigt, wo wir wirklich stehen. Es gibt einige Menschen die meinen wirklich, dieses Erarbeiten eines Miteinanders wäre nicht wichtig. Wichtig sei nur die Liebe. Aber die Liebe zeigt sich im Umgang miteinander.
Im Äther einer grenzenlos, illusorischen Liebe zu schweben ist sicherlich himmlisch und scheint ungefährlicher. Bleibt aber Utopie!

Der Alltag zeigt jedoch, was wir wirklich verstanden haben und umsetzen können. Ob mit oder ohne Partner. Ich denke, es gilt, das Allerbeste aus unserem Leben zu machen, Erfahrungen zu sammeln um im Endeffekt ein gutes Leben zu führen und Herausforderungen annehmen zu lernen. Dafür haben wir dieses Leben. Auf vielen Gebieten zu wachsen! Wir brauchen nichts Besonderes zu WERDEN, weil wir es schon sind. Wir alle sind Schmetterlinge. Wenn vielleicht auch erst in einer Verpuppung. Aber wir können unsere Partnerschaft und unser Leben zu etwas ganz Besonderen MACHEN.

Wir brauchen auch gar nicht heilig zu werden. Gerade unsere »Schrägheiten« machen uns und unseren Partner doch aus.
Natürlich verstehe ich, dass der Eine oder Andere den übergroßen Drang hat, etwas ganz Großes zu werden und es geschafft zu haben. Weil nur etwas ganz Großes in unserer Gesellschaft zählt. Alle Menschen sollen sehen, dass man was ganz Besonderes ist. Dabei wird oft übersehen, dass es nur um die eigene Anerkennung und Selbstliebe geht, welche einem einen wirklichen Wert gibt. Und den gilt es, sich zu erarbeiten und eine Entwicklung zuzulassen. Aber die meisten wollen Anerkennung haben ohne die Anstrengungen der eigenen Persönlichkeitsarbeit. Ohne sich Gedanken machen zu müssen, wie denn der eigene Einsatz aussehen müsste, damit eine Beziehung wirklich »himmlisch« wäre.
Und viele von uns sehen diese Arbeit nicht wirklich als spannend an. Lieber verlagern wir die Spannung nach Außen. Ein kleiner Kurs hier, eine nette Ausbildung dort. Punkt! Das muss genügen! Schließlich gibt es noch was anderes im Leben zu tun!
Wieder Andere sind scheinbar ganz hartnäckig. Da werden Endloskurse und Endlosausbildungen in allen Variationen gemacht. Meist angefangen und nicht zu Ende gemacht! Immer auf der Suche nach dem neuen Kick! Die Erleuchtung ist das Ziel! Schließlich hat man auch gutes Geld investiert. Und bei 179 Kursen und Ausbildungen ist man immer auf der Suche nach dem Optimalen. Nie müssen wir uns einer inneren Prüfung unterziehen, ob wir wirklich etwas gelernt haben. Ob wir es in unserer Beziehung oder in unserem Leben auch umsetzen können? Denn nach langem Lernen sollte auch eine Tat folgen. Und gerade diese Tat, um zu sehen, wo wir wirklich stehen, wird mit Endloskursen hinausgezögert bis wir sagen können: »Wir haben soviel gelernt, sind aber nie ans Ziel gekommen. Nirgendwo wurde der Schlüssel zum Himmelreich gefunden. Na, müssen wir uns halt mit den Gegebenheiten abfinden!« Und somit entkommen wir natürlich auch unseren tiefsten Ängsten, die wir mit unserer vorzeitigen Flucht nie bewältigen können.
Wenn wir uns »viele, verschiedene, abwechslungsreiche Kurse« einfach wahllos einverleiben, uns dabei nicht wirklich erkennen (das heißt: nicht

wirklich mit unseren Ängsten konfrontiert werden), sind solche Kurse oft nur für unser Ego gut. Sozusagen als Freizeitgestaltung!

Es geht aber nach dem Lernen immer wieder um das reale Umsetzen des Gelernten. Und dazu sind Beziehungen hervorragend. Was nützen uns die tollsten und ausgefallensten Strickmuster (oder Bücher), die wir im Kopf haben, wenn wir nicht wirklich Stricken (im Leben etwas umsetzen) können? Selbsttäuschung nennt man so etwas!

Dieser Überlegung sollte sich jeder einmal aussetzen: »Schwebe ich mit meinem Wissen weit oben und kann aber in meinem Alltag nichts umsetzen?«

Inwieweit flüchten wir vor der Realität? Und unser Leben ist unsere Realität!
Inwieweit leben wir wirklich Ehrlichkeit und Selbstverantwortung oder sind wir noch Kinderseelen und scheuen uns vor unserer Eigenverantwortung?

Keiner kann uns die Antwort geben.

Doch sollte sie für uns wirklich wichtig werden, werden wir danach »ringen«, sie zu bekommen.

Versuchen Sie, die nachstehenden Fragen über Partnerschaften schriftlich für sich zu beantworten.

Heben Sie diese auf und lesen Sie dieselben in ein paar Wochen wieder durch und vervollständigen Sie die Liste. Sicherlich werden noch einige andere Faktoren hinzukommen.

Unser Unterbewusstes wartet erst einmal, ob wir es auch ernst nehmen mit diesen Themen. Ansonsten macht es keine Anstalten, ihre Geheimnisse »was Sie wirklich wollen« herauszugeben.

(Schein –) Beziehungen

Opfer	gesunder Selbstwert	*Täter*
schwach	gesunde Beziehung	egoistisch
	Gleichberechtigung	

Erwartungen an den Partner »Du musst Dich verändern, damit ich glücklich werde«	Ich kann meinen Partner wertfrei sehen	Erwartungen nur auf das Ich gerichtet
Mein Heil hängt von Deinem Verhalten ab.	Keine Erwartungen, sondern Vorstellungen/ Ansprüche, die ich eigenverantwortlich zu erreichen versuche	Ich sage, wo es lang geht
Ich bin abhängig von Dir.	Ich gebe mir die Freiheit zu wählen	Du musst mir folgen!
Keine Durchsetzungskraft, Angst verlassen zu werden	Ich achte meine Bedürfnisse und die meines Partners und vertrete mich	Ich bestimme
Angst vor Streit		Ich brauche einen Partner, der schwächer ist
Ich brauche einen Partner, der stark ist	Ich räume Freiräume ein.	
Größere Abhängigkeit	Gute Kommunikation	leichtere Abhängigkeit, da größere Selbstbezogenheit
	Ich zeige Stärken/ Schwächen	

Wichtige Spielregeln

Welche Übereinstimmungen brauche ich unbedingt in meiner Beziehung?

In Bezug auf:

Harmonie, Wohnen, Freiheiten, Arbeitsteilung, Haushaltsaufteilung, Kindererziehung, Persönlichkeitsendwicklung, Geld, Freunde, Natur, Urlaub, Zukunft, Hobbies, Humor, Spaß, Abenteuer, Tiefe, eigene Erziehung, Freude, Ethik, Oberflächlichkeit, Lebensphilosophie, Religion, Raucher, Gesundheit, gute Kommunikation, Zugehörigkeit, Sexualität, Zärtlichkeit, Geborgenheit, liebevoller Umgang usw.

und wie sehen diese genau aus?

- was wünsche ich mir in meiner jetzigen Beziehung von meinem Partner?
- was könnte erfüllt werden-was kann nicht erfüllt werden (da es unrealistisch ist)?
- sind meine Wünsche / Regeln leicht oder schwer für meinen Partner zu erfüllen?
- wo können wir einen Kompromiss eingehen und wann verbiege ich meinen Partner oder lasse mich selbst verbiegen?
- mache ich Schuldzuweisungen?
- erkenne ich meine eigene Opfer- oder Täterhaltung?

Und:

Was kann ich geben und wie sieht dies genau aus?
Was ist mein Lebensthema?
Was würde meine Aufgabe sein, um selbst im Gleichgewicht zu sein?

Vom Brauchen zum Wollen

Im Loslassen liegt das Bekommen

Solange wir etwas im Außen brauchen (davon abhängig sind, außer von Dingen, die unser Überleben sichern und deshalb natürlich sind), sind wir nicht wirklich unabhängig. Wir haben einen inneren Mangel. Wir sind damit oft im Minus!
Mit dem »Brauchen« bleiben wir im Minus. Das kann von Außen (z.B. durch besondere Geschehnisse, den tollen Partner, Geld, Luxus oder Erfolg) nicht dauerhaft aufgefüllt werden, weil das »Brauchen« das »Bekommen« frisst. Es ist wie ein Fass ohne Boden. Man kann hinein geben, was man will, es bleibt auf Dauer leer. Es ist nie genug!
Anders bei einem »ich will«!
Dieses »ich will« sollte jedoch frei von einem »EGO-ICH-WILL« und einem »BRAUCHEN« sein. Es kann die Triebfeder sein, dass etwas Bestimmtes geschehen oder verändert werden soll, was jedoch schon zu uns gehört und nur wie ein Schatz im Außen geborgen werden möchte. Wir füllen uns damit nicht auf, wie bei dem »Brauchen«, sondern finden Stück für Stück im Außen, was wir im Inneren schon gefunden haben.

Alles, was im Außen zu uns gehört, können wir auch finden und leben, sofern wir dies mit einem bewussten »ja, ich will« bekräftigen.
Dieses Annehmen der äußeren Umstände, so wie sie momentan für uns sind, das Akzeptieren unserer Lebensumstände, in denen wir uns gerade befinden, ist ein »ja« zu uns selbst. Denn nur wir selbst haben uns bis zu diesem Zeitpunkt dahin gebracht, wo wir heute stehen. Denn es ist u n s e r e Persönlichkeit, die uns bis jetzt geführt und geleitet hat.
Ein freies: »Ja, ich will einen neuen Weg gehen, mich verändern, etwas verbessern oder mich kennenlernen!«, zeigt uns auch, dass wir gewillt

sind, zu uns zu stehen, ohne stehen bleiben zu müssen. Unser Sosein zu bejahen, so wie wir gerade sind, ist der Grundstein. Den Wunsch zu haben, uns weiterzuentwickeln und noch mehr zu uns zu finden, macht erst neue Möglichkeiten möglich. Stück für Stück lernen wir unsere ganze Persönlichkeit mit all unseren Facetten kennen, bis wir uns ganz in unserem Potenzial erkennen und leben können.

Wie gesagt, ohne dass wir »brauchen«! Solange wir brauchen, zweifeln wir an der Richtigkeit des jetzigen Zustandes. Auch wenn er noch nicht optimal ist, oder vielleicht sogar ganz entgegengesetzt von dem, was wir heute wollen, sollte er o.k. für uns sein. Mit dieser Annahme der IST-Situation erklären wir uns damit einverstanden, selbst die Macht zu haben, unser Leben zu bestimmen. Wir übernehmen die Verantwortung dafür. Das heißt, wir wissen um unsere eigene Kraft, die uns einen Weg gehen lässt. Erst einmal unabhängig davon, ob uns der Weg heute noch gefällt, den wir gestern gewählt haben. Etwas anderes zu »brauchen«, als das, was wir haben, lässt uns unbewusst an unserer eigenen Stärke, an unserer Möglichkeit wirklich eine Veränderung herbeiführen zu können, zweifeln und damit engen wir uns freiwillig ein. Wir befinden uns in einer größeren Mangelsituation!
Dieses »Brauchen« hält uns in einer Situation gefangen, in der wir die IST-Situation NICHT akzeptieren. Somit begeben wir uns in ein Korsett der Beschränkung, an die wir dann so fest glauben, dass es für uns schwierig werden kann, uns selbstbestimmt daraus zu entfesseln. Die engen Grenzen sind damit gezogen, für wer weiß wie lange!!
Wir leben dann in unserer eigenen Beschränktheit und wundern uns, wo die Fülle und das Glück geblieben sind.

Natürlich ist eine feste Vorstellung, was wir im Leben »WOLLEN« wichtig. Ein »WOLLEN« hat aber eine ganz andere Energie als ein »BRAUCHEN«. Sogar ein »WÜNSCHEN« hat seine eigene Energie!

Ein »ich will« ist selbstbewusst! Ich entscheide, ob und wann ich etwas will und leite demensprechende Wege ein!

Allerdings besteht bei einem »WOLLEN« die Gefahr, dass wir zu engstirnig werden. Denn ein zu viel »WOLLEN« kann auch alles vereiteln und wir bekommen gerade mit einem zu viel »WOLLEN« gar nichts. Ein »ICH WILL« sollte »dranbleiben können« und gleichzeitig »loslassen« können. So paradox es klingen mag!
Mit diesem »loslassen können« sind wir weniger fixiert. Das heißt, sollte der richtige Zeitpunkt noch nicht da sein, die Situation noch nicht passen oder unsere Persönlichkeit eine bestimmte Situation noch nicht meistern können, dient uns dieses innere Loslassenkönnen dazu, gelassener eine vielleicht noch bessere Situation abwarten zu können.
Oder es lässt das wieder »gehen«, was nicht zu uns passt und damit können wir noch zielstrebiger auf das zugehen, was besser zu uns passt, weil wir diese innere Gelassenheit spüren.

Ein »ICH WILL« darf uns nicht diktieren, so dass wir ungeduldig werden. Ungeduld kann nicht zulassen, dass eine Zeit vielleicht noch nicht reif ist. Wenn wir aber ein gewisses Vertrauen aufbauen können, dass alles zur rechten Zeit kommen wird und wir die Zeit nutzen, um mit den Ergebnissen weiter zu kommen, wird das Passende auch kommen. Wir dürfen nur nicht drängeln!

Wenn wir die IST-Situation zulassen können und im »Warten« das Vertrauen üben, dass das Passende schon noch in unserem Leben kommen wird, werden wir ruhiger und glücklicher. Und weil wir glücklicher werden, ziehen wir gute Dinge an und positive Türen können sich öffnen.
Auch wenn wir mit der einen oder anderen Entscheidung vielleicht erst einmal auf die Nase fallen! Schließlich sind wir ja unser Leben lang am Ausprobieren. Ja, wir nehmen uns die Freiheit, auszuprobieren.
Eben nicht »festzuhalten«!
Loslassen – was nicht zu uns passt und unsere Erwartungen, dass irgendetwas auf eine ganz bestimmte Weise und zu einem ganz bestimmten Zeitpunkt zu uns kommen muss!

Eine Person die »braucht«, kann nicht loslassen. Nicht einmal das, was nicht zu ihr passt. Sie kann ihre Freiheit gar nicht sehen. Dass sie alles bekommen kann, wenn sie bereit ist, erst einmal für alles dankbar zu sein, was gerade ist.
Loslassen kann auch heißen, dass wir vielleicht erstmal verzichten müssen. Und die Person, die »braucht« kann nicht verzichten, denn mit dem Verzichten fehlt ja etwas. Sie spürt dadurch nur noch mehr Mangel, nicht die Möglichkeit, Platz für etwas Neues schaffen zu können.
Das Loslassen geht leichter, wenn wir wissen, wer wir sind und wenn wir uns annehmen lernen. Dann lernen wir zu spüren, was wirklich zu uns passt und können uns ohne Zwang auf den Weg machen, Dinge in unserem Leben zu verändern. Unserem inneren Wachstum anpassend! Dann sind wir nicht mehr im »Minus«, trotz des vorherigen Loslassens. Und wir sind auch nicht im »Minus«, weil wir etwas noch nicht so haben, wie wir es wollen. Wir lassen aber Wachstum zu und dass dies eben Zeit braucht und wir dadurch vielleicht erst einmal eine »Leere« spüren.
Leere auszuhalten ist in unserer schnelllebigen Zivilisation schon fast undenkbar. Wir wollen meist unsere Zeit »sinnvoll« nutzen, effektiv sein! Und bei einer Leere kommt für uns nicht wirklich »etwas Greifbares raus«.
Üben wir dagegen keinen Druck aus, kommt das Gewünschte meist in sehr schneller Zeit ganz wie von selbst. Manchmal heißt es auch: »Gut Ding will Weile haben!«.
Es kommt auf die richtige Einstellung an. Trauen wir uns zu, dass wir uns selbst führen? Sind wir mit den Äußerlichkeiten, die zu sehen sind, einverstanden, dass dies eben bis zum heutigen Zeitpunkt unsere Resonanz ist? Haben wir genug Vertrauen? Denken wir positiv?

Warum geschieht es eigentlich, dass wir das Gefühl haben, im Mangel zu sein und etwas anderes »brauchen« zu müssen?
Wir dürfen nicht vergessen, dass die meisten von uns eher »klein« gehalten wurden, als sie »groß« werden sollten! Wenn wir in unserer Persönlichkeit nicht gefördert wurden, sind unsere Lebensumstände natürlich

dementsprechend! Wir leben dann nicht wirklich »unser« Leben und damit spüren wir einen ewigen Mangel.

Der wichtigste Ausgangpunkt für unser Mangeldenken ist jedoch, dass sich die meisten von uns auf die eine oder andere Weise nie wirklich »geliebt« gefühlt haben. Dieser wichtige Faktor ist die Hauptfehlerquelle für unser Mangeldenken überhaupt. Wer das Glück hatte, sich wirklich geliebt zu fühlen (und zwar von beiden Elternteilen, da diese unsere Erzeuger sind), hat eher ein Gefühl der Sättigung erfahren. Haben wir da schon einen Mangel empfunden, kann ein Mangeldenken immer wieder auch leichter angestupst werden.
Daraus resultiert, dass wir uns mit unserem eigenen Selbstvertrauen, unserem Selbstwert natürlich schwerer tun, als andere Menschen, die ihren Selbstwert bestätigt bekamen. Wir können dann ein lebenslanges Minusgefühl entwickeln. Und damit viel BRAUCHEN!
Entweder LIEBE oder ein »SICH VERSTANDEN FÜHLEN« oder verschiedene andere «ERFÜLLER»!
Dieses Minusgefühl sollte mit der Zeit erkannt und abgebaut werden. Mit einer neu erlernten Selbstliebe!

Oder wollen wir nur bequem die Verantwortung für unser Leben abgeben, weil das Nachdenken über eine Verbesserung und das Feilen an unserer Persönlichkeit viel zu anstrengend sind?
Viele Fragen – wichtige Antworten!

Wie kann ein Bekommen aussehen, wenn wir von einem »BRAUCHEN« ausgehen?

Zum Beispiel:
Wir suchen dringend einen Partner, weil wir einen Partner »BRAUCHEN«. Alleine fühlen wir uns vielleicht einsam, verlassen und verloren. Wir meinen, nur mit einem Partner könnten wir endlich anfangen, richtig zu leben. Wir BRAUCHEN ihn so sehr!
Doch wenn wir ihn BRAUCHEN, sind wir noch nicht wirklich part-

nerschaftsbereit. Wir brauchen einen Partner, weil wir nicht alleine sein können und uns daher nicht froh und glücklich erleben können.
Jetzt wissen wir aber, wenn wir »BRAUCHEN«, sind wir in einem Minusgefühl. Wir »BRAUCHEN« also einen Ausgleich, damit wir uns gut und stimmig fühlen.
Wir finden vielleicht einen Partner, der gut zu uns zu passen scheint. Meinen wir! Aufgrund dessen, dass wir aber nicht wirklich an uns arbeiten, um uns auch im Alleinsein gut und stimmig zu fühlen, kann diese Beziehung wieder auseinander gehen, weil kein Mensch einen anderen auf Dauer wirklich ausgleichen kann ohne eine Abhängigkeit herzustellen. Da ein Bedürftiger ja eher schwach ist, zieht er einen stärkeren an. Das kann gut oder schlecht sein, je nach den Extremen. Zumindest bleiben wir in der Abhängigkeit hängen. Wir »BRAUCHEN« den anderen!
Wir »WOLLEN« ihn nicht, wir »WÜNSCHEN« uns ihn nicht, wir »BRAUCHEN« ihn! Sehen Sie die ungesunde Färbung?

Oder es kann auch eine neue Geschäftsverbindung sein, die wir meinen unbedingt zu »BRAUCHEN«, damit wir eine Sicherheit haben und unser Selbstwert dadurch bestätigt wird. Aber aufgrund unserer inneren Unsicherheit und unseres vermeintlichen Unwertes oder unserer zwanghaften Fixierung »nur durch diese Geschäftsverbindung glücklich zu werden«, kommt eine Verbindung dann doch nicht zustande.
Ein »BRAUCHEN« steht immer auf unserer Stirn geschrieben und ist eher abschreckend.

Und wie ist es bei Ihnen? Wenn Ihr Partner Sex »BRAUCHT«, um sich ausgeglichen zu fühlen! Ist das für Sie ein schönes Gefühl? Eher nicht, oder!?

Bei vielen sehen wir ganz deutlich das BRAUCHEN, welches zum Vorschein kommt, wenn sich die Gelegenheit bietet. Vielleicht erbt jemand viel Geld? Dann BRAUCHT er plötzlich fünf Autos für seinen nicht vorhandenen Selbstwert, er BRAUCHT mehrere Geliebte für die

eigene Wertsteigerung. Er braucht manchmal Dinge, die er nie zuvor in seinem Leben auch nur ansatzweise GEBRAUCHT hätte.
Unser menschliches BRAUCHEN, welches über unsere Existenzsicherung geht, ist meist ein EGOBRAUCHEN.

Versuchen wir doch, gelassener mit dem BRAUCHEN umzugehen. Wir dürfen lernen, erst einmal mit dem zufrieden zu sein, was wir haben. Unser Ziel des Weiterkommens fest im Auge behaltend und im Wissen, dafür alles Nötige zu tun. Und dann lassen wir einfach los. Na gut, einfach ist es oft nicht!

Aber:
Wir »BRAUCHEN« dann nicht, sondern akzeptieren ein gelassenes »WOLLEN«!

Dann kommt meist ein »Bekommen« ganz unerwartet.
Dass etwas in Resonanz mit unserem Innersten geht, bleibt sowieso nicht aus. Und dieses was, wo, wie können wir nicht wirklich beeinflussen!

Das Wunder der Selbstliebe
Vorsicht: Selbstsabotage

Unser Selbstwertgefühl hängt eng mit unserer Selbstliebe und unserer Selbstachtung zusammen. Ob wir uns als gut empfinden oder als schlecht! So ziehen wir dementsprechende Freunde, Finanzen, Partnerbeziehungen, ein leichtes oder ein schweres Leben an. Wobei ich überzeugt davon bin, dass es auch Schicksalswege gibt, die wir nicht beeinflussen können und die auch nichts mit unserer Wertigkeit zu tun haben!

Das Selbstbewusstsein hängt mit dem Selbstvertrauen zusammen. So, wie wir uns selbst mögen, schätzen und annehmen können, dementsprechende Resonanzen erfahren wir im Außen. Ob es jetzt unser Aussehen oder unsere Fähigkeiten sind, die wir beurteilen, sie beeinflussen unser Selbstbewusstsein.
Selbstbewusstsein kann situationsbedingt sein (ich weiß, dass ich eine gute Sportlerin bin und mich selbstbewusst vertreten kann, aber als Köchin bin ich miserabel und habe deshalb auch kein Selbstbewusstsein und Selbstvertrauen in diesem Fach).

Das Selbstwertgefühl bestimmt unser Leben und lässt uns entsprechende Entscheidungen fällen.
Wenn wir von unserem Wert überzeugt sind, können wir konstruktive Entscheidungen fällen (ich weiß genau, was ich will!).
Wenn wir uns dagegen wertlos und unwürdig fühlen, neigen wir zu destruktiven Entscheidungen (das kann ich doch nicht!).
Und schon ziehen wir das an, was wir NICHT wollen.

Wenn wir nicht auf uns hören, macht es auch sicherlich kein Anderer für uns. Wir dürfen lernen, uns zu respektieren, damit wir wiederum von Anderen respektiert werden.

Was ist aber, wenn wir in einem armen Land, in einer schwierigen Familie oder unter elenden Umständen aufgewachsen sind, wo wir keinen Einfluss darauf hatten?

Wichtig ist: Wie reagieren wir heute darauf?
»Lassen wir uns passiv hängen oder
versuchen wir aktiv an unserer
Situation etwas zu ändern, indem wir lernen
zu wachsen und uns selbst zu verbessern?«

Glauben wir an eine Verbesserung und setzen uns dafür ein? Stehen wir zu uns und vertreten unseren, von uns selbst anerkannten Wert?

Als Kind haben wir meist gelernt, dass wir nur wirklich angenehme Menschen sind, wenn wir lieb, nett und folgsam sind. Unsere aktive Lebenskraft, die sich manchmal auch in Trotz, Verweigerung und Nichtfolgen zeigte, wurde von unseren Erziehern meist strikt abgelehnt und als böse deklariert.

Diese Prägung wirkt oft auch noch ins Erwachsenenleben hinein!
Auf der einen Seite wissen wir zwar recht genau: »Kein Mensch ist vollkommen«, und doch setzen wir unsere ganze Kraft ein, vollkommen (und damit richtig) zu sein. Wir dürfen uns keinen Fehler erlauben. Wir müssen gut sein und wollen auf gar keinen Fall als böse gesehen werden!

Doch wenn wir Aggressionen zeigen, unser Verletzt-sein kundtun und unsere Ängste offenbaren, hat das nichts mit »böse sein« zu tun.

Jedes Gefühl möchte gesehen und ausgelebt werden. Wichtig ist nur ein kleiner Hinweis, der bei jedem Selbstausdruck beachtet werden sollte: »Die Grenzen eines anderen Menschen bleiben unantastbar!« Was heißt das? Wir dürfen unsere Gefühle zum Ausdruck bringen, solange wir nicht um uns schlagen und einen anderen Menschen unüberlegt be-

schuldigen, anklagen oder verurteilen nur weil uns ein Verhalten nicht passt und wir unseren Kopf nicht durchsetzen können.
Wir machen den anderen dann zu einer Ursache, warum es uns schlecht geht. Das geht aber nicht wirklich, da wir ja einen freien Willen haben und aus negativen Verhaltensweisen von anderen, Konsequenzen ziehen können.

Solange unser Unwohlsein nur der Ausdruck unserer Gefühle ist, sollte sich ein anderer auch nicht gleich angegriffen fühlen. Wenn wir uns manchmal trotzdem angegriffen fühlen, kommt es oft daher, weil unsere Kindheit dann unbewusst noch einmal abläuft… »Du bist schuld, dass die Mama jetzt traurig ist!«
Haben Sie ähnliches in Ihrer Kindheit gehört? Womit Ihre aktive Lebenskraft abgelehnt wurde und Sie damit verurteilt wurden?

Wenn ich als Kind trotzig mit dem Fuß auf den Boden stampfte, weil ich eine Bestrafung seitens meiner Mutter nicht verstand, legte sich meine Mutter aufs Sofa und »starb«. Sie blieb solange liegen, bis meine Angst groß genug war, wieder lieb und nett zu sein. Mein Widerstand war gebrochen.

Sollte sich jemand, trotz einer nichtanklagenden Meinungsäußerung angegriffen fühlen, hat dieser wohl ein Thema mit seinem Selbstwert am Laufen.

MERKE: Gerade der Schmerz negativer Gefühle kann eine Richtlinie sein, damit wir sehen können, wo wir gerade stehen und was wir verändern sollten, damit es uns besser gehen kann.

Es ist wichtig, allen Gefühlen eine Berechtigung zu geben und nichts zu verdrängen. Aber negativen Gefühlen sollten wir nur den Raum geben, den er braucht sich zu äußern. Wir dürfen uns darin nicht verlieren. Meist haben wir jedoch keine Ahnung, wie diese Gradwanderung von

»negative Gefühle zulassen« und »negative Gefühle zügeln« zu veranstalten ist.
Vielleicht können wir es so handhaben, dass wir, wenn negative Gefühle kommen, erst einmal schauen, welche Berechtigung sie wirklich haben oder ob unser Verstand einfach nur schlecht aufgelegt ist und uns negativ beeinflussen will.
Sollten wir wirklich Gründe für negative Gefühle haben, ist es wichtig, sie auch dementsprechend auszudrücken. Wir können sachlich und ruhig aussprechen, was uns nicht passt. Wir haben keinen Grund zu schreien. Schreien müssen wir nur dann, wenn wir Angst haben, nicht verstanden zu werden.

Ein Beispiel dafür:
Eine Freundin von mir war als Kind schon sehr aufbrausend. Sie wurde sehr schnell ärgerlich und noch schneller wütend, wenn sich etwas auch nur ansatzweise anders zeigte, als sie es wollte. Sie stieß damit natürlich viele Menschen vor den Kopf. Gleichzeitig verurteilte sie mit dieser Wut andere Menschen und kündigte dann reihenweise ihre Freundschaften. Sie hatte eine »Mit dem Kopf durch die Wand« und »Nur so, wie ich es mir vorstelle – Wut« in sich, die jederzeit entzündet werden konnte! Diese Einstellung war nicht nur ein Problem für ihre Freunde, sondern auch für sie selbst. Sie spürte, dass sie übertrieben reagierte und ärgerte sich dann wiederum maßlos über sich selbst.
Sie erlebte mit ihren überzogenen Emotionen, dass sie zwar momentan erleichtert war (die Wut war draußen), aber sie stand dann alleine da und musste damit fertig werden, dass sie ihre Freunde vergrault hatte!
Sie entschloss sich Gott sei Dank dazu, Ihre überbordenden Gefühle zu kontrollieren und kam beim näheren Betrachten dieses Problems drauf, dass sie im tiefsten Inneren immer Angst hatte, nicht gesehen und wertgeschätzt zu werden. Was für ein Schatz!
Momentan ist sie voller Elan dabei, diese belastende Ausdrucksweise zu reduzieren und sich auf ein vernünftiges Maß einzurichten!

Es geht darum, dass wir UNTERSCHEIDEN lernen, wann unsere

Wut oder unser Ärger angemessen ist und wann sich vielleicht ein ganz anderes Problem dahinter versteckt? Und wie können wir konstruktiv damit umgehen?

Wenn Sie dies einmal erörtern, werden Sie wahrscheinlich Situationen ganz anders bewerten können.

Eine passende Geschichte dazu:
Vor ein paar Wochen hatte ich ein sehr intensives Erlebnis mit meiner Tochter Elisabeth. Sie war zu Besuch bei mir und arbeitete an ihrer Bachelorarbeit auf ihrem Laptop. Ich arbeitete im selben Zimmer an diesem Buch. Beide waren wir voll konzentriert und still. Plötzlich ertöne ein gellender Schrei durchs Zimmer. Ich blickte verwirrt auf und sah Elisabeth, wie sie einen Schrei nach dem anderen losließ, fluchend aufstand, auf ihren Laptop einschlug und kreischte und kreischte und kreischte. Nach einigen Minuten fand ich aus meiner Schockstarre heraus und fragte sie, was denn los sei. Sie schrie und weinte und schrie, so dass ich fast nichts verstand und mir die Ohren zuhielt. Soviel verstand ich schließlich, dass sie ihre Arbeit angeblich gelöscht hatte oder sie nicht mehr fand. Ich war so baff, dass mir gar nichts darauf einfiel, was ich sagen konnte. Nach 5 Minuten Circus wurde es plötzlich wieder still. Ich fragte sie vorsichtig, was jetzt los sei und Elisabeth erklärte mir wieder sehr gefasst und ruhig: »Alles in Ordnung Mama, ich hab`s wieder gefunden!« Danach arbeitete sie ruhig weiter.
Ich dagegen saß noch total geschockt da und wusste nicht, wie ich das jetzt einzuordnen hatte. Doch plötzlich dachte ich, wie schön und gesund ist es doch, »aus seinem Herzen keine Mördergrube« zu machen und auch negativen Gefühlen Luft zu machen. Warum sollte man sich keine Luft machen dürfen? Nur weil es nicht gerne gesehen wird, wenn wir uns vielleicht als hysterisch, aufbrausend und nicht erwachsen genug zeigen? Der ganze Abend zeigte sich jedoch als sehr entspannend, beruhigend und harmonisch. Und ich wusste, in Elisabeth hat sich nichts aufgestaut, weil sie gleich ihren negativen Gefühlen Luft machte. Sie hatte keine Angst, sie zu zeigen. Sie hatte nicht die Absicht, sich

beherrscht und kontrolliert zu geben. Es ging für sie ja auch um eine wichtige Sache. Wie herrlich ist das denn? Wieder was gelernt für heute!

Durch das Annehmen und Zeigen unserer negativen Gefühle, weicht auch Angst und Unsicherheit zurück. Wir spüren damit, dass wir uns nicht mehr verbiegen müssen, sondern zu uns stehen können. Damit wächst auch unsere Selbstliebe. Wir nehmen uns wahr und gestatten uns positive sowie negative Gefühle (wir müssen also nicht brav sein oder (schein-)heilig werden).
Ach, was für eine Entlastung!

Sobald wir negative Gefühle unterdrücken oder sie übertrieben ausagieren, leben wir an unseren Möglichkeiten, ein schönes, reiches und intensives Leben zu leben, vorbei. Wir sperren uns selbst in ein Gefängnis und wiederholen unsere Kindheit! Denn, uns wurde ein kraftvolles Zu-sich-stehen abtrainiert. Wenn nötig mit Gewalt! Solange ich meine Mitmenschen nicht attackiere, indem ich sie persönlich angreife, ist alles doch erlaubt.

Eine andere Geschichte dazu:
Mit 20 Jahren besuchte ich eine Freundin, die einen kleinen Sohn hatte. Wir erlebten einen schönen Nachmittag und als es Abend wurde, nahm sie ihren Sohn und brachte ihn ins Bett. Dieser war jedoch überhaupt nicht gewillt zu schlafen. Er schrie und tobte! Immer wieder ging meine Freundin ins Zimmer, beruhigte ihn sanft und legte ihn wieder hin. Das ging so eine Stunde lang, bis es mir zu dumm wurde und ich mich schleunigst verabschiedete.

Aber es beschäftigte mich viele Jahre lang. War dies nicht erstaunlich? Zwei entgegengesetzte Kräfte waren da am Wirken! Ein Kind, welches sich durchsetzen wollte und dafür seine aktive Lebenskraft einbrachte und ausprobierte, und seine Mutter, die es ja besser wusste (es war schon spät und das Kind musste schlafen) und ihm zeigte, dass ein Aufbleiben nicht mehr passend für ihn war.

Sie versuchte mit ihrer sanften Art nicht innerhalb von Minuten das Kind zu brechen, damit endlich Ruhe herrschte, sondern überzeugte durch unumstößliches, aber sanftes Bestimmen. Was für eine tolle Erfahrung für ein Kind, welches gerade lernt, sich mit seiner Kraft durchzusetzen ohne dabei das Gefühl aufgedrückt zu bekommen, es sei schlecht!

Unsere erlernte Angst, negative Gefühle zu haben oder gar zu zeigen, diktiert oft unser übriges Leben und schränkt uns somit beträchtlich ein. Die Scheinharmonie, die wir dann leben, ist nur ein Abklatsch unserer wahren Möglichkeiten, wirkliche Harmonie zu erleben. Diesen Schein aufrechtzuerhalten braucht Kraft und bringt auch jede Menge Frustration mit sich, weil wir wissen, wir sind nicht echt.
Wir haben mit dem Verdrängen unserer negativen Persönlichkeitsanteile zwar gelernt, ein Pseudogutsein zu bewahren (ich bin gut, ich bin gut, ich bin gut…), aber unser Leben kann dadurch ganz schön farblos werden. Denn, wenn wir nicht mehr richtig definieren können, wer wir eigentlich sind, was unsere Stärken und Schwächen sind, was unsere Neigungen und Abneigungen, was unsere Wünsche und auch Ängste sind, können wir uns auch nicht wirklich lieben! Wir wissen ja gar nicht, wen wir da lieben sollen!

Und gerade in diesem Erkennen und Annehmen unserer beiden Seiten, sitzt die Liebe! Die SELBSTLIEBE!

Manchmal beginnen wir uns zu fragen, ob das jetzt alles war in unserem Leben. Wenn sich uns diese Frage stellt, können wir davon ausgehen, dass uns unsere Seele mit ihrem versteckten Potenzial aufrütteln will, neue Seiten an uns kennenzulernen. Damit kann sich die Sehnsucht einstellen, sich auf die Suche nach seinem wahren Wesen zu machen. All seine Werte zu hinterfragen!

Vielleicht möchten wir dadurch eine Großzügigkeit leben, die wir uns nie erlaubt haben. Wir spüren, dass wir vergessene Anteile in uns haben, die plötzlich lebendig werden wollen. Jahrelang sind wir manchmal sehr grausam und streng mit uns umgegangen, um fremde Werte durch eine gewisse Selbstablehnung zu leben.

Jetzt spüren wir, wir wollen eine Großzügigkeit und Liebe leben. Aber die Liebe zu leben, bedeutet, uns anzunehmen, unsere positiven UND negativen Seiten. Und vielleicht auch unsere verrückten Wünsche und Ansichten?

Da wir meist noch zu wenig über Selbstablehnung gehört haben, und erst recht wenig darüber, was wirkliche Selbstliebe ist, fangen wir vielleicht damit an, uns erst einmal Großzügigkeit erlauben zu wollen.

So beginnen wir, das Äußere verändern zu wollen. Das sind wir uns ja jetzt wert!
Wir versuchen, obwohl wir selbst für uns noch gänzlich unerforschtes Gebiet sind, im Außen eine Großzügigkeit leben zu können oder gar einzufordern, auch wenn wir im Inneren noch gar nicht fähig sind, überprüfen zu können, ob wir auch innerlich so weit sind. Wir wissen nur um die Großzügigkeit, die wir jetzt leben wollen. Dadurch zäumen wir jedoch das Pferd von hinten auf! Mit diesem Einfordern von Großzügigkeit beginnt ein Kampf im Außen. Manchmal ist es ein direktes Verrennen im Außen! Wir sehen plötzlich nur das, was angeblich nicht mehr zu uns passt und können für unsere Mitmenschen sehr anstrengend werden, da wir versuchen, Dinge, Situationen und Menschen zu verändern.

Auf der anderen Seite wissen wir, dass wir natürlich auch die Liebe leben wollen. Die Liebe leben hieß für uns bisher, »allesverzeihend«, »allesliebend«, »abwartend« und »hinnehmend« zu sein. So haben wir es gelernt! Wie können wir das zusammenbringen, da wir ja jetzt großzügig leben, genießen und die Dinge anders haben wollen! Wir wollen nicht mehr Warten oder um des lieben Friedenswillen wieder verzichten!

Doch wo sollen wir anfangen? Wir geraten in einen Zwiespalt. Im Außen geht eine Veränderung leichter! Meinen wir! Da brauchen wir

uns nicht wirklich mit uns selbst auseinanderzusetzen. Wir tippen mit unserem Zeigefinger auf den tollen Partner, die Gelegenheit, die Reisen oder andere schöne Dinge! DAS wollen wir haben und stürmen meist drauf los, ohne nach rechts oder links zu sehen.
Und doch merken wir mit der Zeit, dass es so herum nicht geht. Außer, wir lassen uns auf einen Dauerkampf ein! Weil das Äußere meist gar nicht so will, wie wir es wollen! Sind wir jedoch im Kampf mit dem Außen, spüren wir, unsere heilige »Seelenruhe« geht uns verloren. Wir wollen jedoch beides: Seelenruhe UND eine Verbesserung im Außen!

Da wollen wir also hin! Gleichzeitig spüren wir, dass auch ein kleines oder großes Ungeheuer in uns sitzt und allein mit seiner Präsenz alles vereiteln könnte. Und da fängt meist ein Dilemma an, weil wir meinen, gut und böse verstehen sich ja nicht! Und unser Ungeheuer ist nicht unbedingt sofort zähmbar.

So pendeln wir oft eine lange Zeit zwischen dem, was wir als gut gelernt haben und dem, was für uns böse ist, hin und her. Sich zu vertreten bedeutet ja, auch Grenzen zu setzen oder »Nein« zu sagen! Davor haben wir unglaubliche Angst! Ist ein NEIN nicht böse?
Wir versuchen, unser Ungeheuer zu ignorieren, um doch noch zu dieser Liebe zu kommen und sie leben zu können. Vor unserem inneren Auge steht in großen leuchtenden Buchstaben: »Alles ist gut so wie es ist!«
Vielleicht kämpfen wir auch noch eine Zeit lang mit unserem Ungeheuer, bis wir einsehen müssen, dass wir dieses Ungeheuer nicht so ohne weiteres bekämpfen können und es gar nicht leicht ist, die Liebe, so wie wir es gelernt haben, zu leben!
Immer wieder keimen »böse« Gedanken, Neid, Eifersucht, Rache usw. auf. Eine Zeit lang, nachdem wir uns ordentlich gescholten und verurteilt haben, können wir wieder die »Alles-akzeptierende und verstehende Liebe« leben.
Wir merken jedoch, dass dies schwieriger wird und sich unser Ungeheuer immer früher meldet.

Geben wir lieber den Kampf mit unserem Ungeheuer auf und verbrüdern uns mit ihm. Dieses Ungeheuer, welches Unvollkommenheit heißt, hat seine Daseinsberechtigung. Wir können es ja in Schach halten!

Was ist jedoch, wenn wir uns angeblich alles erlauben, aber es kommen immer nur Schwierigkeiten? Was ist, wenn jedesmal, wenn wir kurz vor einem Ziel stehen, unsere Glücksseifenblase wieder zerplatzt!

Da sollten wir uns dann Gedanken über eine eventuelle Selbstsabotage machen oder ob wir unrealistische Vorstellungen haben!

Ein geringes Selbstwertgefühl, egal auf welchem Gebiet, beeinflusst auch unser unbewusstes Vertrauen in eine Sache. Dieser geringe Selbstwert wird für uns im Außen bestätigt werden, auch wenn wir dies nicht wirklich wollen; das heißt: Wir lernen, unbewusst unsere Bemühungen zu sabotieren! (Sonst sind wir ja nicht im Einklang mit unserem unbewussten Denken).

Ein Beispiel:
In meiner Ehe war ich es gewohnt, alle Verantwortlichkeiten zu übernehmen. Ich hatte das Gefühl, nur wenn ich alle Verantwortung übernehme, bin ich gut! Ich arbeitete halbtags fünf bis sechs Stunden in der Altenpflege, war zudem als selbständige Fußpflegerin tätig, hatte noch zwei Nebenjobs und einen vierköpfigen Haushalt zu tätigen, zwei Kinder, die ich erziehen durfte und zwei Pferde, die ich täglich ausmisten und reiten durfte. Diese Lasten alleine zu tragen war ich gewohnt.
Hatte ich dann einmal ein Wochenende frei, wurde ich prompt krank. Das war eine typische Selbstsabotage! Noch schlimmer wurde es, wenn ich an meinem freien Wochenende etwas Schönes vorhatte. Da wurde ich dann so krank, dass ich im Bett liegen bleiben musste.
Selbstsabotage in Form einer Selbstbestrafung! (Du hast es nicht verdient, Spaß zu haben).
Da ich damals das Hinterfragen noch nicht kannte, musste ich jahrelang auf schöne, freie und beglückende Wochenenden verzichten.

Schauen Sie sich selbst einmal an? Wie gut darf es Ihnen denn wirklich gehen?

Wo untergraben wir unbewusst unser ganz persönliches Glück? Manchmal bestrafen wir uns unser ganzes Leben in Form einer unbewussten Selbstsabotage, dass wir uns kein Glück gönnen: Schwierige Partnerschaften, in denen wir ausharren (wir erlauben uns keine wirkliche Liebe), Achtlosigkeit von Seiten unserer Kinder (wir trauen uns nicht, unsere Regeln aufzustellen), unterdrückende Partner oder Chefs (wir trauen uns nicht, uns als gleichwertig zu sehen), schwierige Arbeitsbedingungen (wir erlauben uns nicht, es leichter haben zu können), schlimme Wohnverhältnisse (wir erlauben uns kein schönes Wohngefühl), keine Freizeit (wir erlauben uns keine Zeit für uns zu haben), kein Lob von unseren Lieben (wir erlauben uns keinen Wert zu haben), keine Möglichkeiten uns weiterzuentwickeln (wir erlauben uns keine Größe), keine Hobbys (wir erlauben uns keinen Spaß), keine gute Kleidung (wir erlauben uns kein gutes Aussehen) und keine Möglichkeiten im Allgemeinen! Vielleicht!!!

Wir dürfen lernen, viel großzügiger mit uns umzugehen und uns eigene Fehler, die wir machen, zu verzeihen. Wir dürfen uns öfter loben und damit wertschätzen. Wir müssen unbedingt aufhören, so hart und streng gegen uns zu sein. Lieber dürfen wir uns selbst annehmen lernen, so, wie wir eben sind!
Kein leichter Job, ich weiß!

Begangene Fehler können wir nicht mehr ändern, aber wir können vermeiden lernen, sie zu wiederholen.

Merke: Lerne im Jetzt zu leben, denn jeder Augenblick
gibt dir Gelegenheit, dich mit liebenden
Augen zu betrachten.

Das Leben ist ein Entwicklungsprozess, bei dem wir unseren eigenen Wert und den Wert anderer Lebewesen wiederentdecken können.

Selbstliebe = Selbstannahme, gutes Selbstwertgefühl und Selbstachtung

Unsere Selbstliebe zeigt sich also im außen, ob wir uns gut oder schlecht, wertvoll oder wertlos empfinden.

Es sind unsere ganz alltäglichen Bereiche: unsere Freunde, unser Partner, unsere Finanzen, unsere Krankheiten, unsere Beziehungen, viele unserer Situationen usw.
Wie sieht es da aus? Sind sie gut und förderlich oder nicht gut und sogar schlecht?

Daraus resultiert auch unser Selbstbewusstsein.

Aber wie schaut unser Selbstbewusstsein aus? Das Selbstbewusstsein setzt sich zusammen aus unserem Selbstwertgefühl und unserem Selbstvertrauen.

So ziehen wir oft Menschen und Situationen an, die wir MEINEN verdient zu haben. Unser Selbstwert zeigt sich in unseren Entscheidungen:

Wenig Selbstwert ... destruktive Entscheidungen
Hoher Selbstwert ... konstruktive Entscheidungen
Übertriebener, künstlicher Selbstwert ... Entscheidungen, die keine Bestätigung im Außen erhalten. Wir bluffen damit höchstens oder manipulieren!

Sollte sich trotz Überzeugung über unsere eigene Selbstliebe nichts verbessern, dürfen wir uns fragen, ob wir einer geheimen Selbstsabotage folgen oder ob wir uns nur einreden wertvoll zu sein und es im tiefsten Inneren jedoch anzweifeln.

Lerne: Eigene Fehlerhaftigkeit anzunehmen, sich selbst zu verzeihen und sich selbst wertzuschätzen

Lerne: Fehler nicht unnötig zu wiederholen, sondern daraus zu lernen

Mich zeigen trauen!

Eigene Werte, gesundes Ego, realistische Selbsteinschätzung, Ich + Du-zugewandt	Persönlichkeit
Geben + Nehmen im Gleichgewicht, Interesse am Anderen	Freunde
Liebevolles Miteinander, Interesse am anderen, Nähe u. Distanz im Gleichgewicht	Partner
Meinen Anlagen gerecht sein	Arbeit
Meinen Bedürfnissen und Wünschen gerecht sein	Wohnen
Einen Ausgleich und Leichtigkeit wichtig nehmen	Freizeit + Spaß
Sie sehen und annehmen	Geschenke
Ziele haben und dementsprechende Wege gehen	Ziele
Verantwortlicher Umgang mit Finanzen	Finanzen
Gehe ich verantwortlich mit meinem Körper um? Mache ich mir eine eventuelle Selbst-Bestrafung über meinen Körper bewusst?	Gesundheit

Abgrenzung – oder die Kraft, zu sich zu stehen

In einem sozialen Miteinander erscheint es uns oft schwierig, sich abgrenzen zu können. Oftmals ist es eine Gradwanderung, die uns verunsichern kann.
Wo hört das Zu-sich-stehen auf und wo fängt Egoismus an?
Es gilt ein Gleichgewicht zu finden und zu sehen, wann wir zu uns stehen können und wann wir mehr Raum für unser Gegenüber lassen sollten.

Um dies herausfinden und ein Gefühl dafür entwickeln zu können, ist es wichtig, unsere eigene Persönlichkeit und unsere Werte zu ergründen.

Viele Menschen, vor allem Frauen haben gelernt, um des lieben Friedenswillen, mit ihren eigenen Ansprüchen und Wünschen zurückzutreten. Dies geht manchmal sogar bis zur Selbstverleugnung. Es scheint so, als müssten sie alleine die ganze Verantwortung für Harmonie und Frieden tragen.
Meist haben sie es von ihren Müttern so gelernt und diese wiederum von ihren Müttern. Die Mütter haben es vorgelebt und geben dies damit an ihre Kinder weiter. Kinder lernen vor allem durch Beobachten. Deswegen ist es egal, was wir unserem Kind predigen. Wir müssen es ihm vorleben!

Abgrenzung kann jedoch nur geschehen, wenn wir unsere eigenen Werte kennen. Wir dürfen uns die Fragen stellen: Was ist für mich wichtig? Wo fühle ich mich wohl? Wann fühle ich mich unterdrückt? Wann und warum traue ich mich nicht, mich zu zeigen und mich durchzusetzen? Was tut mir gut und was schadet mir? Wie will ich behandelt werden? Usw.!
Uns diese Fragen zu stellen haben wir nicht gelernt, da es wichtiger war, sich anpassen zu können. Manchmal überlebenswichtig!

Bei jedem Aufkeimen eigener Vorstellungen, sind wir eher mit Strafen als mit Förderung konfrontiert worden. Wir haben es verlernt, auf uns zu hören, nach Innen zu lauschen und unsere innere Stimme zu hören. Das war in unserer Kindheit nicht angesagt.
Ein kindliches »nein« wurde oft mit einer Backpfeife »belohnt«.

Uns wurde oft eingetrichtert, dass unsere eigenen Wünsche und Vorstellungen nicht relevant wären. Sind wir so aufgewachsen, ist es später nicht ganz einfach, wieder an unsere ursprünglichen Grenzen ranzukommen. Meist müssen wir uns diese erst wieder erarbeiten.
Wenn wir es schaffen, uns unserer eigenen Werte bewusst zu werden, gilt es sie dann auch zu vertreten! Das heißt, wir müssen lernen, Konsequenzen zu ziehen. Das ist für viele das Allerschwierigste.
Eine Situation, die uns nicht gut tut, die weit weg von unseren Vorstellungen ist, sollten wir loslassen lernen. Aber nicht nur Situationen, sondern auch Menschen, die uns nicht wirklich gut tun! Noch wichtiger ist es, auch ganz reale, eigene Grenzen zu setzen. Wir dürfen zeigen, dass wir dieses und jenes anders sehen, dieses und jenes nicht mehr dulden wollen oder dieses und jenes anders haben wollen. Wir dürfen anfangen, die »Harmonie«, die ja oft nur eine Pseudoharmonie ist, aufzubrechen, indem wir unangenehm werden, weil wir »nein« sagen lernen.

Ich erlebe es oft in meiner Praxis, dass, wenn Menschen sich selbst kennenlernen wollen und anfangen, an sich zu arbeiten und sich zu hinterfragen, sie nach einiger Zeit an einen Punkt kommen, an dem sie unsicher werden und überlegen: »Sind meine momentanen Freunde noch die passenden für mich? Ist meine Arbeit noch zu akzeptieren? Will ich mein Verhältnis zu meinen Kindern so beibehalten? Möchte ich mich so behandeln lassen? …..usw.

Da es nach dem Erkennen unserer Werte darum geht, sich auch neu zu vertreten, dürfen wir, nein, MÜSSEN wir lernen »STOPP« zu sagen. Bis hierhin und nicht weiter! Denn was helfen uns unsere neu erkannten Werte, wenn doch die Alten gelebt werden? Dieses STOPP ist sehr wichtig, damit wir diese neuen Werte auch in unseren Alltag einfließen lassen können.

Das ist sicherlich eine große Herausforderung! Wir haben meist noch den alten Selbstwert, der uns bisher verboten hatte, uns zu vertreten. Aber mit jedem STOPP können auch der Selbstwert und unsere eigene Selbstachtung wachsen. Und damit hat ebenfalls unser Selbstbewusstsein die wunderbare Möglichkeit, größer zu werden.

Ein gesundes Selbstbewusstsein wirkt sich immer positiv auf unser Leben aus. Ob in Verbindung mit Menschen, Situationen oder Alltagsproblemen. Selbstbewusstsein macht anziehend und glaubwürdig!

Meine Tochter Elisabeth drückte sich so aus: »Mama, ein gesundes Selbstbewusstsein ist anziehend, weil wir dann etwas sehr Positives ausstrahlen. Und welcher Mensch möchte sich nicht mit positiven Menschen umgeben? Ist es nicht so, dass gerade dieser Selbstwert so anziehend ist, weil ihn jeder selbst haben möchte? Wer will gerne mit einem Menschen zusammen sein, der negativ eingestellt ist und keinen Selbstwert hat? Das ist nicht sehr reizvoll! Solche Menschen können nicht wirklich geachtet werden, da sie sich ja selbst nicht achten können«. Wie Recht sie damit hatte.

Als ich einmal in einer Beziehung war, in der ich mich noch als Opfer fühlte und mich nicht traute, mich zu vertreten, sondern immer darauf achtete, dass ich ja nicht anecke, fragte ich eines Tages meinen Freund, warum er mich so schlimm behandelte. Mir schien es, als würde er immer gemeiner werden. Und er antwortete darauf: »So klein wie du dich machst, muss ich dich einfach treten. Du forderst mich richtig dazu auf!«.

Ja, sicherlich nicht die feine Art, aber Menschen, die so denken, sind nicht selten. Zuviel Ducken, Demut und das Annehmen einer Opferrolle ist nicht gut. Das zieht laut des geistigen Gesetzes der Polarität als natürlichen Ausgleich nur einen Täter an.

Es ist in der Tat so, dass Menschen, die sich lieben und achten, sehr anziehend sind und eine Bestätigung für ihre Achtung im Außen erhalten.

Als ich meine Altenpflegeausbildung machte, war in unserer Klasse auch ein männlicher Teilnehmer. Friedemann! Friedemann war ein total alternativer Typ, der nur Kleidung trug, die er aus dem Secondhandladen holte. Seine Haare waren immer etwas zerzaust und länger als gewöhnlich. Er trug eine dicke Hornbrille, die nicht zu übersehen war. Sein Stil war eher unkonventionell und schludrig, da ihm sein Aussehen nicht wichtig war. Für ihn zählten nur innere Werte. Außerdem hatte er in seinem hochglänzenden Gesicht viele dicke Pickel und seine Zähne waren nicht gerade regelmäßig und weiß. Er wohnte in einem Abbruchhaus, welches er mit Möbeln ausstaffierte, die er am Straßenrand oder beim Sperrmüll fand. Also ein sehr eigener und individueller Typ! Man kann sich schon vorstellen, wie sich die Schüler der übrigen Klasse die Mäuler über ihn zerrissen. Viele machten sich über ihn lustig und stellten sich über ihn. Auch ich tat dies! Ich belächelte ihn. Irgendwie tat er mir leid, da er es anscheinend, so wie er aussah, in unserer Klasse nicht sehr leicht haben würde.
Doch weit gefehlt!
Friedemann strotzte nur so vor Selbstbewusstsein und Lebenslust. Innerhalb einer Woche hatte Friedemann die ganze Klasse auf seiner Seite. Jeder wollte in seinem engsten Freundeskreis sein. Keiner von uns machte sich mehr lustig über ihn und sein eigenartiges Wohnen. Im Gegenteil! Wir waren froh und fühlten uns als jemand Besonderes, lud er uns bei sich zu Hause zum Essen ein. Es gab ganz alternativ harten Grünkern mit verrunzelten Karotten und viel Zwiebeln und mit noch mehr Knoblauch, in einer alten Pfanne aus dem Sperrmüll.
Ja, da könnte man schon staunen! So etwas gibt es! Um sich so leben zu können, benötigt man aber sehr viel Selbstwertgefühl, Selbstliebe und Selbstbewusstsein. Und das hatte Friedemann zu Genüge!

Friedemann kam aus einem sehr harmonischen Elternhaus und hatte schon früh gelernt, zu sich stehen zu dürfen. Auch im Unterricht scheute er sich nicht, Lehrer auf Fehler hinzuweisen oder zu sagen, wenn er etwas anders sah. Er verfügte über ein enormes Fachwissen und konnte sich eine Korrekturanleitung für einen Lehrer auch erlauben. Denn meist hatte er damit Recht. Und gerade diese Direktheit, sein Fachwissen und sein unerschütterlicher Glaube an sich selbst, schenkten ihm Authentizität und Glaubwürdigkeit und damit Sympathie. Diese Geschichte gebe ich auch immer wieder gerne weiter.

Abgrenzung heißt also auch, nicht nur Grenzen zu setzen und STOPP zu sagen, sondern uns zu trauen, uns in unserer Art zu zeigen. Denn wenn wir uns auf eine bestimmte Art zeigen trauen, grenzen wir uns automatisch von dem ab, was uns wesensfremd ist und nicht zu uns passt. Wir spielen keine Rollen mehr und haben auch keine Masken mehr nötig. Das heißt unter anderem auch, wenn uns eine Person nicht liegt und wir nicht mehr aus falsch verstandener Höflichkeit, Sympathie heucheln, kann dieser Mensch uns auch gar nicht zu nahe kommen. Seine Meinung wird uns gleichgültig und damit fühlen wir uns auch nicht mehr so leicht angegriffen.
Sich ehrlich zu »zeigen«, kann schon Grenzen beinhalten.

Gerade in intimen Partnerschaften ist es wichtig, klar und deutlich aufzuzeigen, was uns gut tut und was nicht. Achten wir uns selbst ohne Einschränkung und ohne falsches Harmoniebedürfnis, achtet uns plötzlich auch unser Partner. Würde er uns auch dann nicht achten wollen, wäre wahrscheinlich die Frage zu stellen, ob er wirklich der richtige Partner ist.

Aber erst NACH unserer Anstrengung, zu uns zu stehen.

Wie eigene und fremde Werte unser Leben bestimmen

Werte sind sowohl für unsere Gesellschaft als auch für Einzelpersonen von großer Wichtigkeit.
Unsere Wertmaßstäbe steuern unser ganzes Leben in jedem Bereich. Unsere Werte sind vergleichbar mit einem Computerprogramm. Bevor wir unseren Computer benützen können, um darauf zu arbeiten, muss dieser erst mit für uns wichtigen Programmen installiert werden. Mit diesen Programmen können wir dann unsere Arbeiten verrichten. Möchten wir einen Vortrag über Power Point halten, benötigen wir ein Programm, welches uns ermöglicht, über unseren Computer die zum Vortrag gehörenden Bilder anzusehen.

Mit unseren Werten ist es ähnlich! Manchmal ist es für uns wichtig, nur innerlich eigene Werte zu haben und manchmal ist es für uns jedoch auch wichtig, unsere Werte im Außen zu zeigen, damit wir sie leben können. Unsere Werte sagen uns, was für uns richtig und falsch oder gut und schlecht ist.
Ohne eigene Werte sind wir wie ein Schiff ohne Kapitän. Eher wie ein Segelschiff, welches sich nach dem momentanen Wind richtet.

Doch wie kommen wir an unsere Wertvorstellungen?
Da wir in einer sozialen Gemeinschaft leben, prägten meist unsere Eltern, später die Schule, die Freunde, der Partner oder die Arbeitswelt unsere Werte. Sie sagten und sagen uns immer noch, was richtig oder falsch ist und wir übernehmen gerne diese Werte, um ja nicht unangenehm aufzufallen oder um einfach dazuzugehören. In unserer Arbeitswelt ist es oft unerlässlich, sich nach den Werten der Firma zu richten, da wir sonst Gefahr laufen würden, behielten wir unsere eigenen Werte, die vielleicht konträr zu den Firmenwerten laufen, entlassen zu werden, da wir für die Firma nicht förderlich wären.

In einer Partnerschaft erleichtern gemeinsame Werte das Zusammenleben, da eine gleiche Ausrichtung vorhanden ist.

Schauen wir uns einmal so eine Partnerschaft genauer an:

Nehmen wir ein Paar mit denselben Werten. Beide Partner sind in einer intakten Familienstruktur groß geworden. Ein geregeltes Leben ist beiden wichtig, da ihnen dieses Sicherheit vermittelt. Beide lieben ein schönes Zuhause, wollen Kinder haben und Treue ist ihnen sehr wichtig. Streitigkeiten wollen sie am Ende des Tages geklärt wissen, da sie sonst nicht ruhig schlafen können. Ein harmonisches Miteinander ist beiden sehr wichtig! Sie haben dieselbe Einstellung zur Kindererziehung und sprechen sich bei Unstimmigkeiten mit ihren Kindern immer ab. Keinem der beiden würde es einfallen, gegen den Partner zu intrigieren, selbst wenn sie sich momentan in einem Streit befänden. Achtung gegenüber dem Partner ist oberstes Gebot!
Ihre Kinder wissen deshalb, dass sie ihre Eltern nicht gegeneinander ausspielen können. Sie fahren zweimal im Jahr in Urlaub, um endlich einmal Zeit für sich zu haben und diesen zusammen genießen zu können. Einmal ans Meer, weil dies ihr so gefällt und das andere Mal in die Berge, weil ihm die Natur und die Ruhe so guttun.
Sie ist allerdings Vegetarierin und er leidenschaftlicher Fleischesser. Diesen Kontrast können sie aber locker überwinden, da sie sich gegenseitig mit Respekt und Achtung gegenüberstehen.
Dieses Paar hat es sicherlich leichter, zusammen den Alltag zu bewältigen. Und wenn der Rest auch noch stimmt, wunderbar!

Nehmen wir nun ein weiteres Paar mit unterschiedlichen Wertevorstellungen. Die Frau ist wie oben beschrieben eher familiär, harmoniebedürftig und will einen geregelten Alltag mit gemeinsamer Freizeit. Absprachen sind für sie wichtig, um unnötige Reibereien oder Missverständnisse im Vorfeld gar nicht erst entstehen zu lassen.
Ihr Partner ist da eher das Gegenteil (was ja gar nicht einmal so selten vorkommt). Er ist sehr freiheitsliebend und eine Kämpfernatur.

Er muss das Sagen haben und sieht Frauen lieber als folgsame, anschmiegsame Wesen, nicht als gleichberechtigte Partner. Für so eine anschmiegsame Frau würde er alles tun. Er hat jedoch Schwierigkeiten, den Unterschied zwischen konstruktiver Kritik und destruktiver Kritik zu sehen. Deshalb kann er Kritik überhaupt nicht annehmen. Er ist der Überzeugung, wenn er nicht um sein Recht kämpfen würde, hätte er seine Stellung als »Mann« in der Familie verloren. Streit ist für ihn sehr schlimm, jedoch ein Kampf ums Rechthaben, eher eine Herausforderung und ein Wettkampf. Für die Kindererziehung fühlt er sich vielleicht nicht so verantwortlich, außer es muss einmal ein Machtwort gesprochen werden. Er arbeitet hart, um seiner Familie alle Annehmlichkeiten bieten zu können und braucht für seinen Ausgleich am Abend ein Bier und den Fernseher. Das reicht ihm durchaus. »Mehr« würde ihn eher belasten, da er froh ist, wenn er am Abend seine Ruhe hat.

Ich selbst hatte einmal einen Partner, den ich fragte, welche Werte er besaß und wie er sich eine Partnerschaft vorstellen würde, da wir immer wieder Reibereien hatten. Seine Antwort könnte zu obigem Gesellen passen. Er meinte: » Mein Gott, es muss halt passen und ich will meine Ruhe haben!«.
So wenig wusste er von seinen Werten. Dementsprechend war unsere Beziehung! Katastrophal!

Es gibt genügend Menschen, die nicht einmal wissen, dass es Werte gibt! Und die, wie ich selbst einmal, nicht ahnen, dass sie überhaupt Rechte in ihrem Leben haben! Nur dürfen wir lernen, diese Rechte einzufordern! Dazu brauchen wir einen stabilen Selbstwert. Und den finden wir, wenn wir unsere Werte kennen und vertreten lernen!

Wir können uns die Schwierigkeiten der oben genannten Ehe vorstellen! Hier sehen wir die unterschiedlichen Wertevorstellungen sehr bildlich. Und nichts anderes ist es auch.
Unsere Werte bestimmen alle Facetten unseres Lebens. Wie wir unsere

Beziehungen haben wollen und auf welchen Werten wir sie aufbauen sollten. Wie wir wohnen wollen und wie wir unsere Kinder erziehen möchten! Was wir für unser persönliches Wachstum zu tun bereit sind und in welchen Abhängigkeiten wir vielleicht stecken und warum.
Unsere Werte bestimmen aber auch über unsere Gefühle, unser Gesundsein und unser »Glücklich-sein« oder unser »Unglücklich-sein«.

Es macht sehr viel aus, ob wir diese Werte nur im Kopf haben oder sie wirklich leben können.

Haben wir das unglaubliche Glück unsere Werte auch zu leben, geschieht folgendes: Wir fühlen uns rund und stimmig! Und wenn wir uns rund und stimmig fühlen, sind wir zufrieden. Und wenn wir zufrieden sind, fühlen wir uns kraftvoll. Und wenn wir uns kraftvoll fühlen, sind wir gesund und glücklich!

Und wie ist es, wenn wir unsere eigenen Werte nicht in unser Leben integrieren können?
Dann leben wir in einem dauerhaften Konflikt!
Wir fühlen uns nicht stimmig! Und wenn wir uns nicht stimmig fühlen, sind wir unzufrieden (mit uns nicht im Frieden) und leben somit in einem gewissen Zwiespalt. Ein dauerhafter Zwiespalt erzeugt Stress. Und wenn wir über längere Zeit in einem Stresszustand leben, werden wir kraftlos. Und wenn wir kraftlos sind, können wir krank werden. Krankheit zeigt uns ja nur, dass wir nicht stimmig leben.

Aber warum ist es so schwierig, nach unseren Werten zu leben? Raus zu gehen, aus den alten fremdbestimmten Wertvorstellungen darüber, was richtig und was falsch ist!?
Genau wie bei dem Installieren von Computerprogrammen, gab es in unserer Kindheitsprogrammierung ein »o.k.« oder ein »nicht o.k.«. Eine Belohnung, wenn wir es richtig machten (so, wie es gewünscht war) oder eine Bestrafung (wenn wir den vorgegebenen Richtlinien nicht Folge leisten konnten oder wollten). Bestrafung ist besetzt mit Angst. Und

um dieser Angst zu entfliehen, folgten und folgen wir immer noch den aufgedrückten Programmen.
Angst ist des Menschen größter Feind. Sie lauert überall! Die wenigsten von uns haben gelernt, der Angst ins Gesicht zu blicken und sie eher als Herausforderung zu sehen.
Wir sehen allzu oft in der Angst das schwarze Ungeheuer, welches uns gegebenenfalls töten kann. So sucht und fesselt uns diese Angst ein Leben lang. Sie hat uns fest im Griff und lässt uns nicht in unsere wirkliche Freiheit gehen, geschweige denn zu uns stehen.

Doch selbst wenn wir erwachsen sind, haben wir unterschwellig immer noch Angst vor einer imaginären Bestrafung. Nun wäre es Zeit, aus diesem Alptraum des Bestraft-werden-könnens herauszutreten und unsere eigene Macht, Kraft und Stärke anzuerkennen. Denn nun können wir uns selbst vertreten, da wir Er-wachsen sind. Unserer Kindheitssituation e r w a c h s e n .

Werte bleiben oftmals nicht gleich im Leben. Jeder von uns hat selbst schon einmal oder sogar öfter einen Werteumbruch erlebt.
Das, was wir früher einmal nicht für gut und richtig gehalten haben, hat jetzt vielleicht für uns oberste Priorität.
Unsere Werte können sich auch mit unseren neuen Zielen oder unserem neu gewachsenen Selbstwert verändern. Je besser wir uns kennen und annehmen lernen, desto größer können nun unsere Ziele werden. Wir trauen uns nun eine Menge zu. Und schon ändern sich die Werte. Wenn es uns früher nicht wichtig war, eine Ausbildung zu haben kann es aufgrund unseres gewachsenen Selbstbewusstseins, welches wir im Laufe der Zeit aufgebaut haben, sein, dass wir plötzlich einen selbständigen Beruf ausüben möchten. Wir möchten damit mehr Freiheit leben. Wir erkennen, dass hierfür eine Ausbildung sehr wichtig sein kann. Plötzlich verschieben sich unsere alten Wertvorstellungen von »eine Ausbildung ist egal« zu »eine Ausbildung ist für mich wichtig«. Wir haben nun ganz andere Vorstellungen von »egal« und »wichtig« in Bezug auf Arbeit.

Werte haben auch eine unterschiedliche Wichtigkeit. Es gibt Wertehierarchien!
Nicht alle unsere Werte haben denselben Stellenwert oder die gleiche Wichtigkeit. Es gibt Werte, die sind für uns sehr wichtig. Auf diese könnten wir niemals verzichten! Und es gibt Werte, die uns nicht so wichtig sind. Da sind wir kompromissbereiter. Unsere Wertehierarchie zeigt uns, wie fest wir zu uns stehen können, aber auch, wie beweglich wir sein können. Diese Wertehierarchie ist im sozialen Miteinander wichtig. Sie zeigt uns, wo es für uns wichtig wäre, uns selbst zu vertreten oder auch, wo wir kompromissbereiter aufeinander zugehen können.

Manchmal scheint es uns, dass zwei Werte, die uns wichtig sind, sich gegenseitig aufheben.

Ein Beispiel:
Wir haben einen Freund, der zwei sehr wichtige Werte hat. Ihm ist Ehrlichkeit und Freundschaft sehr wichtig. Als sein bester Freund ihn fragt, ob er wisse, ob seine geliebte Frau ihn mit einem seiner Freunde betrüge, verneinte er dies, obwohl er wusste, dass sie es tut. Wie schaut es dann mit seinen angeblich so wichtigen Werten aus?
Wir können ihn nun alles nennen. Einen Unehrlichen, Betrüger, Verräter und Lügner! Und doch ist es stimmig für ihn. Er ist in keinem Zwiespalt und hat das Gefühl, seine Werte vertreten zu haben.
Was ist da geschehen? Ganz einfach: Freunde beschützen steht bei ihm an erster Stelle und Ehrlichkeit an zweiter Stelle. Da er seinen Freund auf keinen Fall verletzen wollte, war diese Lüge eine für ihn akzeptable Notlüge. Er hatte damit seine Werte nicht verraten.

Für unseren Freund war dies stimmig! Bevor er seinem Freund die grausige Wahrheit ins Gesicht sagte, nahm er lieber eine Notlüge in Kauf und war damit nicht einmal im Zwiespalt.

Schwieriger wird es, wenn wir gegensätzliche Werte haben, die den gleichen Stellenwert haben. Z.B. haben wir den Wert »des Miteinanders« sehr hoch angesiedelt und gleichzeitig ebenso hoch den Wert der »Freiheit«. Da werden wir wahrscheinlich öfter in Situationen kommen, in denen wir das Gefühl haben, zwischen zwei Stühlen zu sitzen! Eine eindeutige Entscheidungsfindung wird dann womöglich eher schwierig werden. Ist uns dies bewusst, können wir uns dann eventuell doch für einen dieser Werte entscheiden!

Kennen Sie Ihre Werte? Ich empfehle Ihnen, Ihre eigenen Werte einmal schriftlich festzuhalten!
Hier eine kleine Werteliste, die Sie uneingeschränkt erweitern können:

Liebe, gegenseitige Achtung, Akzeptanz, Respekt, Leidenschaft, Toleranz, Vergnügen, persönliche Entwicklung, Fortschritt, Glück, Harmonie, Zusammengehörigkeit, Miteinander, Schönheit, Sicherheit, Qualität, Freiheit, Freude, Unterstützung, Abenteuer, Kreativität, Veränderung, keine Veränderung, Anziehung, Spiritualität, Treue, Pünktlichkeit, Offenheit, für einander da sein, Flexibilität, Kameradschaftlichkeit, Miteinander, Großzügigkeit, Sparsamkeit, Ungebundenheit, Ehrlichkeit, Wahrheit, Offenheit, Humor, Ausprobieren, ganzheitliche Anschauungen, Spaß haben, Freude, Dankbarkeit, Großzügigkeit, Hinterfragen können, Gutmütigkeit, Freiheit, Oberflächlichkeit, Zielstrebigkeit, Ziellosigkeit, sich treiben lassen, Verantwortung, keine Verantwortung haben wollen, Zusammenhalten, Alleingänge, Verbindlichkeit, Ruhe, Auseinandersetzung, Entwicklung und Gottverbundenheit..........usw.!

Und nun nehmen Sie ein Blatt Papier und notieren Ihre eigenen Werte in Bezug auf:

Partnerschaft
Freundschaft
Familie
Arbeit

Persönlichkeit
Freizeit
Wohnen

Schreiben Sie die dazugehörigen Werte auf und erklären Sie diese Werte genau, da jeder denselben Werten eine andere Bedeutung beimisst.

Zum Beispiel denkt eine Frau:
In einer Partnerschaft ist für mich Treue sehr wichtig. Diese Treue sollte so aussehen, dass mein Partner mir gegenüber loyal ist und zu mir steht. Er dürfte keine andere sexuelle Beziehung (auch keine Mundküsse) neben mir haben. Er kann aber andere Frauen umarmen und drücken, solange es rein freundschaftlich ist. Er darf nicht hinter meinem Rücken Dinge mit Frauen tun, die er in meinem Beisein nie machen würde (z.B. dass andere Frauen auf Partys auf seinem Schoß sitzen und ihn herzen). Er kann andere Frauen toll finden, mich sollte er aber noch toller finden. Ich möchte ihm total vertrauen können und das Gefühl haben, dass ich für ihn wichtig bin.

Bei ihrem Mann könnte es sein, dass Treue für ihn auch sehr wichtig ist. Aber nur die körperliche, sexuelle Treue!

Darum ist dieses nähere Erklären wichtig!

Denn jeder Mensch kann eine andere Definition von Treue, Wahrheit oder Freiheit haben. Bei einem der Partner beinhaltet der Wert »Treue« mehr als nur sexuelle Treue und der andere fühlt sich treu, obwohl er auf »Teufel komm raus« mit Frauen flirtet.
Es kann sein, das ein Paar den Wert »Freiheit« hat und doch etwas ganz Unterschiedliches darunter versteht. Sie stellt sich unter Freiheit vielleicht vor, ihren Tag so gestalten zu können, wie sie es möchte. Er stellt sich unter Freiheit vor, in der Beziehung Kommen und Gehen zu können, wie er gerade geneigt ist. So gehen beide als sie sich kennenlernen davon aus, dass sie dieselben Werte haben. Bei näherem Hinsehen

haben sie einfach unterschiedliche Auffassungen vom gleichen Wert. Und das kann wiederum sehr ausschlaggebend für eine harmonische oder disharmonische Beziehung sein.

Es ist auch möglich, dass es den Anschein hat, als hätten wir unterschiedliche Werte, aber mit einer genaueren Erklärung zu diesen Werten kommt heraus, dass wir dasselbe meinen aber dem Wert einen anderen Namen geben.
Also ist diese genaue Erklärung sehr wichtig. Sie räumen damit eventuelle Missverständnisse aus dem Weg.

Und so gehen Sie mit all Ihren Werten zu Gange. Ja, es ist ein bisschen Arbeit. Aber es lohnt sich ungemein!

Wenn Sie nun Ihre Werte mit denen Ihres Partners oder Ihrer Kinder vergleichen, sehen Sie, warum Sie in manchen Situationen leichter auskommen und warum manchmal eben nicht. Meist sind verschiedene Werte daran schuld. Aber wenn wir dies erkennen können, sehen wir eine angeblich schwierige Situation nicht mehr ganz so schwierig, da wir jetzt wissen, warum es so ist. Manchmal können wir dann einen Kompromiss finden. Dann ist der Gewinn groß.
Können wir bei einer wichtigen Sache keinen Kompromiss eingehen, sollten wir unser Miteinander wirklich hinterfragen und ob wir zusammenpassen. Deshalb ist die Klärung, welche Werte m u s s ich unbedingt leben um glücklich sein zu können, sehr wichtig. Mit unserer klaren Erkenntnis, was für uns gut und wichtig ist, dümpeln wir nicht mehr in einem Morast von » Irgendetwas stimmt in meinem Leben nicht, aber ich weiß nicht was« oder » Ich bin nicht wirklich glücklich, weiß aber nicht, was mir wirklich fehlt« herum. Wie wir nun wissen, wirkt sich ein lebenslanger Zwiespalt ungünstig für uns aus. Ebenso ein »Nichtwissen«!
Allerdings reicht das Ansammeln von Werten alleine nicht aus. Natürlich sollten wir wenigstens uns selbst gegenüber sehr ehrlich sein und uns fragen: Was tue ich selbst dafür, um meine Werte zu leben? Über-

nehme ich Verantwortung dafür oder warte ich nur darauf, dass mein Gegenüber meine Werte lebt, damit es mir auch leichter fällt? Ich sollte damit schon ein Vorbild sein!

Werte sind Überzeugungen, die wir leben möchten, damit es uns gut geht.
Es gibt auch hier unterschiedliche Verhaltensweisen in Bezug auf dieses Thema.
Es gibt Menschen, die sich auf Ihre Werte zu bewegen wollen. Die ihre Werte kennen und auch verwirklichen wollen! Diese Menschen bewegen sich auf ein gewisses Ziel zu. So will ich es! Wenn sie es geschafft haben, ihre Ziele bezüglich ihrer eigenen Werte erreicht haben, fühlen sie sich also gut und sicher. Ein Ziel wurde erreicht, ein Bedürfnis gestillt, eine Entwicklung vorangetrieben.

Nun gibt es Menschen, die ebenso eine Wertevorstellung haben, doch mit dieser Vorstellung nicht auf Werte zugehen, sondern gewisse Werte verlassen wollen. Das heißt: Menschen bewegen sich von Werten weg! Sie wissen also nur: Das will ich nicht so!

Auch das ist manchmal sehr wichtig zu wissen. Denn wir müssen die Verantwortung für unser Handeln übernehmen. Manchmal ist es gut zu verstehen, dass wir uns von alten, überholten oder fremden Werten wegbewegen müssen, um bessere Ergebnisse zu erhalten. Dass wir das »Schlechte« (z.B. den eigenen, übertriebenen Egoismus) verlassen müssen und das »Gute« (z.B. die Gerechtigkeit) suchen dürfen.

Diese Menschen, die sich nur von Werten wegbewegen, wollen Werte nur einfach verlassen, aber meist ohne neue Werte zu haben, auf die sie sich zubewegen können. Ihnen geht es hauptsächlich nur um das Abwenden von Werten.

Zum Beispiel:
Ein Angestellter sagt sich: Ich will mich nicht mehr in einer Abhän-

gigkeit befinden. Die Arbeit, die ich jetzt habe stinkt mir. Ich will frei sein (kann aber nicht sagen, wie diese Freiheit aussehen sollte). Ich will keinen 8-stündigen Arbeitstag mehr haben, weiß aber nicht, was ich sonst tun sollte. Auch gefällt mir meine Wohnung nicht wirklich. Ich habe aber keine Vorstellung, wie sie sein sollte. Und ich will auch keine Freundin, die mich nicht in Ruhe lassen kann. Habe aber keine Ahnung, wie sie wirklich sein sollte, denn zu viel Ruhe will ich auch nicht! Und so weiter und so weiter......!

Was geschieht denn, wenn wir uns nach Werten richten, die wir nicht mehr leben wollen? Wir können uns schon von diesen alten Werten abwenden. Aber was folgt dann?
Haben wir keine neuen Werte, an denen wir uns orientieren, bleiben wir in einer Art Stagnation stecken. Eine dauerhafte Stagnation ist wie ein Sumpf, aus dem es natürlich schwer wird, wieder herauszukommen. Wenn wir keine Werte besitzen, die uns wohin bringen können, sondern nur Werte haben, die uns erlauben, sie zu verlassen, ist Stillstand angesagt. Das, was uns weitertreibt in unserer Entwicklung, sind Ziele und neue positive, stärkende Werte. Aber auch eine flexible Einstellung, damit wir uns, wenn nötig, nicht an unseren Werten festbeißen, ist wichtig.
Wir dürfen lernen, ein gesundes Unterscheidungsvermögen zu entwickeln, wann wir unsere Werte vertreten müssen und wann wir mit einer gewissen Flexibilität, Kreativität und Kompromissbereitschaft weiter kommen. Diese Flexibilität zeigt uns, dass wir nicht stur und steif ganz gewisse Vorstellungen von unserem Leben durchdrücken wollen, ohne Rücksicht auf Verluste.
Sie zeigt uns eine Bereitschaft des Aufeinander- zugehen können« und eine selbstentschiedene Notwendigkeit, zu unseren wichtigsten Werten stehen zu können und diese unwiderruflich einzufordern.

Und diesen wichtigsten Werten sollten wir treu bleiben.

Wie Werte unser Leben beeinflussen

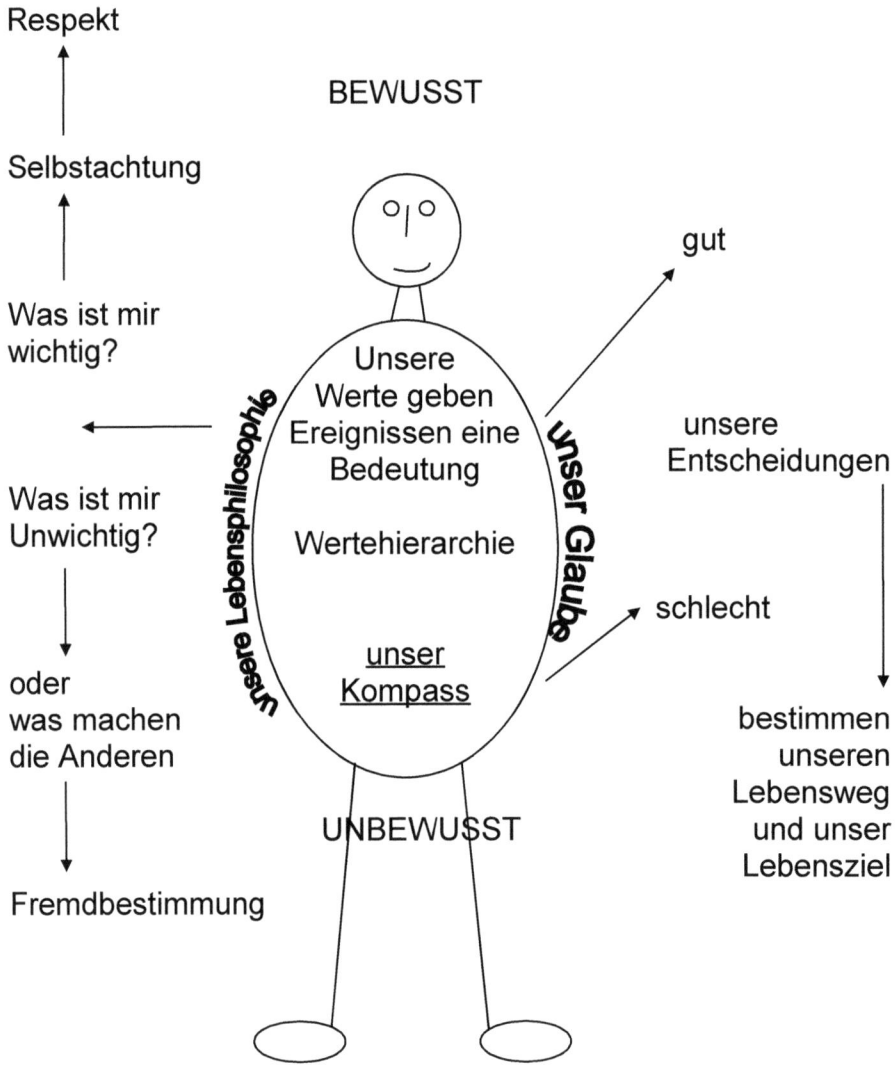

wirkliche Werte leben	oder →	Ersatzbefriedigungen
z.B. Abenteuer erleben	→	Willkür Unruhestiften Lügen Heimlichkeiten
Liebe leben	→	Liebesfilme Liebesromane Untreue öfter Partnerwechsel
Zufriedenheit	→	Alkohol Rauchen Gleichgültigkeit große Anpassungsbereitschaft

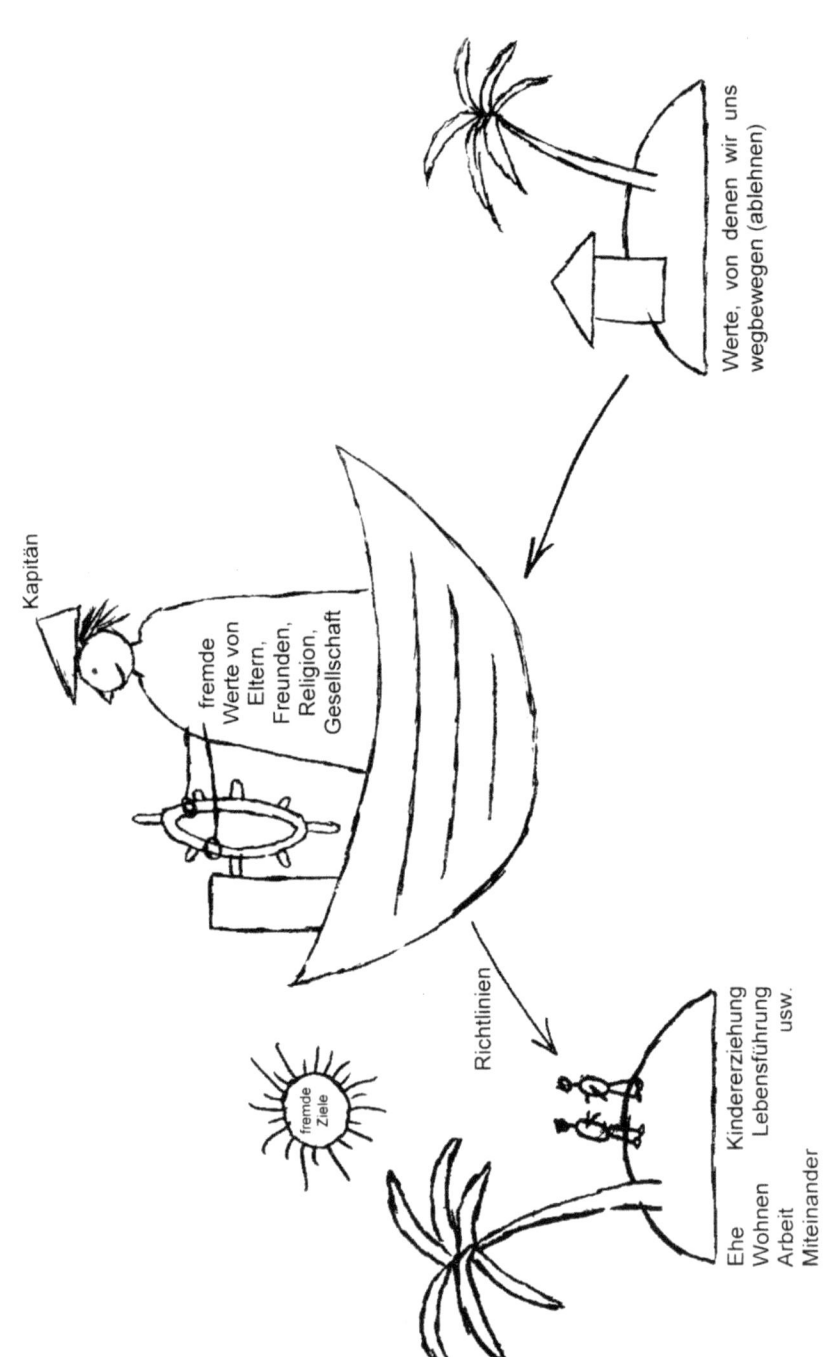

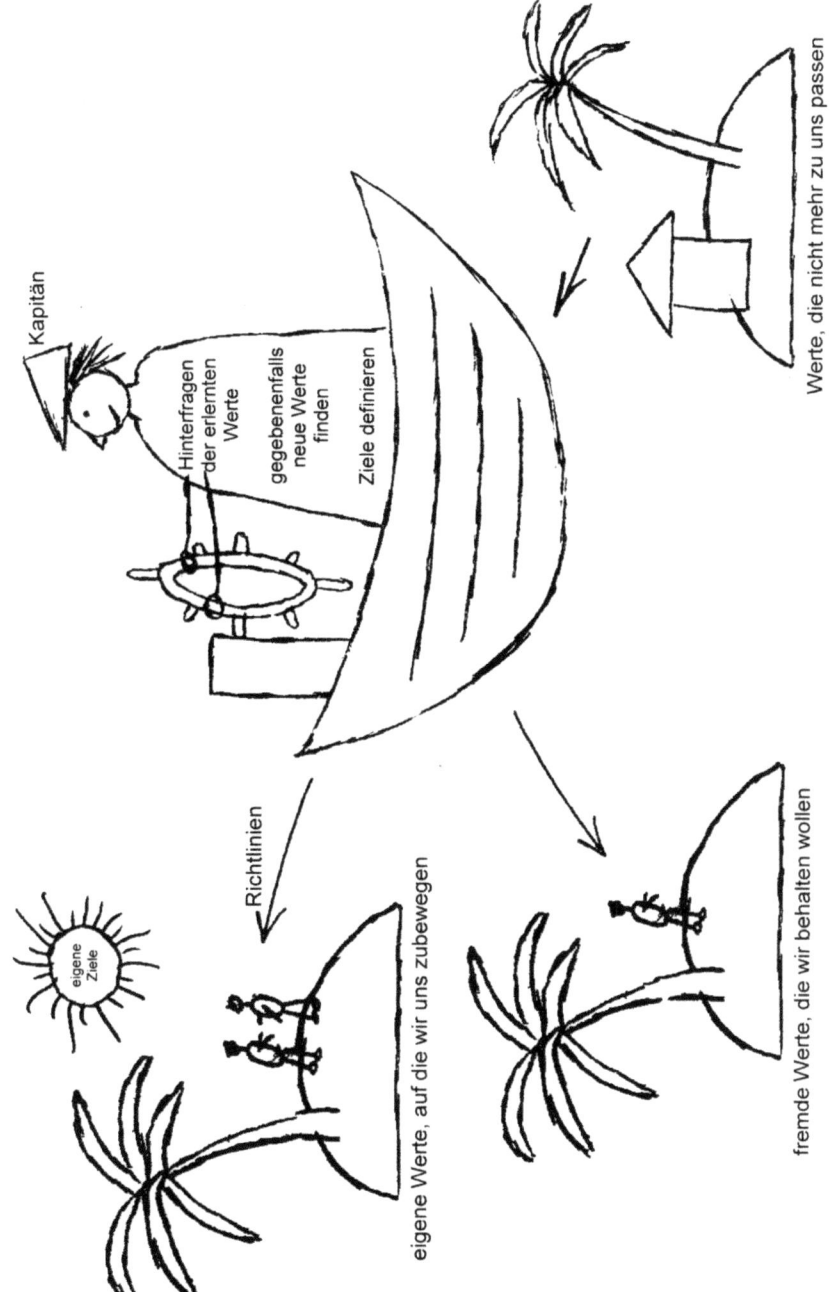

Bewusst denken – unbewusst handeln

Es ist ja nicht ganz so einfach, ein selbstbestimmtes Leben zu leben, wie wir vielleicht denken. Wir meinen zwar, dass der Mensch mit seiner Möglichkeit, denken zu können, die Krönung der Schöpfung ist und wir klare Entscheidungen treffen können, doch so leicht ist es dann doch wieder nicht. Wir können zwar denken, überlegen und Entscheidungen treffen, dennoch dürfen wir nicht vergessen, dass wir gewisse Prägungen, Werte, Einstellungen und Vorstellungen von Autoritäten übernommen haben und meist noch im Erwachsenenalter daran festhalten, auch wenn wir uns nicht mehr konkret daran erinnern können und bewusst vielleicht auch gar nicht dahinter stehen würden.
Deshalb kann es vorkommen, dass wir zwar bewusst genau wissen, was wir wollen, aber unser Unterbewusstsein etwas ganz anderes für uns will. Da können wir oft noch so überzeugt sein, dass irgendeine Sache für uns richtig wäre, doch wenn unser Unterbewusstsein dies nicht ist, ist meinst alle Anstrengung, unser Ziel zu erreichen umsonst.

Wenn wir zum Beispiel von unseren Eltern gehört haben, dass irgendeine Sache, Situation oder Einstellung schlecht ist, kann es sein, dass wir das ungefragt übernehmen und dies kann später zu einer Lebensblockade werden.

Kurz und gut: Unser Kopf sagt vielleicht ja zu einer Sache aber unser Unterbewusstsein sagt nein. Und da unser Unterbewusstsein versteckt agiert, meist wissen wir ja gar nicht wirklich so recht Bescheid von seiner Existenz, hat unsere unterbewusste Einstellung einen größeren Einfluss als unser momentanes Denken. Unser bewusstes Denken begrenzt sich auf eine gewisse Zeit, eben die Zeit, in der wir denken, aber unser Unterbewusstsein hat Tag und Nacht eine offene Türe zu uns. Solange, bis wir unser unbewusstes Denken entlarvt haben.

Und das ist auch das Geheimnis, warum sich so manche Wünsche nicht erfüllen oder wir uns mit einem Leben zufriedengeben müssen, welches nicht wirklich unseren Wünschen entspricht.
Unser ganzes Leben wird also auch von unserem Unterbewussten mit-gelenkt. Und dieses beherbergt natürlich auch eigene negative Persönlichkeitsseiten, welche wir auf keinen Fall wahrhaben oder sehen wollen. Zum Beispiel unsere unbewussten negativen Verhaltensmuster und, sagen wir einmal schonungsvoll, unsere Persönlichkeitsanteile, die nicht sehr rosig aussehen (launisch, ungerecht, herrschsüchtig, langweilig, rechthaberisch, unterwürfig, ziellos, manipulierend und aufbrausend sein). Das wollen wir meist auf gar keinen Fall sehen. Ein bisschen vielleicht … aber nur nicht zu viel und auch nicht zu genau.

Aber genau diese, nicht gern gesehenen Anteile werden uns später im Leben dazu bringen, wenn wir sie gänzlich verdrängen, unsere Kindheitsspannungen wieder aufleben zu lassen.

Stellen wir uns einmal folgende Geschichte vor:
Schon in einem sehr zarten Alter bekommen wir vielleicht mit, dass es die Geborgenheit und Sicherheit, die wir im Mutterleib hatten, nicht so ohne weiteres mehr gibt.
Vielleicht ist die Mutter überfordert mit ihrem Alltag, hat wenig Zeit, hat eine schwierige Partnerschaft oder ist einfach unglücklich und vielleicht ist der Vater so gut wie nie anwesend oder sehr distanziert. Wir fühlen uns damit ungeliebt und abgewiesen. Dies erleben wir als eine Spannung, eine negative Spannung. Schließlich leiden wir darunter! Ist es bei einer negativen Stimmung nur eine gewisse Zeit, die wir erleiden müssen, kann es sein, dass es noch nicht wirklich prägend ist. Schließlich sind wir nicht aus Zuckerwatte.
Das Gefühl einer Stimmung, egal ob positiv oder negativ, bekommen wir schon als Säugling mit. Geht eine negative Familienstimmung jedoch über einen längeren Zeitraum oder über unsere ganze Kindheit, wie es oft der Fall ist, kann diese Stimmung zu einer Hintergrundmusik für uns werden. Das heißt: Eine gewisse negative Stimmung wird zu

einer gewissen Spannung, an die wir uns gewöhnt haben und die ein tragender Baustein für unser Alltagserleben wird.
Mit dieser gewohnten Spannung werden wir nun groß und fühlen uns mit ihr auch zu Hause.

Je älter wir werden, desto mehr versuchen wir erst einmal angestrengt und guten Willens, aus dieser Spannung heraus zu kommen. Wir wollen ja ein schönes Leben haben und alles anders machen.
Am besten ist dies bei Kindern zu sehen, die in der Pubertät sind. Da lernen wir eine eigene Vorstellung von unserem Leben zu entwickeln … oder sollten es zumindest. Deshalb gibt es ja nicht nur die Hormonumstellung, die einen körperlich erwachsen werden lässt sondern auch eine seelisch, geistige Umstellung. Je mehr wir in der Kindheit gezwungen werden, etwas zu sein oder leben zu müssen, was wir aber gar nicht sind, desto mehr wird sich in der Pubertät die Trotzphase zeigen. Die Eltern bekommen keinen Einfluss mehr über ihre Kinder, die sich jetzt auflehnen trauen.
Meist hört man von diesen Kindern (und wir waren nicht anders), dass sie es einmal ganz anders machen werden als ihre Eltern. Sie werden ein besseres Leben führen, großzügiger zu ihren Kindern sein und sich nicht ein Leben lang mit einem falschen Partner herumschlagen.
Und dann kommt meist alles anders. Es wird vieles genauso gehandhabt, wie es damals die Eltern getan haben.
Wie gibt es das? Welche Bedeutung haben dann unsere ganzen Vorhaben, wenn sie eh nicht verwirklicht werden können?
Es ist die Hintergrundmusik, die noch spielt. Unbewusst natürlich!
Wir stellen uns zwar eine gewisse Liebe und Harmonie vor, aber unbewusst wollen wir die gleiche Spannung leben, die wir über Jahre hinweg gewohnt sind. Ärger, Ablehnung oder Lieblosigkeit!

Und das Tollste an dieser Geschichte ist, und jetzt halten Sie sich fest, dass wir unbewusst alles tun werden, um diese negative Spannung auch wirklich zu bekommen! Das zeigt sich oft darin, dass wir unser Verhalten unbewusst danach ausrichten, dass wir diesen Ärger, diese Ablehnung

und diese Lieblosigkeit, unter der wir in unserer Kindheit so gelitten haben, wieder erhalten. Oder wir suchen uns Partner aus, bei denen wir genau unsere Kindheitsgefühle wieder erleben dürfen. Oder wir suchen uns im Außen Situationen, wo wir unsere negative Spannung haben können. Wir würden oft eine wirkliche Harmonie und Liebe gar nicht aushalten können. Weil wir es gar nicht gewohnt sind! Sie wäre uns auf Dauer viel zu langweilig, weil uns eine gewisse Spannung fehlt.
Diese Erfahrung einer, meist über Jahre hinweg erlebten Spannung, inszenieren wir also immer wieder aufs Neue. Das heißt, dass unser Unterbewusstes zu einem großen Teil unser Leben bestimmt.
Deshalb ist es so wichtig, genau zu wissen, wie unser Verhalten wirklich ist und dass wir analysieren, was wir unbewusst damit bezwecken. Was unsere alte negative Spannung war und wie sie genau aussah! Deshalb ist ein ehrlicher Austausch mit Freunden, die konstruktive Kritik üben können, auch so wichtig. Denn nur dann können wir versteckte Verhaltensweisen von uns kennen lernen. Und, wir dürfen auf keinen Fall der Angst anheim fallen, uns dann als schlecht zu sehen.
Der Mensch trägt meist alle Persönlichkeitsmerkmale in sich, nur unterschiedlich stark in der Anlage. Viele sind einfach nur schlafend. Deshalb können die ruhigsten und unauffälligsten Menschen plötzlich auch total ausflippen und aggressiv werden, weil der Anteil einer aggressiven Auslebung, eben bisher in seinem Inneren nur geschlafen hatte oder unterdrückt wurde. Aber er war sehr wohl vorhanden.

Und deshalb können vielleicht neureiche Menschen überheblich werden, weil sie meinen, jetzt etwas Besseres zu sein. Das hat aber direkt gar nichts mit Geld zu tun, sondern nur mit der Einstellung zu Geld, Macht und Überflieger-sein, mit dem sich derjenige vorher eben gar nicht aktuell beschäftigen konnte und diese Einstellung daher auch gar nicht sichtbar wurde, als er noch nicht soviel Geld hatte. Gewisse Situationen können schlafende Persönlichkeitsanteile wecken und ein neues Verhalten zeigen. Daher glaube ich, jeder Mensch hat alles in sich, jede Eigenschaft, sie sind nur unterschiedlich stark ausgebildet und können in Extremsituationen wachgerüttelt werden.

Aber wir können uns gewisse Persönlichkeitsanteile, die uns positiv beeindrucken, auch erlernen. Also, alles ist wieder möglich!
In meiner folgenden Skizze habe ich dies bildlich verdeutlicht:
Stellen wir uns unsere Persönlichkeit und unser Leben als ein Haus vor. Unser Wohnbereich gleicht unserer bewussten und unbewussten Einstellung. Das Dachgeschoß versinnbildlicht unser Denken und Wissen. So leben wir meist unseren Alltag. Unser Denken und Wissen kann uns führen.
Aber: Wir haben 2 Kellerräume mit unterschiedlicher Tiefe. Der Keller verdeutlicht unseren unbewussten Bereich und unser Verdrängtes.
Zu dem 1. Kellerraum gibt es eine Türe. Das heißt, mit etwas guten Willen können wir ein »Einsehen« haben. Aber wir sehen auch schon, dass es nicht leicht und selbstverständlich ist, diese Kellertüre öffnen zu können.
Es braucht schon einen willentlichen Kraftaufwand, sie öffnen zu können. (Kennen wir wahrscheinlich ja alle, da es nicht leicht ist, einen Fehler einzugestehen). Vielleicht sind es unangenehme Eigenschaften, die wir aufdecken dürfen, oder wenn wir uns eingestehen müssen, uns irgendwie schuldig gemacht zu haben oder einfach, wenn wir ein ungerechtes oder blödes Verhalten an den Tag gelegt haben.

Beim 2. Keller ist es schon schwieriger. Da gibt es keine einfache Türe, die wir nur aufmachen können. Dort liegen unsere berühmten Leichen. Das, was wir auf gar keinen Fall wahrhaben wollen, sehen wollen oder erkennen wollen. Dort liegen auch unsere größten Schmerzen und Ängste, mit denen wir uns lieber nicht beschäftigen wollen. Zum Beispiel auch unser Verhalten, um in negativen Spannungen verharren zu müssen (oder können?). Aber dort liegt auch unser größter Schatz. Diese Leichen, deren giftigen Gase uns im oberen Bereich natürlich zusetzen, bekämpfen wir allgemein damit, indem wir Parfümdüfte versprühen (z.B. seine eigenen Schwächen schön reden) oder indem wir die Fenster aufmachen und immer wieder lüften (z.B. nichts wissen wollen). Doch das nützt natürlich auf Dauer gar nichts, da die Leichen immer noch im Keller liegen und der Verwesungsgeruch nicht einfach aufhört. Diese

Leichen, hätten wir den Mut sie zu entdecken und damit zu entsorgen, wären unser Schlüssel zu einem unabhängigeren, selbstbestimmteren und weniger angstbesetzteren Leben.
Verstehen Sie das? Diese unentdeckten Leichen, deren Gase unser Wohnen vergiftet, müssen wir entdecken wollen, damit wir später die Kraft haben, sie wirklich zu bergen und zu begraben.

Aber natürlich außerhalb von unserem Haus. Nämlich da, wo sie hingehören! In ein würdiges Grab, welches für Leichen geeignet ist. Damit achten wir unser Erlebtes, sagen Ja dazu (so war es) und können uns dann, dankbar für diese Bergung, bewusst davon verabschieden. Es gibt dann keine faulenden Gase mehr in uns, die unser Leben, ungesehen wie sie im 2. Keller sind, verpesten können.
Je mehr wir uns selbst entdecken, sei es nun gut oder schlecht, desto freier werden wir. Das heißt, die große Angst, die wir alle haben, schonungslos entdeckt zu werden, vor Scham in den Erdboden zu versinken und als schlecht und böse gesehen zu werden, ist uns dann gleichgültig, weil wir uns selbst erkannt haben und uns eingestehen können, dass jeder alle Anteile in irgendeiner Form in sich trägt und das wir wenigstens bereit sind, immer wieder uns selbst zu entlarven ohne uns zu verurteilen. Und diese Arbeit setzt eine Kraft frei, die wir für ein wirklich aufgeräumtes und schönes Leben brauchen werden. Ein Leben ohne Angst weil wir eben keine Leichen mehr im Keller haben. Alles ist sauber und aufgeräumt. Und… in jedem Keller gibt es ein Paar Spinnen und ein bisschen Schmutz. Das ist ganz o.k.

Merke:
Das Unbewusste zeigt sich nicht offen, es lebt versteckt
Das Unbewusste vergisst nichts
Das Unbewusste leitet uns, ob wir wollen oder nicht
Das Unbewusste lässt uns nicht einfach los, nur weil wir bessere Pläne haben
Das Unbewusste führt uns zielgerade in unser Verdrängtes, so dass wir nicht entkommen können
Das Unbewusste bestraft oder bestätigt, egal wie wir die Sache sehen
Das Unbewusste spricht gerne in einer Bilderform (siehe Träume)

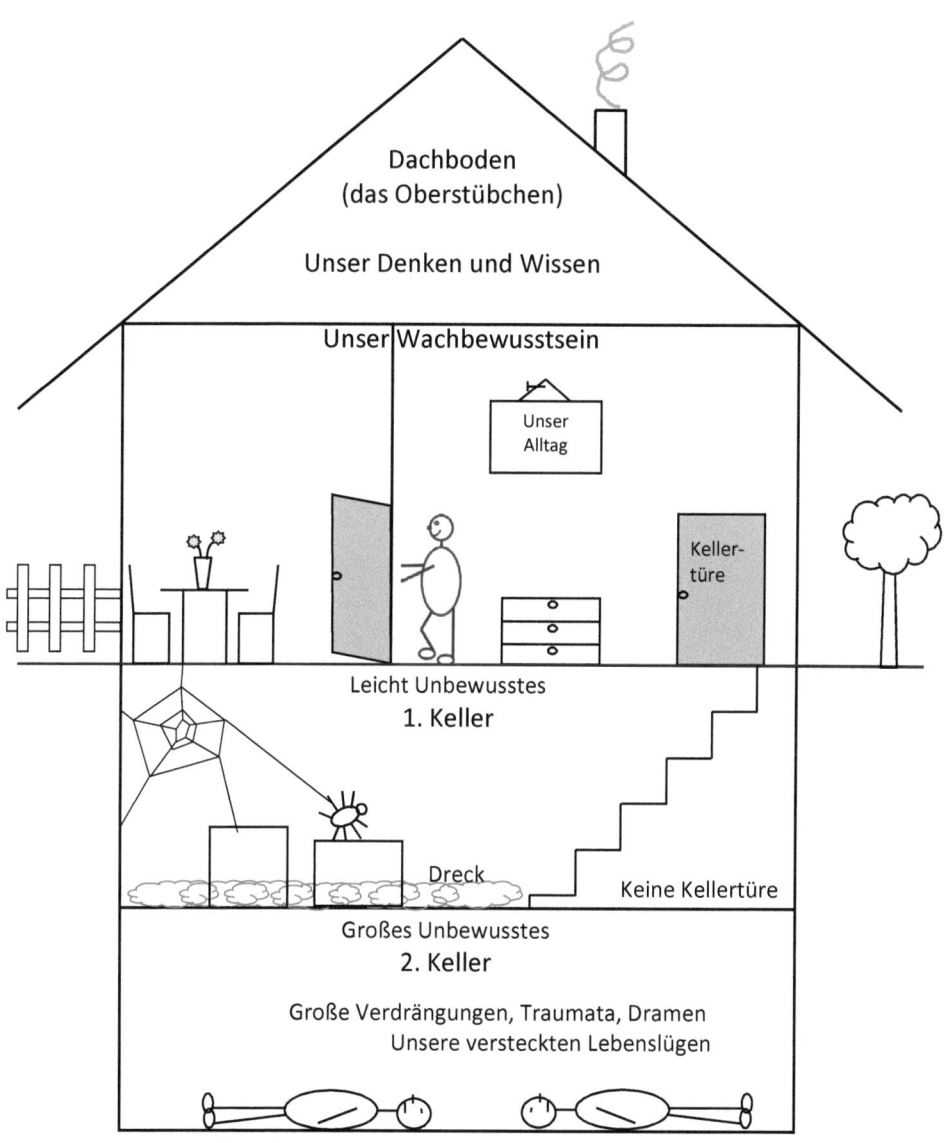

II. Teil
Die Entscheidung

Der Weg nach Hause

Zugegeben, der Weg nach Hause, zu seiner eigenen Persönlichkeit, seinen eigenen Werten und Lebensvorstellungen kann sehr lange sein. Je nachdem, wie sehr wir in unserem Leben verbogen wurden oder wie lange wir einfach eine nicht förderliche Lebensausrichtung hatten. Oder, wie lange wir alles schleifen lassen.
Aber dieser Weg nach Hause ist auf alle Fälle lebensbejahend. Denn nur das was wir selbst sind und es auch leben, ist positiv und förderlich für uns. Auch wenn es natürlich auch hier Herausforderungen gibt, denen wir uns immer wieder stellen müssen. Das bringt das Leben eben so mit sich.

Es bedeutet einfach , dass wir uns an die Arbeit machen müssen, zu suchen, zu forschen und zu hinterfragen, ob in unserem Leben alles an der richtigen Stelle ist. Und ja, es kann auch bedeuten, dass wir mit unseren Ängsten konfrontiert werden. Das darf uns aber nicht abschrecken, so dass wir lieber in alten, ungeten Situationen verharren.

Je älter wir werden, desto dringlicher sollte uns die Frage überkommen:

Was ist der Sinn meines Lebens? Was will ich damit anfangen? Dann dürfen wir uns vielleicht fragen, ob bisher unser Leben ein sinnvolles Leben für uns war? Oder, ob es ein Leben war, wo wir viele Erfahrungen sammeln konnten, was ja im Endeffekt auch wieder förderlich ist für unser Wachstum, soweit wir es wirklich erkennen können? Oder ob wir unser Leben einfach nur abgesessen haben?

Ich gebe zu, einfacher ist es, gar nichts zu tun. Aber ist es wirklich besser?

Und die Antwort auf diese Frage ist der Anfang einer Reise nach Hause. Entscheiden wir uns für uns!

Schicksal! ... oder ... Schicksal?

Was ist eigentlich Schicksal und können wir es wirklich beeinflussen?
Als Synonym für das Wort Schicksal wird auch das Wort »das *Los*«, vielleicht welches wir zu tragen haben, verwendet: »Das ist halt sein Los gewesen«, hören wir uns manchmal sagen. Zumeist wird als Schicksal eine Art höhere Macht verstanden, die ohne direktes menschliches Zutun das Leben einer Person entscheidend beeinflusst. Beispiele dafür haben wir genug: »Das Schicksal meint es gut mit ihr«, »Es war halt Schicksal, da kann man nichts machen« oder wir reden allgemein vom Schicksalsschlag.
Auf der anderen Seite gibt es auch die Auffassung, wir könnten unser Schicksal beeinflussen oder sogar abwenden. Daher sprechen wir auch von: »Sein Schicksal zu meistern« oder »Nimm dein Schicksal in deine Hand«.
Welche dieser beiden Ansichten stimmt jetzt? Können wir unser Los, unser Schicksal wirklich bestimmen oder sogar abwenden?
Ich denke, es gibt in der Tat zwei Varianten von Schicksal. Doch schauen wir uns dies näher an:
Gegebenes Schicksal ist meines Erachtens, wo und wie wir auf die Welt kommen, wie wir aussehen und was für ein Potenzial wir für dieses Leben mitbekommen haben, wer unsere Eltern sind und in welchem Land wir geboren wurden. Ob unsere Eltern reich oder arm, bekannt oder unbekannt, kriminell oder solide, lieb oder gewalttätig, dumm oder gescheit, selbstbestimmt oder fremdbestimmt sind! Und wahrscheinlich noch einiges mehr! Mit diesem Schicksal kommen wir auf die Welt und müssen uns umschauen, wohin wir selbst gehen wollen und wie wir unsere Möglichkeiten ergreifen können. Das ist oftmals schon Schicksal genug. (Wenn wir das Ganze weiter betrachten wollten, müssten wir zugeben, dass sogar dieses Schicksal gewollt ist, damit wir alle Voraussetzungen haben, etwas lernen zu können).

Solange wir abhängig von unseren Eltern sind, werden wir mit dementsprechenden Benimmregeln, Verhaltensweisen und Denkansätzen geprägt. Und hier fängt das ganze Dilemma eigentlich an. Da uns diese Regeln eingetrichtert oder vorgelebt werden, nehmen wir sie als »wahr« an. Sie werden nur allzu oft zu unseren eigenen Regeln. Das heißt auf gut Deutsch: Fremde Ansichten werden zu unseren eigenen Ansichten, egal ob wir im tiefsten Inneren damit einverstanden sind oder nicht. Wir leben meist danach und richten uns dementsprechend aus.
Stopp!! Was geschieht wohl, wenn wir Regeln, Denkansätze und Verhaltensweisen stur und nichthinterfragt in unser Leben installieren und uns jahrelang danach richten?
Damit ist die Möglichkeit gegeben, dass gewisse Schicksalsschläge unnötigerweise dazu kommen können. Und zwar Selbstgezimmerte!
Es ist ähnlich, wie wenn wir ein Auto fahren, welches mit Diesel fährt, wir aber Benzin hinein geben, weil schließlich unsere Eltern auch immer Benzin getankt haben. Dabei übersehen wir vielleicht, dass auch unsere Eltern ein Dieselfahrzeug hatten und durch das falsche Betanken, der Wagen die meiste Zeit in der Werkstatt stand. Zu dumm, dass wir das total ausgeblendet haben! Wir haben nur noch das »Benzin tanken« im Kopf.
Und so ist es mit unserem Schicksal. Wenn wir stets falsch tanken (also gegen unser wirkliches Potenzial und unsere Anlagen leben) kommen eben Schwierigkeit auf uns zu, die wir nur zu oft gar nicht verstehen können und uns dann vom schweren Schicksal gebeutelt fühlen. Dann fangen wir an zu kämpfen, zu streiten, zu beschuldigen oder einfach nur fassungslos und hoffnungslos, uns unserem Schicksal ausgeliefert fühlen.
Natürlich gibt es auch Schicksalsschläge, wofür wir gar nichts können. Eine Erbkrankheit, eine längere Zeit, wo uns nichts gelingen mag und wir sogar alles verlieren. Oder wo gar der Tod unseres Kindes oder Ehegatten (sofern wir nicht mitgemischt haben) uns verzweifeln lassen können. Genau genommen sind es alle äußeren Umstände, die nicht in unserem Einflussbereich stehen und wo wir keine Ursachen gesetzt haben.

Aber in sehr vielen Bereichen können wir sehen, dass wir doch irgendwie gewisse Ursachen gesetzt haben, die dann eine Katastrophe herauf beschwören können. Dadurch, dass der Unterschied zwischen wirklichen Schicksal oder nur einer Wirkung auf unsere gesetzten Ursachen sehr schwierig zu erfassen ist, und wir uns sowieso von unserer Erziehung her eher ohnmächtig sehen, werfen wir alles über einen Kamm und reden nur noch vom Schicksalsschlag.
Oder, auch gerade sehr modern, wir meinen, in allem die Macht über unser Leben zu haben. Dann fallen wir ins andere Extrem. Natürlich ist mit dem Satz: »Nimm dein Schicksal in deine Hand« nicht gemeint, » Lieber Gott« zu spielen sondern, Verantwortung für seine Entscheidungen, sein Handeln und sein Umgang mit dem Leben zu tragen.
Viele haben sich mit einem bestimmten Leben, welches nicht ihren wahren Bedürfnissen entspricht, abgefunden. Kommt dann eine Krankheit, ein schwerer Unfall, eine Scheidung oder ein Konkurs heißt es oft: »Ja, das ist halt Schicksal!« Aber vielleicht hätte man genau dieses Schicksal abwenden können, indem man sich vorher Gedanken um sein Handeln, seine Einstellung und sein Wirken gemacht hätte. Verstehen Sie was ich meine? Gewisse Schicksalsschläge können wir nicht abwenden! Wenn sie kommen, bringen sie uns gehörig zum Nachdenken oder sogar auf einen neuen Kurs. Aber meist tun sie weh und wir können nichts anderes machen, als sie anzunehmen.
Es gibt also Schicksalsschläge, die nicht sein müssten?
Zum Beispiel: Wenn wir uns lange Jahre in einer schlechten Beziehung oder in einer uns verhassten Arbeit befinden, wo wir nicht gesehen oder sogar gequält werden. Vielleicht können wir uns davon einfach nicht lösen oder bleiben aus einem Pflichtgefühl heraus? Wir haben vielleicht gelernt bleiben zu müssen, egal wie schlimm eine Situation ist. Wir harren also aus und lassen uns zermürben. Das geht vielleicht ein paar Jahre, oder sogar Jahrzehnte gut, aber es wird eine Zeit kommen, da kann unser Körper und unsere Seele nichts mehr auffangen oder aushalten. Dann kann es geschehen, dass wir schon so gestresst sind, dass uns in der Arbeit oder privat ein Fehler mit weitreichenden Folgen geschieht, weil wir uns nicht mehr richtig und freien Herzens auf unsere Arbeit

konzentrieren können oder unsere Aufsichtspflicht nicht wirklich wahrnehmen können. Oder unser Körper streikt und zeigt uns damit: »Ich kann so nicht mehr weiter machen. Ich habe keine Kraft mehr. Ich kann mich nicht mehr schützen und meine Selbstheilungskräfte aktivieren.« Und dann kann, wie gesagt, das selbst herbeigeführte Schicksal kommen.

Versuchen wir, wirklich unterscheiden zu lernen, indem wir uns bei Schicksalsschlägen (und am besten schon vorher) die Frage stellen: Was habe ich damit zu tun? Habe ich eine Ursache gesetzt? Vielleicht schon viele Jahre davor! Und wenn sie dies mit einem ehrlichen »Nein, habe ich nicht« sagen können (beachten sie hierbei bitte Ihren Keller ☺ ... Dieser ist im Kapitel über das Unbewusste zu finden). Wenn Sie immer noch »Nein« sagen können, dann ist der Schicksalsschlag zwar immer noch bitter, zumindest brauchen Sie sich dann nicht mehr über sich selbst und ihren selbstgelegten Ursachen zu ärgern. Das ist doch schon was! Also merken wir uns, dass wir uns das eine oder andere Schicksal ersparen können, wenn wir bewusst und selbstverantwortlich sind.

Kraftvolles Wünschen ist nur halb gewonnen

Wie wir gesehen haben, ist ein BRAUCHEN nicht sehr konstruktiv; ein WOLLEN eher förderlich und wie war das gleich noch einmal mit dem WÜNSCHEN?

Sehen wir uns das einmal genauer an:

Was geschieht bei dem Manifestieren von Wünschen und geht das eigentlich?

Als erstes beginnt der Wunsch mit einer Idee, um was es geht und wie dies aussehen sollte. Es entsteht eine sogenannte Wunschenergie. Diese Idee muss von einem dazugehörigen Gefühl genährt werden. Das heißt: Wir müssen das Gefühl fühlen können, welches wir haben würden, wenn sich unser Wunsch schon erfüllt hätte. Es sollte sich in uns stimmig anfühlen. Nicht fremd oder unwirklich! Eher freudig! Im Vorhinein, sozusagen! Das ist nicht ganz einfach, da wir vielleicht noch nie ein Gefühl für diese Sache erlebt haben. Wir haben noch keine Erfahrungen sammeln können, auf die wir nun zurückgreifen könnten, wie sich das anfühlen würde. Wir müssen also unsere ganze Vorstellungskraft aufbringen, um dieses neue Gefühl auch spüren zu können. Das ist nicht ganz leicht! Versuchen Sie doch sofort einmal, sich glücklich zu fühlen! Schwierigkeiten?
Wenn wir das schaffen, bewirkt dies, dass unser Unterbewusstsein meint, wir haben unseren Wunsch bereits erfüllt bekommen. Damit kann sich ein Gefühl einer tiefen inneren Zuversicht und Freude aufbauen, ohne dass es von der noch nicht vorhandenen Realität getrübt werden kann.
Deshalb hat die Stärke des Gefühls auch eine ganz bestimmte Schwingung. Diese müssen wir aufbauen. Das erreichen wir, wenn wir unseren Wunsch schon als erfüllt sehen können. Wenn wir dies längere Zeit

halten können, bekommen wir Gelegenheit, auch real in einen Kontakt mit dieser Wunschschwingung zu kommen. Hat alles über längere Zeit gut funktioniert und unser Gefühl bleibt stabil, können wir langsam in Resonanz mit unserer »gespielten« Wahrheit gehen. Es werden Dinge, Menschen oder Situationen in unser Leben treten, die uns zu unserem Ziel bringen werden.
Ich habe auch sehr viele Bücher von sehr erfolgreichen Menschen gelesen und alle bestätigen es: wenn wir uns immer wieder vorstellen, wie es aussehen sollte und wir uns selbst in dieser neuen Wunschsituation sehen und fühlen können, verdichtet sich unsere Energie. Wir schwingen wunschgemäß. Unser Handeln wird energiereicher!

Wir sollten uns auch im Außen mit unserem Wunsch beschäftigen. Möchten wir ein Haus bauen, dürfen wir uns bzgl. Hausbau und allem drum und dran beraten lassen. Wir können uns neue Häuser ansehen oder gehen zu guten Bauunternehmen und lassen uns Angebote machen. Wir tun so, als ob!
Damit erzeugen wir in uns ein Gefühl, als wäre es schon Wirklichkeit. Als könnten wir schon bald in unser neues Haus einziehen.

Wichtig ist natürlich auch, möchten wir mehr Geld haben, dass wir unser Finanzverständnis ausbauen. Wir können mehr über Sparen und Vermehrung von Geld lernen oder dementsprechende Lektüren lesen. Wir sollten uns, wie auch immer, positiv auf ein »Mehr« konzentrieren. Wir dürfen uns aber nicht an einer bestimmten Art und Weise festbeißen, wie wir an dieses Geld kommen werden.

Vielleicht bringt unser Schicksal, sofern wir soweit sind, unseren Wunsch und den Erfolg auf ganz anderen Wegen. Nur sollten wir immer auch realistisch bleiben. Trotz Wunder, die auftreten können!

Wichtig ist nun, dass wir bei diesem Wunsch
bleiben und ihn nicht nach einigen Wochen, wenn
noch nichts geschehen ist, wieder umändern.

So kann nicht genug Energie aufgebaut werden.
Die Kraft und Dauer dieser Wunschschwingung,
die dieses Projekt braucht, reicht dann nicht aus.

Wir sollten uns auch nicht zu viel auf einmal wünschen,
damit kein Streueffekt eintritt, weil
wir dann zu viele Baustellen haben.

Vielleicht haben Sie es selbst schon einmal in Ihrem Leben erlebt, dass Sie als Kind einen Herzenswunsch hatten und dieser auch tatsächlich später in Erfüllung ging.

Eine liebe Freundin von mir verriet mir, dass sie sich als Kind immer schon einen Kaufladen und einen Swimmingpool gewünscht hatte. Beide Dinge hat sie heute!
Eine große Beautyfarm mit dem Verkauf von Pflegeprodukten kann sie ihr Eigen nennen sowie einen großen Pool in ihrem wunderschönen Garten.
Schauen Sie sich doch einmal in Ihrem Leben um. Was hat sich in ihrem Leben alles verwirklicht, weil es ein langandauernder Herzenswunsch war?
Manche Wünsche dauern halt ein bisschen länger. Wichtig ist, dass wir dranbleiben und uns auch dann nicht verunsichern lassen, wenn Freunde von uns schon abwinken. Am allerbesten behalten wir unsere Wünsche für uns, damit sie nicht durch eventuelles Zweifeln von anderen verwässert werden.

Der Wunsch wird sich manifestieren, wenn wir seine Schwingung bis zum Eintreffen der »Manifestation« ohne zu zweifeln, halten können. Er muss zu einem Herzenswunsch werden. Und Herzenswünsche haben die Kraft, wahr zu werden. Zumindest wollten wir uns frohen Herzens immer wieder mit unserem Wunsch beschäftigen, aber ohne dabei verbissen zu sein. Zuviel Wünschen kann in ein BRAUCHEN übergehen. Nämlich dann, wenn wir nicht loslassen können. Und was wir über das BRAUCHEN gelernt haben, sollte uns nun klar sein.

Wenn wir bei uns Freude, Optimismus, Vertrauen mit gleichzeitigem Loslassen halten können, kann es wie eine Aufwärtsschraube geschehen, dass sich ein Wunsch nach dem anderen erfüllt. Diese Kraft und unser unerschütterlicher Glaube können Berge versetzen!

Das einzig Schwierige ist vielleicht doch, das muss ich zugeben, dass wir diese positive Kraft und unseren Glauben an das Mögliche nicht allzu lange halten können, da uns immer wieder der Alltag, mit seinen Herausforderungen in die Quere kommen kann. Denn, fallen wir aus dieser kraftvollen Schleife heraus, sind deprimiert oder frustriert, steht uns natürlich auch keine positive Kraft mehr für unser Manifestieren von unseren Wünschen zur Verfügung. Je länger wir »unten« sind, desto weiter kann unser Wunsch wieder von uns weggehen.

Also aufgepasst! Stimmen sie sich ein für Friede, Glück und Vertrauen. Das kann eine immense Stütze sein.

Sich mit Begeisterung
ein positives Leben erlauben

Es ist wichtig, die Verantwortung dafür zu übernehmen, dass wir den Zustand der Freude, des Friedens und des Glücks so lange wie nur möglich aufrechterhalten sollten. Und dabei brauchen wir auch gar nicht das Böse und Schlechte auszublenden oder zu verteufeln, wie es ja viele Extremgläubige auf diesem Gebiet tun. Sondern wir registrieren sehr wohl die andere Seite, lassen uns da aber nicht reinziehen! Je mehr wir wieder gegen etwas sind oder uns aufregen, desto mehr kommt es ja schon wieder in unser Leben! Denn richtig aufregen können wir uns nur, wenn unser Verstand und unser Gefühl sich einig sind.
Die positive Ausrichtung ist aber ein gewaltiger Willensakt! Versuchen Sie einmal, eine Woche sich nur gut zu fühlen und positiv zu denken! Es wird bestimmt nicht ganz einfach sein!

Wir müssen also erkennen lernen:

Was denke ich?
Welche Gefühle habe ich?
Welche Glaubenssätze oder welches Trauma habe ich?
Wie viel Verantwortung übernehme ich dafür?
Wie sehr und wie lange bin ich bereit, eine
Veränderung wirklich zu wollen und daran
diszipliniert zu arbeiten?

Natürlich heißt dies nicht, nie wütend, traurig oder ohnmächtig sein zu dürfen. Das gehört ja mit zum Leben. Aber hier geht es um ein Hauptgefühl oder um einen Hauptgedanken! Welche Dauergedanken und welche Dauergefühle haben wir in uns?
Negative Gefühle oder Gedanken über längeren Zeitraum können zu Lieblingsgefühlen/Gedanken werden.

Als ich ein Teenager war, zählte es zu meinen Lieblingsbeschäftigungen, in meiner Freizeit meine Lieblingsmusik über einen Kopfhörer zu hören und mir eigene, dramatische Liebesgeschichten auszudenken. Zu anderen Zeiten machte ich gerade das Gegenteil: Ich dachte mir die romantischsten Liebesgeschichten aus, die ich immer wieder durchspielte. Und jedesmal, wenn ich dies tat, egal ob ich mir positive oder negative Geschichten ausmalte, erschrak ich einige Wochen später, weil ich genau dies erlebte. Manchmal fast haargenau mit denselben Inhalten, die ich mir vorher ausgedacht hatte.
Daran erinnerte ich mich oft als ich schon erwachsen war. Wie konnte so etwas funktionieren? Damals hatte ich noch keine Ahnung, dass es wirklich eine »Wunschenergie« gab; (ich bin ein bisschen vorsichtig geworden mit einigen Wörtern, die im esoterischen Bereich schon sehr missbraucht wurden).
Beschäftigen wir uns zum Beispiel eifrig mit Politik oder wirtschaftlichen Ungerechtigkeiten, füttern wir damit, wenn wir nicht neutral eingestellt sind, täglich unser eigenes Unwohlsein, unsere Ohnmacht oder schlimmer, unsere Angst. Und dies geht dann sehr wohl in Resonanz nach außen. Überall sehen wir dann Unzulänglichkeit, Ungerechtigkeiten oder sogar Bedrohungen. Das Schwierige dabei ist, wir bekommen mit dieser negativen Einstellung von außen Bestätigung von all jenen Menschen, die dieselbe Einstellung haben. Und diese sind nicht wenige! Immer mehr Negatives kommt dann in unser Leben. In allen möglichen Variationen! Denn: Gleich und Gleich gesellt sich gerne!

Die andere Variante ist positiv!

Wir kennen alle das Gefühl, verliebt zu sein.
Für uns ist dann alles rosarot. Wir bringen es sogar fertig, unseren größten Feind anzulächeln oder ihm großmütig einen Fehler zu verzeihen. Wir begnadigen ihn! Wir schweben sozusagen auf Wolke sieben!
Und warum ist das so?
Weil wir innerlich auf Liebe, Annahme, Begeisterung, Freude und Harmonie ausgerichtet sind.

Wir sind im göttlichen Strom und erleben Liebe. Das macht uns frei und großzügig.

Jetzt können wir uns fragen, wie wir dahin kommen, wenn wir nicht verliebt sind? Wenn wir keine neue Liebe vorweisen können oder keine Begeisterung für irgendein Projekt haben. Was ist dann? Haben wir dann keine Möglichkeit, im göttlichen Strom der Liebe zu leben und Glück und Harmonie zu empfinden?

Doch, diese Möglichkeit haben wir schon, aber wir müssen sie uns erst erschaffen! Und wie geht das?

Es ist ganz wichtig, immer wieder zu überprüfen: Mit was beschäftige ich mich gerade? Stimmt es mich positiv oder eher negativ? Macht es mir Freude oder nervt und ärgert es mich sogar?
Welche Art von Freunden habe ich? Tun sie mir gut oder haben sie eher eine destruktive Lebensweise?
Was sind meine Lebensziele? Geben diese mir weitere Gelegenheiten mich auszuprobieren und an mich zu glauben, oder stagniert mein Leben, weil ich mir nichts mehr zutraue oder erlaube?
Was könnte ich tun, um Freude zu empfinden? Mit welchen Themen beschäftige ich mich gerade? Sind sie positiv oder eher negativ? Wie kann ich meinen Selbstwert aufbauen?

Mein eigenes Schnellprogramm lautet: »Egal wie ich mich heute fühle, ich fühle mich super.«
Und das habe ich mir angelernt auch zu anderen Menschen zu sagen. Immer und immer und immer wieder!
Vorher bestätige ich mir selbst meine guten Taten, ein gutes Gelingen oder sonstige schwierige Situationen, aus denen ich das Beste gemacht habe.

Wir müssen lernen, unser Programm umschalten zu können, wenn wir uns in etwas Negatives verrannt haben. Unser innerstes Heim sollten

wir sauber halten von all dem Unrat, den es auf unserer Welt in Bezug auf Gedanken, Einstellungen oder auch (Energievampir)-Freunden gibt!
Wir dürfen lernen zu sehen, wie wichtig es ist, dafür eine Eigenverantwortung zu tragen. Denn wir wissen ja, das, was wir verdrängen, finden wir im Außen, in unserem Leben wieder. Es macht unser Leben aus! Also, sortieren wir lieber heute als morgen den Unrat aus. Was tut uns gut und was nicht! Und welche Denkweichen stelle ich selbst?

Schreiben Sie sich nun alle hauptsächlichen Gefühle auf, die sie in den letzten zwei Wochen hatten. Waren es mehr positive oder negative Gefühle? Oder hat es sich die Waage gehalten? Und dann schauen Sie sich bitte Ihr Umfeld an! Welcher Mix ist da zu sehen? Die äußeren Umstände zeigen gnadenlos ehrlich auf, was wir über uns denken.

Ist in Ihrem Umfeld (Familie, Arbeit, Freunde usw.) viel Glück, Harmonie und Freude zu sehen? Oder empfinden Sie Ihr Leben eher als Jammertal, in welchem Sie nicht wirklich etwas verändern können, da Sie ja angeblich keinen Einfluss auf äußere Gegebenheiten haben. Sie werden sehen, wie sehr sich Denken, Gefühle und Gegebenheiten gegenseitig bestätigen.

Wenn wir lernen, uns bewusst gute Gefühle zu erlauben, wird sich auch das Umfeld positiv ändern.

Da gilt es hinzusehen. Die äußeren Umstände zeigen uns auf, wie weit wir in unserem eigenen Verstehen und Umsetzen unserer wahren Persönlichkeitsanteile sind und welchen Glauben wir haben.
Machen Sie die Probe! Und wenn Sie etwas verbessern wollen, sehen Sie sich vorher Ihr innerstes Glaubensgebäude und ihre Gefühle an. Erlauben diese Ihnen, dass positive Veränderungen eintreten können? Oder sagen Sie sich innerlich: »Bei mir klappt das nicht. Ich kann das nicht. Das ist doch alles Humbug«.

Und wie lange halten Sie eine neue, positive Einstellung durch?
Jetzt mag der eine oder andere sagen: »Ich kann ja wohl nicht meine übelgelaunten Kinder, meinen gleichgültigen Mann oder meine meckernde Frau aussortieren, damit es mir gut geht!« Nein, das brauchen Sie auch nicht! Vielleicht, noch nicht! Diese familiären Umstände können uns zeigen, wo wir selbst noch ein bisschen an unserer Persönlichkeit feilen sollten. Vielleicht gilt es ja für den einen oder anderen zu lernen, sich durchzusetzen, sich zu zeigen, sich nicht fremdbestimmen zu lassen nur um des Friedenswillen! Oder wir müssen eine neue Verantwortung für ein liebevolleres Miteinander tragen und lernen, gewisses egoistisches Verhalten loszulassen. Selbst liebevoller sein!
Bei gescheiterten Beziehungen können wir sehr deutlich sehen, um was es geht. Lernen wir nach einer Trennung nicht, was wir falsch gemacht haben, wird meist die nächste Partnerschaft ähnlich ablaufen. Nehmen wir jedoch die Möglichkeit wahr, zu ergründen, warum diese Partnerschaft zu Ende ging, aber ohne dem Anderen die alleinige Schuld aufzudrücken, können wir erkennen lernen, wo es bei uns einer Wandlung bedarf. Schließlich haben wir diesen Partner angezogen. Und da bekanntlich immer zwei an einer Partnerschaft oder Trennung beteiligt sind, haben sicherlich beide etwas zu lernen.

Dies kann nur geschehen, indem wir uns zu einer Innenschau unserer Persönlichkeit mit all unseren Kindheitsmustern und Glaubenssätzen entschließen. Denn da sitzen die Wurzeln unserer heutigen Probleme. Wenn wir das einmal durchschaut haben, stellt sich eine große Gelassenheit und Hoffnung ein, es besser werden zu lassen. Das gibt uns die Kraft, sich an einem guten Gefühl festhalten zu können und damit wirklich etwas bewegen zu können.

Aber wir müssen dranbleiben. Nur zu hoffen, dass alles einmal von alleine besser werden wird, ist ein Trugschluss. Da können wir noch so viele Kurse absolvieren, die uns inneren Frieden geben sollen, dauerhaft wird dieser Friede nicht sein. Nach anfänglicher Euphorie zeigen sich wieder alte Verhaltensmuster. Somit beginnt ein neuer, alter Kreislauf! Da hilft alles Wünschen auch nichts!

Sich in unserer Welt eine positive Einstellung zu bewahren, ist wahrlich eine Herausforderung.

Wie Prägungen unsere Persönlichkeit formen können

Meist müssen wir erst mühsam lernen, wie wir zu unserem Glück kommen können. Leider hatten die wenigsten von uns Eltern, die einem das gelehrt haben.
Oft waren unsere Eltern genauso in ihrem Unglück verstrickt und konnten dadurch keine guten Lehrer für uns sein.
Kinder übernehmen sehr oft die gleichen Verhaltensweisen der Eltern, indem sie sich diese bei ihren Eltern abschauen.
Bei Familienaufstellungen kann man erkennen, dass oft eine bestimmte Lebenseinstellung oder eine Lebenshaltung von Generation zu Generation weitergegeben wird.

Schlägt ein Mann seine Frau und haben die beiden eine Tochter, so ist es oft der Fall, dass sich diese Tochter wieder einen Schläger aussucht und deren Tochter auch wieder usw.! Natürlich nicht bewusst! Aber Verhaltensmuster werden auf einer bewussten UND unbewussten Ebene an die Kinder weitergegeben und es bedarf einer sehr reifen Persönlichkeitsstruktur, ein Weitergeben negativer Anschauungen oder negativer Verhaltensweisen an seine Nachkommen zu unterbinden.
Und das geht am allerbesten, indem wir alte Verhaltensweisen unserer Eltern und Großeltern erst einmal erkennen und lernen, sie bei uns selbst mit einem neuen Verhalten zu unterbrechen, um damit eine gesündere Ausgangsposition zu erschaffen. Auch wäre es wichtig zu sehen, welche Werte wir übernommen haben. Wie wir bereits gesehen haben, sind eigene Werte sehr wichtig. Um uns angenommen zu fühlen, lernen wir sehr früh, uns einer Fremdbestimmung von Werten zu unterwerfen. Können wir diese Wiederholung von Fremdwerten unterbinden, indem wir uns eigene Werte erlauben, erarbeiten wir nicht nur für uns eine bessere Lebensstruktur, sondern auch gleichzeitig für unsere Kinder. Damit setzen wir positive Impulse für eine Verbesserung der Welt und deren Zukunft!

Wir sollten anfangen, an uns zu glauben und uns die Freiheit erlauben, nicht mehr geduckt durchs Leben zu schleichen und auf Almosen des Universums zu hoffen.

Entscheiden wir uns für ein selbstbestimmtes Leben indem wir unsere Prägungen erkennen und alte Glaubenssätze umwandeln in Sätze, die uns ein kraftvolles Handeln erlauben. Wir sollten uns immer wieder bewusst machen, dass Liebe und Glück allgegenwärtig sind. Wir dürfen nur lernen, dies wahrzunehmen. Es gibt genug für alle. Auch für uns! Egal aus welchem Milieu wir kommen! Wir sind verantwortlich und können überprüfen, ob alte Verhaltensweisen das Erwünschte bringen oder nicht.
Halten wir uns doch an die geistigen Gesetze und machen wir die Probe aufs Exempel.

Vorgeburtliche Prägung

Zeugung
Schwangerschaft
Geburt

Innere Prägung

Gene
Anlagen
Stärken
Schwächen
Ausrichtungen

Eigene Prägung

Eigene Erfahrungen
Konditionierung

Äußere Prägung

Eltern
Kindergarten/Schule
Freunde
Gesellschaft
Unser Milieu
Religion
Zeitepoche

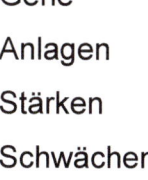

● : Positives
▲ : Negatives

Positive Prägung   und   Negative Prägung

Positive Prägung	Negative Prägung
Ich liebe dich	Du bis schlecht
Du bist toll	Die Welt ist böse
Du kannst alles erreichen	Du kannst nichts
Glaube an dich, die Welt	Du bist mir gleichgültig
Und Möglichkeiten	Du bist dumm
Denke positiv	Es keine tollen Möglich-
Du bist mir wichtig	keiten für dich
Es gibt immer einen Weg	Du bist böse
Du bis ein wertvoller Mensch	Du bist nichts wert
Lebe deine eigenen Werte	Du kannst dich nicht durch-
Lebe deinen Traum	setzen
Habe Vertrauen und Mitgefühl	Geld haben ist schlecht
Genieße dein Leben	Das Leben ist schwer
Geld haben ist schön	Vertraue niemanden
Das Leben ist ein Spiel	Es gibt kein Glück
Strebe das Glück an	Die Menschen sind alle
Trage Verantwortung	schlecht
Zeige und lebe dich	

Unsere Persönlichkeit
reift mit dieser Prägung
→ eine Brille entsteht

Positive Prägung und negative Prägung

Positive Prägung ↓	negative Prägung ↓
Selbstliebe	Ängste
Vertrauen zu sich und der Welt Hoffnung	Selbstzweifel
	Schuldgefühle
positive Einstellung	Misstrauen
Kritikfähigkeit	Mangeldenken
Gleichberechtigungsstreben	Selbstverleugnung
handlungsfähig	negative Einstellung
Flexibel	kein Vertrauen zu sich und der Welt
Selbstachtung	Verurteilung
eigenmächtig	handlungsunfähig
Selbstverantwortung tragen	Selbstverurteilung
Selbständigkeit	Hoffnungslosigkeit schnellere Resignation

Weltenspiegel

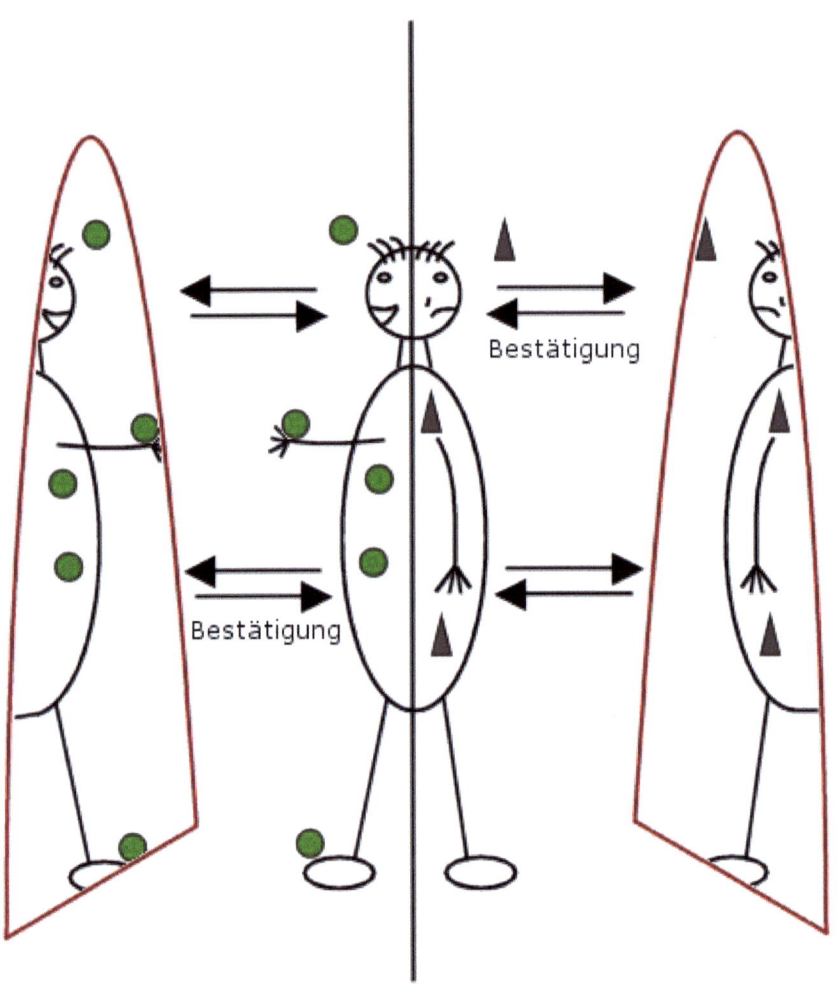

Unsere äußere Ausrichtung

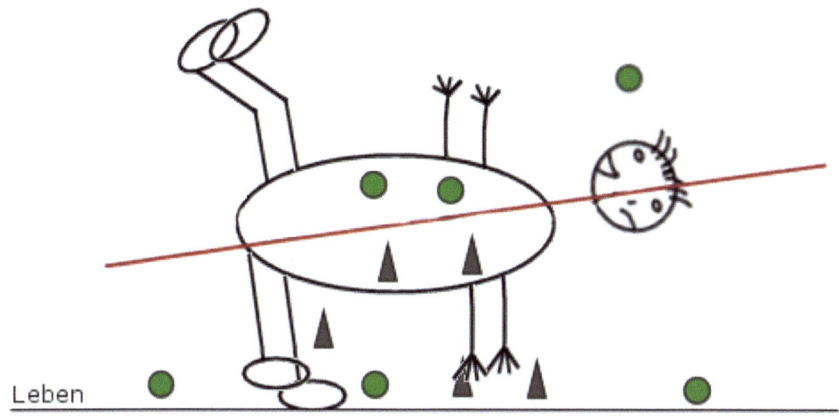

richtet sich

nach unserer inneren Ausrichtung

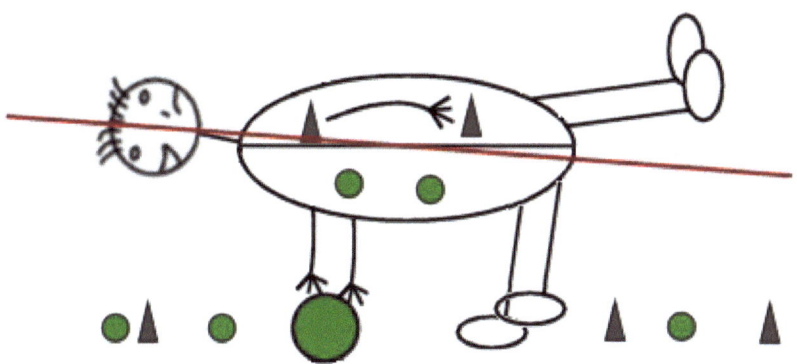

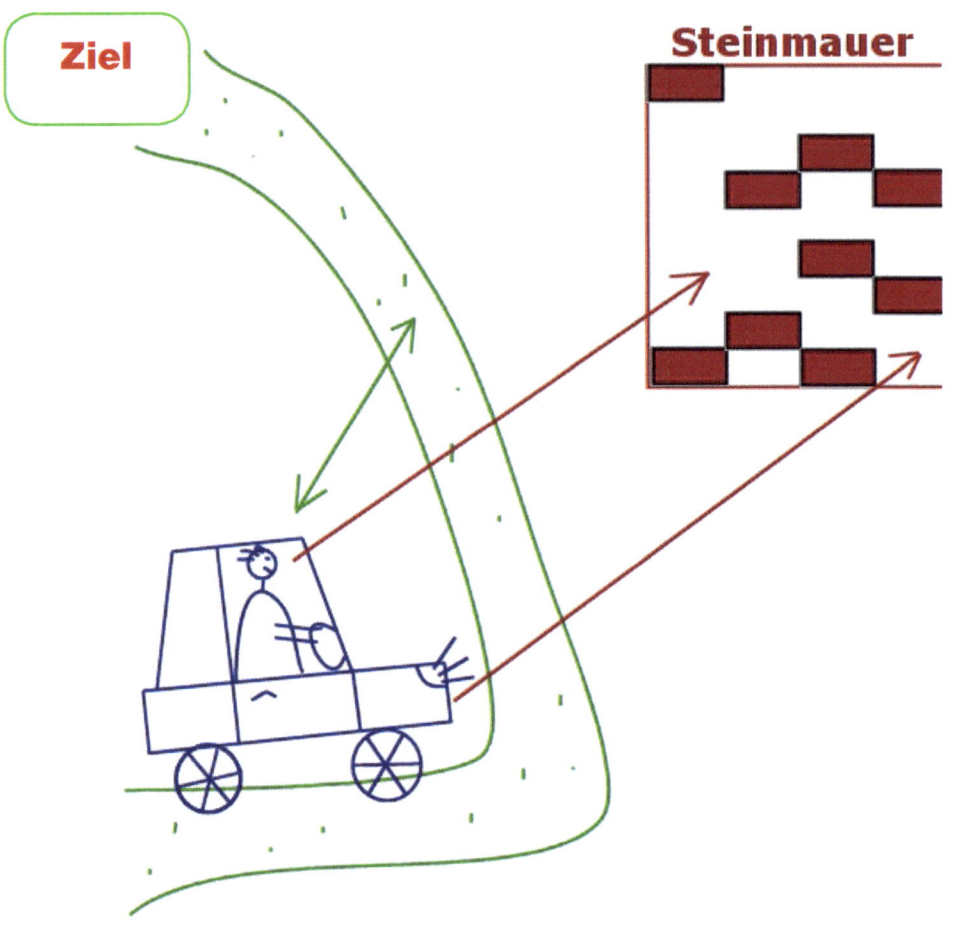

- Neg. Prägung (Mauer) erkennen

- Neg. Prägungen umwandeln in positive (Straßenverlauf)

- Neues, kraftvolles Handeln (Straße)

- Ausrichtung immer auf das Ziel richten, niemals auf das Hindernis

Wie Prägungen unsere Partnerwahl beeinflussen können

Sehr wichtig und unglaublich interessant ist es auch, wenn wir anhand unserer Prägungen sehen können, warum wir genau DIESEN Partner angezogen haben.
Diese meist unbewussten Prägungen entscheiden fast ganz alleine, welchen Partner wir anziehen. Unbewusst ziehen wir einen Partner an, mit dem wir sehr viel lernen können. Egal, ob dieser nun ebenfalls an seinem Wachstum interessiert ist oder nicht.

Wenn wir es jedoch nicht hinterfragen wollen, weil wir die Schuld lieber unserem Partner zuschieben wollen, wenn die Partnerschaft nicht funktioniert, müssen wir höchstwahrscheinlich unsere Ansprüche an eine gut funktionierende und liebevolle Partnerschaft entweder aufgeben, oder wir wechseln einfach den Partner, weil wir meinen, der Nächste könnte besser passen. Oft wundern wir uns im Nachhinein, dass wir uns schon wieder fast denselben Partner ausgesucht haben.

Bewusst steuern wir vielleicht auf einen lieben und tollen Partner zu, aber irgendwie will es dann meist nicht »funken«. Wir können mit ihm nicht wirklich in Resonanz gehen! Unser Unterbewusstes weiß anscheinend besser, welcher Partner zu uns passt und lässt uns einen schwierigen Partner wählen. Je nachdem, wie wir in Kinderjahren Partnerschaften erlebt haben und wie sehr wir uns wirklich geliebt fühlten.
Ich selbst kann das nur bestätigen. Ich hatte ganz tolle Männer kennengelernt, die einfach wunderbar waren. Diese haben mich, obwohl ich mir das immer gewünscht hatte, nicht wirklich interessiert. Viel lieber griff ich nach den ganz problematischen und schwierigen, bindungsunfähigen Männern. Manchmal warnten mich meine Freunde schon: »Sabine, spinnst du! Der passt doch überhaupt nicht zu dir!«.
Aber ich wusste es ja besser! Ich gab mir die größte Mühe, dass mich

gerade dieser unpassende Partner endlich registrierte und sich für mich interessierte.
Es passte genau zu meiner Prägung: »Du musst dir die allergrößte Mühe geben, damit ich dich mag! Ich bin aber auch dann nicht wirklich an dir interessiert!«
So können wir erahnen wo es lang geht, wenn wir uns unserer Prägungen nicht bewusst werden. Ein endloser Weg mit immer denselben »falschen« Partnern und viel Leid und viel Schmerz!
Wobei uns natürlich klar ist, das es genau der Partner ist, der zu uns passt. Zu unseren Prägungen!

Damit sind wir mit unseren absoluten Schwachstellen konfrontiert. Wir dürfen lernen, aus diesen Prägungen auszusteigen. Sie abzustreifen!
Und da fangen meist die Schwierigkeiten an, weil wir gar nicht wissen, was wir lernen sollten oder dass wir überhaupt etwas lernen sollten, damit es uns besser geht. Wir kommen von alleine gar nicht auf die Idee, dass Partnerwahl irgendetwas mit unserer Prägung und unseren Schwachstellen zu tun haben könnte.
Leider ist es noch nicht an der Zeit dies in jungen Jahren, vielleicht in der Schule, zumindest von den Eltern, zu erlernen. Aber wir kommen dem zumindest näher!

Meine Töchter sagen mir oft: »Ja Mama, wenn du mir das nicht so genau erklären würdest, würde ich ja immer den gleichen Fehler machen und mich wundern, dass nichts besser wird! So habe ich jedoch große Möglichkeiten, mein Fehlverhalten oder meine Ängste zu durchschauen und mich ihnen zu stellen!«.

Ja, so könnte man es sehen!
Auf den folgenden Seiten sehen Sie, wie sich Bettina und Hans mit ihren unbewussten Prägungen finden, wohin diese Beziehung führen kann und was aber auch möglich wäre, wenn sie lernen würden sich anzuschauen.
Wir können wählen!

Die Fesseln unserer Kindheit sprengen!

Bettina

innere Prägung
gutgläubig, naiv
liebes Wesen, harmoniebedürftig
Trotz
Kampfgeist
großer Gerechtigkeitssinn
durchsetzungsschwach

Äußere Prägung

- machtvoller Vater,
  hilflose Mutter,
  streitende Eltern,
  grober Umgangston (Streit),
  Hassliebe der Eltern,
  Mutter hält nicht zur
  Tochter

- Ablehnung,
  Unterdrückung,
  Gleichgültigkeit und
  Interesselosigkeit
  von Seiten der Eltern
  ↓
  eigene Wertlosigkeit
  bildet sich

- Trauma: 1 Jahr im KH
  Missbrauch

- Mutter streng religiös,
  dadurch sehr verurteilend
  auf das „Du" gerichtet
  ↓
  Abhängigkeit wird gefördert

Hans

innere Prägung
gutgläubig, sensibel
umgänglich, harmoniebedürftig
Trotz
Kampfgeist
großer Gerechtigkeitssinn
durchsetzungsstark

Äußere Prägung

- machtvoller Vater,
  hilflose Mutter,
  Vater unterstreicht seine
  Macht durch Schreien und
  Schlagen,
  Mutter hält zum Sohn

- Ablehnung,
  Unterdrückung,
  Zurechtweisung und
  Demütigung
  von Seiten des Vaters
  ↓
  Widerstand bildet sich

- Trauma: Todeserfahrungen

- Mutter liebevoll aber
  machtlos
  ↓
  Unabhängigkeit wird gefördert

Ziel von Bettina:	Ziel von Hans:
Sich endlich geliebt und angenommen fühlen	Sich endlich geliebt, wichtig und wertgeschätzt fühlen

Entwicklungsverhalten

- traut sich keine eigene Macht zu - lässt sich manipulieren, unterdrücken, über sich bestimmen und sich wertlos behandeln - keinen gesunden Selbstwert (sucht Bestätigung im Außen) - kennt ihre Lebensrechte nicht - ist harmoniesüchtig, macht sich lieber kleiner um Partner zu zeigen: von mir geht keine Gefahr aus! (Bitte bleib bei mir – Verlustangst) - hinterfragt sich zuviel (Mutter)	- verlässt sich nur noch auf seine eigene Urteilskraft - kann nicht mit Kritik umgehen (Angriff Vater) - ignoriert Gefühle, Bedürfnisse seines Partners - zieht sich bei Enttäuschungen lange zurück - will keine eigenen Schwächen sehen (Unterlegen sein) - will edel und gut sein, und macht sich daher größer als er ist (Schuldzuweisung) - hinterfragt sich zu wenig bis gar nicht (wie sein Vater) - provoziert (ich bin stark)

Bettina lernt:

Sich unterdrücken lassen
Ohnmacht (Mutter)
kleines Ego
abhängig sein
aufs „Du" gerichtet

Hans lernt:

andere unterdrücken und provozieren
Macht haben (Vater), ist toll
großes Ego
unabhängig sein

Pseudopartnerschaft
und
Wiederholung der Elternehe

Wenn zwei Prägungen sich treffen!
- Du bis nichts wert! -

Bettina		und		Hans

→
Opferhaltung,
schwaches Ego

→
Täterhaltung
starkes Egeo

will reden und klären ←→ Wenn mir alles gleichgültig ist, kann mich niemand verletzen

ewiges hoffen und warten ←→ Ich brauche nichts, also habe ich kein Manko
Egoismus macht mich stark und unabhängig

bitten oder anklagen ←→ Ich will machen was ich will, ich will meine Ruhe haben

erwarten ←→ Kritik ist ein Angriff auf mich
(Druck machen) (Schweigen, Rückzug, Angriff)

schimpfen ←→ Einen Fehler einzugestehen bedeutet,
jammern ich mache mich klein

verletzen ←→ Andere sind mir egal
abwerten Jeder muss auf sich selbst schauen

resignieren ←→ Ich lass mich auf dich nur halb ein.
ablehnen Ich will nur das Angenehme
verweigern Ich möchte keine Verantwortung für
Ein gutes Miteinander tragen

Bettina setzt Hans zeigt
keine Konsequenzen keine Lernbereitschaft

Verliebtheitsphase

Bettina gibt sich:

selbstsicher und stark

unabhängig

flirtet mit anderen

redegewandt

manchmal abweisend

willkürlich

vertritt sich

Nach Verliebtheitsphase

Rückfall in altes, erlerntes Verhalten

__Verliebtheitsphase__

Hans gibt sich:

verbindlich

unsicher

lernbereit

Liebesbeteuerungen

will Bettina überall mitnehmen

einsichtig

schaut keine anderen Frauen mehr an

will ein Miteinander

__Nach Verliebtheitsphase__

Rückfall in altes, erlerntes Verhalten

Eventuelles Schicksal

<u>Bettina</u>

eigeschränkte
MÖGLICHKEITEN

<u>Hans</u>

eingeschränkte
MÖGLICHKEITEN

Dauerunzufriedenheit

Glücklosigkeit

Depression

negatives Lebensgefühl

Krankheit

Ängste

Abhängigkeit

Ewige Suche nach Liebe

Einsamkeit

Verlust von innigen

emotional tragenden Freund-

schaften oder Partnern,

Verantwortung kommt in

negativer Form (z.B.

uneheliches Kind)

langjährige Verträge,

sich um andere kümmern

müssen (Eltern, Geschwister

oder Tiere)

Krankheit

Keine nährenden

emotionalen Bindungen

Neuer Start   Bettina

Neue Prägung aufbauen ←	Alte Prägung
Selbstannahme	Ablehnung, Gleichgültigkeit
Selbstbestimmung	Fremdbestimmung

Entscheidung Abschied vom alten Muster

Aufgabe
- Erkennen meiner Prägung
- Eigene Verantwortung übernehmen
- Eigene Strukturen und Werte erarbeiten
- Eigene Macht ergreifen
- Eigene Freiheit leben
- Grenzen setzen
- Konsequent sein

Ich bestimme was gemacht wird und wie du sein sollst.
Du bis von mir abhängig.
Ich brauche dich nicht, aber du mich.
Nur wenn du brav bist, liebe ich dich (vielleicht).

↓

Erlernen von Hilflosigkeit und Abhängigkeiten

Herausforderung

Traue mich → noch nicht

WIEDERHOLUNG

- Fühle mich ohne die Zustimmung meines Partners ein bisschen haltlos, ziellos und unsicher
- Traue mir keine eigene Lebensstruktur zu, die mich halten und festigen könnte
- Muss mich abnabeln von elterlichen/partnerschaftlichem Halt und Führung

Alte Suche nach Halt, Liebe und Sicherheit

↓

alte elterliche/partnerschaftliche Lebenserlaubnis

↓

WIEDERHOLUNG des ALTEN

↓

LERNEN
ENTWICKELN   ←   erneute
NEUES BEWUSSTSEIN   Entscheidung
NEUES HANDELN

Ziel erreicht
Glückliches, authentisches Leben, da
Starke, charismatische Ausstrahlung
Gleichberechtigte Partnerschaft

Neuer Start   Hans

Neue Prägung aufbauen ←		Alte Prägung
Kontinuierliches Miteinander Verantwortung für sich und Partnerschaft	*Entscheidung Abschied vom alten Muster*	Ablehnung, Verurteilung Fremdbestimmung ↓ Du taugst nichts Du bis nichts wert

Aufgabe ↓
- Erkennen seiner Prägung
- Verantwortung für das Gelingen einer guten Beziehung tragen
- Kompromisse eingehen
- Interesse am Partner zeigen
- Kritikfähigkeit
- Sich hinterfragen
- lernen

Du musst es so machen, wie ich es will
Vater schreit und schlägt viel
Vater unterdrückt Mutter
↓
Aufbau von Abwehrhaltung, Kritikunfähigkeit, Rückzug, selbstbezogen (alleine fahr ich besser)
Alleingänge, Flirten, sich unverwundbar zeigen

↓

Herausforderung   *Traue mich
→
noch nicht*   WIEDERHOLUNG

Angst, nichts wert zu sein
Angst, Partner bestimmt über ihn
Angst vor seelischem Schmerz
Angst, nicht wichtig zu sein
Angst vor Konkurrenz
Angst vor eigener Eifersucht
Angst, vereinnahmt zu werden
Angst, sein Eigenleben zu verlieren

Alte Suche nach Freiheit, Ungebundenheit und Unverwundbarkeit
↓
alte kindliche Abwehrhaltung
↓
WIEDERHOLUNG des ALTEN
↓

LERNEN
SICH ÖFFNEN   ←   erneute
NEUES BEWUSSTSEIN   Entscheidung
NEUES HANDELN

Ziel erreicht
Liebevolles Miteinander und dies genießen können, Nähe/Distanz im Einklang

Die magische Kraft unserer Glaubenssätze

Was sind denn Glaubenssätze?
Ein Glaubenssatz ist u.a. ein Gefühl der Gewissheit (ein Glaube), dass ein gewisser Sachverhalt so ist (positiv oder negativ). Eine Überzeugung festigt diese Gewissheit noch mehr.
Ein Glaubenssatz wird so aufgebaut:

Vorstellung – Glaube – Überzeugung – diese sucht die Bestätigung.

Eine flüchtige Vorstellung oder ein fester Glaube unterscheiden sich graduell dadurch, für wie »wahr« sie diesen Glauben halten.

Wie kann eine flüchtige Vorstellung zu einem festen Glauben werden?

Eine Vorstellung hat noch nicht das Gewicht eines festen Glaubens. Sie ist demnach nicht sehr sicher und kann gegebenenfalls verändert werden.

Wie wird eine Vorstellung zu einem festen Glauben mit dementsprechenden Glaubenssätzen?

Ein Beispiel:
Ich habe die Idee, ich könnte sexy auf Männer wirken. Über die Bestätigungen, welche ich erhalte (Männer pfeifen mir nach, meine Freundinnen bewundern mein sexy Aussehen und außerdem trainiere ich täglich meinen Körper, der mir auch wieder eine Bestätigung gibt), wächst meine Idee zu einer Vorstellung, dass dies so ist. Die Bestätigungen geben mir immer größere Sicherheit, dass dies tatsächlich wahr ist, bis ich es selbst glaube.
Diese Bestätigungen sind Referenzerlebnisse. Und je mehr Referenzer-

lebnisse ich erlebe, desto sicherer werde ich mir und ein Glaubenssatz beginnt zu wachsen. Dieser Glaubenssatz kann so stark werden, dass es zu einer Überzeugung wird. Und Überzeugungen sitzen sehr stark und sehr tief und können nicht so einfach umgewandelt werden.
Ein anderes Beispiel:
Eine Mutter mit vier Kindern lebt in einer unerfreulichen Ehe. Sie rackert sich ab und bemüht sich, es allen recht zu machen. Diese Situation ist aufgeladen von intensivsten Gefühlen der Trauer und Verzweiflung, weil sie von ihrem Mann nicht wirklich geliebt wird. Ihr Mann dagegen registriert sie gar nicht und geht nur seiner Arbeit und seinen Vergnügungen nach.
Da jedes Kind die Situation aus einem anderen Blickwinkel betrachtet, aufgrund unterschiedlicher Charakterzüge, Eigenschaften und Persönlichkeitsstrukturen, wird jeder ein bisschen anders geprägt. Jedes Kind nimmt die Situation anders wahr.
Nehmen wir nun an, das mittlere Kind, eine Tochter, nimmt diese Situation so wahr, dass sie zu der Meinung kommt, die Frauen müssen in der Ehe alles geben und bekommen keine Wertschätzung. Die Männer dagegen dürfen ihr Leben genießen und bleiben unabhängig und gleichgültig den Ehefrauen gegenüber. Diese frühkindliche Meinung kann sich über die Jahre hinweg, da sich in der Familie nichts wirklich verändert, festigen, so dass diese zu einem ausgewachsenen Glaubenssatz wird, der dann heißen könnte:

»Frauen müssen sich in einer Ehe aufgeben und bekommen keine Wertschätzung!«

Mit diesem Glaubenssatz geht dieses Mädchen in die Welt und wird erwachsen. In ihrem Kopf und Herzen fest eingebrannt, ihr Glaubenssatz.
Da diese Glaubenssätze, auch wenn sie unbewusst und nicht gesehen sind, doch wirken, werden sich ihre Handlungen in Bezug auf »Männer aussuchen und Familie leben« genau in dieser Weise bemerkbar machen. Das heißt: Unbewusst sucht sich dieses Mädchen einen starken Mann

mit vielleicht dominanten Zügen. Da sie insgeheim darauf wartet, das Gleiche zu erfahren, wie ihre Mutter und dies als wahre Realität angenommen hat, unterstützt sie unbewusst die dominierenden Grundzüge ihres Mannes, um letztendlich genau dort zu landen, wo ihre Glaubenssätze sie hingebracht haben.
»Ich werde von Männern nicht wirklich wertgeschätzt!«

Da sie in ihrer Kindheit immer wieder ihre Mutter in aussichtslosen Situationen sehen musste, können diese Bestätigungen zu Überzeugungen wachsen, die dann wie eingebrannt in ihrem Herzen sind. »Alle Männer sind egoistisch!«.

Die stärksten und solidesten Erlebnisse auf die wir zurückgreifen können, sind die, die mit sehr intensiven Gefühlen verknüpft werden.
Ein weiterer Faktor ist die Anzahl der Erlebnisse. Also die Wiederholung der Bestätigungen!
Je mehr äußere Bestätigungen eine Idee oder eine Vorstellung stützen, desto stärker sind wir von ihrer Richtigkeit überzeugt. Klar, wir haben ja jede Menge an Beweisen.
Glaubenssätze können auf Wahrheit oder Unwahrheit beruhen. Glaubenssätze können so stark werden, dass sie zu Überzeugungen werden können. Und Überzeugungen können wir nicht leicht umstoßen. Manchmal sind Überzeugungen auch unumstößlich!
Wie wichtig ein Überprüfen unserer Glaubenssätze und unserer Überzeugungen ist, zeigt wieder unsere Realität, unser Leben welches wir leben. Haben wir viele Schranken, Selbstzweifel und Selbstwertprobleme, ist es hilfreich unsere Glaubenssätze anzusehen, um diese umzupolen und eine Verbesserung zu erlangen.

Wie können wir jedoch alte, festgefahrene und negative Glaubenssätze oder gar Überzeugungen verändern?

Außer, dass wir uns dieser negativen Glaubenssätze bewusst werden, gilt es nun eine neue, positive Richtung zu wählen. Das ist gar nicht so leicht, weil sich für uns so ein neuer, positiver Glaubenssatz erst einmal unwahr anfühlt.

Ein Beispiel:
Wir haben einen Glaubenssatz, der uns immer wieder unsere Ungeschicktheit bestätigt. Der uns an uns selbst zweifeln lässt und uns damit sehr beeinträchtigt, Neues zu wagen: »Ich habe zwei linke Hände und kann nichts wirklich gut!«.
Wenn wir nun versuchen, diesen Glaubenssatz alleine umzudrehen in »ich bin der Beste«, sträubt sich höchstwahrscheinlich alles in uns.
Wir können diesen Satz nicht glauben!

Deshalb bedarf es einer immer stetigen Umprogrammierung. Die Neugestaltung sollte so gewählt werden, dass wir sie gerade noch glauben können. Z.B. »Ich kann ein Handwerk lernen und werde dadurch immer besser!«.

Aber ein Glaubenssätze, wie z.B.: »Ich bin wertlos!« muss ganz deutlich in: »Ich bin ein wertvoller Mensch!« umgewandelt werden und darf nicht abgeschwächt werden. Das ist Fakt!

Es bedarf sozusagen einer Gehirnwäsche!

Diese Gehirnwäsche können wir noch unterstützen mit dem Visualisieren, indem wir uns ein neues Bild von uns und unseren Fähigkeiten machen. Wir stellen uns vor, wie gut wir etwas schaffen können und verbinden dieses Bild mit einem positiven und erfreulichen Gefühl. Immer wieder!
Irgendwann zweifeln wir nicht mehr allzu sehr daran und wagen vielleicht wirklich eine neue Handlung. Und da wir den alten Glaubenssatz aufgedeckt haben, erkennen wir nun in unseren neuen Handlungen auch die positiven Möglichkeiten.
Gelingt uns nun eine neue positive Handlung, haben wir das erste Erlebnis, welches wir für unsere neue Prägung benötigen. Setzen wir

uns immer wieder dieser Herausforderung aus und erzielen damit neue positive Erfahrungen, kann daraus ein neuer Glaube mit neuen Glaubenssätzen geboren werden.

Umprogrammieren:

Alte Glaubenssätze ---- finden ---- in Frage stellen ---- aufbrechen und erschüttern der Glaubwürdigkeit durch Überprüfen seiner Richtigkeit----alten Glaubenssatz ablegen und neuen finden ---- kontinuierlich wiederholen (einbrennen) --- neue Handlungen ausprobieren ---- und wiederholt stärken.

Dies ist natürlich eine Prozedur, die manchmal etwas dauern kann. Genauso, wie die alten Glaubenssätze über die Zeit und Anzahl der Bestätigungen wachsen konnten, brauchen jetzt neue Glaubenssätze auch Zeit und Möglichkeiten, integriert zu werden, um Früchte zeigen zu können.

Haben wir also Geduld mit uns!

Die starke Wirkung unserer Meinungen, Glaubenssätze und Überzeugungen

Es gibt also unterschiedliche Stärken der Intensität unserer Anschauungen.

1. Meinungen
2. Glaubenssätze
3. Überzeugungen

Meinungen haben eine geringe Stärke und können uns nur wenig Sicherheit in Bezug auf das, was wir für richtig halten, geben. Sie können leichter ins Wanken geraten und haben auch nicht allzu viele Bestätigungen von außen erfahren. Wir sind schneller bereit, unsere Meinungen zu ändern.

Der Glaube ist ein Gefühl und die absolute innere Gewissheit, dass etwas so ist. Beim Glauben haben wir noch die Bereitschaft, anderen Menschen ihren Glauben zu lassen und können uns abgrenzen. Wir lassen sogar die Möglichkeit zu, unseren Glauben zu revidieren und in völlig neue Richtungen zu gehen.

Bei Überzeugungen dulden wir kein »in Frage stellen«. Wir sind wie festgefahren und lassen keine Veränderung zu. Dies kann sich zu einem ausgeprägten Fanatismus ausweiten.

Schauen Sie selbst, wo Sie stehen!

Ein Blick zu unseren Metaphern

Was uns noch prägen kann sind unsere Metaphern.
Eine Metapher können wir mit sprachlichen Bildern vergleichen. Wenn wir einen Begriff mit einem Vergleich erklären. Diese Metaphern gehen mit noch größerer Bedeutung und intensiveren Gefühlen einher. Sie zeigen eine klar abgesteckte Bedeutung.

Zum Beispiel:

Ich könnte aus der Haut fahren.
Mein Hals war wie zugeschnürt.
Mit platzt gleich der Kragen.
Ich schwebe wie auf Wolken.
Der hat mir das Kraut ausgeschüttet.
Ein Hans Dampf in allen Gassen.
Das Leben ist ein Jammertal.
Fit wie ein Turnschuh.
Mir ist kotzübel.
Die Tränen flossen in Strömen.
Der ist ein Hans-guck-in-die Luft.
Sich vor Lachen in die Hose machen.
In einer Sackgasse landen.
Ich strample mich ab.
Kein Land mehr sehen. …….. usw.

Anhand dieser Beispiele sehen wir genau, was dahinter steht und was gemeint ist.
Menschen denken und sprechen sehr oft in Bildern.
Bei diesen Metaphern werden sofort gewisse Gefühle mit gewissen Situationen assoziiert. Es ist ein bildlicher Vergleich einer Bedeutung.

Zum Beispiel:

Wenn wir mit einer gewissen Arbeit nicht mehr weiter kommen!

Wie heißt da unsere Metapher?

Ich kann mir meinen Kopf zermartern wie ich will.
Ich stehe vor einem riesigen Berg.
Vor mir ist eine unsichtbare Mauer, die ich nicht überwinden kann.
Mein Kopf ist ganz leer.

Wie können wir diese negativen Bestätigungen umwandeln?

Ich bekomme schon noch einen klaren Kopf.
Den Berg bezwinge ich auch noch.
Ich stehe kurz vor meinem Durchbruch.

Diese wären bestimmt förderlicher, da sie uns positive Tendenzen aufzeigen.

Metaphern unterstützen unsere Glaubenssätze durch die Bildersprache zusätzlich.

Zusammenspiel von Metapher und Glaubenssatz:

Metapher:
Das Leben ist eine Last
Mir zerreißt es das Herz
Mir zerrinnt die Zeit zwischen den Fingern

Glaubenssatz:
Ich habe es schwer
Ich habe zu großes Mitgefühl

Ich kann schlecht mit Zeit umgehen

Welche Bezeichnungen in Form einer Metapher haben wir in Bezug auf unsere Partner, Kinder oder Arbeit?

Partner:
mein/e Alte/r
mein/e Süße/er
meine bessere Hälfte
mein Engel
mein Drache
mein Schatten
mein Schatz …….. usw.

Kinder:
meine Süßen
mein Schlingel
mein Heiligtum
meine Nervensägen
meine Rabauken
meine Lieben
meine Plagegeister
meine Fratzen ……. usw.

Arbeit:
meine Arbeit
meine Spielwiese
meine Höhle der Löwen
mein Dienst
mein Knochenjob
mein Alles
meine Erfüllung
mein Job ……. usw.

Das Leben:
ist ein Spiel
ist ein Abenteuer
ein Geschenk
ein Fluch
eine Belastung
ein Kampf
eine Freude
eine Herausforderung…..usw.

Welche von Ihren Metaphern sollte verändert werden?
Wir wissen ja, das, was wir im Kopf haben, speist unsere Gefühle und unsere Handlungen und lässt uns dies schlussendlich auch erleben. Bereiten wir also einen positiven Boden für positive Erscheinungen. Und denken Sie daran, dass durch unsere Bildersprache ganz besonders unser Unterbewusstsein reagiert. Denn unser Unterbewusstsein spricht hauptsächlich in der Bilder – und Gefühlssprache. Das bedeutet, wenn wir zu lasch mit unseren negativen Metaphern umgehen oder sie sogar lustig finden, wird unser Unterbewusstsein uns die Realität schon noch zeigen.

Der Alte wird zum Alten….
Die Schratzen werden zu Schratzen….
Die Nervensäge bleibt eine Nervensäge und legt noch zu ….
Der Kampf des Lebens wird bleiben….

Die zwei entscheidenden Lebensströme

Die Macht unserer Wahl

Der alter Philosoph Prentice Mulford erklärte es vor vielen Jahren sehr eindrucksvoll folgendermaßen:
Kurz und bündig: Es gibt auf unserer Erde zwei Lebensströme. Einen Positiven und einen Negativen, dem wir uns zuwenden können.

Dies möchte ich näher erklären:

Wir dürfen uns in der Mitte dieser zwei Lebensströme sehen. In dieser neutralen Mitte können wir selbständig unsere Entscheidungen treffen, wo wir uns hinbewegen wollen oder wie wir die Welt sehen möchten. Wenn wir unsere Welt anschauen, sehen wir, dass sich die meisten Menschen mit dem negativen Strom beschäftigen: Unzufriedenheit, Gleichgültigkeit, Lieblosigkeit, Arbeitslosigkeit, Vergewaltigungen, Straftaten aller Art, Misshandlungen, Gewalttaten, Zerstörung und Kriege. Zugegeben, es gibt sie!

Aber es gibt auch die andere Seite, den anderen Strom.
Doch dieses positive Sehen und Denken auf Dauer, ist den Menschen meist zu anstrengend. Warum, können wir uns fragen?
Ich denke, das kommt daher, dass eine positive Einstellung beinhaltet, dass wir uns anstrengen müssen, um eine Veränderung herbeizuschaffen. Und dieses Verändern liegt nur in unserer eigenen Kraft. Wir stoßen an unsere Eigenverantwortung, bei der es manchmal auch darum geht, durch viel Fleiß, Mühen, Hoffnung und Mut, etwas zum Guten bewegen zu können. Und dafür benötigen wir Disziplin, Disziplin und nochmals Disziplin! Denn, wir müssen Tag für Tag aufpassen, dass wir

uns nicht doch in den negativen Strom fallen lassen, der uns dann nicht mehr hergeben möchte.
Und, wir dürfen lernen, einen unerschütterlichen Willen zu entwickeln, der uns eine positive Grundhaltung gewähren kann. Das dürfte die größte Herausforderung für uns bedeuten!

Da unsere Bevölkerung einem Massenbewusstsein unterliegt, welches leider hauptsächlich negativ ist (siehe Tageszeitung, Meinungen oder unser Fernsehprogramm), ist es natürlich sehr anstrengend, sich davon loszureißen und andere Wege zu gehen. Wir müssen gegen den allgemeinen Strom schwimmen. Plötzlich befindet man sich alleine auf weiter Flur. Denn, sich wirklich auf Positives einzulassen bedeutet, trotzdem weiter zu machen, auch wenn die ersten Ergebnisse (mit unserer positiven Einstellung) noch nicht dementsprechend gut ausfallen.
Die allermeisten Menschen halten es jedoch nicht aus, sich mit schlechten Ergebnissen oder Misserfolgen auseinanderzusetzen, um dann erneut und immer noch positiv wieder an den Start zu gehen. Ein Misserfolg kratzt zu sehr am Ego und sie fangen an, sich schlecht und dumm zu fühlen. Haben sie doch dann einen scheinbaren Beweis für ihr Nichtkönnen! Auch spielt die Angst nicht gut genug zu sein, eine große Rolle. Deshalb werden die Ziele auch nicht zu hoch gesteckt. »Es klappt ja sowieso nicht!«.

Im Massenbewusstsein dagegen haben wir keine große Verantwortung, da uns alles fest vorgeschrieben wird. Hier ist auch kein Eigendünkel erwünscht. Niemand sollte aus der Reihe tanzen. Alles soll überschaubar und damit kontrollierbar sein.
Wo würden wir da hinkommen, wenn jeder machen würde, was er wollte. Oder wenn jeder Mut, einen großen Willen und eine ungebrochene Selbstliebe hätte und sich durch nichts erschüttern ließe?

Nein, in den Massengedanken, in der Massenhaltung und in den Massenregeln scheint für uns das Leben sicherer. Schließlich machen Herr X und Frau Y das auch so!

So ecken wir nirgendwo an und fallen nicht unangenehm auf. Und noch besser, wir brauchen uns gar keine Gedanken um irgendwelche Verbesserungen zu machen. Uns sind ja quasi die Hände gebunden!

Einige von uns sind überzeugt, dass sie sich zwar wirklich sehr anstrengen könnten, wenn sie das wollten und auch etwas zum Besseren beitragen könnten, aber was würde das für einen Sinn machen? Überlassen wir das lieber den Anderen! Somit tragen wir auch keine Schuld, wenn irgendetwas misslingt oder in den Sand gesetzt wird. Wir haben zwar von Anfang an gewusst, dass es falsch war, aber uns hat ja niemand gefragt! Wenn es nach uns gegangen wäre, hätten wir einen besseren Ausgang herbei gezaubert. Natürlich!

Wenn wir uns so umhören, wie unglaublich gescheit so manche Mitbürger sind, können wir uns oft nur noch wundern, dass sie den Weg in die Politik nicht gefunden haben.

Meist sind es Phrasen in Bierlaune, um sich endlich einmal toll und wichtig zu fühlen. Es kann ja schließlich keiner überprüfen! Also wird der Mund groß auf gemacht! Wir wollen uns schöner, größer und genialer machen, weil wir in Wirklichkeit unter unserer Mittelmäßigkeit und unseren Minderwertigkeitsgefühlen leiden. Leider sind die meisten von uns nur oft zu bequem oder trauen sich nichts zu, um in die Hände zu spucken und sich anzustrengen, damit positive Veränderungen erreicht werden können.
Wir haben gelernt, bequem auf dem Samtsofa vor dem Fernseher zu sitzen und uns Krimis, Liebesfilme oder Abenteuerfilme anzusehen, damit unser Leben wenigstens ein bisschen spannender oder liebvoller wird. In Wirklichkeit sind wir weit davon entfernt, so etwas zu erleben. Dies würde uns Kraft, Anstrengung und Mut abverlangen.
Und woher nehmen, wenn nicht stehlen?
Und da die meisten so denken, fühlen wir uns in unserer Passivität bestätigt.

Es wird zwar gerne geschimpft und Neid kann aufkommen, wenn es um Menschen geht, die mit eigenem Fleiß und eigenem Bemühen etwas Großes und Schönes aufgebaut haben. Selbst wollen wir aber diese Anstrengungen nicht nachahmen.
So ist der Durchschnittsbürger! Das Massenbewusstsein!

Wenn wir auf die Welt kommen, stehen wir unser Leben lang immer vor der Entscheidung: Nach oben oder nach unten!
Und natürlich ist es sehr anstrengend, dem Massenbewusstsein zu begegnen und sich trotzdem anders zu entscheiden. Auch wenn 80% der Menschheit an einen Weltuntergang glaubt, kann es wie eine Befreiung sein, wenn wir unsere gegenteilige Meinung trotzdem vertreten können.
Wir sollten lernen, wieder an das Gute zu glauben!

Richten wir unser Augenmerk auf das Gute und Schöne! Geben wir ihm damit Energie.
Und diese schönen Dingen, denen wir Energie geben, lassen wir dadurch wachsen und geben ihnen Raum, damit sie vielleicht auch von vielen anderen Menschen gesehen werden können und sich diese wiederum an Schönem erfreuen können.
So kommt eine positive Energieschleife zustande, die groß und größer werden kann.
Wir reichen die wunderbare Schöpfung, die Liebe und das Vertrauen zu Gott und zu uns selbst, wie einen mit Wein gefüllten Kelch an unseren nächsten Mitmenschen weiter. Bis alle trunken sind von Inspiration, Ausgewogenheit, Liebe, Vertrauen und Glück!

Ein Paradies auf unserer polaren Erde. Gehen wir es gemeinsam an!

Gewiss, eine unserer größten Herausforderungen!

Um dieses Thema ein bisschen anschaulicher zu machen, habe ich folgende Skizze und Erklärung erstellt! Wir haben folgende Wahl:

Gott
Himmel
Positives

Positiver Lebensstrom

Zufriedenheit
Freude   Freunde
Glaube   Begeisterung   Fülle
Miteinander   Gesundheit   Geben + Nehmen
Freiheit   Vitalität   Großzügigkeit   Liebe   Hilfe
Friede   Spaß
Achtung   Wertschätzung   Vertrauen

Selbstverantwortung   Fremdbestimmung
Sich anstrengen   Laschheit
Alle Muster auflösen   Im alten bleiben
Durch Ängste gehen   Ängste nicht ansehen
                                   (Angst vor Angst)
Sich hinterfragen   Sich nicht hinterfragen
Selbstliebe   Sicht selbst nicht kennen
                                   (helle / dunkle Seiten)
Neues Dazulernen   Nicht auffallen wollen

Negatives
Teufel
Hölle

Negativer Lebensstrom

Krankheit   Krieg   Missgunst   Opfer
     Neid   Eifersucht   Verzweiflung
     Gewalt   Armut im Denken
Misstrauen   Angst   Ignoranz   Hass
Unterdrückung   Gleichgültigkeit   Egoismus

Massenbewusstsein

253

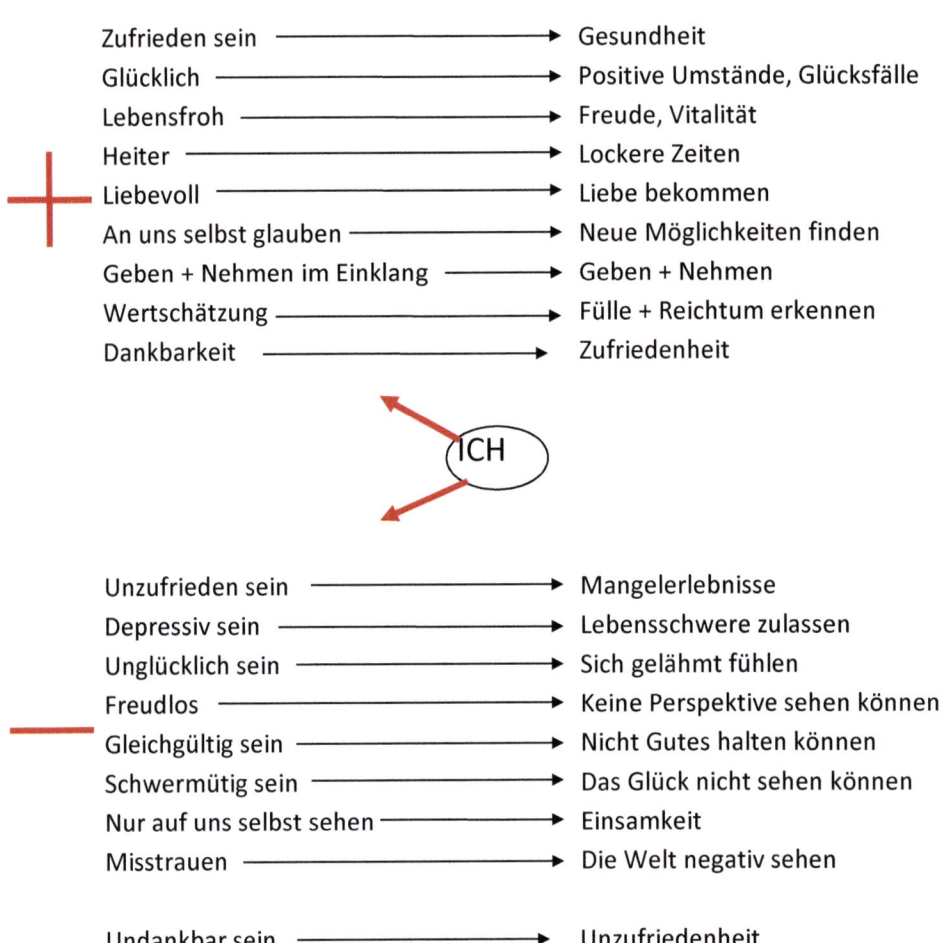

Mit unseren Kindern eine gute Beziehung aufbauen

Gerade in unserer heutigen Zeit ist es besonders wichtig, ein gutes und vertrauensvolles Verhältnis zu unseren Kindern zu haben. Unsere Kinder sind so vielen Versuchungen und Beeinflussungen ausgesetzt, dass es von Vorteil wäre, wenn sie sich über uns, die Eltern, eine größere Selbstsicherheit aufbauen könnten.
Viele Kinder entwickeln eine Pseudoselbstsicherheit, welche sie in der rauen Alltagswirklichkeit eine gewisse Sicherheit verspüren lässt. Meist ist es bei den Jugendlichen so, dass sie nicht lernen, an sich selbst zu glauben, eigene Werte zu entwickeln, sich Gedanken um ihre berufliche Laufbahn zu machen oder sich Ziele zu setzen, die zu erreichen für sie wichtig wäre. Eltern sollten sich regelmäßig mit ihren Kindern zusammensetzen und über ganz persönliche Wünsche oder Vorstellungen innerhalb der Familie sprechen.
Meist gilt es jedoch, je weniger Ansprüche jeder stellt, desto reibungsloser zieht unser schnelllebiger Alltag an us vorüber. Und wieder ist ein Tag überstanden.
Vielen Familien fehlt ganz einfach die Zeit, sich mit jedem Familienmitglied auseinander zusetzen und später wundern sie sich dann, wenn sie keinen Zugang mehr zu ihren pubertierenden Kindern haben. In diesem Alter wollen sich Kinder ausprobieren. Haben wir nicht in ihren jungen Jahren die Chancen genutzt, eine intensive Beziehung aufzubauen, klappt es später nur unter größter Anstrengung, da ein ganz neues Vertrauensverhältnis aufgebaut werden muss. Viele Jugendliche sagen mir in meiner Praxis, dass sie sich nicht wirklich in der Familie gesehen fühlen. Schon gar nicht respektiert. Und ihre Meinung sei nicht wirklich wichtig!
Bei den meisten Kindern ging es darum, dass sie das Gefühl hatten, als Person nicht wichtig genommen zu werden und dass es schlussendlich nur darum ging, parieren zu müssen. Viele haben auch das Gefühl, dass

sie nicht wirklich so sein dürfen wie sie sind, geschweige denn sich einmal ausprobieren können (Egal ob das jetzt ein verrückter Haarschnitt oder ausgeflippte Kleidung ist).
Oft sind die Eltern so viel mit sich selbst beschäftigt, dass wenigstens die Kinder folgen sollten, damit unnötiger Stress vermieden wird. Viele Eltern legen ihr Hauptaugenmerk darauf, was NICHT stimmt. Und das was stimmt, ist oft eine Selbstverständlichkeit. Schade!

Ich selbst habe zwei wunderbare Kinder, mit denen ich seit ihrer Geburt ein inniges Verhältnis habe. In unserer Familie wurde sehr viel geredet und jeder hatte die Freiheit, sich so zu zeigen, wie er als Persönlichkeit war. Mit all seinen positiven und negativen Seiten. Sie lernten von mir sehr früh mit positiver Kritik umzugehen und auch selbst diese Art von positiver Kritik anzuwenden. Für mich war es sehr wichtig, dass sie den Unterschied zwischen konstruktiver und destruktiver Kritik lernten. Wir saßen schon morgens vor der Schule zusammen, diskutierten und manchmal fragte ich sie zum Beispiel nach ihren Träumen. An Wochenenden kam es sogar sehr oft vor, dass wir morgens eine Diskussion über irgendein Thema begannen und erst bemerkten, dass es Mittag war, weil die Uhr zwölf Mal schlug. Das müssen Sie zwar nicht genauso machen, aber ein bisschen mehr Zeit und Interesse für die Eigenarten Ihrer Kinder sollten wieder aktiviert werden.
Meine kleine Tochter Elisabeth ist jetzt 28 Jahre und arbeitet als Sozialpädagogin am Jugendamt, um Familien zu helfen, sich besser zu verstehen. Sie meinte, aufgrund ihrer tollen Kindheit und meinem Einfluss auf Ihr Denken und Ihre Lebensausrichtung, möchte sie einen Teil nun an andere Menschen weitergeben. Derweilen hatte sie nicht nur eine tolle Kindheit. Einen Teil ihres Lebens habe ich bereits in meinem Buch »Grenzüberschreitungen« erzählt. Es war sicher alles andere als leicht. Als ich sie darauf hinwies, meinte sie: »Ach Mama, die damalige Situation war zwar sehr schwierig, aber dadurch, dass du trotzdem immer auf unserer Seite warst, nie an uns gezweifelt hast und uns dieses unglaubliche Verständnis gabst, dass wir gut sind, so wie wir sind, hat uns dies alles so gut überstehen lassen. Im Gegenteil, wenn ich an meine

Kindheit denke, bin ich sehr froh und glücklich. Es hätte nicht besser für uns sein können, weil DU uns immer das Gefühl von absolutem Geliebt-sein gabst. In welcher Situation wir als Kinder auch waren, was wir auch ausprobiert haben – du hast nie an uns gezweifelt. Und dass du nie bei uns an eine Schlechtigkeit, ein Schwachsein oder ein Unfertig-sein gedacht hast, sind auch wir nie auf diese Idee bei uns gekommen. Und das hat uns innerlich behütet, so dass wir nie auf die schiefe Bahn geraten konnten. Denn wenn meine eigene Mutter, egal was passierte, an meinen Mut und meine Richtigkeit glaubt und ein Vertrauen in mich setzt, mussten wir es doch auch tun?!«.
Meine große Tochter bestätigte dies. Beide meiner Mädels sind selbstständige, wohlerzogene, sehr positiv eingestellte, zielorientierte und individuelle Persönlichkeiten geworden. Mir war es sehr wichtig, sie zu authentischen Persönlichkeiten werden zu lassen. Das beinhaltet jedoch auch, ihre persönlichen Schwachstellen ebenfalls zu akzeptieren. So wie beide meine unglaubliche Vergesslichkeit akzeptieren, (das kann manchmal sehr nervig sein, vor allem wenn ich wichtige Termine, die Namen ihrer Freunde oder akute Schwierigkeiten, die sie gerade haben, vergesse), oder meine frühere unglaubliche Opferhaltung (mir fehlte einfach ein Baustein, der »sich vertreten« hieß), so akzeptiere ich dafür Felicitas Launen, die ich als ihr zugehörig empfinde. Feli ohne ihre Launen, wäre nicht Feli. (Wobei sie mittlerweile diese Launenhaftigkeit selbst nicht mehr ausstehen kann und sie sich abtrainiert hat). Und Lisa hat ein bisschen Schwierigkeiten, wenn sie sich nicht wirklich angenommen fühlt. Dann muss man sie wirklich extrem bestätigen. Aber so ist das nun einmal. Es gibt immer zwei Seiten einer Medaille. Wir schätzen es ungemein, so sein zu dürfen, wie wir sind, mit all unseren guten UND schlechten Seiten. Wir fühlen uns trotzdem geliebt und angenommen. Und wir wissen, jeder arbeitet an seinen Schwachstellen und keiner will sich irgendwie durchmogeln!

Wie nun auch Sie ein liebvolles und verständnisvolles Miteinander mit Ihren Kindern bekommen, habe ich in einem 10 – Punkte Programm ausgearbeitet. Dieses 10 – Punkteprogramm erkläre ich auch in meinem Vortrag »Wie bekomme ich ein gutes Verhältnis zu meinen Kindern?«.

Wir dürfen lernen, unseren Kindern mehr wirkliche Selbstsicherheit beizubringen, indem wir Ihnen erst einmal Vertrauen als Vorschussleistung geben.

Das 10 – Punkteprogramm

1. Punkt: »Interesse an unserem Kind zeigen«
   (fördert den Selbstwert)

Meist ist es so, das wir als Erwachsene in einer ganz anderen Welt leben, als unsere Kinder. Wir haben andere Sorgen oder Thematiken, die uns beschäftigen. Die Themen, die unsere Kinder haben, liegen längst hinter uns. Manchmal haben wir sogar Schwierigkeiten, uns in eine Situation hineinzudenken, deren Inhalt für uns nicht wichtig erscheint, da sie längst Vergangenheit ist. Unsere Kindheit ist schon lange vorüber. Manche Eltern können sich gar nicht mehr daran erinnern, dass sie auch einmal »Kind« waren.
Was geschieht denn, wenn wir ganz andere Prioritäten bezüglich dessen, was wichtig und was unwichtig für uns ist, als unsere Mitmenschen haben?
Wir lassen uns nur ungern auf Diskussionen ein, deren Sachverhalt für uns kein Gewicht hat. Das heißt, wir haben oft kein wirkliches Interesse, wenn uns unsere Kinder ihre Alltagsgeschichten erzählen. Sie sind für uns unbedeutend und meist haben wir keine Nerven für diese, uns unwichtig erscheinenden Geschichten. Gilt es doch für uns, den Alltag, mit all seinen Herausforderungen zu meistern. Wir wollen uns nicht wirklich auf den »Kinderkram« einlassen und wehren das Erzählen seitens unserer Kinder ab, fragen nicht nach oder hören nur mit einem Ohr zu.
Im Endeffekt haben wir mit unserer Abwehrhaltung zwar momentan

mehr Ruhe, aber langzeitlich gesehen kommt ein Bumerang zurück. Denn, wenn wir längere Zeit kein wirkliches Interesse an den Begebenheiten unserer Kinder zeigen, wird diese »Interesselosigkeit« später von unseren Kindern automatisch eingefordert. Das heißt, möchten wir einen späteren Einfluss auf unsere Kinder haben, weil sie in die Pubertät kommen, wird das von ihnen meist vehement abgewehrt. Dann ist es mit dem »Ratschläge geben« zu spät. Die Kinder sind es gewohnt, alles alleine mit sich auszumachen. Sie sind es gewohnt, dass sie einfach nur mitlaufen und sehen es dann natürlich nicht mehr ein, warum das anders werden sollte.
An diesem Punkt fängt oft ein interner Kleinkrieg an. Es wird dann nur noch mit Verboten und Strafe erzogen, da wir als Eltern die Meinung haben, dass wir im Recht sind.
Aber ganz so einfach ist es eben nicht.

Haben Sie sich schon mal von Ihrem Kind erzählen lassen, warum die Susi sich doch wieder irgendwo eingemischt hat oder warum sie vergessen hat, ihrer Tochter Bescheid zu geben, da sie diesmal gemeinsam zum Turnunterricht gehen wollten? Oder warum die Susi heute mehr mit der Annemarie gespielt hat, als mit Ihrer Tochter? Obwohl sie das ausgemacht haben? Oder dass Ihr Sohn sich bei Ihnen aufregt, weil sein Training jetzt statt Mittwoch auf Donnerstag verlegt wurde, er aber gerade für diesen Tag mit seinen Freunden ausgemacht hat, Frösche in einer nahe gelegenen Anlage zu fangen?
Ja vielleicht!
Haben Sie da wirkliches Interesse gezeigt und dabei auch nicht auf die Uhr geschaut, obwohl sie vielleicht gerade dabei waren, die Bügelwäsche zu sortieren und sich Gedanken zu machen, wie Sie Ihrem Mann am Abend sagen sollen, dass Sie die vielen Überstunden, die er momentan tätigt, stutzig machen?
Nicht wirklich, oder? Meist haben wir alle selbst genug um die Ohren!

Wir können nicht jahrelanges Desinteresse an ihrem »Kinderkram« zeigen und ihnen dann, wenn wir meinen es besser zu wissen, einen

Weg aufzeigen wollen. Das funktioniert meistens nicht mehr, da unsere Kinder flügge geworden sind und sie sich selbst dann noch schwerer tun, von uns etwas anzunehmen. Gerade wenn sie sich in der Pubertät befinden! Die Natur fordert dann ihr Recht. In der Pubertät geht es ja gerade um eine neue Eigenständigkeit. Also fällt es ihnen in dieser Zeit natürlich schwerer, etwas anzunehmen.

Etwas annehmen können wir alle doch nur, wenn wir die Gewissheit haben, dass es unser Gegenüber gut mit uns meint. Und diese Bestätigung, dass er es wirklich gut mit uns meint, bekommen wir, wenn wir das Gefühl haben, wir interessieren den Anderen wirklich.

Das bedeutet, wir sollten, bevor Schwierigkeiten auftreten, ein Interesse am Alltag unserer Kinder zeigen. Mit all dem für uns bedeutungslosen Pippifatz!

Fragen Sie ihre Kinder nicht nur nach der Schule. Fragen Sie sie nach ihren Freunden, nach ihren Interessen oder wie vielleicht ein Streit mit der besten Freundin ausgegangen ist. Auch wäre es von Vorteil, ab und zu nachzufragen, wie es gerade mit den Hobbys steht, der Fußballmannschaft, dem Radlausflug mit den Freunden oder der neuen Autorennbahn, die der Sohn zum Geburtstag geschenkt bekommen hat.

Ein Kind kann sich nur wichtig fühlen, wenn es Interesse an SEINEM Leben gezeigt bekommt. Nicht nur wenn es funktioniert!

Es möchte Interesse seitens seiner Eltern erleben, wie es selbst mit seinem Alltag umgeht. Wie es sich entwickelt und das Leben meistert!

Vermeiden sie es, Ihr Kind auf die Schulnoten zu reduzieren. Das ist wie ein Schlag ins Gesicht und unterstreicht eher noch einen eventuellen Ansatz von Wertlosigkeitsgefühlen. Hat es gute Noten, ist es gut. Hat es schlechte Noten, ist es schlecht. Kinder sind versucht, diese Schlussfolgerung vorzunehmen. Ein ganzheitliches Interesse an unseren Kindern wirkt zudem sehr förderlich auf einen wichtigen Entwicklungsschritt, den wir unseren Kindern nur wünschen können, um ein erfolgreiches Leben angehen zu können: Sich dem Leben öffnen zu können! Das brauchen sie, um in ihrem Leben authentisch zu sich zu stehen.

2. Punkt: »Schulische Unterstützung geben«
   (fördert die Selbstsicherheit)

Wie im vorherigen Thema kurz angeschnitten wurde, dürfen wir lernen, unsere Kinder nicht über die Schulnoten zu definieren. Da Kinder erst lernen müssen, ihren Wert zu erkennen, um damit zu sich stehen zu können und überhaupt erst auf Ziele zugehen zu können, dürfen wir ihnen zeigen, dass sie auch gut sind, wenn sie in der Schule schlechter abschneiden als gewünscht.
Natürlich dürfen wir auch hier einen Unterschied machen zwischen einem grundsätzlichem Faulsein unseres Kindes oder einer gewissen Lernschwäche und Überforderung. In unserer heutigen Zeit sind die Anforderungen in der Schule extrem hoch. Manche Themen werden in der Schule nur kurz angeschnitten, den Rest müssen die Kinder im Alleingang zuhause erlernen. Hat nun ein Kind das Pech, etwas langsam zu sein, kann es sich anstrengen wie es will, es wird immer wieder das Nachsehen haben. Das erinnert mich ein bisschen an das Skifahren für einen Ungeübten, in einer Gruppe Geübter. Die Geübten kommen ziemlich schnell unten am Lift an, wogegen der Ungeübte etliche Zeit braucht. Am Lift angekommen, warten die Geübten auf den Ungeübten und können sich dabei ein bisschen ausruhen. Das Skifahren wird ihnen damit nicht zu anstrengend. Doch wie sieht es beim Ungeübten aus? Kaum ist dieser am Lift angekommen, geht es gleich wieder nach oben und die Herausforderung des »heil unten Ankommens« tritt wieder hervor. Er hat keine Verschnaufspause und kommt damit schneller an sein Limit.
Nach diesem wunderbaren Skitag fühlen sich die Könner aufgebaut und die Nichtkönner fix und fertig.
Ich denke, so können wir es mit den schulischen Leistungen auch sehen. Heutzutage müssen sich unsere Kinder einer viel höheren Herausforderung stellen, als wir früher. Ich weiß von meiner Zeit noch, dass es genügte, wenn wir unsere Hausaufgaben schnell morgens, vor Schulbeginn, gegenseitig abschrieben. Doch heutzutage geht dies leider nicht mehr! Für jedes Fach muss unglaublich viel gebüffelt werden. Die Angst, es nicht zu schaffen, ist meist allgegenwärtig.

Als meine Jüngste ins Gymnasium ging, kam sie meist gegen zwei Uhr nach Hause und legte sich, noch mit dem Mantel angezogen und den Schulranzen auf den Schultern, auf ihr Bett und schlief augenblicklich ein.
1 1/2 Stunden später gab es für sie erst Mittagessen, da sie es früher nicht geschafft hätte. Nach dem Essen ging es für sie sofort an ihre Hausaufgaben oder ans Lernen für bevorstehende Schulaufgaben. Zweimal die Woche hatte sie zudem freiwillig noch Nachhilfestunden genommen und war gegen acht Uhr wieder total fertig und machte sich dann ans Bettgehen. Trotz aller Anstrengungen schrieb Elisabeth nur noch 5er und 6er. Sogar in den Fächern, die ihr Spaß machten und in denen sie sonst sehr gut war. Sie war einfach restlos überfordert. So verlief die ganze Woche, bis ich diesen Wahnsinn abbrach und sie, unter lautem Protest, auf die Realschule tat. Nach langen Diskussionen und viel Tränen, sah sie es aber ein und erreichte die Note 1,5 im Abschlusszeugnis. Sie nahm später den zweiten Bildungsweg, machte ihr Abitur nach und studierte dann »Soziale Arbeit«. Natürlich fand ich es anfangs auch schade, dass sie das Gymnasium nicht schaffte. Aber wenn ich ehrlich bin, kratzte es nur an meiner eigenen Eitelkeit. Ich wollte, dass meine Kinder etwas schafften, was ich nicht geschafft hatte.
Und genau dort sollten wir ganz genau hinsehen, wenn wir voller Kraft und Energie unsere Kinder antreiben, noch bessere Leistungen zu bringen. Natürlich wollen wir das Beste für unsere Kinder. Aber manchmal ist es die eigene Eitelkeit oder die eigene Angst, dass sie ihr Leben ohne höhere Schulbildung nicht schaffen könnten.
Wir können lernen, unsere Kinder anzutreiben, falls sie wirklich einfach nur faul sind. Es kann sehr hilfreich sein, wenn wir den Kindern zeigen, dass sie mit einer guten Schulbildung wirklich bessere Möglichkeiten haben, ihren Traumberuf auszuüben. Gerade in unserer heutigen Zeit wird sehr viel auf Schulbildung gegeben. Und damit steigen natürlich die Chancen einer Anstellung für eine Lehre oder weitere Ausbildungen.
Aber auch dies ist keine Garantie!
Dazu ist es wichtig, dass wir unseren Kindern vorher helfen, sich selbst

hohe Ziele zu setzen. Dass alles möglich ist, wenn sie nur den nötigen Einsatz bringen. Und diesen Einsatz sollten wir so vermitteln, als wäre es eine Selbstverständlichkeit und kein Abmühen. Wie gesagt, was das Kind auch wirklich leisten kann ohne sich permanent zu überfordern. Leider sehe ich es in meiner Praxis oft, dass die Eltern ihre Kinder über ihre errungenen Schulnoten erziehen. Sind die Kinder gut, gibt es Lob, Anerkennung und Liebe. Ist das Kind trotz großer Anstrengung schlecht in der Schule, gibt es direkt oder indirekt einen Liebesentzug. Achten wir also auf unsere eigene, manchmal unbewusste Bewertung und auf unser Handeln.

3. Punkt: »Regeln, Werte, Ziele;
Kindern ihre eigene Verantwortung lehren«
(fördert die Selbstverantwortung)

Es ist ziemlich weit verbreitet, dass die Eltern, vor allem sind es die Mütter, die diese unleidliche Aufgabe haben, mit ihren Kindern von der 1. Klasse an zusammen die Hausaufgaben machen. Sie kontrollieren, ob alles erledigt ist, der Schulranzen ordentlich aufgeräumt ist und das Kind fleißig die Aufgaben übt, die ihm gestellt werden. Sie fragen ab und sind wahrscheinlich die strengsten Kritiker, wann etwas gut ist und wann nicht. Sie tragen gar nicht selten die volle Verantwortung, die eigentlich ihr Kind lernen sollte. Unser Schulsystem, mit seinem Druck und Lernanspruch, ist nicht unschuldig daran!

Ich habe mich oft gefragt, warum ist das so?
Wir wollen, dass unser Kind es von Anfang an schafft. Wir haben wenig Vertrauen, dass unser Kind es ganz alleine schaffen kann. Ohne unsere Dauerkontrolle! Wir haben Angst, dass es zu langsam ist oder etwas nachlernen muss. Wir haben Angst, unser Kind könnte den schulischen Herausforderungen nicht standhalten und würde dann abgleiten und »ein Depp« werden (oder sein?). Wir bezweifeln damit die Möglichkeit, dass unser Kind eine eigene Disziplin und Selbstverantwortung entwi-

ckeln kann. Derweilen unterstützen wir mit unseren Zweifeln, unserer Kontrolle und unserem ganzen »Hinterhersein«, die aufkommende und wachsende Eigenverantwortung, die unser Kind ja erst lernen muss. Nein, oft lassen wir unserem Kind nicht die Zeit, diese zu entwickeln, sondern setzen es unter Zugzwang. Jetzt sofort soll es gelernt sein! Mit dieser großen Anforderung, die wir insgeheim an unsere Kinder stellen, ist oft ein kurzer, schneller Absturz schon vorprogrammiert. Das Kind lernt, keine Geduld mit sich zu haben. Es lernt nicht, dass es hinfallen darf, aber wieder aufstehen kann. Es kann kein Gefühl entwickeln, wie viel und wie lange es lernen muss, um konstruktive Erlebnisse zu erzielen. Durch zu viel Einmischen unsererseits lernt es eher eine Willkür, da es nie gelernt hat, auf sich selbst zu hören und sich selbst anzuleiten. Wir erziehen unsere Kinder zu einer gefährlichen Unmündigkeit.

Ich denke, die größere Herausforderung liegt bei uns selbst. Nämlich, dem Kind die Zeit zu geben, die es braucht und trotzdem Vertrauen zu ihm zu haben.

Hier bringe ich wieder ein Beispiel von meinen Töchtern, die ja sehr unterschiedlich sind.

Als die Große, Felicitas, in die Schule kam und mittags heimkam, setzte sie sich von selbst noch vor dem Mittagessen an den Küchentisch und erledigte ihre Hausaufgaben alleine. Sie ist mit einer unglaublichen Zähigkeit und einem großem Willen ausgestattet. Ich hatte hier also keine Probleme und ich dankte Gott dafür.

Bei meiner Jüngsten, Elisabeth, sah es ein wenig anders aus. Als sie nach dem ersten Schultag beschloss, dass die Schule blöd ist und sie nie wieder hingehen wird, sah ich schon eine Lawine von Schwierigkeiten auf mich zukommen. Sie wollte weder etwas lernen, noch ihre Hausaufgaben erledigen. Ich hütete mich davor, mich einzumischen oder ihr zu helfen. So verschob sie all ihre Aufgaben auf später, bis es Abend wurde. Sprach ich sie nun auf ihre Hausaufgaben an, schrie und tobte sie, sie wolle die blöden Hausaufgaben nicht machen. Sie war über das Ungeheuer »Schule« regelrecht entsetzt und völlig verzweifelt. Jeden Abend das gleiche Theater! Ich überlegte schon, ob ich mich jetzt einklinken sollte und sie zwingen sollte, am Nachmittag die Hausauf-

gaben zu erledigen. Aber eine innere Stimme sagte NEIN! Sie sollte ihre eigenen Erfahrungen machen dürfen, was es bedeutete, wenn sie die Aufgaben nicht machte. Oder wenn sie es wieder einmal übersah, dass sich ihr Butterbrot mit dem Hausaufgabenheft vermischte und sie dadurch doppelte Arbeit bekam, weil sie das Heft neu schreiben musste. Als das Geschrei am Abend wieder einmal sehr groß war, setzte ich ihr das Verhalten von Felicitas entgegen. Wie schön sie es doch hatte, weil sie abends keine Arbeiten mehr erledigen musste und Ruhe hatte. Ich sagte dies jedoch nicht in einem belehrenden Ton, sondern zuckte die Schultern und meinte ganz locker: »Ja, die Feli hat den Dreh raus. Der geht's vielleicht gut! Die hat den ganzen Tag frei!«
Das sagte ich einige Abende. Vielleicht waren es auch zwei Wochen! Eines Tages kam Lisa nach Hause, setzte sich an den Küchentisch und holte ihre Schulsachen hervor und erledigte ihre Hausaufgaben. Ich sagte gar nichts dazu, um ja keine Opposition hervorzurufen. Ich beobachtete sie nur still und machte drei Kreuzzeichen.
Von diesem Zeitpunkt an, erledigte Lisa ihre Hausaufgaben immer sofort nach der Schule. Sie hatte ihren inneren Schaltplan ganz eigenständig entdeckt und hatte nun auch noch ein Erfolgserlebnis. Dank meiner Geduld und meines Nichteinmischens! Aber, fragen Sie nicht nach meinen Nerven!!
Ja, ich weiß, es ist natürlich erst einmal eine Herausforderung. Aber wenn Sie diese überstanden haben, können Sie im Anschluss auch die Früchte ernten. Und die sind einfach wunderbar entspannend!

Genauso ist es wichtig, die Kinder auf anderen Gebieten ein Verantwortungsbewusstsein entwickeln zu lassen.
Ein leidliches Thema ist das Kinderzimmer. Ich weiß ja nicht, wie es Ihnen früher ging. Ich höre heute noch meine Mutter rufen: »Sabine, jetzt räum endlich dein Zimmer auf. Da sieht es ja aus wie in einem Saustall!«.
Ich fand das damals reichlich übertrieben. Schließlich lagen nur ein paar Kleidungsstücke herum, ein kleiner Teller mit Essensresten war nur kurz auf dem Boden abgestellt worden, mein Bett war nicht gemacht und

wichtige Papiere, die ich die Tage noch ordnen wollte, lagen verstreut auf dem Boden neben dem angeknabberten Pausenbutterbrot aus der Schule.

Kein Anlass zur Sorge! Ich fand das Theater von meiner Mutter völlig überzogen, sah ich doch meine Unordnung nur als eine »momentane wichtige Platzierung« an.

Ich denke, auch Ordnung will gelernt werden. Aber eine eigene Ordnung! Und das braucht eben auch seine Zeit! Manchmal ist es sehr wichtig, dass unsere Kinder so eine große Unordnung schaffen dürfen, dass sie sich irgendwann dafür schämen müssen. Meist kommt dieses Schamgefühl auf, wenn die ersten Freunde oder Freundinnen auftauchen. Da will sich doch jeder von seiner besten Seite zeigen. Dann wird das Thema Aufräumen erst aktuell.

Sie können ja ein gewisses Limit an Unordnung ausmachen. Zum Beispiel sollten keine Essensreste im Zimmer bleiben. Das ist auch einsehbar und kann verstanden werden. Wenn Sie etwas vernünftig erklären können, hört Ihr Kind den Wahrheitsgehalt heraus und ist eher bereit einzulenken.

Wie gesagt, Verantwortung muss auch erst gelernt werden. Sind wir unserem Kind ein gutes Vorbild! Aber seien wir keine Perfektionisten und erwarten wir solchen auch nicht von unseren Kindern.

Kinder lernen Eigenverantwortung nur durch ein Ausprobieren. Geben wir Ihnen die Zeit! Lassen wir los von unseren ganz persönlichen Vorstellungen, wie etwas JETZT und SOFORT sein sollte und geben wir damit unseren Kindern das Recht, eigene Vorstellungen und Werte entwickeln zu dürfen. Bis zu einem gewissen Grad, versteht sich.

Wenn Sie sich unsicher fühlen, was denn jetzt richtig oder falsch ist, überprüfen Sie es, indem Sie sich fragen, ob mit den Vorstellungen Ihrer Kinder das soziale Gefüge Ihrer Familie durcheinander kommt oder ob es nicht relevant ist.

Gewisse Hauptregeln, an die sich alle zu halten haben (auch Sie) sind absolut notwendig. Zeigen Sie Ihrem Kind, was es für Werte im Leben gibt und motivieren Sie Ihr Kind, eigene Werte für sein späteres Leben finden zu können. Damit es einmal eine Richtschnur in seinem Leben erkennen kann, wohin es gehen möchte.

Das Loslassen eigener Vorstellungen ist nicht leicht. Ich weiß!

4. Punkt: »Verantwortung klären und Konsequenzen setzen« (fördert die Selbstverantwortung)

Da eine Familie eine soziale Gemeinschaft ist, sollte natürlich auch jedes Mitglied eine gewisse häusliche Verantwortung tragen. Es kann nicht sein, dass die Hausfrauen, auch wenn sie nicht arbeiten gehen, alleine für den Haushalt verantwortlich sein sollen. Jeder sollte seinen Beitrag leisten, um auch ein Gefühl für Gemeinschaft entwickeln zu können. Wenn wir unsere Kinder lehren, dass auch sie ihren Beitrag leisten müssen, lernen sie auch hier wieder eine gewisse Verantwortung zu tragen. Vor allem bei Jungs, sehen die Mütter gerne darüber hinweg. Sind doch Jungs! Ich sage nur: »Die armen Schwiegertöchter!«. Mütter tun diesen keinen wirklichen Gefallen, wenn Sie Ihre Jungs beim Entrichten der Haushaltspflichten schonen. Das, was in der Jugend gelernt wird, wird ganz natürlich in das Erwachsenenalter mit übernommen.
So wie wir im vorherigen Kapitel gelernt haben, dass unsere Kinder eigenverantwortlich ihre Hausaufgaben tun sollten, sie andernfalls mit Konsequenzen von Seiten des Lehrers oder schlechter Noten zu rechnen haben, ist es bei anderen Verpflichtungen genauso wichtig, mit Konsequenzen rechnen zu dürfen, falls man sich nicht darum kümmert.
In Wirklichkeit ist es jedoch oft ganz anders. Da wird mit Strafen gedroht, wird geschrien, vorgehalten, erzogen und demonstrativ die Elternmacht gezeigt, aber wenn es hart auf hart kommt, sind alle Konsequenzen vergessen. » Naja, aber das nächste Mal bestimmt! Da kommst du nicht mehr so glimpflich davon!«.
Die Kinder haben schnell raus, dass »gar nie nicht« (bayerischer Ausdruck) irgendetwas folgt. Das führt dann dazu, dass wir unglaubwürdig für unsere Kinder sind. Es wird bald nur noch müde über uns gelächelt.

Aber warum machen wir das so? Warum tun wir uns so hart, wirkliche Konsequenzen aufzuzeigen und diese auch durchzuführen?

Ganz einfach! Wir wollen Frieden und Harmonie und wissen ganz genau, dass wir mit eventuellen Konsequenzen (meist heißen sie eben nicht Konsequenzen, sondern Strafen) Streit, Schreierei und Unfrieden hervorrufen. Das wollen wir auf Biegen und Brechen vermeiden! Wir reden und drohen zwar oft, tun dann aber doch nichts. Manchmal erschrecken wir über unsere eigene, angedrohte Strenge. In Wirklichkeit wollen wir ja nicht böse, sondern gut sein. Wir sind selbst meist sehr streng von unseren Eltern erzogen worden. Viele von uns sind geschlagen, ja sogar regelrecht verprügelt worden.
Wir zu Hause hatten einen Siebenstrahler. Das war ein kurzer Holzstecken mit sieben Lederstriemen daran. Der tat vielleicht weh!
Irgendwie stecken gewisse Erinnerungen noch in so manchen von uns. Wir wollen keine Gewalt mehr anwenden müssen. Deshalb befürworten wir heute mehr die friedliche Art der Erziehung. Wir tendieren oft dahin, vieles durchgehen zu lassen damit unsere Kinder ja nicht das erleben müssen, was wir erlebt haben. Doch damit laufen wir Gefahr, inkonsequent zu sein. Wir können oftmals nicht mehr unterscheiden zwischen Strafe und Konsequenzen. Das ist jedoch ein himmelweiter Unterschied. Bei einer Strafausführung ist der Empfänger immer das Opfer. So wie wir es früher waren. Üben wir Strafen aus, sind wir in einer Machtposition und damit Täter. Ein Opfer-Täterspiel ist nie gesund. Auch wenn dieses Spiel zwischen Eltern und Kind geschieht. Die Opfer, egal wie sehr wir eine Handlung erklären können, sind immer im Nachteil. Und das spüren sie natürlich, woraufhin oft das gegenseitige Vertrauen erschüttert wird. Das erahnen wir heutzutage schon, deshalb wollen wir ja unbedingt alles auf die friedliche Art und Weise erledigen. Wir wollen keinen internen Krieg, keine Ungerechtigkeiten und keine Unterdrückung mehr. Wir wollen dafür auch anerkannt werden, dass wir so gut sind. Aber eigentlich sind wir nur selbst schwach, da wir nicht die Notwendigkeit einer aufzeigenden Konsequenz sehen können. Weil wir keinen Unterschied zwischen Strafe und Konsequenz erkennen können!

Das Gegenteil ist leider allzu oft der Fall! Ist das einmal von unseren Kindern erkannt worden, dass wir nur drohen, aber zu schwach zum Handeln sind oder einfach nur »bestrafen«, werden wir nicht mehr ernst genommen. Das »auf der Nase herum tanzen« beginnt!
Wenn wir nicht lernen uns mit unseren Bedürfnissen, Regeln und Vorstellungen vom Leben ernst zu nehmen, tut es bestimmt kein anderer für uns. Kinder lernen sehr schnell. Auch das, was nicht gut ist! Wenn wir achtlos uns gegenüber sind, sind es auch leichter unsere Kinder uns gegenüber.
Deshalb sollten wir schleunigst den Unterschied zwischen Strafe und Konsequenz lernen. Was Strafe ist, wissen wir nun und eine Konsequenz ist eine Wirkung auf eine bestimmte Ursache. Sie ist viel, viel milder und kann eher akzeptiert werden. Jedes Kind sollte lernen, dass seine Ursachensetzung immer eine dementsprechende Wirkung, sprich Konsequenz, hat.
Desweiteren gab es eine Zeit, in der Eltern den Versuch machten, ihre Kinder antiautoritär zu erziehen, was ja ebenso eine Art Unfähigkeit darstellt, wie wenn wir unsere Kinder autoritär erziehen. Die meisten wussten innerlich schon, dass »Strafen« nicht förderlich für die Entwicklung unserer Kinder sind. Aber wir wurden durch diesen neuen Erziehungsstil, der gar keine Regeln und Werte vermittelte bald eines Besseren belehrt, da wir damit oft »verzogene Kinder« großzogen, was auch nicht wirklich besser war. Bei diesen Erziehungsextremen entsteht immer ein Ungleichgewicht. Besser wäre es sicherlich, Kindern Wertevermitteln zu können, die ein Gleichgewicht zwischen Selbstbestimmung Fremdbestimmung herstellen.
Wenn wir unseren Kindern vorleben, dass es nur Konsequenzen einer Handlung gibt, können sie viel eher lernen, diese Konsequenzen mit ihren eigenen Handlungen in Verbindung zu bringen. Bei Strafen sieht es ganz anders aus. Strafe empfinden wir als etwas, was uns ein anderer Mensch überstülpt, wenn wir etwas getan oder nicht getan haben. Wir können es nicht mit unserer eigenen Handlung in Verbindung bringen. Wir empfinden »Strafe« eher als Willkür, je nachdem, wer Macht über uns hat und über uns bestimmen kann. Konsequenzen jedoch werden direkt mit unseren Handlungen in Verbindung gebracht.

Z.B. wenn ein Kind einen Turm aus Bierdeckeln baut. Wenn es die Bierdeckel nicht sehr genau aufeinander legt, kracht es zusammen und es trägt die Konsequenz: »Alles nochmal machen. Aber diesmal bitte etwas genauer auftürmen!«. Das ist für jedes Kind einsichtig! Oft wird ein neuer Versuch wieder und wieder ausprobiert.
Eine Strafe wirkt dagegen ganz anders.
Ein Jugendlicher möchte sein Zimmer neu gestalten. Momentan ist er gerade begeistert von einer Musikgruppe, die wilde Musik macht und schmückt sein Zimmer mit dementsprechenden Postern. Die Mutter sieht die Bilder, hat vielleicht negative Schlagzeilen über diese Musikgruppe gelesen und verbietet ihrem Kind, diese Poster aufzuhängen. Sie hat Angst, ihr Kind könne über diese Poster negativ beeinflusst werden. Aber ihr Kind wird dies nicht verstehen können. Es wird beginnen, sich ungerecht behandelt zu fühlen, da es die mütterliche Einstellung nicht verstehen kann (es ist ja nur ein Poster). Es wird rebellieren!
Lassen Sie ihr Kind diese Erfahrung machen. Sollte es sich wirklich negativ verändern, dann setzen Sie lieber für DIESES Verhalten dementsprechende Konsequenzen.
Wir meinen oft, wir müssen unseren Kindern etwas verbieten, was ihnen vielleicht schaden könnte. In unserer Vorsicht werden wir meist zu streng und schauen mit Argusaugen auf das Tun unserer Kinder. Wir sind geneigt, unseren Kindern die Erfahrungen zu nehmen, weil wir kein Vertrauen in sie haben.
Wir meinen, das wir es besser wissen, was gut ist und was nicht.
Mit diesen Strafen lassen wir unsere Kinder nicht mündig werden. Oder wir sind zu lasch, weil wir uns nicht trauen, unsere Kinder wirklich zu erziehen, weil wir keine Ahnung haben, wie das gehen soll, da wir selbst keine Vorstellung haben, was wichtig und was unwichtig ist.

Und damit es später kein Geschrei über irgendwelche Ungerechtigkeiten gibt, ist es wichtig, gemeinsam gewisse Regeln, wer etwas wann, wie tun sollte, aufzustellen. Je klarer die Absprache, desto besser können wir den Vergesslichen daran erinnern oder selbst erinnert werden. Es ist dann eine Basis der Gerechtigkeit gegeben, die Kinder viel eher akzeptieren als aufgebürdete Willkür.

Also, sprechen wir noch ein bisschen mehr mit unseren Kindern. Auch wenn sie anfangs etwas misstrauisch sind, werden sie erleichtert sein, dass auch ihre Meinung gefragt ist und vor allem, dass sie die Möglichkeit haben, zu reagieren oder ihre Wünsche auszusprechen. Sollten sie sich trotzdem weigern, eigene Aufgaben zu übernehmen, oder sollten sie sich weigern, sich für ein wirkliches Miteinander einzusetzen, sollten sie ganz klar wissen, dass dann eben Sie alleine entscheiden werden!

Sehr schnell lernen Kinder aufgrund dieser Erziehungsmethoden, lieber mitzuentscheiden als entscheiden zu lassen.

5. Punkt »Grenzen setzen«
    (fördert die Selbstachtung und den Selbstwert)

Trotz liberaler Erziehungsmethoden ist es sehr wichtig, Grenzen zu setzen.

Um Grenzen setzen zu können, ist es erst einmal notwendig, gewisse Regeln aufzustellen. Sie sollten Ihrem Kind also einen gewissen Handlungsrahmen vorgeben. Was ist Ihnen wichtig? Was sollte unbedingt eingehalten werden? Überlegen Sie einmal in Ruhe! Nur Sie können Ihre eigenen Regeln aufspüren und festlegen. Wenn Sie keine bestimmten Vorstellungen haben, wie Sie etwas haben wollen oder wie etwas sein sollte, brauchen Sie sich nicht wundern, wenn keiner weiß, nach welchen Regeln er sich richten soll. Dann sind Sie wie ein Schiff ohne Kapitän, welches dem Wind ausgeliefert ist. Sie haben kein Steuer, welches in eine Richtung zeigt. Das heißt, auch Ihre Besatzung weiß nicht, wo sie hin soll. Die einen wollen nach rechts und die anderen nach links. Das Chaos ist perfekt. So kann es in einer Familie auch aussehen, wenn wir keine klaren Richtlinien anzeigen.

Ich habe einige Mütter kennengelernt, die sich gegen die jugendlichen Angriffe ihrer Kinder nicht wehren konnten. Da viele Kinder zu behü-

tet aufwachsen, keine Regeln einhalten müssen oder nur auf sich selbst angewiesen sind, da die Eltern für den Kleinkram ihrer Kinder kein wirkliches Interesse aufbringen können, lernen diese Kinder ihre eigenen Regeln aufzustellen und durchzusetzen. Wurde keine beständige Kommunikation zwischen Eltern und Kindern aufgebaut, ist ein gutes und einvernehmliches miteinander Wachsen schier unmöglich. Die Kinder lernen sehr früh sich abzugrenzen, weil sie sehen, dass ihre Eltern nicht oder nur im Streit in der Lage sind, auf Ihre Lebensregeln zu bestehen. Umgangsformen und ein höfliches und liebevolles Miteinander werden oft sträflich vernachlässigt. Von beiden Seiten! Werden Kinder unterdrückt, lassen sie oft ihrer eigenen Macht in Form von »frech sein« oder »pampig sein« freien Lauf. Wir Eltern stehen dann nicht selten machtlos vor unseren Kindern und schieben ihr Verhalten auf die Pubertät.
Ich glaube nicht, dass diese »Krankheit« »Pubertät« heißt. Ich denke eher, in der Pubertät werden unsere Kinder langsam stärker, lassen sich so schnell nichts mehr gefallen und gehen ihren eigenen Weg. Und wenn kein Verständnis von Seiten der Eltern da ist, dann greifen sie eben zu härteren Durchsetzungsmethoden.
Wir sollten uns sehr sicher sein, welchen Umgangston wir wünschen, welcher geduldet wird und welcher absolut indiskutabel ist. Dementsprechend sollten die Konsequenzen aussehen, wenn Grenzen überschritten werden. Aber wir müssen mit gutem Beispiel vorangehen!

Noch eine kleine Geschichte aus meinem Leben:

Ich erzog meine Kinder ja sehr frei, ohne Strafen, sondern nur mit Konsequenzen. Natürlich auch ohne Schläge! Ich wurde sehr häufig als Kind geschlagen und versprach innerlich meinen Kindern, sie niemals zu schlagen. Auch keinen Klaps auf den Po.
Meine Kinder hatten sehr viele Freiheiten. Für mich war jedoch Höflichkeit, Dankbarkeit und ein wertschätzender Umgang sehr wichtig. Diese Regeln durfte niemand überschreiten.
Eines Tages erzählte mir meine Große, die gerade neue pubertierende Freunde kennengelernt hatte, wie diese Freunde mit ihren Eltern um-

gingen. Sie hatten einen ziemlich harten Ton drauf, ließen sich absolut keine Vorschriften von ihren Eltern machen und waren schrecklich unhöflich zu ihnen. Ich wunderte mich damals, dass diese sich das alles gefallen ließen. Manche Kinder gaben ihren Eltern »Namen« (Sau, blöde Kuh, Scheißer usw.). Wir waren schockiert.

Kennen Sie das Sprichwort »Sage mir, wer deine Freunde sind und ich sage dir, wer du bist«?

Auf alle Fälle bemerkte ich ein neues Verhalten bei meiner großen Tochter. Sie wurde patziger!

Eines Tages unterhielten wir uns über Erziehungsweisen. Sie meinte, einige ihrer Freunde waren deshalb so frech zu ihren Eltern, weil sie auch öfters richtig heftige Ohrfeigen und Strafen von ihnen bekamen und manchmal total beschimpft wurden. Sie meinte: »Mama, wenn du mich jemals hauen würdest, ich würde zurückschlagen. Das würde ich mir nicht gefallen lassen!«.

Natürlich stand das auch gar nicht zu Debatte für mich.

Doch eines Tages geschah dann doch das »Unmögliche«.

Felicitas war wieder einmal super grantig. Sie kam gerade von ihren aufmüpfigen Freunden. Irgendwie imponierte ihr auch das machtvolle Gehabe ihrer Freunde.

Na, jedenfalls ärgerte ich mich über ihr unaufgeräumtes Zimmer, da ich ihr gerade neue Vorhänge gekauft hatte und natürlich ein aufgeräumtes Zimmer sehen wollte. Also versuchte ich, meine Macht auszuspielen. Ich sagte: »Also wenn dein Zimmer so unaufgeräumt bleibt, kann ich deine neuen Vorhänge wieder abhängen!«. Das war natürlich ein reines Machtspiel von mir.

Und sofort antwortete Feli oder wollte antworten: »Dann steck dir deine Vorhänge in den A….!«. Sie hatte den Satz erst bis zur Mitte ausgesprochen, da sah ich mich hochspringen und ihr eine kräftige Ohrfeige verpassen. Es war keine Reaktion, sondern eine Reflexbewegung. Ihre erste Ohrfeige, ohne dass ich es kontrollieren konnte. Wir waren beide so erschüttert, dass Feli stumm aufstand und sofort das Fernsehzimmer verließ. Wir sprachen nie mehr darüber!

Aber mit diesem Satz hatte sie meine allerhöchsten Werte missachtet und eine Grenze überschritten. Die waren und sind für mich so heilig, dass ich sie sogar instinktiv mit Feuer und Flamme vertrete. Ich habe eine ganz bestimmte Grenze, bei der es für mich um Achtung geht. Und diesen »Übertritt« konnte ich auch nicht ruhig erklären, da die Grenze schon überschritten wurde. Als ich aufstand und meine Hand hob, muss ich so furchterregend ausgesehen haben, dass Feli sogar ihre Drohung vergaß, zurückzuschlagen.
Da habe ich ein überraschendes Exempel statuiert, was passieren kann, wenn einer zu weit geht. Ich wurde von ihr nie wieder in irgendeiner Form blöd angeredet.
Natürlich plädiere ich nicht für Schläge. Das finde ich auch heute noch furchtbar. Aber mein innerster Richter konnte da kein Auge mehr zudrücken.
Damit will ich nur zeigen, wenn Sie Ihre Grenzen verteidigen wollen, machen sie es glaubwürdig, unverrückbar und klar (…und bitte ohne Schläge). Machen Sie sich glaubwürdig!

6. Punkt: » Selbst als Vorbild wirken«
   (fördert die Sicherheit)

Wie wir ja wissen, wiegen drei Gramm »Praxis« schwerer, als tausend Tonnen »Theorie«. Was heißt das nun in Bezug auf Kindererziehung? Ganz einfach! Wir wirken erst wirklich glaubwürdig, wenn wir das, was wir predigen, auch selbst leben. Nein, das ist keine Selbstverständlichkeit! Ich höre es in Familien immer wieder, wenn Kinder sich beschweren, dass sie bestimmte Dinge tun sollen, aber sich von den Erwachsenen niemand selbst dran hält. Wir erziehen also unsere Kinder oft nach einem Schema, ohne dass wir es ihnen vorleben. Das ist natürlich gar nicht gut. Kinder haben noch ganz feine Antennen und spüren sofort, wenn ein Kuhhandel im Gange ist. Wenn sich die Eltern gescheiter hinstellen, als sie es in der Realität sind! Viele Eltern wissen um ihre wichtige Stellung als Vorbild, deshalb ist es gar nicht so unüblich, dass

Eltern auf Biegen und Brechen versuchen, sich als unfehlbar hinzustellen. Sie meinen, wenn sie Fehler zugeben, wirken sie nicht mehr als Vorbild. Das ist jedoch absolut falsch. Gerade wenn wir unseren Kindern zeigen, dass »Fehler machen« normal und menschlich ist, lernen sie, sich selbst zu ihren eigenen Fehlern zu bekennen und haben erst dadurch die Möglichkeit, es das nächste Mal besser zu machen. Dass ein gemachter Fehler kein Beinbruch ist und immer wieder einmal vorkommt, ist gut zu wissen!
Wir dürfen unseren Kindern zeigen, dass wir AUCH zu unseren Fehlern stehen und sie einsehen können. Wir müssen aus der Rolle des »perfekten Erwachsenen« heraustreten. Keine Angst! Wir brechen uns damit keinen Zacken aus der Krone.
Wenn wir nach Fehlschlägen hoffnungslos, deprimiert und verzweifelt die Flinte ins Korn schmeißen, werden es unsere Kinder vielleicht nachmachen. Mit diesen Gedanken sollten wir uns einmal auseinandersetzen. Es muss zwar nicht sein, dass unser Kind in unsere Fußstapfen tritt, aber es ist gut möglich.
Wenn wir schon die Möglichkeit haben, unsere Kinder zu beeinflussen, sollte es positiv sein. Negative Prägungen sind meist noch zu genüge da. Warum den Einstieg ins Leben der Kinder nicht gleich verbessern?
Um dies tun zu können, müssen wir den Blick von unseren Kindern ein bisschen weglenken und auf uns blicken. Können wir wirklich behaupten, dass wir das, was wir von unseren Kindern erwarten, auch selbst tun?

Ich hatte in meiner Praxis einmal ein junges Mädchen von 16 Jahren. Ihre Mutter hatte große Sorgen mit ihr, da sie sehr unhöflich, ja richtig frech war. Manchmal nahm das Mädchen auch Namen in den Mund, die sehr unschön waren.
Dieses Mädchen saß mir nun gegenüber. Mein erster Eindruck war ganz entgegengesetzt von dem, was die Mutter mir sagte.
Ich fragte sie, was sie denn in ihrer Familie verändern würde, wenn sie dies könnte? Wenn alles möglich wäre!

Sie schluckte und druckste ein bisschen herum. Ich ermunterte sie damit, dass dies ja nur eine Vorstellung, ein Spiel sei.
Das Mädchen atmete kurz tief durch und meinte dann ganz kleinlaut: »Ich würde mir wünschen, meine Eltern würden nicht so viel schreien und streiten. Auch ich selbst möchte nicht dauernd blöd angeredet werden. Wenn meine Mama so unwirsch mit mir ist und mich so fertig macht, hasse ich sie direkt, obwohl ich sie eigentlich sehr lieb habe! Dann halte ich sie mir nur noch vom Hals, indem ich sehr gemein und böse zu ihr bin. Damit gebe ich ihr alles wieder zurück! Da hat sie selber Schuld!«.
Es kann schon vorkommen, dass unser eigenes Verhalten unserem Bewusstsein nicht offenliegt. Beobachten Sie sich einmal! Welchen Ton und welche Umgangsformen haben Sie selbst drauf?
Ich habe das vor einigen Jahren einmal bei mir gemacht und war sehr erstaunt, dass mein vermeintlich liebevoller Ton gar nicht so liebevoll war. Ich habe es sofort korrigiert und habe genauso schnell eine viel bessere Resonanz erhalten.

Eine Freundin von mir war jahrelang überzeugt von sich selbst, dass sie eine liebevolle Mutter ist. Sie bezeichnete sich selbst immer als Frau, mit einem riesengroßen Herz.
Ihr Verhältnis zu ihrem Sohn, nennen wir ihn Klaus, war dagegen katastrophal. Da sie eine alleinerziehende Mutter war und sich alleine um den Unterhalt sorgen musste, hatte sie natürlich sehr wenig Zeit für ihren Sohn. So kam es vor, dass sie ihren damals 8-jährigen Sohn viel alleine ließ. Auch abends, wenn Sie irgendwelche Kurse halten musste! Sie meinte dazu nur, dass er ja schon so groß sei und ruhig abends einmal alleine sein kann.
Ich besuchte sie einmal mit meinen Kindern. Da sie abends noch einen wichtigen Geschäftstermin hatte, fuhren wir wieder nach Hause. Wir bemerkten auf unserer Rückfahrt, dass wir unseren Hausschlüssel vergessen hatten und fuhren noch einmal zurück. Doch was war das? Als wir in ihre Straße einbogen, sahen wir schon von weitem ihr Haus hell erleuchtet. Jedes Zimmer war voll beleuchtet. Wir läuteten und Klaus

machte uns auf. Meine erste Frage war: »Warum ist in jedem Zimmer Licht?«.
Seine Antwort erschütterte uns zu tiefst. Manchmal sprechen wir sogar noch darüber. Er meinte ganz schüchtern: »Weil ich Angst habe!«. Es war schließlich ein unglaublich großes Haus am Rande einer Großstadt. Kein Wunder also, dass dieser junge Mann Angst hatte.
Zu einer anderen Zeit, Klaus war schon größer, widersetzte er sich immer öfter der strengen Reglementierung seitens seiner Mutter. Da er es von klein auf gewohnt war, viel alleine zu sein, wurde er immer stiller und schüchterner. Damals überlegte ich schon, ob ich ihn adoptieren sollte. Er war so ein liebes Kind und mir zerriss es das Herz, wenn ich mit ansehen musste, wie einsam und verlassen er sich fühlte. Er wurde ein kleiner Sonderling und wurde in der Schule gemieden. Er hatte keine Freunde!
Eines Tages rief er mich an und erzählte mir, dass er jetzt endlich Freunde gefunden hatte. Sie lebten zwar unter der Brücke und waren Punks, aber sie akzeptierten ihn so, wie er eben war. Jeden Tag ging er nun unter die Brücke und wollte einer von ihnen sein. Er fühlte sich langsam ein bisschen geborgener und auch gemocht. Nach einigen Wochen färbte er sich die Haare bunt und sah bald darauf selbst wie ein Punk aus. Ich freute mich für ihn, hatte ich doch sehr große Angst um ihn gehabt, dass er sich etwas antun könnte. Lieber sollte er Punks als Freunde haben, als das Leben hinschmeißen. Diese Freunde waren alle harmlos und revoltierten gegen ihre eigenen Eltern. Sie hatten aber keinen schlechten Einfluss auf ihn. Im Gegenteil, ich bemerkte eine wundersame Heilung bei Klaus. Er lachte viel mehr und war wieder frohen Mutes.
Ich selbst wusste, dass diese Phase wieder vorbei gehen würde. Jetzt jedoch war sie für ihn überlebenswichtig.
Doch bei ihm zu Hause gab es Ärger. Seine Mutter machte sich totale Sorgen, eben wegen seiner neuen Freunde. Sie wollte, dass Klaus »anständig« und »selbständig« aufwuchs. Was würden die Nachbarn sagen, wenn sie so einen Sohn hatte?
Es gab öfters Ärger. Klaus wurde älter und ließ sich immer weniger sagen.

Auch sein Freundeskreis veränderte sich. Die Punks waren für ihn jetzt nicht mehr so wichtig. Sie waren zu harmlos für ihn! Er wurde langsam aggressiver und schürte eine unglaubliche Wut auf seine Mutter. Diese Wut war eigentlich nur seine unglaubliche Enttäuschung, sich nicht wirklich angenommen und geliebt zu fühlen. Er hatte sich in seiner Kindheit so angestrengt, alles richtig zu machen und fand doch keine mütterliche Akzeptanz. Er wollte sie bestrafen, indem er böse wurde. Nach einiger Zeit begann er, kleinere Diebstähle zu tätigen. Immer öfter war die Polizei bei ihnen zu Hause. Natürlich war seine Mutter entsetzt und meinte, dass sie das schon immer kommen sah. Sie schimpfte über ihren Sohn und wie schlimm es für sie sei, dass er ihr so viel Kummer bereitete.
Ich sah es etwas anders. Ich sah einen verzweifelten und sensiblen Jungen, der gerade dabei war, auf der Suche nach Geborgenheit und Liebe, abzurutschen. Er war kein Straftäter und würde auch nie wirklicher Täter werden. Dafür hatte er ein viel zu großes Herz.
Zu dieser Zeit nun besuchte ich meine Freundin. Alles Reden mit ihr half nicht. Sie war ja überzeugt davon, dass sie eine gute Mutter mit einem übergroßen Herz war. Alle Tipps meinerseits, dass es in Wirklichkeit etwas anders aussah, wurden abgewiesen. Sie erzählte mir über die Mutter eines Freundes von Klaus, die ebenfalls große Sorgen wegen ihrem Sohn hatte, dass diese Mutter auch so eine butterweiche Mama sei, wie sie selbst.
Meine Tochter Elisabeth stand neben mir und schaute mich an. Wir waren sprachlos! Ich versuchte seit Wochen ihr zu sagen, dass sie mehr auf Klaus schauen sollte, dass er sich einsam und ungeliebt fühlte und dass sie nicht so eine gleichgültige Haltung ihm gegenüber haben dürfe und ihre knallharte Meinung über ihn revidieren sollte! Sie war dagegen überzeugt, butterweich zu sein. Das war doch sehr erstaunlich! Da bemerkte ich das erste Mal, dass es wirklich zwei Paar Schuhe sind: die eigene Meinung über uns selbst steht manchmal im krassen Widerspruch zu einer Fremdbeurteilung! Da stehen oft »Achttausender« dazwischen! Deswegen ist es sehr wichtig, sich ab und an auch einmal die Meinung der eigenen Kinder, wie sie einen empfinden oder sehen, einzuholen. Wie heißt es so schön: »Kindermund tut Wahrheit kund«.

Warum Eltern dies nicht tun, kommt wohl daher, dass sie einfach Angst vor einer Antwort haben, die ihnen eventuell nicht gefallen könnte. Viele wollen als Vorbild akzeptiert werden, ohne es sich wirklich verdient zu haben. Sie meinen, dass Eltern »sein« schon genügt, um als Vorbild gelten zu können.
Viele meinen, wenn sie ihren Kindern so einen Platz einräumen würden, dass sie eine kindliche Beurteilung erlauben, würden sie aus ihrer erzieherischen Machtposition herauskatapultiert werden. Dann würden ihre Kinder in Zukunft mit Ihnen nur noch »Hans-Kasper« spielen. Aber genau das Gegenteil ist der Fall. Wenn wir mit gutem Beispiel vorangehen, machen es unsere Kinder nur nach. Der Nebeneffekt ist, wir lernen eine Menge über uns selbst.
Wir sollten immer wieder einmal hinterfragen: »Bin ich für meine Kinder ein gutes Vorbild? Lehre ich sie Höflichkeit? Zeige ich ihnen, dass ich eine Fehlentscheidung revidieren kann? Lebe ich ihnen vor, dass Achtung, Ehrlichkeit, Gerechtigkeit, Loyalität, Geduld, Respekt und Liebe wirklich wichtige Werte sind? Zeige ich ihnen, dass ich an mich glaube und trotzdem konstruktiver Kritik offen gegenüber stehe? Oder lebe ich ihnen das Gegenteil vor?

Eine interessante Frage, die sich jeder unbedingt stellen sollte.

7. Punkt: »Keinen Zweifel an der Richtigkeit unserer Kinder zeigen« (fördert den Selbstwert)

Wir leben in einer sehr leistungsorientierten Gesellschaft. Wie sagt ein altes Sprichwort so schön: »Hast du was, bist du was!«.
Und in diese Richtung geht auch unsere, manchmal unbewusste Ausrichtung.
Wenn unsere Kinder z.B. in der Schule abrutschen, sehen wir im Geiste schon alle möglichen Gefahren, die geschehen könnten, wenn unsere Kinder ihre Ziele nicht erreichen. Wir klammern uns so sehr an der Einstellung fest, dass wir eigentlich nichts wissen ohne es erst unter

großer Anstrengung erlernt zu haben. Dass wir kein angeborenes, inneres Gespür haben, was richtig und was falsch ist und dass wir schon gar nicht unserer Intuition trauen dürfen. Und diese Einstellung übertragen wir auf unsere Kinder. Kinder sind unwissend, können gar nichts wissen und haben auch kein Gefühl für richtig und falsch.
WIR müssen Ihnen da helfen, indem wir ihnen unsere Meinung aufdrücken. Und da Kinder erst einmal gar nichts wissen können, könnten sie auch eher alles falsch machen.
Unsere Überzeugung, dass wir tolle Kinder haben, verflüchtigt sich immer mehr und plötzlich hören wir die Stimmen von unseren eigenen Eltern, als wir selbst zur Schule gingen.
Diese sagten vielleicht: «Du kannst es nicht! Du bist nicht gut genug. Streng Dich gefälligst an! Dir kann man doch nicht vertrauen. Du bist einfach nur zu faul! Wenn das so weiter geht, wirst du schon sehen, wo du landest... usw.!
Und eh wir uns versehen, schreiten wir zur Tat und fangen an, unsere Kinder zu manipulieren und ihnen zu misstrauen, weil wir überzeugt davon sind, dass sie selbst ja noch gar nichts wissen können oder sich nicht genug anstrengen. Das bezieht sich nicht alleine auf die Schule, sondern ist auf anderen Gebieten ebenso zu finden.
Uns fehlt oft generell das Vertrauen zu unseren Kindern!

Weiter kommen wir jedoch, wenn wir ihnen vertrauen lernen. Dass sie ihr Bestes geben und vielleicht momentan einfach nicht mehr leisten können oder Zusammenhänge noch nicht verstehen können, aber aus der Erfahrung, die sie machen, lernen werden.
Noch besser ist, wir geben ihnen einen Vertrauensvorschuss. Interessant wird es, wenn wir uns die Mühe machen, die Welt unserer Kinder zu hinterfragen. Warum sind sie zu lernmüde oder untätig? Oftmals können wir entdecken, dass ganz andere Faktoren hinter einer Lernschwäche stecken. Es ist nicht immer die Faulheit! Auch Kinder können in Krisen stecken, die sie handlungsunfähig machen.
Achten Sie darauf, bevor Sie das niederschmetternde Urteil fallen lassen: »Mein Kind ist einfach nur faul!« oder »Ich kann meinem Kind nicht

vertrauen! Es hat schon zu viel Blödsinn gemacht!«, ob es der Wirklichkeit entspricht. Denken wir immer wieder an die »selbsterfüllenden Prophezeiungen«, denn wenn wir nicht an unsere Kinder glauben, wie sollen sie dann an sich selbst glauben und lernen, sich selbst zu vertrauen?
Zeigen Sie ihrem Kind, dass Sie an es glauben und dass es vielleicht momentan einfach nur eine schwierige Zeit durchmacht. Glauben Sie unerschütterlich an die Richtigkeit ihres Kindes und zeigen Sie es ihm auch. Stehen Sie voll und ganz hinter ihrem Kind! Durch diesen unerschütterlichen Glauben wird ihr Kind regelrecht in die Möglichkeit, es zu schaffen, hinein katapultiert.
Irgendwann wird Ihr Kind so motiviert sein, dass es auch wieder an sich glaubt. Meist bessern sich damit auch die Noten wieder. Manchmal ist aber auch eine Kurskorrektur wichtig, damit ein guter Neuanfang möglich wird.
Wir dürfen lernen, flexibel auf neue Situationen zuzugehen, die wir verändern können und beständig an einer Sache dran zu bleiben, die wir nicht verändern können.

8. Punkt: »Keine Bestrafungen bei schlechten Noten, sondern motivieren Sie (Vorsicht: eventuelle Überforderung)
   (fördert die Selbstachtung)

Ich weiß nicht, auf welche Erziehung Sie zurück schauen können? Meine Kindheit und die meiner Freunde in meinem Alter waren von Strafe, Schlägen und Verboten nur so durchzogen. Für unsere Eltern war es ganz normal, streng mit ihren Kindern umzugehen. Ich kann mich noch an eine Szene erinnern, als mein Bruder »vermöbelt« wurde, weil er schon wieder eine 6 nach Hause brachte. Eine aufbauende Motivation, besser zu werden, gab es damals wohl eher selten.
Das waren halt die damaligen Erziehungsmethoden. Unsere Eltern wollten nur unser Bestes und haben es oftmals einfach nicht anders gekannt und gewusst. Auch unsere Eltern sind meist Opfer ihrer Erziehung.

Heute gibt es auch noch Bestrafungen bei schlechten Noten. Wenn auch nicht mehr so massiv!

Aber es ist immer noch ein weit verbreitetes Phänomen, trotz unserer modernen Zeit. Wir sollten uns bewusst machen, was wir unserem Kind damit eigentlich antun!
Dadurch wird unserem Kind wieder Fremdbestimmung antrainiert. Das Kind lernt nicht, selbst entscheiden zu können, wann etwas gut oder nicht gut ist, sondern lernt, wenn ich gut bin oder etwas gut mache, werde ich von Außen belohnt und wenn ich etwas nicht gut mache, werde ich eben bestraft und muss diese Strafe annehmen.
Unser Kind lernt damit nur, dass ein Anderer über es entscheidet. Ein ganz furchtbarer und destruktiver Ansatz!
Es gibt Eltern, die wollen ihre Kinder beim Lernen damit bei der Stange halten, indem sie ihnen bei guten Noten Geld geben und bei schlechten Noten das wöchentliche Taschengeld wieder streichen. Damit üben sie unglaubliche Macht und großen Druck auf ihre Kinder aus. Vielleicht haben sie damit kurzfristigen Erfolg? Auf Dauer gesehen wird dem Kind aber keine Eigenverantwortung gelehrt. Im Gegenteil! Bei dieser Art von Bestrafung erlebt das Kind eine absolute Niederlage in Bezug auf seinen Selbstwert. Das Wegnehmen von eigenen Ressourcen zeigt jedem Menschen ja nur, das er in einer bestimmten Situation ohnmächtig ist.
Wenn wir eine Bestrafung auf einem ganz anderen Gebiet vornehmen, als auf dem, um das es eigentlich geht, nämlich die Noten, kann diese Bestrafung für das Kind nicht wirklich nachvollzogen werden. Es erlebt nur eine Bestrafung, weil es anscheinend wertlos ist.
Wir dürfen unseren Kindern aber dieses Ohnmächtig-sein nicht anerziehen. Sie sollen doch in ihre Kraft kommen, um ihre Ziele erreichen zu können.
Viel besser ist es, eine Konsequenz zu setzen, indem wir einen Nachhilfelehrer engagieren, der zusätzlich mit unserem Kind lernt und es motivieren, dass es alles schaffen kann. Und da spielt dann der Ton eine

wichtige Rolle. Sprechen wir vorwurfsvoll oder voller eigener Zuversicht, dass alles gut werden kann?
Ich bin überzeugt, dass wir selbst diejenigen sind, die mit ihrer eigenen Angst, nichts wert zu sein, konfrontiert werden, wenn unser verlängerter Arm, unsere Kinder, etwas nicht schaffen. Die eigene Angst, unser Kind könnte »schlecht« abschneiden und wir damit keine guten Eltern mehr sein, diese Unsicherheit verstecken wir oft, weil kein anderer diese unsere falsche Verknüpfung je erfahren darf.
Wir selbst auch nicht!

Und um ja nicht auf dieses Geheimnis zu stoßen, versuchen wir unsere Kinder mit einer gewissen Strenge zu erziehen. Und gerade mit dieser Unwissenheit darüber, dass es oft nur unsere eigene Angst ist, verleihen wir unserer Stimme einen machtvollen Ausdruck, der sich dann nicht unbedingt aufbauend anhört. Kinder verschließen sich ganz schnell, wenn sie einen vorwurfsvollen Ton hören. Denn auch sie haben Angst, nicht zu genügen. Auch sie wollen sich nur geliebt fühlen, wie wir selbst auch!

Wir brauchen keine Strenge walten zu lassen, um unsere Kinder dahin bringen zu können, wo wir sie haben wollen. Wir sollten jedoch konsequent auf die Ursachen zugehen, die unser Kind gesetzt hat. Und da unsere Kinder noch Kinder sind, dürfen sie erst lernen, was es bedeutet, mit den Wirkungen ihrer eigenen ursächlichen Handlungen konfrontiert zu werden.
Lehren wir dies unseren Schwächeren und Anvertrauten mit viel Geduld und Achtung.

9. Punkt: »Dem Alter unserer Kinder gemäß erziehen«
   (fördert den Selbstwert)

Wie heißt es so schön? Das erste Kind hat es am Schwersten!
Das ist in der Tat oft so. Beim ersten Kind sind wir meist sehr unsicher.

Wir haben noch keine Ahnung, erst recht keine Erfahrungen, wie wir mit Kindern umzugehen haben.
Natürlich wollen wir alles richtig machen. Deshalb sind die ersten Kinder oft einfach nur »Erziehungsversuchskinder«. Das ist normal und legitim. Kommen dann die Geschwister auf die Welt, sind wir schon viel gelassener und nicht mehr so überbehütend. Wir sind einfach entspannter und damit haben diese Geschwister auch mehr Möglichkeiten, sich auszuprobieren. Wir springen nicht mehr bei jedem Ansatz eines Hinfallens auf, um unserem Kind hilfreich zur Seite zu stehen. Wir lassen es schon einmal die Erfahrung machen, dass »Hinfallen« nicht schlimm ist. Wir haben bereits Erfahrungen mit unserem ersten Kind gemacht und wissen nun sicher, dass dies zum Wachsen dazugehört. Das erste Kind ist meist in vielen Familien eine Art Vorreiter. Und da das erste Kind immer das erste Kind bleibt, wird es auch immer ein Vorreiter bleiben. Das heißt, alle Erfahrungen, die wir mit unserem ersten Kind machen, sind für uns neu und aufregend. Wir haben noch keine anderen Erfahrungswerte, aus denen wir schlussfolgern können. Meist sind wir dadurch viel strenger zu unseren Erstgeborenen. Die zweiten und dritten Kinder haben es leichter.
Obwohl die Erziehung mehrerer Kinder damit hierarchisch angelegt ist, machen wir keinen Unterschied, wenn es um neue Erziehungssituationen geht. Das heißt: Geben wir unserem Erstgeborenen nach einer Zeit einer etwas engeren Erziehung Freiraum, wird dieser oft automatisch auch dem Jüngeren eingeräumt. Dass das nicht ganz gerecht ist, ist nicht von der Hand zu weisen. Manchmal kann dies nicht geändert werden. Wir sind als Eltern selbst am wachsen und dadurch lockern sich manchmal auch unsere Erziehungsmethoden. Und doch sollten wir immer darauf achten, dass das größere Kind sehr wohl Freiheiten bekommt, die die kleineren Geschwister eben noch nicht bekommen. Zudem ist für ein Kind die Erfahrung wichtig, dass es, je größer es wird, umso mehr Freiheiten haben wird, aber auch mehr Verantwortung übernehmen muss. Wir dürfen also aufpassen, dass wir unsere Kinder nicht verhätscheln, indem wir ihnen nur Freiheiten einräumen. Liebe und Freiheit ist immer auch mit Verantwortung verknüpft.

Es ist wichtig, dass ein Kind diese Verknüpfung herstellen kann.

10. Punkt: »Regelmäßige Familienkonferenzen abhalten«
(fördert die Selbstachtung u. das Selbstbewusstsein)

Um familiäre Regeln, Verantwortlichkeiten und gegenseitige Vorstellungen erfassen zu können, ist es sehr förderlich, regelmäßige Familienkonferenzen anzuberaumen. Am besten ist es, sie immer am selben Tag anzusetzen, sonst läuft man Gefahr, sie zu verschieben oder ganz zu vergessen. Die Regelmäßigkeit ist sehr wichtig, da wir mit ihnen sofort aufkommende Schwierigkeiten erfassen und bereinigen können. Die Kinder gewöhnen sich relativ schnell daran und die Erwachsenen auch! ☺
In diesen Zusammenkünften ist es wichtig, dass jedes Familienmitglied das sagen darf, was es stört oder wo es Ungerechtigkeiten sieht, ohne danach bestraft zu werden oder jemanden zu kränken. Im besten Fall bekommt jeder eine bestimmte Zeit, in der ihm keiner dazwischen reden darf. Selbst der nicht, um den es vielleicht gerade geht. Er sollte still zuhören! Es kann ein Erwachsener die Rolle der Führung übernehmen. Das heißt, wenn einer in der Runde gerade Kritik an einem anderen äußert und der Getroffene gleich etwas entgegnen will, sollte dieser in seine momentanen Schranken des »nur Zuhörens« verwiesen werden. Natürlich muss darauf geachtet werden, dass eine gegebene Kritik konstruktiv ist. Es darf gelernt werden, dass ein Angriff NICHT die beste Verteidigung ist, sondern zu einem gegenseitigen Schlagabtausch ausarten kann.
Am Anfang solcher Sitzungen kann es passieren, dass es erst einmal laut wird. Jetzt hat jeder die Möglichkeit, dem heimlichen oder unbewusste Frust und dem Ärger Luft zu machen. Je öfter Sie das jedoch tun, desto störungsärmer werden die Sitzungen. Nach einiger Zeit werden Sie die Erfahrung machen, dass jeder mit zum Zug kommt ohne eine Störung zu inszenieren, weil jeder gelernt hat, den anderen ausreden zu lassen. Bei schwierigen Themen ist es wichtig, dass nach jeder Meinung gefragt wird. Dass eine gemeinsame Lösung gefunden wird ist wichtig. Dabei

bekommen unsere Kinder das Gefühl, dass sie auch wichtig sind. Dass sie gehört werden und damit kommen sie gar nicht auf die Idee, dass sie irgendwann, wenn sie in einer akuten Situation im Alltag zurechtgewiesen werden, ungerecht behandelt werden. Sie haben jetzt die Erfahrung gemacht, dass auch ihre Meinung ein Gewicht haben darf und gesehen wird. Das es gerecht zugeht!
Das wäre auch eine wunderschöne Gelegenheit, in Ihrer Runde einmal die Frage zu stellen, was die anderen über Sie selbst denken. Wie sie Sie einschätzen, was sie an Ihnen mögen oder nicht leiden können! Tun Sie das nur! Es wirkt sehr erfrischend. Manchmal auch ernüchternd! Wie Sie ja jetzt wissen, ist eine Selbsteinschätzung oft anders als eine Fremdeinschätzung von Menschen, die Sie sehr wohl sehr gut kennen. Haben Sie Mut und gehen Sie mit gutem Beispiel voran.

Haben Sie irgendein Problem mit einem Kind, können Sie seine Geschwister fragen, wie sie dieses lösen würden. Gerechtigkeit sollte das A und O sein. Ungerechtigkeit ist Willkür! Und Willkür schafft Gegner!

Wenn Sie es schaffen, Ihrem Kind ein wirklicher Freund zu sein, haben Sie mehr Einfluss auf es, als dass sie es als autoritärer, machtvoller Elternteil je haben könnten.
Freunden erzählt man alles! Den Eltern wird viel verheimlicht! Kommen Sie von Ihrem hohen Ross, Eltern zu sein, herunter und hören Sie zu, was Ihre Kinder Ihnen sagen wollen.

Wir meinen immer, wir müssten Kinder erziehen, dass sie Persönlichkeiten werden. Aber Kinder SIND schon Persönlichkeiten.
Wir dürfen ihnen nur helfen, sie aus dem Ei zu pellen.

Unsere Aufgabe ist es, zu erkunden, WELCHE Persönlichkeiten sie sind, um ihnen helfen zu können, den bestmöglichen Weg für ihr Leben einzuschlagen. Auch wenn sie einen Beruf ausüben wollen, der uns missfällt oder wenn sie sich einen Partner aussuchen, der nicht gerade unserem Ideal entspricht, sie sich aber heiß und innig lieben, lernen Sie

JA zu sagen. Versuchen Sie das zu akzeptieren, was ihre Kinder sind! Auch wenn es nicht unserer Norm und Vorstellung entspricht. Lassen wir ihnen die Freiheit, selbst zu bestimmen und eigene Erfahrungen zu machen. Jetzt sollten Ihre Kinder es ja gelernt haben, eigene Werte zu entwickeln, um sich daran zu orientieren.

Werden Kinder zu sehr fremdbestimmt, suchen sie sich selbst ein ganzes Leben lang. Schauen wir uns doch selbst an! Wir sind die meiste Zeit auf der Suche nach uns selbst.
Wie viel Irrwege mussten und müssen wir vielleicht immer noch gehen, weil wir es nicht gelernt haben, uns selbst zum Ausdruck bringen zu dürfen. Oft sind wir ein Abklatsch unserer Eltern. Das, was wir nie sein wollten, sind viele von uns geworden.
Das heißt natürlich nicht, dass wir unseren Kindern erlauben, tun und lassen zu können, was sie wollen. Das wäre dann wieder die antiautoritäre Erziehung; das Gegenstück der autoritären Erziehung. Versuchen wir es mit einem gesunden Gleichgewicht! Da, wo die Persönlichkeit ihren Ausdruck fordert, greifen wir nicht ein und dort, wo Grenzen der Verantwortung und Ordnung gestört werden, schauen wir, was wir tun können und wie wir handeln müssen.

Sie werden merken, dass diese Familienkonferenzen nach anfänglichen Eskalation und Unsicherheiten eine wirkliche Erleichterung sein können, was die Verständigung angeht, und, dass Erziehung viel einfacher geht, als wir uns das vorstellen.

Es sollte nicht heißen: Kleine Kinder, kleine Sorgen und große Kinder, große Sorgen! Ich weiß auch nicht, wo dieser dämliche Spruch her kommt?!

Noch heute rede ich viel mit meinen Kindern. Wir geben uns die größtmögliche Mühe wenigstens den Versuch zu starten, solange etwas zu erklären, bis wir die Sprache unseres Gegenübers sprechen und dieser uns verstanden hat. Manchmal dauert es ein wenig. Bislang sind wir

immer auf einen grünen Zweig gekommen. Es ist gar nicht so selten, das zwei Menschen sich gegenseitig einfach nicht verstehen können, weil beide unterschiedliche Denkansätze haben und Wörter ganz anders gebrauchen, als das, wofür sie eigentlich stehen.
Das miteinander Reden will und kann gelernt werden. Wir brauchen nicht derselben Meinung zu sein, wir sollten die Sichtweise des anderen aber verstehen wollen. Wenn wir dies ohne eigene Bewertung tun können, haben wir die Gefahren eines Streits gebannt und können uns friedlich begegnen.

Als ich jung verheiratet war und mein Mann mich wieder einmal rhetorisch festnageln wollte, sagte ich: »Ja mein Gott, dass sagt MAN halt so!« und er meinte ganz ruhig darauf: »Wer ist MAN?«.
Damals empfand ich diese Frage als Haarspalterei. Mittlerweile sehe ich es anders. Mein Mann hatte den Nagel auf den Kopf getroffen, denn….. wer ist MAN… in Wirklichkeit?

Wir sollten lernen, die Bedeutung der Worte genau zu kennen, damit es eben keine Verwechslungen oder platten Verallgemeinerungen gibt. Gesprächspartner sollten genau wissen, wovon sie reden und wie sie Dinge benennen. Damit lernen sie, EINE Sprache zu sprechen.
In diesen Konferenzen kann jeder lernen, das zu sagen, was ER meint oder WIE er etwas aufgefasst hat oder was IHM wehgetan hat. Also ICH-Botschaften zu senden, ist besser als DU-Botschaften zu verteilen. Mit diesen DU-Botschaften kommen wir leicht in ein Verurteilen. Vor allem wissen wir ja nicht wirklich, wie ein anderer Mensch etwas gemeint hat. Viel wichtiger ist es, ihm zu sagen, WIE es angekommen ist!

Meist ist es jedoch so, dass einer von uns russisch und der andere spanisch redet. Und dann wundern wir uns, wenn wir uns nicht verstehen können. Wie können wir da ein Vorbild für unsere Kinder sein? Natürlich wird die persönliche Eitelkeit angekratzt, wenn zum Beispiel unser Kind unseren Wortgebrauch berichtigt. Aber lassen sie es zu! Wir können sehr viel von unseren Kindern lernen, da sie noch unschuldig sind

und eine größere Offenheit besitzen, als manch ein Erwachsener. Wofür haben wir denn unsere Sprache, wenn wir sie nicht ernst nehmen? Dann würden eigentlich Rauchzeichen reichen!
Nehmen wir etwas von unseren Kindern an, nehmen auch sie leichter etwas von uns an.
Unternehmen Sie mit Ihren Kindern etwas Schönes zusammen. Auch wenn sie schon älter sind, wird dies ein bleibendes Erlebnis für Ihr Kind sein, an das es sich später gerne einmal erinnern wird.

Versuchen auch Sie, diese 10 Punkte umzusetzen. Sie werden erstaunt sein, wie viel friedvoller und respektvoller Ihr Zusammenleben mit Ihren Kindern wird.

Und nehmen Sie Ihr Kind öfter in den Arm und sagen Sie ihm, wie lieb Sie es haben! Das braucht es genauso, wie wir es auch immer noch brauchen, umarmt zu werden und bestätigt zu werden, egal wie alt wir sind.

Ich wünsche Ihnen viel Erfolg und…………bleiben Sie dran!

Der Partnerspiegel – Wie Partnerschaften unser persönliches Wachstum ermöglichen

Manch einer von uns möchte eine liebevolle und harmonische Partnerschaft, will sich aber keine Mühe machen, sich selbst zu fragen, was für einen Einsatz zu erbringen er bereit ist. Er meint vielleicht, wahre Liebe würde jegliche Schwierigkeiten wie von Zauberhand aus dem Weg räumen oder gar nicht erst aufkommen lassen.
Sehr viele Paare beenden ihre Beziehung, wenn größere Schwierigkeiten vor der Türe stehen. Sie zweifeln dann an der Gültigkeit ihrer Liebe und sehen sich außerstande, gemeinsam diese Schwierigkeiten zu meistern. Insgeheim wartet jeder auf die Verliebtheitsgefühle, die am Anfang der Beziehung aktuell waren. Und meist erwartet einer, dass der Partner dies in ihm wieder zum Schwingen bringt.
Wir dürfen uns fragen, ob wir damit nicht wieder unsere eigene Verantwortung für unser Denken und Handeln innerhalb der Beziehung abgeben. Oder sind wir wirklich davon überzeugt, dass uns wahre Liebe von jeglicher Verantwortung entbindet? Die guten Zeiten wollen wir gerne annehmen. Aber es gilt, sich auch in herausfordernden Zeiten für die Beziehung einzusetzen und sich für sie zu entscheiden! Es geht in einer Beziehung nicht nur darum, Liebe zu bekommen, sondern auch Liebe zu geben. Und das können wir erst wirklich, wenn wir uns dem Anderen in schwierigeren Zeiten mit all unserer Liebe zuwenden. Doch meist entsteht ein kräftezehrender Krieg oder eine Gleichgültigkeit dem anderen gegenüber. Verdunkeln sich zu einer Zeit die Wolken am Liebeshimmel, haben wir oft das Gefühl, uns wird etwas genommen, worauf wir ein Anrecht haben. Wir schieben dem Partner die Schuld zu! Beobachten Sie sich selbst! Geben Sie in schwierigen Zeiten, Aufmerksamkeit, Verständnis und Liebe oder erwarten Sie dies nur von Ihrem Partner? Oder haben Sie sich bis heute etwas vorgemacht?

Der Mensch ist ein Genie im »sich selbst etwas vormachen«!

Ist es nicht so, dass wir unbedingt das bisschen »Gute«, was durch unsere Erziehung und Beeinflussbarkeit übrig geblieben ist, behalten wollen? Dieses »Übriggebliebene« ist für uns überlebenswichtig, damit wir nicht ganz an uns zweifeln oder verzweifeln. So sind wir bereit, uns zu verteidigen, sobald uns Kritik trifft. Es ist nur ein Abwehrmechanismus, denn es geht um die Verteidigung unseres wahren Selbst, welches meist schon in unserer Kindheit fremdbestimmt wurde. Wenn wir schon bewusster sind, merken wir, dass uns niemand wirklich etwas wegnehmen oder gar auslöschen kann. Auch nicht mit einer vernichtenden Kritik! Nur unser Ego wird verunsichert! Wir können uns diese Kritik ansehen und uns selbst fragen, ob sie eine Berechtigung hat oder nicht. Wenn nicht, lassen wir uns davon auch nicht verunsichern. Wenn ja, können wir lernen, an uns zu arbeiten und eventuell unser Verhalten zu verbessern.

Warum fällt es vielen Menschen so schwer, Kritik anzunehmen?
Weil wir alle im tiefsten Herzen »gut« sein wollen. Wir ringen um Anerkennung, egal in welcher Form.

Meine Kinder und ich spielen in regelmäßigen Abständen, schon seitdem sie klein sind, das Spiel: Sage mir, was du an mir toll findest und was du an mir schrecklich oder ungerecht findest.
Da wir wissen, wie sehr wir uns lieben, nimmt jeder für sich Kritik zum Anlass, sich damit ehrlich auseinanderzusetzen. Nie sehen wir sie als einen Angriff, auch wenn wir uns verletzt fühlen.
Doch so haben die meisten von uns den Umgang mit Kritik nicht erlernt. Meist war Kritik die Abwertung unserer ganzen Person. Es zählte nur, was wir gut gemacht haben! Dann waren wir auch gute Menschen (für unsere Erzieher, versteht sich)!

Die Partnerschaft ist ein Spiegel unserer Lebenseinstellung. Durch sie können wir am allermeisten lernen, da eine Partnerschaft Offenheit verlangt, aber auch unsere eigene Verletzlichkeit aufdeckt. Egal, ob wir unser Leben mit einer Offenheit oder einer Verschlossenheit angehen, wir sehen es im Anderen als Spiegelbild wieder.

Wenn wir uns in eine Partnerschaftsschlacht begeben, erleben wir meist gegenseitige Angriffe. Wir fühlen uns verletzt oder missverstanden und schlagen erst einmal zurück! Doch alles, was uns weh tut, hat auf eine bestimmte Weise eine wichtige Botschaft und will erkannt werden. Vielleicht ist es ein Schattenanteil, der aufgedeckt werden will. Und das tut erst einmal weh! Im Fachjargon nennt man dies, bei einem Menschen werden »Knöpfe gedrückt« oder er wird »getriggert«! Diese Knöpfe sind unsere »wunden Punkte«, die wir uns noch nicht bewusst anschauen konnten.

Wir haben jedoch gelernt, Schmerzen zu vermeiden und lieber abzuwehren, als hinzusehen. Mit diesem Mechanismus können natürlich versteckte Seelenanteile auch nicht an die Oberfläche kommen. Sie finden keine Daseinsberechtigung und können nicht bearbeitet werden. Sie werden jedoch zu den berühmten »Knöpfen«. Immer wenn jemand an diesen nicht gesehenen Seelenanteilen rührt, spüren wir entweder großen Ärger, Angst, Trauer, Wut oder Empörung. Da gilt es dann, vermehrt hinter seine eigenen Kulissen zu schauen. Wenn wir dies nicht tun, bleiben wir der, der wir bisher waren. Es findet kein Wachstum statt!

Wir sollten also dankbar sein, dass jemand unsere »Knöpfe« drückt und wir damit die Gelegenheit haben, kleinere oder größere Blockaden in uns aufzudecken, die uns bisher hinderten, offen und liebevoll zu leben. Und dies macht meist der Partner, da er uns am nächsten ist und wir dadurch »berührbar« werden. Aber egal welch inniges Miteinander wir leben, durch dieses Miteinander können wir uns selbst erst richtig erkennen. Ein Leben auf Dauer als Single oder Eigenbrötler, welches auf einer Flucht vor Nähe beruht, böte uns sehr wahrscheinlich geringere Möglichkeiten zu wachsen.

Deshalb ist auch eine liebevolle Kritik wichtig, um ein liebevolles Miteinander erst möglich zu machen. Wir alle haben Ängste und Schwächen und können diese nicht einfach beiseite schieben. Diese wollen gesehen und erlöst werden. Und dabei hilft es nicht, wenn wir uns nur oberflächlich begegnen! Unsere Seele will nicht, dass diese Ängste

und Schwächen unberührt weggeschoben werden. Sie will, dass diese behutsam in Augenschein genommen werden, mit einem respektvollen und liebevollem Verständnis uns selbst gegenüber. Es geht auch nicht darum, unempfindlich gegenüber seinen Knöpfen zu werden, nur weil man weiß, dass man bestimmte Knöpfe hat.
Ich hatte einmal einen Freund, der ein autoritäres und unterdrückendes Verhalten, wie sein deshalb verhasster Vater zeigte. Als ich ihm dies sagte, zeigte er natürlich nur totales Abwehrverhalten. Damals wusste ich noch nicht, dass ich jemanden mit den »erkannten Knöpfen« nicht einfach mit einer ihm verhassten Person vergleichen durfte. Der Schock dieses Vergleiches ist zu groß, als dass die Person Einsichten erlangen könnte.

Ohne eine tiefe Bereitschaft, zu lernen und sich gegebenenfalls zu verändern, bleiben wir stehen. Wir sind dann wie ein steifer, vertrockneter Baum im Sturm des Lebens, der sich unbeugsam dem Wind widersetzen will. Im Endeffekt bricht er, weil er nicht bereit ist, Beweglichkeit zuzulassen. Er will seine starre Position behalten. Er hat kein Vertrauen in seine eigene Beweglichkeit und Lebendigkeit. Denn Lebendigkeit IST Bewegung und IST damit Leben! Im Endeffekt kann er brechen, wenn das »Schicksal« ihn lehrt, was es heißt, steif und unbeugsam zu bleiben!

Uns mangelt es oft an Vertrauen uns selbst gegenüber, weil wir nicht an unsere eigene Stärke und Biegsamkeit glauben. Weil wir eine unbewusste Ängstlichkeit in uns haben, nicht gut genug zu sein, erneut gebrochen zu werden oder unterzugehen. Immerhin haben viele von uns dementsprechende Erfahrungen gemacht.
Manche von uns sind sehr wohl in Kindertagen gebrochen worden. Diese Menschen müssen erst wieder lernen, sich aufzurichten und trotzdem beweglich zu bleiben. Nicht von einem Extrem (gebrochen zu werden) in das andere Extrem (starr und steif nur auf sich selbst zu achten) zu kommen, ist oftmals nicht leicht. Denn einseitig, entweder die eine oder andere Seite zu leben, ermöglicht uns nicht, uns vertrauensvoll im

Winde zu wiegen (oder es auch einmal mit einem Sturm aufzunehmen, ohne daran zu zerbrechen).

Diese Gratwanderung, zwischen »mich vertreten lernen« und »auf den Anderen zugehen können«, schafft erst ein gesundes Gleichgewicht. Liebevoll eine Partnerschaft zu leben bedeutet, mich UND den anderen ernst zu nehmen. Es bedeutet auch, selbst wachsam zu sein für mich UND den anderen.
Das Augenmerk sollte niemals nur auf uns selbst gerichtet sein. Die Gefahr ist groß, nur sich selbst und seine Anschauungen vom Leben gelten zu lassen. Alles nur noch durch seine »Brille« akzeptieren zu können. Damit wird es schwieriger, auch andere Wahrheiten gelten zu lassen. Ebenso ist es wichtig, nicht nur den Partner wichtig zu nehmen und sich selbst nicht ganz hinten anzustellen. Es gilt ein Gleichgewicht zwischen ICH und DU herzustellen.

Warum ist es nun für uns so schwierig, dem Anderen SEINE Daseinsberechtigung mit SEINEN Anschauungen und SEINEN Vorstellungen, zu geben?
Wir müssten gegebenenfalls Konsequenzen ziehen, wenn wir uns nicht mit den Lebensvorstellungen unseres Partners anfreunden könnten. Wir müssten mit unseren Konsequenzen sicherlich Entscheidungen treffen, die uns Angst machen. Lieber beklagen wir uns über all die Ungerechtigkeiten in unserer Partnerschaft und der Welt, als konsequent zu sein.

Was heißt das? Haben wir z.B. eine Arbeit, die gar nicht zu uns passt und zu der wir uns Tag für Tag hin quälen müssen, wäre eine Entscheidung fällig. Entweder wir behalten diese Arbeit wegen der Sicherheit, die sie uns bietet, dann dürfen wir uns aber auch nicht mehr beklagen (schließlich haben wir auch einen Gewinn daraus) oder wir ziehen es vor, uns ein Leben im Hamsterrad nicht mehr anzutun und setzen uns mit neuen Möglichkeiten auseinander. Vielleicht suchen wir eine Arbeit, die besser zu uns passt.

Wir haben jedoch die Entscheidung zu fällen und niemand anderes. Wir bestimmen über unser Leben. Es gibt keine Fremdbestimmung, nur die, die wir zulassen. Mit allen Konsequenzen! Ich kann dies nicht oft genug sagen!
Auf Partnerschaften trifft das Gleiche zu. Haben wir einen Partner, der nicht zu uns passt, haben wir erst einmal die Gelegenheit zu sehen, warum wir uns gerade diesen Partner angezogen haben. Wir können vielleicht erkennen, was unsere Lernaufgabe ist und dann können wir entscheiden, ob wir mit diesem Partner weiter unser Leben teilen wollen oder nicht. Vielleicht war gerade dieser Partner auch wichtig, um ein eigenes, destruktives Verhalten erkennen zu können? Vielleicht war gerade dieser Partner wichtig, um uns über unseren eigenen Wert in Bezug auf Ohnmacht/Macht bewusst zu werden? Vielleicht geht es im Leben auch um das leidige Thema Nähe/Distanz? Welche Seite leben wir vielleicht übertrieben?

Es ist wichtig, sich seiner Beweglichkeit bewusst zu werden. Dass es gut ist, wenn wir uns manchmal auf unseren Partner zu bewegen und anschließend wieder wegbewegen dürfen, um uns selbst wieder näher zu sein. Es ist fast so wie Ebbe und Flut. Das ermöglicht eine bewegliche und lebendige Form, eine Beziehung zu leben. Da beide Partner es zulassen, sich einen Raum zu nehmen, können sie persönlich wachsen und damit ihre Beziehung auf ein gleichberechtigtes und achtsames Miteinander ausrichten.

In einer Partnerschaft, die durch egoistisches Verhalten und durch Einstellungen wie: »Ich will bleiben wie ich bin. Ich will nichts hinterfragen oder nachdenken! Ich brauche nichts verstehen! Du musst so sein, wie ich es will!« getragen wird, ist kein gegenseitiges Wachstum möglich.

Schauen Sie sich Ihre Partnerschaft einmal näher an! Drückt Ihr Partner Ihnen durch sein Verhalten auch einige Knöpfe? Was sind das für Knöpfe? Was bringt Sie aus der Fassung? Was können Sie daraus lernen? Was will Ihnen gerade diese Beziehung sagen? Was sollte bei Ihnen entwickelt werden und was liegt noch im Argen? Wo leben Sie eine gewisse Einseitigkeit? Wo sind Sie Opfer oder doch Täter?

Sagen Sie »Danke« zu Ihrem Partner!

Durch ihn haben Sie die Gelegenheit bekommen, zu wachsen!

Krankheiten – ein Weg,
wieder gesund zu werden

Nach meiner nunmehr zwanzigjähriger Forschung und vielen Erfahrungen in Bezug auf Krankheiten und ihrer Bedeutung im Rahmen eines metaphysischen Zusammenhangs, habe ich mich dazu entschlossen, auch dieses Thema in meinem Buch anzugehen.

Wir sollten uns einmal vor Augen führen, warum wir überhaupt in die Situation kommen können, krank zu werden. Dass diese Möglichkeit vorhanden ist und manche Menschen sehr oft krank sind und andere Menschen wieder nicht, sollte uns schon einmal aufhorchen lassen. Könnte es nicht doch mehr als nur ein körperliches Problem darstellen?!

Gerade in unserer heutigen Zeit sind wir eher bereit, auch die Hintergründe sehen zu wollen, warum wir an dieser oder jener Krankheit leiden. Zumindest haben wir genügend Möglichkeiten, einen Zusammenhang herstellen zu können.

Lernen wir die genauen Krankheitsbilder kennen und bauen einen Bezug zu unserer Lebenssituation auf, sehen wir, dass genau diese uns genauestens aufzeigen, wo wir uns meist verlaufen haben. Wo wir aus unserer Ganzheit und unserem Gleichgewicht herausgefallen sind und entgegen unserer Persönlichkeit oder Lebensaufgabe und Lebensherausforderungen, gelebt haben. Das erfordert natürlich eine Portion Mut, tief in seine Persönlichkeitsstruktur hinabzusteigen, um gewisse Lebenslügen aufzudecken.

Die Krankheit ist oft das letzte Glied einer Kette, welches uns die Gesamtheit von Körper, Geist und Seele zeigen kann. Sie rückt auf eine metaphysische Art und Weise unsere Lebensgestaltung oder unsere Erkenntnis über uns, ins rechte Licht.

Wir können uns zwar selbst belügen, aber der Körper kann es nicht.

Mittlerweilen gibt es etliche Bücher über Krankheitssymbole. Pionier dieser großen Erkenntnis, dass unser Körper uns ehrlich macht, weil wir diesen nicht manipulieren können und er uns gnadenlos aufzeigen kann, wo wir aus dem seelischen Gleichgewicht gefallen sind, ist Rüdiger Dahlke.
Ich selbst habe drei sehr gute Bücher, die immer griffbereit auf meinem Schreibtisch liegen. Einmal »Dein Körper sagt: Liebe Dich!« von Lise Bourbeau, »Heile deinen Körper« von Louise L. Hay und »Krankheit als Sprache der Seele« von Rüdiger Dahlke.
Kaufen Sie sich diese Bücher, sie sind Gold wert.
Ich habe sie auch meinen Kindern geschenkt und Klienten ans Herz gelegt, sich diese zu kaufen. Wer sich mit diesem Thema eingehender beschäftigen möchte, sollte sich dazu unbedingt Bücher kaufen. Und es gibt viele und sehr gute Bücher.

Sobald wir erkannt haben, um was es eigentlich geht bei unseren Krankheiten und was sie uns aufzeigen möchten, können wir uns in unseren Anschauungen und Handlungen berichtigen. Und siehe da, je schneller wir dahinter kommen, was die Krankheit uns sagen möchte und je schneller wir bereit sind, uns selbst zu korrigieren, desto schneller kann die Krankheit verschwinden.
Manchmal gibt es allerdings auch Herausforderungen in unserem Leben, bei denen vielleicht unsere Persönlichkeit noch nicht die Kraft zur Verfügung hat, sich neu auszurichten. Das gibt es ja immer wieder und trotzdem nimmt unser Körper da keine Rücksicht auf uns. Er zeigt auf, was aufzuzeigen ist.

Wenn wir etwas tief verstanden haben und uns danach ausrichten, brauchen wir auch keine körperliche Korrektur mehr.
Bei dieser Krankheitsursachenforschung sind Krankheiten gemeint, die keinen karmischen Einfluss haben, wie z.B. eine Erbkrankheit oder eine Behinderung. Aber diese könnten durch Erforschen unserer wirklichen

Schwachstellen eventuell gemildert werden und uns dazu bewegen, aus unseren Schwächen, Stärken zu machen.

Meine Tochter Elisabeth hat so einen karmischen-körperlichen Einfluss. Sie wurde mit dem Ulrich-Turner-Syndrom geboren. Die Ärzte meinten, sie werde nicht größer werden als 1.38 m. Das war erst einmal ein Schock für uns alle! Im Kleinkindalter machte sich dies ja noch nicht wirklich bemerkbar. Sie war ein Frühchen gewesen und deshalb auch sehr zart gebaut. Fremde meinten es gut, wenn sie Elisabeth rieten, sie solle viele Knödel essen, dann werde sie schon noch groß und stark.

Doch als sie zur Schule ging und ihre Klassenkameradinnen immer größer wurden und Lisa nicht, kamen erste Probleme auf. Kinder können ja grausam sein! So wurde sie jeden Tag verspottet und gehänselt. Lisa war ein ganz liebes Kind und war wegen ihrer lieben Art auch gerne gesehen. Doch nun schien es in eine andere Richtung zu gehen. Jeden Tag kam sie weinend nach Hause. Obwohl sie erst 8 Jahre alt war, setzte ich mich mit ihr zusammen und wir überlegten gemeinsam, was diese Situation für sie bedeuten konnte und was sie tun könnte, damit das Auslachen aufhört und sie wieder Selbstsicherheit erlangen könne.

Eines Tages meinte Elisabeth: »Mama, jetzt weiß ich, warum ich so klein bin! Ich glaube, ich muss lernen, trotzdem ein sicheres Gefühl zu haben, dass ich gut bin. Und außerdem glaube ich, ich muss lernen mich zu wehren!«.
Sie können sich vorstellen, wie baff ich war. Immerhin war Lisa erst 8 Jahre und wurde jetzt von mir auch nicht gedrillt, irgendetwas zu glauben. Wir machten uns ja nur Gedanken, wie sie daraus das Beste machen könnte.
Lisa war ja auch ein sehr sensibler und liebesbedürftiger Mensch und zog sich bei Schwierigkeiten gerne wortlos zurück. Streit und harten Auseinandersetzungen entzog sie sich. Lieber verzichtete sie auf ihre Durchsetzung.
Wir überlegten nun gemeinsam, was sie sagen und tun könnte. Mit einer

großen Begeisterung fing sie an, sich Sätze auszudenken, mit denen sie Kontra geben konnte. Wenn einer sie wieder einmal fragte, ob es sie auch in groß gäbe, antwortete sie jetzt wie aus der Pistole geschossen: »Wenn es Dich im Club gibt, bestell ich dich bei Quelle!« Oder sie sagte auf solche Sticheleien: »Gibt es dich auch in intelligent?«.
Es dauerte auch nicht lange und die »coolsten« Jungs ließen sie in Ruhe. In Lisa aber wuchs die Erkenntnis, dass sie sich bei Anfeindungen wehren kann und niemandem schutzlos ausgeliefert ist. Zudem wuchs ihre Selbstsicherheit trotz der kleinen Größe. Mit späteren Hormonbeigaben wurde sie dann auch 1.54m groß. Ich glaube, ihre Haltung hat dazu sehr viel beigetragen.

Manchmal frage ich mich, was wäre, wenn wir diese Erkrankungen nicht hinterfragt hätten? Im Nachhinein sind wir draufgekommen, dass Selbstsicherheit überhaupt Lisa's Lebensthema ist. Sie hatte also mit ihrer Erkrankung den für sie richtigen Einstieg zu diesem Thema. Durch ihren eigenen Einsatz schon im Kindesalter, hat sie sich ihren ersten Durchbruch geschaffen, ihr Lebensthema »Selbstsicherheit« anzugehen. Hätte sie aufgegeben und sich weiterhin gedemütigt gefühlt, hätte sie heute höchstwahrscheinlich einen anderen Selbstsicherheitsstand! Wer weiß, wo sie dann heute stünde?!

So sehen wir, dass alles zwei Seiten hat. Auf der einen Seite hat »Krankheit« etwas Behinderndes und auf der anderen Seite lehrt sie uns, lieber vorher »rund« und »ganz« zu werden. Wenn wir lernen, dieses kostbare Geschenk für uns zu nutzen, können Krankheiten einen ganz neuen Wert bekommen. Und wenn wir dann noch lernen, nicht zu lange mit der Aufschlüsselung zu warten und lieber gleich beim kleinsten »Wehwehchen« nachzusinnen, was dieses uns sagen will, haben wir doch große Möglichkeiten, ein gesundes Leben zu führen.

Einige haben noch ein bisschen Schwierigkeiten beim Entschlüsseln, die Krankheitssymbole mit ihrem Alltagsgeschehen oder Fehlern ihres Verhaltens in Verbindung zu bringen. Um Ihnen noch ein Gesamtbild aufzuzeigen, wie so etwas aussehen kann, erzähle ich Ihnen folgende Geschichte:

Dieses Mal geht es um meine Tochter Felicitas. Um Ihnen einen Einblick in Ihre Persönlichkeitsprägungen zu geben, hole ich jetzt ein bisschen weiter aus!

Mein Mann und ich ließen uns scheiden als Felicitas 15 Jahre alt war. Sie wollte immer stark sein, da sie mich in der Ehe sehr schwach und verletzlich gesehen hat.
Sie begann, schon in der Ehe den fehlenden männlichen Teil zu ersetzen, da mein Mann seine Verantwortung als Partner nicht wirklich annahm. Um die mütterliche Doppelbelastung auszugleichen, lernte Feli, ihr eigenes Schwachsein zu verdrängen und leugnete im Laufe ihrer Kindheit ihre eigene weibliche Seite immer mehr.

Eines Tages, Felicitas war bereits 23 Jahre, bekam sie einen massiven Hexenschuss. Sie konnte sich fast nicht mehr bewegen und schlecht tief durchatmen. Sie rief mich an und bat mich, nachzusehen, warum sie das jetzt hatte.

Felicitas arbeitete seit einiger Zeit als Bedienung, um ihr Schulgeld als Dolmetscherin aufzubringen. Sie überlegte sich schon seit einigen Tagen, eine andere Arbeitsstelle zu suchen, da ihr Chef sie seit geraumer Zeit »auf dem Kieker« hatte. Beim geringsten Anlass rügte er sie. Felicitas wollte in zwei Monaten zu ihrem Freund nach Amerika fahren. Deshalb musste sie zwangsläufig sehr viele Schichten übernehmen, um das Geld für den Flug zusammen zu bekommen. Dies schien jetzt durch ihren Hexenschuss vereitelt zu werden.

Ich begann, den Grund ihrer Rückenschmerzen zu entschlüsseln:

Ihre Rückenschmerzen standen eindeutig für eine Überlastung in der Arbeit. Sie hatte sich zu viel aufgeladen. Ihr altes Kindheitsmuster drängte sie immer tiefer in ihren Glauben: »Ich bin nicht schwach. Ich mache viele Schichten. Ich schaffe das!«.

Sie war aber nun in einer Zwickmühle (der Hexenschuss zwickt sehr) gefangen. Auf der einen Seite wollte sie viele Schichten machen, auf der anderen Seite nervte sie ihr dominanter Chef, der ihr keine Ruhe ließ. Sie kam aus dieser verfahren Situation nicht heraus, weil sie auch nicht kündigen wollte, da all ihre Freunde auch noch dort arbeiteten und sie viele Freiheiten genoss. Es war für sie eine sehr sichere und sozial wohltuende Stellung.
Als erstes analysierten wir die Rückenschmerzen genau.
Wann, wie und wo traten sie auf?
Begonnen haben die Rückenschmerzen bereits in der Arbeit. Feli meinte, sie kämen von dem »Tablett tragen«. Die Rückenmuskulatur verhärtete sich, da die Last der vielen Schichten über ihre gesunde Muskulatur nicht tragbar war. Zudem kam das starke Gefühl, die Blicke ihres Chefs im »Rücken« zu haben.
Der Rücken steht für Sicherheit, Stabilität, Aufrichtigkeit und Stütze. Diese waren aber durch die ganze Situation des »in der Zwickmühle seins« sehr instabil.
Sie saß quasi zwischen zwei Stühlen.
Auf der einen Seite stand ihre alte Arbeit für Sicherheit und Stabilität, auf der anderen Seite war sie es aber nicht mehr wirklich! Sie traute sich aber auch keine andere Anstellung anzunehmen, weil sie nicht wusste, wie sicher ein neuer Platz wäre.

DEUTUNG:

Sie kann sich fast nicht mehr bewegen:
= steht für: Sie wird vom Chef fixiert, ob sie etwas falsch macht (sie hat Angst, etwas falsch zu machen, sie kann sich nicht wirklich für eine gute Lösung entscheiden. Damit ist sie erstmal in einer Stagnation gefangen. Sie wird unbeweglich).

Es kam sehr plötzlich:
= steht für: Sie kann dieses «fixieren« ihres Chefs nicht mehr ignorieren oder kompensieren. Ihr reicht es!

Es ist sehr schmerzhaft:
= steht für: unvorhergesehene Angriffe von Seiten des Chefs, mit dem sie sich sonst immer gut verstanden hatte.

Sie kann nicht frei atmen:
= steht für: Ärger scheint zu bleiben. Sie fühlt sich nicht mehr frei und es fehlt ihr quasi die Luft zum Atmen!

Bei Körperhaltungsänderung oder unüberlegten Bewegungen hatte sie große Schmerzen:= steht für: die Willkür der Rügen und das Beobachten des Chefs.
war für sie so einengend, weil sie sehr aufpassen musste, was sie tat, sie fühlte sich in ihren Handlungen nicht frei.

Woran hinderte sie dieses Krankheitsbild

sich frei zu bewegen
auf ihren Füßen fest und sicher zu stehen
ihr gesellschaftliches Leben zu genießen
zu arbeiten und sicher durchatmen zu können, ohne Angst bestraft zu werden
aufrecht zu stehen (zu sich zu stehen)
Rückgrat zu zeigen (Entscheidungen zu treffen auch wenn
sie dadurch einen eventuellen Verlust einstecken müsste)
Die Zwickmühle:

Einerseits würde sie gerne kündigen und auf der anderen Seite hat sie dort ihre Sicherheiten.

Sie kann sich nun selbst durch diesen Zwiespalt keine eigene Stütze (Wirbel eingeklemmt) sein.
Dieser Zwiespalt zwickt (Hexenschuss).

Lösung:

Eine eigene Entscheidung wäre somit wichtig. Aufgrund der Erkenntnis, dass es immer zwei Seiten einer Medaille gibt, darf sie für sich jedes »Für und Wider« abwägen und sich dann entscheiden und dann diese Entscheidung mit ihrem »Für und Wider« zu akzeptieren.
Auch ein Akzeptieren einer eventuellen momentanen »Nichtentscheidung« ist in diesem Falle in Ordnung.

Damit wird die eigene »Nichtentscheidung« und ihr »mal abwarten« akzeptiert und der Zwiespalt (sich nicht wirklich bewegen können, da sie sich nicht entscheiden kann) löst sich von alleine auf.

Noch dazu war es wichtig für sie, ihre weibliche Seite zu integrieren z.B.: Ich bin überlastet und gestehe mir diese Schwäche auch zu. Ich fühle mich nicht akzeptiert, obwohl ich alles gebe. Das trifft mich sehr. Ich bin über meine Kräfte gegangen und fühle mich ungerecht behandelt und drangsaliert. Ich fühle mich mit dem was ich alles tue, nicht wirklich gesehen.

Fazit:

Feli durfte lernen, ihre schwierige Situation zu erkennen und dass sie sich momentan einfach nicht für eine, für sie richtige Lösung, entscheiden konnte. Ihre Schwierigkeit war vor allem ihr Zwiespalt, was richtig für sie wäre und ihre Handlungsunfähigkeit. Wenn sie sich nun erlauben könnte, dass sie noch keine Entscheidung treffen kann und das o.k. ist, kann sie auch wieder zu sich selbst stehen und sich trotz dieser Umstände eine eigene Stütze sein. Sich selbst Stütze zu sein, bedeutet in diesem Falle, die IST-Situation zu akzeptieren, auch wenn sie KEIN fertiges Ergebnis hat, in dem Wissen, dass sie die Situation zu einer anderen Zeit ändern kann.

Die Krankheit zeigt nicht nur die oberflächliche Wirkung, sondern gibt uns die Möglichkeit, wieder ganz und damit heil zu werden. Indem wir die Hintergründe näher ansehen und verstehen lernen, wo wir etwas Wichtiges von unserer Person verleugnen oder nicht leben, lernen wir den Sinn einer Krankheit kennen. Die Krankheit zwingt uns, uns näher mit uns selbst zu beschäftigen und eventuell dadurch wieder in ein Gleichgewicht zu kommen.

Nach dieser tieferen Erkenntnis wurden Felicitas Rückenschmerzen am nächsten Tag ganz schlimm und verschwanden am übernächsten Tag völlig.
Sie hatte jetzt ihre Seele verstanden, somit brauchte diese auch nicht mehr über den Körper zu reagieren und auszugleichen.

Noch eine kleine Geschichte:
Ein Bekannter von mir hatte ein ziemlich eingefahrenes Leben. Fest in seiner fremdbestimmten Arbeit eingebunden und nicht gerade im Einklang mit seiner privaten Seite, lebte er tagein und tagaus in einem Hamsterrad, aus dem es kein Entrinnen zu geben schien. Seine Gefühlswelt und sein ganzes Privatleben wurden gänzlich vernachlässigt und nur durch zeitweise erlebte Exzesse oder Urlaubsreisen nachgeholt. Seine Arbeitsstruktur war mörderisch und ließ kein Aufkeimen von Erneuerungen zu.

In dieser festgefahrenen Situation war er jahrelang gefangen und es sah so aus, als hätte er sich damit arrangiert.
Er hatte eine Freundin, die er sehr vernachlässigte, da er mehr Freude empfand, wenn er sich alleine und ungebunden auf Partys amüsieren konnte. Er pochte auf seine Freiheit, tun und lassen zu können, was er wollte. Mit den Gefühlen des Verletzt-seins und den Demütigungsge-

fühlen seiner Freundin, weil er auf Festen immer mal wieder andere Frauen im Arm hielt, wollte er sich nicht auseinandersetzen. Das ging ihn, seiner Meinung nach, nichts an. Auf der einen Seite spürte er sehr wohl, dass es nicht mehr um diesen Egoalleintripp gehen sollte und auf der anderen Seite fühlte er jedoch seine Freiheit bedroht, wenn er sich zu sehr auf seine Beziehung einließe.

Doch eines Tages hatte er Probleme an seinem großen Zehennagel. Im Laufe der Monate bemerkte er, dass er dieses Problem auch nicht mit einer ordentlichen Nagelschere beheben konnte. Die Monate verstrichen und der Nagel wurde zu einem Riesenproblem. Doch mein Bekannter wollte sich keine Gedanken machen, was dies wohl bedeutete.
Er wollte sich aber auch nicht durch dieses Nagelproblem dazu gezwungen sehen, einen Arzt aufzusuchen oder das dahinterstehende Problem zu erkennen. Er meinte, alleine durch seine positive Einstellung etwas verändern zu können. Mit seinem rebellischen und unbeugsamen Willen wollte er sich beweisen, dass er sich nichts aufdrücken lässt, auch nicht von einem eingewachsenen Nagel. Er würde das Problem schon in den Griff bekommen.

Nach über einem Jahr war klar, wer gewonnen hatte. Der eingewachsene Nagel!
Schließlich wurde es so schlimm, dass mein Bekannter über ein weiteres Jahr keinen geschlossenen Schuh anziehen konnte. Sommer wie Winter! Als es nicht mehr auszuhalten war, fuhr ich ihn zum Arzt, der die hochentzündete Nagelseite entfernen musste.
Damit sollte das Problem aber nicht vom Tisch sein!
Anstatt sich doch einmal Gedanken zu machen, was die Krankheitsursache denn bedeutete, machte mein Bekannter in seiner Lebensführung so weiter!
Es dauerte auch nicht lange, da begann der zweite Nagel, obwohl dieser immer gesund war, die gleichen Anzeichen zu zeigen. Er wuchs ins Fleisch und machte ihm den normalen Gang fast unmöglich. Wieder wurde daraus ein Jahr ohne festes Schuhwerk und vielen Schmerzen.

Wieder konnte mit positiven Gedanken alleine, nichts besser werden. Manchmal wirkte es wie ein Machtkampf. Wer würde dieses Mal siegen?
Sie wissen es sicherlich schon! Ja, es war wieder der eingewachsene Nagel!

Doch was zeigt dieses ewig wiederkehrende Krankheitsbild?

Der Nagel bedeutet Schutz und der Zeh steht für die Lebensrichtung, die man geht. Das heißt: Seine alte Lebensrichtung gab ihm keinen Schutz mehr. Sie war veraltet! Bestimmt war diese Richtung für ihn in früheren Zeiten einmal richtig gewesen. Aber das Leben ist Bewegung und Wandlung. Das, was vor einiger Zeit noch stimmig für uns war, muss morgen vielleicht schon sterben, damit etwas Neues WERDEN kann. Der alte Weg war für ihn nicht mehr richtig, da mit dieser überholten Ausrichtung wichtige persönliche Anteile nicht leben durften, diese aber jetzt ausgelebt und in seine Persönlichkeit integriert werden wollten. Er verzichtete auf seinem alten Weg auf seine persönlichen und emotionalen Bedürfnisse. Das war für ihn zeitlebens eine der größten Herausforderungen. Und er verzichtete auf seinen Anspruch, eine Arbeit zu tätigen, die ihm Spaß, Erfüllung und Freude bereitete. Dafür war in seinen Augen immer noch kein Platz. Er kompensierte dies mit seinen abenteuerlichen Alleingängen.
Seine Seele zeigte ihm jedoch, dass dies nicht mehr stimmig war.

Der Mensch kann sicherlich seine Bedürfnisse eine gewisse Zeit zurückhalten oder kompensieren. Aber wenn dies zu lange dauert und auch nicht wirklich stimmig für eine Person ist, kann es fatale Nebenwirkungen zeigen. Wie jetzt! Ein Aufruf der Seele, den wichtigen emotionalen Teil in einem gesunden Ausmaß ins eigene Leben zu integrieren. Aber an diesen neuen Weg war noch eine Aufgabe gekoppelt, die für ihn die allergrößte Herausforderung war. Er hätte sich, um seine beruflichen und emotionalen Bedürfnisse befriedigen zu können, seine Einstellung und sein Verhalten in Bezug auf Freiheit und Verbindlichkeit ansehen

müssen. Es stand die Aufgabe vor der Tür, zu erkennen, welche Verantwortung es mit sich bringt, eine gesunde Beziehung leben zu können , in der Nähe und Distanz in einem ausgewogenen Verhältnis stehen und einen Beruf auszuüben, der ihm mehr Freude bereiten würde. Eine neue Ausrichtung, ein neuer Weg also!
Dazu war er jedoch noch nicht bereit und er blieb bei seiner alten, überholten Einstellung, sich hauptsächlich auf die ungeliebte Arbeit zu konzentrieren und alles andere über machtvolles Provozieren seiner Freiheit zu kompensieren, da dies erst einmal einfacher erschien. Seine größte Angst war der eventuelle Verlust seiner geglaubten, absoluten Freiheit. Doch die hatte er noch gar nicht!

Seine Ansicht, dass sein alter Weg immer noch gut und richtig für ihn sei, stimmte nicht mehr. Mit dieser Annahme war er nicht mehr in einer geschützten Ausrichtung. Sein eigener Schutz stellte sich nun gegen ihn, indem er seine alte Richtung abschnitt. Der Nagel zeigte an, dass die Richtung korrigiert werden sollte. Die Seele möchte, dass die Lebensrichtung umgestaltet wird. Dass er seinen Kurs korrigieren sollte, sonst musste im »Außen« korrigiert werden. Nämlich der Nagel! Er erhielt also einen Warnruf: »Dreh um!«.
Wieder entstand ein Kampf um die Vorherrschaft. Wer wird gewinnen? Doch dies ist keine wirkliche Frage! Die Antwort ist klar:
Der eingewachsene Nagel!
Nach einiger Zeit des Kräftemessens, fing der erste Nagel, der ja schon behandelt war, wieder an einzuwachsen. Jetzt waren es schon zwei Nägel. Na, jedenfalls ging das ganze Spiel über 5 Jahre.
Stellen Sie sich das vor: 5 Jahre kein festes Schuhwerk! Und warum?

Weil die einen vielleicht diese Gesetzmäßigkeiten von Seele und Körper nicht sehen wollen und andere wiederum diese Gesetze zwar kennen, aber einfach noch nicht in der Lage sind, sich zu verändern.
Dem Körper ist dies egal!

Wirkliche Freiheit bedeutet immer auch, eine gewisse Verantwortung zu tragen. Und trotzdem, oder gerade deswegen, können wir uns frei fühlen.

Vielleicht haben wir auch ein falsches Verständnis über wirkliche Freiheit. Wolfgang von Goethe sagte einmal: »Alle Freiheitsapostel, sie waren mir immer zuwider. Willkür suchte doch jeder am Ende für sich«. Und Dostojewski meinte: »Ausgehend von schrankenloser Freiheit endete ich mit unumschränktem Despotismus!«.

Das sollte uns zu denken geben! Diese Gefahren beinhaltet eine Freiheit ohne Verantwortung.

Und, eine gesunde Verantwortung tragen können bedeutet, mehr Freiheit leben zu können. Das eine bedingt das andere. Es gibt keine wirkliche Freiheit ohne Verantwortung.

Hätte er sich diesem Aufschrei seiner Seele zugewandt, hätte er sich aber von seinem Pseudomachtspiel (ich bin stärker als mein Nagel) lösen müssen. Er hätte sich vielleicht überlegen können, ob nicht eine andere Arbeit, die ihn nicht so auslaugte, möglich wäre. Vielleicht hätte es auch erst einmal gereicht, sich seiner Freundin gegenüber liebevoller zu verhalten und eine gewisse Verantwortung für ihre Beziehung mit zu übernehmen.

Kennen Sie den Ausspruch: »Ein Flügelschlag eines Schmetterlings auf der einen Seite der Erde, kann einen Orkan auf der anderen Seite der Erde erwirken«?

Mein Bekannter hätte damit seine verdrängten Persönlichkeitsanteile, sich zu öffnen und Vertrauen zu lernen, annehmen können. Es wäre sicherlich befreiend für ihn gewesen, hätte er sich auf eine wirkliche Beziehung eingelassen, um dort auch Geborgenheit erleben zu können oder frei erkennen zu können »ich brauche ein Gleichgewicht zwischen Freiheit und Nähe«. Er spürte jedoch, immer wenn es um ein

kontinuierliches Miteinander ging, sträubten sich alle Haare bei ihm. Er konnte auch nicht von Anfang an für sich bestimmen: »Nein, eine feste Beziehung will ich nicht. Ich brauche meine Freiheit.« Sondern sein Freiheitswunsch wuchs aus der Erkenntnis, dass sich für ein gutes Miteinander beide Partner bemühen müssen. Und darauf konnte er sich nicht einlassen! Er wünschte sich schon eine tolle Beziehung, aber ohne sich wirklich auf den anderen einzulassen und ihn verstehen zu müssen. Auf der Flucht vor Verantwortung zu sein, bedeutet gefangen zu sein und nicht frei! Gefangen zu sein in seinem eigenen:«Ich kann nicht! Oder ich will nicht hinsehen!«.
Freiheit bedeutet, dass wir uns frei entscheiden können, eben weil wir WISSEN, dass wir uns immer unseren Verantwortungen stellen müssen, die sich uns zeigen. Wir verwechseln manchmal das »Frei sein« mit »Flucht«! Keine wirkliche Freiheit!

Gott sei Dank haben wir die Freiheit, und die ist uns sicher, selbst entscheiden zu können, wie wir Dinge angehen und zu welchen Entscheidungen wir uns durchringen wollen! Das Leben wird uns sowieso zeigen, wo wir stehen. Mit oder ohne Lüge!

Und wie geht's jetzt weiter?
Das Problem z. B. mit dem Nagel ist so lange nicht abgeschlossen, bis es entziffert werden kann. Und wenn nicht und alle Nägel fachmännisch korrigiert sind, kann es zu einer anderen Krankheit kommen. Je länger wir mit einer Auflösung und einem Verstehen warten, desto versteckter kann sich das Problem in neuen Krankheiten zeigen. Wo wir am Anfang noch leichter einen Bezug herstellen können (der Zeh zeigt die eigene Ausrichtung, der eingewachsene Nagel, den nicht vorhandenen Schutz für die alte Ausrichtung und der Schmerz zeigt den Schmerz der Seele an, da mit dieser momentanen Ausrichtung kein Gleichgewicht gelebt wird), kann es immer schwieriger werden, die Zeichen einer Krankheit zu verstehen.
Und wenn wir uns dieses Krankheitsbild noch tiefer ansehen, können wir sehen, dass der Eiter des eingewachsenen Zeh`s ein Zeichen für

die unbewusst vorhandene und aufgestaute Wut über seine Situation ist. Dass da etwas faul ist. Im tiefsten Inneren wissen wir ja genau, was uns gut tut.

Der Seele können wir nichts vormachen. Auch wenn unser Verstand noch so wendig ist. So kann es bei einer einseitigen Ursachenbekämpfung immer schwieriger werden, die darauf folgenden Krankheiten zu entziffern.
Durch dieses »Nicht Hinsehen wollen«, können wir wirklich schwere oder chronische Krankheitsgeschichten produzieren. Je weniger uns der Sinn einer Krankheit bewusst ist, desto weniger können wir korrigieren, was nicht mehr passt!

Eine andere wahre Geschichte:
Als ich zwanzig Jahre alt war, hatte ich einen Freund mit Namen Gruschi. Er war vom Charakter her sehr liebevoll, konnte aber schwer Grenzen setzen. Er wurde von seinen Eltern als Hippie beschimpft und eher abgelehnt. Darunter litt er sehr und versuchte immer, ihnen zu beweisen, dass er ein wertvoller Mensch war. Sein Beruf war Schreiner und im tiefsten seiner Seele war er ein mitfühlender Freiheitskämpfer. Sein großes Mitgefühl für andere ließ ihn schwer »Nein« sagen. Er ließ viel zu viel mit sich machen. Er wollte eigentlich damit seinen Eltern indirekt zeigen, dass er »GUT« war. Ihm war diese Schwäche sehr wohl bewusst. Er hatte im Laufe der Jahre gelernt – wir waren bereits wieder getrennt – Grenzen zu setzen.
Wie ich bereits in meinem Buch »Zurück zum Anfang« erklärte habe, lernen wir im 2. Schritt unserer Selbstbestimmung ins Gleichgewicht zu kommen, indem wir einfach nur ausprobieren.
Das heißt, wenn wir vorher keine Grenzen setzen konnten und nun lernen wollen, unsere Grenzen erst einmal wahrzunehmen, um sie dann zu vertreten, kann es sein, dass wir bei den ersten Versuchen etwas übertreiben und zu hart, streng oder starr sind. Wir rutschen somit erst einmal ins Gegenteil unserer Nachgiebigkeit. Das ist klar und auch sehr wichtig, um ein Gefühl zu bekommen, was es heißt, wirkliche Grenzen zu setzen.

Wenn wir also beim ersten Mal beim Durchsetzen unserer Grenzen zu streng sind, können wir langsam lernen, beim nächsten Mal etwas gelassener vorzugehen. Wir trauen uns, unsere Grenzen vielleicht nicht mehr so scharf zu vertreten! Nach einigen Versuchen bekommen wir ein Gefühl dafür, wie bestimmend der Ton sein muss, damit es für uns und unser Gegenüber nicht herrisch klingt, aber doch als unumstößlich verstanden wird. Dies können wir dann so beibehalten. Das wäre der 3. Schritt.

Nun gut! Also mein Freund lernte, Grenzen zu setzen. Und zwar ausschließlich sehr hart und bestimmend.
Das tat er über Jahre hinweg und dachte, damit sei er nun richtig. Er sah den Mitmenschen nicht mehr, nur noch seine Abgrenzung. Mit dieser neuen Härte lebte er sehr einseitig und zu stark seine männliche Seite aus. Bestimmend, streng und vorgebend!
Unbewusst ging er nun vom Weichen und Nachgiebigen zum Harten und Unnachgiebigen über.
Also von einem Extrem zum Anderen!

Laut Polaritätsgesetz ging er von der Opferhaltung (ich traue mich nicht Grenzen zu setzen) zum Täter (ich drücke jedem meinen Standpunkt auf und lasse nichts anderes mehr gelten) über. Im Endeffekt war er genauso hilflos wie vorher. Er wurde mit seiner neuen Haltung mehr und mehr zum Egoisten. Auch sich selbst gegenüber war er hart und unnachgiebig geworden, da er mittlerweile ein großes Geschäft aufgebaut hatte und sich in seiner neuen Art sich zu vertreten, bestärkt fühlte.

Ich bin überzeugt, er wollte mit seinem Erfolg immer noch seinen Eltern zeigen, dass er gut ist. Im eigentlichen Sinne wollte er sich endlich angenommen und geliebt fühlen.

Einige Jahre ging das gut und er bemerkte seine immer stärker werdende, dominante neue Haltung nicht. Da wurde er krank! Schlaganfall! Eine Körperseite war gelähmt. Die rechte, versteht sich! Das war schon ein gewaltiger Schicksalsschlag. Bei der rechten Seite handelt sich um die männliche, aktive und handelnde Seite. Diese, von ihm zu sehr gelebte Seite wurde nun zwangslahmgelegt. Diese Seite war zu dominant geworden und wurde nun gewaltsam, durch den Schlaganfall ausgebremst. Wenn wir es jetzt ganz genau nehmen, müssen auch wissen , dass, wenn die rechte Seite gelähmt ist, der Auslöser ja in der linken Hirnhälfte ist. Beim Schlaganfall ist es so, dass immer die entgegengesetzte Hirnhälfte einer gelähmten Körperseite gestört ist. Das wäre dann die weibliche Seite (das Weiche, Annehmende, Fühlende). Diese meldet ihre Unzufriedenheit wegen ihrer Nichtanerkennung mit einem Schlag. (Ein bildlicher Vergleich) Ein Blutgerinnsel zeigt, dass ein gesunder Lebensfluss gestört ist.

Mein Freund ließ sich aber dadurch nicht beirren und sein Ehrgeiz wurde dadurch angestachelt, noch strenger zu sich und anderen zu sein. Er wollte sich selbst beweisen, dass er es auf alle Fälle schaffen würde, sein so hart erarbeitetes Ziel, etwas Großes geschafft zu haben, aufrechtzuerhalten. Ein, zwei Jahre ging es auch gut, aber dann kam es Schlag auf Schlag. Sein Augenlicht wurde immer schwächer bis sein Arzt ihm bestätigte, er habe einen großen Tumor im Kopf, der inoperabel sei und ihn erblinden ließ. Außerdem habe er mehrere Krebsgeschwüre in seinem ganzen Körper, die ihn langsam auffräßen, da auch diese inoperabel seien. Seine Strenge und Härte sich selbst gegenüber, die aus einer großen, seelischen Verletzung stammten, da er immer um die Liebe seiner Eltern, später waren es die Partnerinnen, buhlte und sie nie bekam, zerstörten ihn von innen heraus.
Aber auch nach dieser Aussage, hielt er es nicht für nötig, sich Gedanken um seine Einstellung zu machen. Mitgefühl für sich selbst zu entwickeln! Immer wieder rannte er mit seinem »erfolgreich sein wollen« einer Anerkennung nach. Dadurch, dass sich seine Chance, erfolgreich zu bleiben, durch seine Krankheiten auflöste, fing er innerlich an, sich selbst für total wertlos zu halten. Er begann mit einer niederschmetternden Selbstverurteilung.
Nach einigen Jahren des lockeren Kontakts, nahmen wir wieder eine

intensivere, freundschaftliche Beziehung auf. Ich bat ihn innig, sich sein Verhalten anzusehen und was dies mit den Krankheiten zu tun hatte.

Anfangs lachte er nur und fühlte sich noch stark, sogar diesem Schicksalsschlag die Stirn bieten zu können. Fatal!

Nun, da er schwach und hilflos wurde, konnte er sich natürlich auch nicht mehr gesund abgrenzen. Er war auf Hilfe angewiesen, die er zutiefst ablehnte. Immer in Kampfstellung mit dem Schicksal!

Dann kam, was kommen musste. Sein Körper zeigte ja alles auf! Gruschi bekam eine fürchterliche Lebensmittelallergie, die seine ganze Haut (sein Schutz) auffraß. Er bekam riesengroße Abszesse und große Flächen der Haut wurden wund und offen, so dass in akuten Schüben, das Blut (die Lebenskraft und Lebensfreude) herausfloss.
Doch er wehrte sich weiterhin, Hilfe anzunehmen und bestand darauf, stark und stur zu bleiben.
Nach vielen Gesprächen brachte ich ihn so weit, dass er wenigstens einen Freischein für Busfahrten annahm. Irgendwie schien sich sein innerer Rebell zu beruhigen. Er wurde auch tatsächlich ruhiger und einsichtiger. Er wirkte viel ausgeglichener und manchmal sah es so aus, als ob er sogar weise werden würde. Im Laufe der nächsten Monate wurde er sehr menschlich, warmherzig, verständnisvoll und großherzig. Vor allem auch sich selbst gegenüber!
Einmal erzählte er mir, wenn er es nicht mehr aushalte in seinem körperlichen Gefängnis, gehe er auf den Balkon und schreie seine ganze Verzweiflung hinaus, egal was die Nachbarn sagten. Das tat er für sich!
Als ich ihn eines Tages besuchte und ich ihn mir so ansah, ihn, der ganz alleine in seiner kleinen Wohnung war, blind, halbseitig gelähmt, vom Krebs aufgefressen und mit großen offenen Stellen auf der Haut, brach ich in Tränen aus. Er war früher so ein kraftvoller, hoffnungsvoller, herzlicher und weicher Mensch gewesen. Er war ein großer Idealist gewesen und wollte bei den Menschen etwas Gutes bewegen. Ihnen zeigen, was für jeden möglich ist! Er hat es nicht bemerkt, dass er in

die falsche Richtung lief! Dass es nicht darum ging, nur Leistung zu erbringen, um sich gut fühlen zu dürfen, sondern dass es darum ging, inneren Frieden mit sich selbst zu schließen und dass er die frühere Toleranz anderen gegenüber, endlich sich selbst zukommen lassen sollte. Ich sagte ihm nun, wie traurig ich über seinen Zustand sei und er nahm mich in die Arme und meinte: »Ach Sabinchen, durch meine Krankheiten bin ich aufgewacht. Erst durch sie habe ich gemerkt, wie ich eigentlich die letzten Jahre drauf war. Und dass es im Leben nicht um Strenge und Leistung geht, sondern um Warmherzigkeit anderen gegenüber. Aber am wichtigsten ist die Warmherzigkeit sich selbst gegenüber. Wäre ich nicht so schwer krank geworden, ich glaube, ich hätte mir keine Zeit genommen, über diese Themen nachzudenken. Meine Krankheiten haben mich dazu gezwungen und ich bin froh, dass ich diese Gelegenheit bekommen habe. Jetzt bin ich mit mir im Frieden. Und wenn du dein Buch schreibst, schreib auch über mich. Die Menschen sollten diese Geschichte hören.« (Was ich hiermit tue)

Kurz darauf starb er in meinen Armen im Krankenhaus. Es war ein friedlicher Tod. Dieser Friede lag wie ein Schleier über ihm. Ich musste auch nicht weinen, da er seinem größten Hindernis, seiner eigenen Nichtannahme, nun auf eine gesunde Art die Stirn geboten hatte. Er war mit sich im Reinen und das strahlte er im Angesicht des Todes auch aus.
Ein wunderbarer Mensch!

Und was will uns diese Geschichte sagen?
Dass Krankheiten uns helfen können, wieder heil zu werden. Wir müssen nur entschlüsseln, für was sie stehen. Manche werden aber auch erst heil, wenn der Tod vor der Türe steht. Andere wiederum schaffen es im jetzigen Leben gar nicht zu verstehen, was ihr Körper damit sagen möchte.

Mit diesem Kapitel will ich nicht behaupten, dass wir immer alles heilen können. Aber wir könnten es zumindest versuchen!

Auch ich selbst habe eine eigene Geschichte in Bezug auf Krankheit erlebt.
Ich war ja ein eher naives und sehr gutgläubiges Kind. Irgendwie hatte ich immer meine rosarote Brille auf. Diese behielt ich auch als ich erwachsen wurde. Ich dachte früher, jeder Mensch wäre einfach nur gut und lieb. Manch einer kann es vielleicht nicht so zeigen, aber das konnte ich ganz schnell entschuldigen. Situationen konnte ich genauso wenig einschätzen. Alles musste zu meistern sein. Es durfte nichts Schlechtes, Unpassendes, Gemeines geben. Immer hatte ich Entschuldigungen dafür. Warum auch immer, für wirklich »Böses« hatte ich keinen Baustein in mir.
Darum konnte ich meine Beziehungen auch nicht wirklich einschätzen. Immer dachte ich, des lag an mir. ICH war einfach noch nicht gut genug. ICH müsste noch mehr annehmen und einfach demütiger werden. Und weil ich böse Situationen oder unangebrachtes Verhalten bei anderen nicht »sehen wollte«, da dann mein heiliges Weltbild zerstört werden würde, blendete ich das »Böse«, egal in welcher Weise und wie heftig dies auftrat, einfach aus. Unerschütterlich!

Bis auch mich eine schwere Krankheit traf.
Mein linkes Auge wurde blind. Die Ärzte sagten, es sei verloren und man könne dies auch durch keine Therapie rückgängig machen. Jeder der mich sah erschrak zutiefst. Ich hatte jetzt ein weißes, blindes Auge. Das war so erschütternd für mich, da ich ja immer dachte, ich tue alles für meine Gesundheit und mein Seelenheil, dass ich jetzt doch wissen wollte, wo ich gegen mich lebte. Ich hinterfragte mein rosarotes Weltbild und musste mir, ich weiß gar nicht wie ich das plötzlich doch konnte, erkennen, dass es sehr wohl Menschen und Situationen gab, die mir nicht gut taten. Das es nicht nur ein gut und ein nicht so gut gab, sondern sehr wohl auch ein »böse«. Böse in dem Sinne, dass ich mir zu viel gefallen ließ, was nicht wirklich liebevoll war.
Und dann sah ich hin. Immer wieder! Ich entdeckte meine ganzen Lebenslügen. Immerhin wusste ich jetzt, warum ich da nicht hinsehen wollte: Es tat einfach weh, das anzusehen. Das die Welt nicht rosarot

ist. Aber ein Feuer war nun in mir entfacht. Wenn Unbewusstes den Körper zerstören kann, dann müsste Bewusstes vielleicht manches heilen können.

Und mit meinem Erkennen wurde wie durch ein Wunder, mein Auge plötzlich wieder besser. Ich sehe zwar immer noch unscharf, aber ich kann schon wieder etwas erkennen. Und Sie müssen sich vorstellen, mein Auge war blind und total weiß, wie blinde Augen eben so aussehen. Und jetzt sieht man von außen gar nichts mehr davon. Mein Auge sieht aus wie früher. Meine Ärzte können sich dies überhaupt nicht erklären und die Sprechstundenhilfe ist jedesmal ganz aus dem Häuschen, wenn ich vorbei komme und ihr die Farben meiner Augen zeige. Aber auch wenn es nicht mehr ganz heil wird, bin ich glücklich, dass das bis zu diesem Grad überhaupt geschehen konnte.

Bis jetzt wird es von Monat zu Monat besser. *

Diese Verbindung zwischen Seele und Körper ist nicht nur bei uns Menschen anwendbar, sondern auch bei Tieren.

Ich habe mir immer wieder Gedanken gemacht, um was es ging, wenn ein Tier von mir krank wurde. Es kam zwar relativ selten vor, aber trotzdem sah ich immer eine Verbindung zwischen seelischen Missstimmungen und den Krankheiten.

Vor vielen Jahren hatte ich mir ein Pferd gekauft. Dieses Pferd wuchs in einer großen Herde auf und hatte dort seinen festen, sozialen Platz. Es konnte mit den anderen Pferden toben, gegenseitige Fellpflege betreiben oder sich in der Pferdesprache anderweitig austauschen. Es war nie alleine. Da dieses Pferd so gutmütig war, stellte sein damaliger Besitzer aus Platzmangel noch ein kleines, fremdes Fohlen in seine Box dazu. Sie fraßen und schliefen zusammen. Es war fast ein Mutter/Kind-Verhältnis. Sehr, sehr innig. Dieses Pferd war auch sehr kontaktfreudig. Sobald ein Besucher in den Stall kam, wurde dieser sofort lautwiehernd begrüßt.

Neugierig beschnupperte es jeden und ließ sich streicheln.

Nun, ich kaufte diese 4-jährige Stute und brachte sie zu mir nach Hause. Ich hatte einen Bauern in meinem Dorf ausfindig gemacht, der mir extra einen schönen Stall mit einem Auslauf an einem entfernten Teil des Bauernhofes baute. Da hatte sie Platz und konnte, wann immer sie wollte, raus gehen.
Ich war mächtig stolz auf diesen Stall und überzeugt davon, dass es meinem neuen Pferd an nichts mangeln würde. Dafür würde ich schon sorgen! Ich nannte es »Namaste«. Dieser Name kommt aus Indien und ist eine sehr blumige Begrüßung, die soviel heißt wie: »Ich grüße deine Göttlichkeit in dir!«. Mein Pferd war so anhänglich, neugierig und lieb, dass dieser Name einfach zu ihm passte.

Also, ich hole meine Namaste zu mir und sie fühlte sich auch sehr wohl in ihrem neuen Stall. Einmal am Tag ging ich zu ihr, um sie einzureiten und den Stall sauber zu machen. Ansonsten war sie ziemlich alleine. Das gefiel mir nicht und so überlegte ich, ob ich eine kleine Ziege als Gefährtin zu ihr stellen sollte. Aber bei dem Versuch, ihr eine Ziege unterzujubeln, streikte Namaste, indem sie nach der Ziege ausschlug. Nach einigen erneuten Versuchen, kam ich zu der Überlegung, dass sie vielleicht lieber alleine bleiben mochte.
Ich unterließ erneute Versuche mit anderen Ziegen.

Nach einigen Wochen bemerkte ich jedoch ein eigenartiges Verhalten an meinem Pferd. Früher wurde ich immer lautstark begrüßt. Doch seit einiger Zeit stand Namaste nur noch desinteressiert in ihrem Stall. Es folgte keine Begrüßung mehr und auch der Ausritt verlief relativ lustlos, wie mir schien.
Das ging einige Wochen so bis Namaste bei einem Ausritt zusammenbrach. Tief erschrocken holte ich sogleich einen Tierarzt. Namaste stand mit gesenktem Kopf im Hof des Bauers und ließ die tierärztlichen Untersuchungen über sich ergehen. Alle Neugierde, alles Temperament und aller Schalk war aus ihr gewichen.

Die Diagnose war niederschmetternd. Schwere Lungenentzündung! Hoffnungslos!
Ich weinte die ganze Nacht und fühlte mich total schuldig. Dieses wunderbare, lebenslustige Pferd ist bei MIR sterbenskrank geworden. Ich war schuld!
Es machte mich fast wahnsinnig, da ich wusste, ich hatte irgendetwas Wichtiges übersehen.
Tagelang überlegte ich, warum mein Pferd so krank werden konnte. Es hatte einen supertollen Stall. Es bekam gesundes, abwechslungsreiches Futter und obendrein schier unbegrenzte Liebe von mir. Was konnte es gewesen sein?

Die Antwort kam, nachdem ich mir wieder einmal Gedanken machte, warum Menschen überhaupt krank werden. Ich hatte mir zu dieser Zeit mein erstes Buch über Krankheiten und deren Wurzeln gekauft. Es war das Buch von Rüdiger Dahlke »Krankheit als Sprache der Seele«. Ich studierte es Tag und Nacht und plötzlich kam die Erkenntnis wie ein Blitz aus heiterem Himmel. Lungen haben etwas mit Austausch zu tun, nämlich dem Einatmen von Sauerstoff und dem Ausatmen von Kohlenmonoxid.

Auf seelischer Ebene haben sie auch etwas mit Austausch zu tun. Da die Lunge für die Atmung wichtig ist und wir damit unser Überleben sichern, kam mir die Idee, dass diese Lungenentzündung für fehlende Kommunikation und Austausch steht. Ihr fehlte also das Miteinander mit ihren Artgenossen?! Naja, irgendwie machte dies Sinn für mich. Sie stand den ganzen Tag alleine in ihrem Stall und hatte keine Möglichkeiten, sich mit anderen »Kollegen« auszutauschen, um in einem emotionalen Gleichgewicht zu bleiben. Dies war für sie aber immer schon sehr wichtig gewesen, da sie ein sehr kommunikatives Pferd war, das es liebte, sich auszutauschen, egal ob mit Menschen oder Ihresgleichen. Auch ihre ganze deprimierte Körperhaltung sprach Bände. Sie war kurz davor, für immer zu gehen. Dieses einsame Leben war nichts für sie. Schließlich war sie über vier Jahre in einer Herde groß geworden.

Nun hieß es für mich »Handeln«! Und zwar schnell! Die Ärzte gaben ihr nicht mehr viel Zeit.
Ich kaufte sofort ein kleines Pony. Natürlich auch mit dem Hintergedanken, meine Kinder könnten sich für den Reitsport interessieren und würden somit ihre aufkommenden Pubertätsmanieren dementsprechend positiv umleiten können.
Einmal Reiter, immer Reiter!

Innerhalb von zwei Tagen baute mein lieber Bauer einen zweiten Stall. Und zwar teilte er nur den großen Stall von Namaste in zwei Ställe auf. Auf mein Drängen baute er nur eine sehr niedrige Trennwand ein. Diese niedrige Trennwand war mir deswegen so wichtig, damit sich beide Pferde gegenseitig, nachdem sie sich kennengelernt hatten, beschnuppern und austauschen konnten.

Eine Woche später stand unser neues Pony im Stall und Namaste blühte förmlich auf. Die beiden Pferde verstanden sich auf Anhieb sehr gut, gingen zusammen auf die Weide und nach kurzer Zeit sah ich, wie sie sich gegenseitig mit ihren Zähnen die Mähne kraulten.

Von diesem Augenblick an war Namaste geheilt und wurde nie wieder krank!

Auch Jahre später, als ich mich bereits viel mit Krankheiten auseinandergesetzt hatte, überlegte ich, warum meine anderen Tiere eigentlich so gut wie nie krank wurden. Über viele Jahre! Ich kam zu dem Schluss, dass all meine Tiere viel Freiheit hatten, so sein zu dürfen, wie sie eben waren. Mit all ihren positiven und negativen Seiten! Nie wollte ich meine Tiere erziehen, damit sie mir gehorchten. Ich gab ihnen nur meine unerschütterliche Liebe. Ich wollte ein schönes Miteinander leben. Und dieses »Gehorchen« setzte automatisch ein, ohne großes »Erziehen müssen«.

Meine Tiere wussten oder merkten, dass ich mich nicht als Frauchen aufspielte, sondern – Sie werden es nicht glauben – mich um ein gleichberechtigtes Miteinander bemühte. Ja, lachen Sie nur! Aber so war es mit all meinen Tieren. Dadurch, dass ich nicht auf die Rolle einer erzieherischen Autorität bestand, hörte z.B. Namaste freiwillig auf mich. Wenn ich mit Freunden in einer größeren Gruppe ausritt und die Pferde erschraken und durchgingen, sagte ich, ohne die Zügel anzuziehen nur scharf »Brrrr« und Namaste stand, während rechts und links von uns die anderen Pferde davon sprangen. Das müssen Sie sich einmal vorstellen. Pferde sind ja Herdentiere. Eigentlich ist es üblich, dass, wenn ein Pferd in einer Gruppe durchgeht, die anderen Pferde mitlaufen. Ein Gruppendurchgehen quasi!

Dafür ließ ich Namaste, wenn wir zusammen spazieren gingen, gerne ein paar Schritte vor mir laufen. Das ist bei Reitern eine Todsünde, da das angeblich die Autorität des Reiters dem Pferd gegenüber, untergräbt. Sie sehen, wie festgefahren manchmal Meinungen und Überzeugungen sein können.

Oft wurde ich ausgelacht von meinen Freunden. Sie meinten, Namaste habe mich ganz schön in der Hand. Sie wäre charakterlich viel zu stark für mich. Wenn alle Pferde dann einmal durchgingen, nur Namaste nicht, konnten sie das nicht verstehen.
Ich wollte auf keinen Fall ihren Willen brechen.

Im übrigen erzog ich auch meine Kinder so. Es sind prächtige Menschen geworden! Was heißt geworden? Das waren sie ja schon immer. Ich habe sie nur nicht nach meinen Maßstäben verbogen. Und ich habe viel von meinen Kindern lernen dürfen.

Nun gut! Zurück zu den Wurzeln des Übels »Krankheit«.
Wir sehen, wie wichtig es ist, die Verbindung zu der Ursache, warum wir krank werden, herauszufinden. Damit sind wir bei dem Gesetz von Ursache und Wirkung. Jede Wirkung hat seine Ursache. Auch Krankheiten!

Da alles auch Geist ist, sind auch alle Anfänge geistiger Natur. Somit sind wir beim Denken. Zum Beispiel beim negativen Denken oder auch beim falschen Denken! Unter »falschem Denken« verstehe ich, wenn wir Situationen nicht so sehen wollen, wie sie wirklich sind. Wie können wir jedoch positiv denken, wenn wir gar nicht gelernt haben, uns selbst zu leben? Ich meine mit positiv das, was wirklich wichtig für uns ist und uns gut tut. Wodurch wir uns Lebensumstände schaffen können, die uns eben nicht krank machen!

Wenn wir uns immer wieder durch fremdbestimmte Vorschriften oder einengende Überzeugungen selbst beschneiden, haben wir damit eine falsche Ausgangssituation geschaffen, in der wir nicht wirklich gesund bleiben können! Denn unser Denken bestimmt unser Handeln und bringt uns damit entweder in förderliche Situationen oder in krankmachende Situationen.

Da wir ja in unserem Leben lernen sollten, uns selbst wirklich kennenzulernen, um uns treu bleiben zu können, ist eine Krankheit immer ein Zeichen, dass wir uns irgendwo verlaufen haben.

Es kann aber auch sein, dass wir in einer Situation sind, die nicht gerade förderlich für uns ist, die wir momentan aber nicht ändern können. Wie können wir damit umgehen, so dass unser Körper nicht reagieren muss?

Meine Erfahrungen haben mir gezeigt, dass es oft erst einmal wichtig ist, zu verstehen, um was es eigentlich geht. Nicht immer können wir sofort eine Situation verändern. Aber oft reicht ein »Wissen« schon aus, sofern wir bereit sind, die Angelegenheit wirklich als wichtig zu erachten. Wir dürfen uns mit diesem »Wissen« nicht selbst belügen oder uns auf das: »Mache ich später, irgendwann einmal!« vertrösten, in dem Bewusstsein, dass wir es höchstwahrscheinlich doch nicht ändern werden. Die Seele lässt sich nicht täuschen. Unser tiefstes Inneres weiß genau, wie ernst wir etwas nehmen.

Manchmal harren wir auch in belastenden Situationen aus, in denen wir eine auf später verlegte Veränderung auch möglich machen wollen und trotzdem werden wir krank. Was kann dies für uns bedeuten?

In diesen Fällen drängt einfach die Zeit. Wir können nichts mehr aufschieben, da alle Kräfte verbraucht sind. Wir haben mit einem Erkennen und Verändern vielleicht viel zu lange gewartet, so dass eine gewisse »Aushaltezeit« überschritten wurde. Dann zeigt sich wiederum der Körper.
Wir haben dann zumindest die Gelegenheit, durch unser Erkennen eine eventuelle Heilung zu unterstützen. Ich bin überzeugt davon, dass alles im Leben einen Ursprung hat. Manchmal können wir uns heilen und manchmal vielleicht nicht.
Unabhängig davon, sollten wir es zumindest versuchen. Eine Chance haben wir allemal!

Mit diesen vorliegenden Krankheitsgeschichten erkennen wir, wie kompakt und vielschichtig die Ursachen für eine Krankheit sein können. Wir können nicht nur in einem Buch nachlesen, was unsere Krankheit bedeutet und damit hat sich die Sache.
Nein, wir dürfen lernen, nach optimaleren Lebensausrichtungen Ausschau zu halten.
Wir dürfen lernen, unsere Lebenseinstellungen, unser Denken und unser Handeln anzusehen, um eine genaue Schlussfolgerung treffen zu können, warum wir diese oder jene Krankheit erwirkt haben. Wo wir gegen uns selbst gehandelt haben!

Erst dann können wir verstehen und sind vielleicht bereit, etwas in unserem Leben oder unserer Einstellung zum Leben und zu uns selbst, zu verändern.

III. Teil
Ankommen

Demut und der eigene Anspruch ans Leben

Oft hören wir, gerade in religiösen oder esoterischen Kreisen, dass Demut und eigene Ansprüche schlecht miteinander vereinbar wären. Die Demut stehe über allem. Und wenn wir an einer Kreuzung stünden, sollten wir uns immer für den Weg der Demut und wenn nötig, gegen unsere eigenen Ansprüche entscheiden. Dieser Weg führe zum Heil und zu Gott.

Auf diese Themen möchte ich ein bisschen näher eingehen. Ich denke, ganz so einfach können wir dies nicht auf den Punkt bringen. Vielmehr möchte ich behaupten, wenn der Mensch es fertig bringen würde, diese beiden Punkte zu vereinen, also eigene Ansprüche zu haben UND eine Demut zu leben, ohne sich selbst in einen Zwiespalt zu bringen, wäre dies sicher sehr effektiv und auch sinnvoll.
Gerade die Verbindung dieser beiden Pole, lässt uns nicht bigottisch leben, sondern bringt uns in eine Selbstverantwortung, in der wir Glauben, Vertrauen, Demut und eigene Handlungsverantwortung verbinden können.
Ein Leben mit Gott oder mit dem Göttlichen. Der allumfassenden Weisheit!

Eine wichtige Frage ist: Wie wichtig sind für uns eigene Ansprüche, die wir ans Leben stellen?

Ich habe im Laufe meiner Arbeiten einige Menschen kennengelernt, die wie ein Schiff wankend, sich von Welle zu Welle schaukelnd treiben ließen, in dem Glauben, das Wasser (das Leben) würde sie von ganz alleine in den sicheren Hafen führen. Sie nennen es Gottvertrauen und legen für immer die Hände in den Schoß! Gott würde ganz alleine ihr Leben regeln. Wenn es denn so sein soll, dass es ihnen gut gehen darf, dann wird es auch geschehen! Sie selbst würden irgendwann aufwachen und endlich im Paradies sein. Also, wozu eigene Vorstellungen oder sogar Ansprüche haben wollen? Erstens ist es anstrengend, eigene Ansprüche im Leben zu verwirklichen und zweitens steht der eigene Wert auf wackeligen Beinen, wenn wir unsere Ziele nicht verwirklichen können. Also lassen wir lieber diese Gefahr an uns vorüber ziehen, beziehen uns auf Gott und entledigen uns sämtlicher Eigenverantwortung unser Leben zu gestalten. Gott wird es schon richten, so wie es sein soll!

Natürlich muss ich zugeben, dass dies sehr praktische Züge hat. Ist es doch oft auch sehr mühselig zu lernen, sich durchzusetzen oder unseren Ängsten, vielleicht zu versagen, ins Gesicht zu sehen. Uns immer wieder selbst Mut zu machen und hinzufallen und wieder aufzustehen. Manchmal endlos oft!

Wenn ich Menschen über ihre Wunschvorstellungen und Ziele befrage, ist es erstaunlich, wie wenige wirklich genaue Vorstellungen davon haben. Fast so, als spürten sie kein Recht auf ein gutes Leben in Selbstachtung und Würde.
Ich muss gestehen, ich wusste jahrelang auch nicht, was ich wirklich wollte.
Ich war überzeugt, keine eigenen Rechte zu haben, bis ich mich auf den Weg machte, diese zu erkunden.
Wenn wir lernen, uns selbst wichtig zu nehmen und trotzdem die Demut nicht aus den Augen zu lassen, haben wir viel erreicht.
Ich bin überzeugt, dass es eine höhere Macht gibt. Aber nicht in Form einer richtenden und bestrafenden Gottheit. Ich denke, es ist eine Liebe, die mich genau zum richtigen Zeitpunkt führt und lenkt. Manchmal bin ich ihr nahe und manchmal nicht. Manchmal kann ich ihr vertrauen und manchmal eben nicht. Es ist eine lebenslange Herausforderung, diese Pole in einen gewissen Einklang zu bringen. Wann sollte ich vorangehen und wann muss ich warten?

Eine Portion Demut in unserem Leben zu haben ist wichtig, damit unser Ego nicht größenwahnsinnig wird. Mit dieser Demut zeigen wir nämlich, dass es sehr wohl noch etwas Größeres als uns gibt. Dass es für uns Menschen auf dieser Erde der Polarität eben auch Grenzen gibt. Dass es hier zum Beispiel nicht nur Positives gibt, sondern sehr wohl auch Negatives! Und dass wir als Menschen auch immer der Gefahr anheim fallen können, die Seiten zu wechseln. Mit einer Demut im Herzen können wir also zum Beispiel unser Ego in Schach halten, wenn es wieder einmal meint, der Größte zu sein und damit anfängt, Grenzen anderer Menschen zu verletzen, um sich selbst aufzuspielen. Aber auch dem Ego, welches uns vormacht zu klein zu sein, würde eine Portion Demut nicht schaden. Denn damit gelangen wir wieder zu unserer Würde und dem Wissen, auch Großes bewirken zu können. Uns selbst zu leben! Mit Demut im Herzen sind wir auch fähig, Dankbarkeit zu fühlen. Und Dankbarkeit ist wichtig, damit wir wieder die Liebe fühlen können und unser Herz öffnen und uns von allem berühren lassen können.

Ohne Dankbarkeit können wir keine wirklich positiven Schritte gehen und zu einer besseren Welt verhelfen!
Dankbarkeit braucht nicht kämpfen, streiten, neidisch zu sein. Dankbarkeit lässt uns auch nicht gleichgültig sein. Gleichgültig dem Leben gegenüber! Im Gegenteil: Wir fühlen uns jetzt schon reich beschenkt mit all unseren Möglichkeiten und dem, was wir schon haben und werden können, und gönnen es unseren Mitmenschen ebenfalls. Keiner kann uns etwas wegnehmen, was zu uns gehört. Keiner kann uns etwas wegnehmen, weil es eine unglaubliche Vielfältigkeit auf unserem Planeten gibt.

Wenn wir unsere Persönlichkeit kennen und Eigenverantwortung übernehmen, geistige Gesetze verstehen, uns danach ausrichten und auch noch eine Portion Dankbarkeit und Gottvertrauen haben (nämlich, dass wir vieles schaffen können in unserem Leben und dass wir gut sind mit samt unseren »Schrägheiten«), dann sind wir schon gut dabei, unserem Leben eine positive Richtung zu geben.

Das Wunder der eigenen Verwandlung

Wenn die Raupe zum Schmetterling wird

Ich arbeite seit einigen Jahren mit Menschen, die den inneren Kampf gegen die Fremdbestimmung und für ihre Selbstbestimmung in ihrem Leben aufnehmen wollen, ihre Kindheitsmuster ansehen und ihre eigenen Werte kennenlernen wollen. Manchmal sieht es so aus, als würde erst einmal alles schlimmer werden. Ein anderes Mal ist es gerade umgekehrt und die Erlösung folgt auf den Fuß.

In meinen Arbeitsgruppen stellen sich die Teilnehmer manchmal auch die Frage, warum es nach der ersten Anfangseuphorie des Umbruchs dann plötzlich stagniert? Es schaut manchmal so aus, als wäre es jetzt, mit diesen neuen Erkenntnissen, noch viel komplizierter. Einige haben das Gefühl, vor dem Aufdecken ihrer Lebenslügen wenigstens ruhig geschlafen zu haben. Diese Unruhe, die am Anfang auch schwer einzuordnen ist, kann viele veranlassen aufzugeben und ihr altes Leben fortzusetzen. Einige mögen denken: »Wäre auch zu schön gewesen« und »Hat ja doch alles nicht geklappt«.
Somit bekommen sie eine Bestätigung ihrer Lebenslügen (»Wenn das Neue wirklich zu mir passen würde, hätte alles viel schneller geklappt und wäre sofort leichter!«).
Doch wenn wir genau hinsehen, stellen wir fest, dass wir erst einmal dabei sind, unser altes Leben, welches eingefahren war, aber uns auch Sicherheit gegeben hat, aufzubrechen.
Dies ist vergleichbar mit einem Hausbau. Haben wir auf unserem Grundstück schon ein Haus, welches uns jedoch nicht gefällt, müssen wir dieses Haus erst einreißen. Das bedeutet zwangsläufig, dass wir viel Staub und Dreck haben werden. Die Überreste müssen dann erst

sortiert werden. Was ist noch zu gebrauchen und was wollen wir ganz wegwerfen?

Es dauert auch seine Zeit, bis ein neues Haus (unsere neue Persönlichkeit) fertig ist. Wir müssen Planen, Vorbereiten, Aussuchen, Finanzieren und dann Bauen.

Wir benötigen viel Zeit, um unser Traumhaus aufstellen zu können. Je eigener wir unsere Persönlichkeit entfalten wollen, desto aufwändiger ist die Vorbereitungszeit. So ist es mit unserer neuen Persönlichkeitsentwicklung! Wir dürfen uns positivere und förderlichere, neue Glaubenssätze auswählen und diese in uns festigen, neue Verhaltensweisen ausprobieren und uns eine große Portion Selbstliebe erlauben.

Noch dazu dürfen wir niemals vergessen, dass wir negative Spannungen (Verbote, Nichterreichung unserer Ziele, Bestrafung, Ungerechtigkeiten und vieles mehr) gewohnt sind. Und wenn diese negativen Spannungen plötzlich fehlen oder einfach nicht mehr da sind, bekommen wir oft ein Gefühl der Langeweile oder Leere. Nichts »passiert« in dieser Hinsicht mehr. Wir brauchen nicht mehr zu kämpfen oder uns aufzuregen. Und das, obwohl wir ein »kämpfen« oder »nicht bekommen« meist unser Leben lang gewohnt waren. Dies auszuhalten dürfen wir erst einmal lernen.

Dazu habe ich wieder eine kleine Geschichte aus meiner Schulzeit. Unser Lehrer las uns eine Geschichte vor, die genau zur Erklärung dieser Thematik passt. Ich kann nur sagen; ein vortrefflicher Vergleich:

Im Geschichtsunterricht ging es um unterschiedliche Kulturen. Was für uns schrecklich ist, ist für andere Kulturen wünschenswert. Wir kennen das ja alle.

Die Geschichte ging um eine arrangierte Hochzeit in China. Zwei kleine Kinder wurden für eine spätere Ehe verlobt. Das Mädchen lebte in einem sehr konventionellen chinesischen Haus, indem es zur Kultur gehörte, dass sich die Mädchen die Füße klein binden mussten. Eine sehr schmerzhafte Prozedur, die über Jahre ging. Die Zehen dieser Mädchen wurde durch sehr enges Binden nach unten gebogen, so dass sie an der Fußsohle in umgekehrte Form waren. Dadurch erschien der Fuß kleiner und graziler. Außerdem war der Gang, da das Gehen sehr weh tat (kann man sich ja vorstellen), nur ein Trippeln, welches als sehr weiblich angesehen wurde. Für Männer galten diese Füße als besonderes Schönheitsmerkmal einer Frau. Das Einbinden der Zehen mussten die Frauen ihr ganzen Leben beibehalten, denn sobald sie auf diese Bandagen verzichteten, richteten sich die verformten Zehen wieder ein bisschen auf und das verursachte unglaubliche Schmerzen, da der Körper sich an die Fehlstellung gewöhnt hatte. Im Laufe der Jahre wurde diese Fehlstellung vom Körper angekommen, so dass dieses Einbinden nur als leichte Fixierung gefühlt wurde.

Der Sohn der anderen Familie jedoch, reiste, als er erwachsen wurde nach Amerika um Land und Leute kennenzulernen. Er bekam dort eine gute Anstellung als Techniker und begann mit der Zeit auch westlich zu denken.

Nach einigen Jahren kehrte er jedoch in sein Heimatland zurück um seine Verlobte, die er nur aus Kindertagen kannte, zu ehelichen. Noch ganz der Tradition zugewandt!

Nach der Hochzeit bemerkte er das täglich Einbinden der Füße, welche seine Frau nur ungestört im Badezimmer verrichtete oder wenn er noch schlief. Durch einen Türspalt beobachtete er seine junge Frau und sah auch ihre verkrüppelten Füße. Er war entsetzt, da er sich mit seinem westlichen Denken auch von vielen heimatlichen Traditionen entfernt hatte.

Eines Tages überraschte er seine Frau im Bad, als sie sich dem Einbinden ihrer Füße widmete. Sie erschrak zu Tode, denn bei dieser Arbeit durfte ihr niemand zusehen und schon gar nicht ihr eigener Ehemann. Er nahm sie in die Arme und meinte, sie bräuchte ihre Füße nicht mehr einbinden. Sie möge ab sofort auf zweie gesunden Beinen stehen. Lange Diskussionen folgten, da sich seine Frau nicht ohne weiteres gegen ihre Tradition stellen wollte. Waren die Füße ihrer Freundinnen doch auch eingebunden. Alle Füße von Frauen, die zur Oberschicht gehörten, waren eingebunden.

Jedoch war er der Mann im Hause und hatte das Sagen. Sie war sehr

traurig, wollte sie doch auf gar keinen Fall, mit großen Füßen, hässlich für ihren Mann sein, sondern sich auch in ihrer Gesellschaftsschicht als eine attraktive Frau zeigen. Alles flehen und betteln seiner Frau half ihr nicht.
Nun war es mit dem Ausbinden nicht ganz einfach. Soviel Schmerzen sie beim Einbinden die ganzen Jahre hindurch hatte (auch wenn es von Jahr zu Jahr leichter wurde), genauso viel Schmerzen hatte sie nun beim Ausbinden. Dienten die Binden nun als Stütze, um die schwierige und unnatürliche Stellung halten zu können, so war ohne diese kein sicherer Halt und keine Stütze mehr für diese Fehlstellung vorhanden. Die Zehen gingen automatisch wieder in Richtung ihrer Ursprungsstellung, die natürliche Stellung. Jedoch waren damit unglaubliche Schmerzen verbunden, da die Zehen bereits verkrüppelt waren und eine natürliche Stellung nicht ohne weiteres erreicht werden konnte.
Heimlich, wenn ihr Mann nicht da war, band sie ihre Zehen wieder ein und fand prompt Erleichterung. Immer wieder tat sie dies, weil das Aufbiegen der Zehen in eine gesunde Stellung, zu weh tat. Das war schließlich auch die Stellung, die die Zehen gewohnt waren und nur durch eine große und jahrelange Gewalteinwirkung fehlgestellt wurden. Es dauerte Jahre, bis die Zehen wieder einigermaßen eine gesunde Stellung hatten und diese Frau ohne Schmerzen laufen konnte.

Und so können wir unsere Persönlichkeit und unsere Prägungen betrachten. Was jahrelang fehlgestellt wurde, braucht einfach seine Zeit, um wieder in eine gesunde Ausgangsposition zu kommen.

Wir dürfen lernen, uns nicht gleich nieder zu machen, wenn wir Fehler gemacht haben. Das Lernen besteht eben auch aus »Fehler-machen«. Wir dürfen lernen, immer wieder aufzustehen, uns selbst Mut zu machen und unser Ziel, ein gesundes und glückliches Leben zu leben, nicht aus den Augen zu lassen.
Sicherlich kennen Sie diesen lustigen Spruch: gehen… hinfallen…. Krone richten… wieder aufstehen…!
Wenn wir dran bleiben, können wir wirklich Schönes erreichen. Viel-

leicht sogar einen Traum verwirklichen, den wir uns früher nie erlaubt hätten. Aber vor allem verlieren wir die Angst vor dem Leben und ihren Herausforderungen, weil wir uns nun viel erklären können und auch im Vorfeld in keine Sackgassen geraten, weil wir einfach ganz klar unsere Schwächen und Stärken kennen und auch das Gesetz von Ursache und Wirkung verstanden haben.

Deshalb rief ich auch 2003 die Arbeitsgruppen ins Leben.

In diesen Gruppen erleben wir alle Arten von Entwicklungsmöglichkeiten. Jedoch immer zum Vorteil für den Betroffenen. Sogar in meiner Kinder- und Jugendgruppe zeigen sich positive Persönlichkeitsentwicklungen.

Um diesen Aufbau einer neuen Persönlichkeit näher zu beschreiben, erzähle ich Ihnen, natürlich mit Zustimmung dieser Frauen, ein paar wahre Entwicklungsgeschichten, die sich in einer meiner Gruppen zugetragen haben. Die Namen sind natürlich verändert.

Es geschah in einer meiner ersten Arbeitsgruppen 2005! Dort hatte sich eine junge Frau, ich nenne sie einmal Jutta, angemeldet. Sie fühlte sich in Ihrem Leben sehr unglücklich. Sie war Mitte dreißig. Sie sah ein bisschen unscheinbar und mollig aus und brachte fast keinen Ton heraus. Nach unserer ersten Beratung, riet ich ihr zu einem Aurabild, durch welches wir ihre ganze Persönlichkeitsstruktur sehr gut sehen konnten. Es bestätigte ihre große Unsicherheit. Sie zweifelte sehr daran, ob sie ein liebevoller und wertvoller Mensch sei. Das Aurabild zeigte ihren nicht vorhandenen Selbstwert und ihre Unfähigkeit, Grenzen setzen zu können und sich durchzusetzen. Ihr Wunsch nach einem Kind war groß, da sie sich in ihrer Ehe sehr einsam fühlte und mehr oder weniger nur die Funktion einer guten Hausfrau erfüllen musste. Sie hatte wohl einen lieben Ehemann, der jedoch selbst wie ein großes Kind war und mit dem sie auch nicht über ihre Probleme und ihr Einsamkeitsgefühl reden konnte.

Der einzige Weg, um doch noch ein bisschen Glück zu spüren, war für sie, ein Kind zu bekommen
Trotz allen Versuchen klappte es jedoch nicht mit dem Kinderkriegen und manchmal hatte ich wirklich Angst um sie, da sie immer stiller und melancholischer wurde. Offensichtlich stand sie kurz vor einer tiefen Depression. Sie empfand ihr ganzes Leben nun als sinnlos und langweilig. Um sich selbst besser verstehen zu lernen und zu sehen, wo ihr Potenzial lag, empfahl ich ihr ein Persönlichkeitscoaching, was sie dankend annahm. Obwohl sie so still und unscheinbar auf mich wirkte, bewunderte ich ihr unglaubliches Durchhaltevermögen, etwas wissen zu wollen.
Da es mit ihrem Kinderwunsch nicht weiterging, stürzte sie sich nun, nachdem sie ihr Potenzial, ihre Stärken und Schwächen durch das Coaching erkannte, auf ihren Beruf. In der Tat hatte sie, trotz ihrer Schüchternheit, ausgezeichnete Führungsqualitäten. Durch das Coaching bestätigt, wagte sie sich, ein Angebot ihrer Firma anzunehmen, welches sie in eine größere Führungsposition brachte. Doch das reichte ihr noch lange nicht, da sie spürte, dass das »Annehmen können« dieses Postens, nur einen Teil ihrer Persönlichkeit abdeckt.
Sie besuchte nun meine monatlichen Arbeitsgruppen, in denen wir ganz intensiv die individuellen Schwierigkeiten eines jeden Teilnehmers unter die Lupe nehmen. Bei meinen selbst kreierten Lösungs- und Problemaufstellungen wurde die ganze Tragweite ihrer eigenen, gefühlten Wertlosigkeit sichtbar.
Diese Aufstellungen glichen hin und wieder wahren Theaterstücken, bei denen wir manchmal herzhaft lachen und manchmal weinen mussten. So wahr zeigte sich die Wirklichkeit.
Nach einer längeren Sommerpause kam Jutta wieder in die Gruppe. Ich erkannte sie fast nicht wieder. Vor meiner Türe stand eine junge Frau, schlank und rank, mit geschminktem und strahlendem Gesicht. Ich war sehr überrascht und fragte sie, was denn geschehen war.
Sie meinte, endlich habe sie ihr Selbstbewusstsein wieder gefunden. Aufgrund ihrer Arbeit an ihrer Persönlichkeit war sie jetzt bereit, zu hinterfragen, wo sie eigentlich hin möchte und welche Art von Beziehung sie haben möchte.

Das, was sie momentan hatte, war ihr eindeutig zu wenig. Zwar versuchte sie mit ihrem Mann darüber zu reden, aber es interessierte ihn nicht wirklich. Er verstand gar nicht, was sie wollte. Hatten sie doch ein schönes Haus und er einen anständigen Beruf. Was will man noch mehr? Schließlich hatten ihre Eltern auch nicht mehr.

Jutta bekam über ihre Arbeit als Führungskraft noch mehr Selbstvertrauen und Bestätigung. Ich konnte praktisch zusehen, wie sie wuchs.

Dann kam sie eines Tages in meine Praxis für eine Einzelstunde. Sie sah aus, wie das blühende Leben und ich fragte sie, was sich verändert hatte. Sie erzählte mir nun Unglaubliches. Sie habe beschlossen, sich von ihrem Mann zu trennen, da dieser sie gar nie verstehen konnte. Sie habe bereits eine eigene Wohnung in der nächstgrößeren Stadt gemietet und werde die nächste Woche ausziehen.
Sie können mir glauben, ich war platt!
Zudem, erzählte sie weiter, habe sie einen neuen Mann kennengelernt, mit dem sie sehr viel lachen könne und bei dem sie sich sehr wohl fühle. Sie könne aber noch nicht sagen, ob das der Mann ihres Lebens sei, weil sie das Gefühl nicht loswerde, so ganz könne auch dieser sich nicht auf sie einlassen. Aber jetzt wäre ihr eine ganz feste Beziehung nicht so wichtig. Sie wolle sich Zeit lassen und nicht wieder etwas überstürzen. Sie möchte jetzt endlich anfangen, ihr Leben zu genießen. Auch wolle sie endlich einen Partner haben, mit dem sie reden und Spaß haben könne, der sie ernst nehme und mit ihr Zukunftspläne schmiede.
Ich saß nur noch mit offenem Mund da und hörte ihr zu.
Sie lachte, schwang ihre schlanken Beine übereinander und warf ihre frisch vom Friseur geföhnten Haare in den Nacken. Wow!

Um sich Bestätigung zu holen bat sie mich, doch eine Aufstellung in Bezug auf Ihre Selbstliebe zu machen. Sie wollte sehen, was sich da getan hatte. Sie kam in die nächste Gruppenstunde und wir stellten gleich für jeden Teilnehmer das Thema »Selbstliebe« auf.
Das mit der Selbstliebe ist ja immer so eine heikle Sache, da dies eines

der schwierigeren Themen für uns ist. Bei jedem Teilnehmer lag die »Selbstliebe« mehr oder weniger im Argen! Bei Jutta war die Selbstliebe direkt neben ihr. Ein Paradebeispiel!
Das sind dann die Früchte, die, je nach Einsatz, früher oder später zu ernten sind. Aber bei ihr ging es ja nicht nur um die Früchte, die sie bekam. Auch sie musste sich mit der Trennung von ihrem Mann und den Szenen in der Familie, auseinandersetzen. Doch für sie war es eine Notwendigkeit, mit der sie sich auseinandersetzen wollte, um ihren Weg zu ihrem Glück frei machen zu können. Für sie war dies das kleinere Übel, obwohl es nicht leicht war, ihrer Familie die Stirn zu bieten, um gänzlich neue Wege zu gehen. Sie empfand es nur als eine Notwendigkeit und akzeptierte den vorrübergehenden Schmerz.

Für viele Andere, die sich verändern wollen und sich erst einmal mit der Auseinandersetzung mit dem Alten abgeben müssen, ist das manchmal eine unüberwindlich scheinende Hürde. Dieser Schmerz! Wir Menschen sind halt so! Wir wollen keinen Schmerz und keine Trauer. Davor haben wir Angst! Vielleicht ist es eine Angst, dass dieser Schmerz und diese Trauer nie vorüber gehen könnten? Deshalb meiden wir oft Entscheidungen, da unangenehme Konsequenzen dranhängen.

Doch es kam noch besser.
Sie nahm sich jetzt selbst endlich wichtig und arbeitete hartnäckig an sich, ihrer Weiterentwicklung und ihrem Eigenwert.

Eines Tages saßen wir uns in meiner Praxis wieder gegenüber. Sie fragte mich, ob sie kompetent genug wäre, einer Versetzung ins Ausland zuzustimmen. Sie hätte dann noch mehr Mitarbeiter unter sich und damit auch mehr Verantwortung in ihrem Geschäft übernehmen müssen.

Ich meinte, sie könne das jetzt sicher annehmen. Sie wäre nun selbstsicher und so stark, dass sie sich das sehr wohl zutrauen könnte.

Nach zwei Monaten verabschiedete sie sich aus meiner Gruppe, um alles hinter sich zu lassen. Ihren Freund hatte sie noch und sie würden sich alle paar Wochen sehen. Entweder flog sie nach Bayern oder er ins Ausland zu ihr.

Obwohl es auf der einen Seite ein schmerzlicher Abschied für mich war, begleitete ich sie doch schon eine geraume Zeit. Ich war mit ihrer Entwicklung sehr zufrieden und zuversichtlich.

In regelmäßigen Abständen schrieb sie mir, wie der Stand der Dinge war. Wir konnten ein stetes Wachsen sehen. Dann, eines Tages kam ein Brief von ihr. Sie habe jetzt ihren Freund verlassen, weil sie sich doch sehr einen Mann fürs Leben wünsche und einen, dem sie wichtig sei. Sie habe nun ihren Traummann gefunden. Es sei ein Einheimischer, der eine verantwortliche Position in ihrer Firma habe. Sie sei sehr glücklich und sie würden sogar planen, zu heiraten und Kinder zu bekommen. Sie bestätigte noch einmal, wie wichtig ihre Persönlichkeitsentwicklung für sie war, um an dieses wunderbare Ziel zu kommen. Nun sei sie rundherum glücklich und gespannt auf ihre Zukunft!

Ist das nicht schön?
(übrigens: Sie hat nun ihren Traummann geheiratet, einen süßen Sohn bekommen und das zweite Kind ist auch schon unterwegs. Ihr großer Traum von einer lieben und großen Familie ist nun in Erfüllung gegangen.)

Eine andere Frau aus der Gruppe litt jahrelang an Minderwertigkeitskomplexen. Sie traute sich nicht viel zu und wirkte auch von ihrer Ausstrahlung her sehr zaghaft, vorsichtig und unzufrieden. Auch war sie mit ihrer Arbeit nicht zufrieden und hatte Angst vor der Kritik ihrer Kollegen. Obwohl sie die einzige Fachkraft auf ihrem Gebiet war, fühlte sie sich nie gut genug und meinte, andere wären bestimmt schneller, besser oder belesener. Sie wollte zu gerne ihre Arbeitsstelle wechseln, traute sich das aber nicht zu. Ihr Selbstwert war mau und ließ keine Veränderung zu.

Im Laufe der Monate und der Arbeit an ihrer Persönlichkeit kam es auch hier zu einer deutlichen Wendung.
Da wir in den Gruppen immer die momentanen Schwierigkeiten angehen und Lösungsansätze finden, fiel uns allen auf, dass, nennen wir sie Karin, dass also Karin viel selbstbewusster wurde. Eines Tages kündigte sie uns an, sie habe nun ihre Stellung gekündigt und habe sich auch schon woanders vorgestellt. Das wäre vor einem halben Jahr noch undenkbar gewesen, weil ihr der Mut und das Vertrauen gefehlt haben. Doch nun war es soweit! Sie wechselte ziemlich schnell ihre Arbeitsstelle und hat nun eine feste Position, die ihr keiner streitig machen kann und auch nicht machen wird, weil sie ihre Kompetenzen immer besser lebt und sich zeigen traut. Zudem hat sie ein gutes Verhältnis zu ihrem neuen Chef, der sie unglaublich respektiert.

Ein weiteres Problem machte ihr zu schaffen. Sie wollte nicht auffallen! Nun war es so, dass sie und ihr Mann sich ein neues Auto gekauft hatten. Für sie war es zu groß und protzig! Sie traute sich fast nicht, bei Tageslicht durch ihre Siedlung zu fahren, denn, was würden die Leute sagen, wenn sie sich mit so einem großen Auto präsentieren würde? Für sie war es immer wieder eine Überwindung mit diesem Auto zu fahren. Auch mit diesem Thema arbeiteten wir und nun ist sie soweit, dass sie sich selbstbewusst und aufgerichtet in ihrem neuen Auto zeigen kann. Mittlerweilen macht es ihr sogar Spaß! Sie hat ihre falsche Bescheidenheit entdeckt, abgelegt und erkannt woher sie kam. Auch ihr Äußeres hat sich stark verändert, so dass es jedem Gruppenmitglied aufgefallen ist. Sie wirkt nun viel selbstbewusster, kraftvoller, zuversichtlicher und weiblicher. In dieser Selbstbewusstheit hat nun auch ihre erotische Seite einen Platz gefunden.

Dann ist da noch Lydia!
Lydia ist eine 50-jährige Kosmetikerin in einer großen Firma. Sie hatte sich jahrelang ausnützen lassen, weil sie sich selbst klein fühlte, obwohl sie in einer Führungsposition war. Lydia hatte Personal unter sich, welches jedoch nie ihren Anordnungen folgte, sondern sehr eigenmächtig

seinen eigenen Kopf durchsetzte. Vor allem eine bestimmte Kollegin machte ihr das Leben schwer. Diese Kollegin spielte sich selbst als Chefin auf und versuchte sogar, Lydia Vorschriften zu machen. Ein ganz besonders zäher Brocken!
Anfangs war Lydia noch so schwach, dass sie alles hinschmeißen wollte. Sie arbeitete aufopferungsvoll, gewissenhaft und kam spät abends nach Hause. Kein Mensch dankte es ihr. Weder mit Überstundenauszahlungen, Freitagen oder mit einem eigenen Computer als Arbeitserleichterung. Oft war sie fix und fertig von der ganzen Verantwortung, die sie trug. Es war ihr nicht möglich, sich beim übrigen Personal durchzusetzen, da ihr Eigenwert dies nicht zuließ. Es schien so, als hätten sich alle gegen sie verschworen und sicherlich war es so auch. Menschen spüren sofort, wenn sich ein Anderer nicht wehren kann.
Lydias Aufgabe bestand nun darin, sich als Chefin durchzusetzen, Anordnungen zu geben und sich keine Frechheiten gefallen zu lassen.
In unseren Gruppen übten wir über einige Rollenspiele oder Aufstellungen, wie sie sich durchsetzen konnte und welchen Ton sie anschlagen musste, um sich Gehör zu verschaffen. Bisher wurden ihre Anordnungen einfach ignoriert.
Manchmal bekam sie eine Hausaufgabe von mir mit, um vor dem Spiegel zu üben. Dort konnte sie am Besten sehen, wie sie auf Andere wirkte. Da es nicht ganz leicht ist, seinen, von Kindesbeinen unterdrückten Selbstwert wieder zu aktivieren, dauert es natürlich auch einige Zeit, bis diese neuen Verhaltensweisen einigermaßen sitzen. Zumindest so sitzen, dass die Umwelt neu darauf reagieren kann.

Und siehe da, Lydia machte es so gekonnt, dass sie im Nachhinein über sich selbst lachte, wenn sie uns die aktuellsten Geschichten und ihre neue Reaktion darauf erzählte.
Als sie sich sicher war, dass sie sich jetzt traute, zu sich und ihren Anordnungen zu stehen, kündigte die schwierigste Kollegin in ihrem Team.

– Aufgabe erfüllt, Aufgabe kann gehen! -

Dieses Thema »zu sich zu stehen«, zeigte sich noch in allen möglichen Variationen. Ihre Arbeitsstelle ist wie ein Brutkasten für schwierige Aufgabenstellungen und deren Lösungen. Aber Lydia wirkt nun sicherer, stärker und nicht mehr so fahrig und kleinmädchenhaft. Sie wächst von Mal zu Mal und es ist wunderbar, ihr dabei zuzuschauen.
Irgendwann wird die ganze negative Situation kippen und es kann generelle Besserung eintreten. Der Anfang ist jedenfalls gemacht!
Wenn wir sie heute fragen: »Na Lydia, wie geht's in der Arbeit?« antwortet sie überrascht: »In der Arbeit? Was soll da sein?« Wir lachen dann alle zusammen!

Zu guter Letzt möchte ich Ihnen noch Doris vorstellen.
Doris war eine Frau mit einer tiefen Verunsicherung darüber, inwieweit sie sich zeigen durfte.
Sie arbeitete als Schulleiterin und hatte eine furchtbare Klasse. Die Kinder störten den Unterricht, stritten, schrien und waren schwer zu bändigen. Ihr Wunsch war, den Kindern eine neue Art »Liebe zu leben« mitzugeben. Sie selbst war sehr gläubig und gottverbunden.
Allerdings hatte sie Kolleginnen, die ganz bestimmte Vorstellungen hatten, was MAN machen durfte und was nicht. Auf keinen Fall durfte MAN anders sein, als der Rest der Besatzung. Wenn Doris einen neuen Zugang zu ihren Schülern suchte, verunsicherten Kollegen, manchmal sogar die Eltern, ihr Bemühen. Sie selbst war sich nie ganz sicher, wie sie sich durchsetzen und verhalten sollte.

In unserer Arbeit fanden wir heraus, dass Doris auch mit dem Verbot aufwuchs, anders sein zu dürfen. Nur nicht auffallen, sonst stimmt etwas nicht mit einem.
Wir fanden einige Stellen in ihrem Leben, wo das auch noch gelebt wurde. Dieses »nur nicht auffallen«!
Sie erkannte, dass sie sehr wohl Wünsche hatte, die sie sich aber nicht traute zu verwirklichen, weil MAN dies vielleicht nicht machen darf. Als sie das erkannte, war sie so erschrocken über ihr Verbotsschild,

dass sie sich sofort entgegen aller Vorschriftmaßnahmen, einen blauen Sportwagen kaufte. Den hatte sie sich schon immer gewünscht, aber tausend Ausreden parat gehabt, warum ein Kauf unsinnig sei.
Es bereitete ihr große Freude, mit diesem auffälligen Auto durch ihr kleines Städtchen zu fahren. Endlich stand sie zu ihrer Ansicht, dass sie sehr wohl auch ein bisschen außergewöhnlich leben darf. Ein bisschen verrückt-sein ist o.k.!
Dann sah sie sich in ihrer Schule um. Gestärkt von ihren Vorstößen, machte sie sich nun selbständig auf, den Grund dafür zu suchen, warum ihre Klasse so schwierig war. Zu dieser Zeit arbeitete ich mit dem Mondknotenprinzip. Ich verstehe nicht viel von Astrologie, aber dieses Mondknotenthema hat es mir angetan. Dazu gibt es einige tolle Bücher, unter anderem »Woher kommst du und wohin gehst du?« von Sitara Mittag. Es geht um einen Südmondknoten und einen Nordmondknoten. Während der Südmondknoten aufzeigt, welche Verhaltens- und Denkweisen wir mitgebracht haben, die z.T. überlebt haben, zeigt der nördliche Mondknoten, welch neues Potenzial in unser Leben integriert werden sollte, um uns ganz zu leben. Sehr interessant!

Also kam Doris nach einigen Überlegungen zu dem Entschluss, wenn wir alle immer nur mit unserem Spiegelbild konfrontiert sind, muss diese schwierige Klasse ja auch irgendwo ein Spiegelbild von Doris sein. Da es gleiche Jahrgänge waren, gab es auch gleiche Verhaltensthemen. Als sie nachsah, welche Mondknotenkonstellationen die alte Klasse hatte, stellte sie fest, das dies genau mit ihrem Thema, sich nicht durchsetzen zu können und sich nicht zu vertrauen, übereinstimmte. Die Schüler provozierten automatisch ihre eigene Art sich durchzusetzen, da sie sich gerade mit diesem Thema so unsicher fühlte. Auch zeigten diese Kinder, dass sie eine Autorität forderten, die sich nicht einschüchtern ließ.
Denn, wenn wir von unserer Lebensphilosophie überzeugt sind, strahlen wir das natürlich auch aus, lassen uns nicht verunsichern und werden dadurch glaubwürdig. Und wenn wir glaubwürdig wirken, bewirken wir bei unserem Gegenüber auch etwas. – Man glaubt uns –. Wenn diese

Kinder nun ihrer Lehrerin glauben und damit vertrauen, lassen sie sich auch leichter lenken.

Ihre neue Klasse stellte sie vor ihre neue Aufgabe, nämlich, ihre eigene Spiritualität, Autorität und Lebensphilosophie in einer Selbstverständlichkeit zu leben und an ihre Schüler weiterzugeben.

Mit der Suche nach unserer eigenen Identität und dem darauffolgenden Umsetzen unserer Möglichkeiten, unsere Identität auszudrücken, werden wir insgesamt stärker und stimmiger. Kurz, wir werden authentisch!

Warum nehmen wir Dinge hin und verändern sie nicht? Warum fällt uns dies so schwer?
Ich denke, weil uns oft eine eventuelle Alternative als zu teuer erscheint! Wir müssen uns an die Arbeit machen, zu erkennen, welche neuen und passenderen Perspektiven uns noch zur Verfügung stehen und neue Strategien entwickeln, die unseren wirklichen Werten entsprechen. Unseren eigenen Werten, nicht den von außen aufgesetzten! Wir müssen uns fragen: »Fühle ich mich mit diesem einen Menschen, mit dieser einen Situation gut oder schlecht? Was kann ich daraus lernen? Was ist es mir wert, meinen Wert zu vertreten und zu leben? Welche Umstellungen bin ich bereit dafür zu tätigen und welche Konsequenzen trage ich dafür?

Das gute Gefühl zeigt uns, was für uns richtig ist. Ich meine jetzt nicht das gute Gefühl, was unser Ego braucht, um sich oberflächlich als Sieger zu fühlen. Ich meine unser tiefstes, innerstes Gefühl oder auch unser Wissen, was für uns gut wäre. Wir dürfen uns aus unserer eigenen Lethargie, Denkfaulheit und Handlungsunentschlossenheit befreien. Dann kann auch das Glück kommen. Das Glück ist wie eine Überwindungsprämie, die wir erhalten, wenn wir uns überwinden können, aus alten Begrenzungen, die uns nicht gut tun, auszubrechen, um unsere eigenen Werte und Maßstäbe zu leben.

Eine wichtige Prägung ist natürlich unsere Erziehung. Die meisten von uns sind nicht motiviert worden, etwas Neues zu tun oder auszuprobieren. Im Gegenteil! Wir sind oft gehindert worden. Manchmal ist es uns regelrecht verboten worden, etwas auszuprobieren: »Das geht nicht! Das kannst du doch nicht!«.

Kennen Sie diese Sprüche auch?

Und wenn wir mit solchen, sich ewig wiederholenden Sprüchen, ja Überzeugungen seitens unserer Eltern oder Lehrer in unserer Kindheit konfrontiert werden, glauben wir das irgendwann selbst.
Dann haben wir systematisch eine Handlungsunfähigkeit erlernt. Um diese wieder zu knacken, müssen wir uns einer großen Herausforderung stellen. Ich denke aber, es ist eine überwindbare Herausforderung! Das kostet allerdings viel Mut, Zuversicht, Disziplin, Geduld, Großherzigkeit sich selbst gegenüber und einen unerschütterlichen Willen, es zu schaffen.

Das wünsche ich uns allen

Wie das Vorwärtskommen ins Rollen gerät

Wir stellen uns oft die Frage, warum es denn so mühsam ist, sich zu wandeln und sein eigenes Selbst zu leben, sich vertreten und zeigen zu können, so wie man ist? Warum geht eine Umstellung so langsam und manchmal haben wir sogar das Gefühl, es geschieht gar nichts? Oder wir fühlen uns wieder und wieder in unseren alten Verhaltensweisen gefangen!
Unser Leben wurde auf verschiedenen Gebieten meist unbewusst gelebt. Auch wenn wir nach bestem Willen und Verstehen gehandelt haben. Wenn wir alte Reaktionsmuster loslassen, haben wir dafür erst einmal gar nichts gleichzusetzen. Denn ein neues Denken und Handeln kann das Alte nicht einfach ablösen. Das Neue muss erst von uns geschaffen werden. Wie sollte unser neues Leben aussehen? Unsere Handlungen und Denkmuster natürlich inbegriffen!
Das muss erst alles neu bewusst gemacht und gestaltet werden: Gefühle, Gedanken, Werte, Vorstellungen, Regeln und Ziele. Alles!
Neue Wege entstehen oft langsam, bis wir wirklich erkennen können, dass sich eine Situation durch unser neues Denken und Handeln verändert hat. Das geht nicht von heute auf morgen.
Und diese Morgendämmerungszeit ist eben weder Fisch noch Fleisch. Es gilt, bei unseren neuen Entscheidungen zu bleiben und sie immer wieder zu wiederholen, auch wenn wir momentan das Gefühl haben, in einer gewissen Leere zu schweben. Wie gesagt, es ist normal, dass wir uns nach einem Loslassen erst einmal in einer Leere wiederfinden. Die Angst, die wir in der Zeit haben, in der scheinbar nichts geschieht, ist einfach deshalb da, weil wir nicht wissen, wie das Resultat unserer neuen Entscheidungen in Wirklichkeit aussieht. Und das macht uns Angst! Deshalb zweifeln wir ganz schnell an eventuellen Verbesserungen, die wir anvisieren. Fragen machen sich bemerkbar: «Habe ich wirklich die Macht, mein Leben zu verbessern? Kann ich als kleines, unbedeutendes Menschlein gegen gewaltige Kindheitsprägungen an-

kommen? Habe ich überhaupt Macht, mein Leben in Richtung »schöner Leben« zu gestalten? Oder ist alles doch nur Schicksal?« Gott ist vielleicht so groß über uns, dass uns der strafende Zeigefinger nicht entgeht. Und zu guter letzt: »Stelle ich mich mit dieser Eigenkreation meiner Möglichkeiten nicht über Gott?«.
Somit wären wir tatsächlich wieder im alten Glauben an einen strafenden Gott gefangen. Aber Gott ist Liebe! Und nicht das, was Kirchenmächte aus der Religion gemacht haben, um Menschen in Angst und Schrecken zu versetzen und damit in Schach zu halten.
Glauben wir an unsere Handlungsunfähigkeit, stehen wir unserem Leben ohnmächtig gegenüber. Glauben wir an einen strafenden Gott, können wir uns auch gleich beerdigen lassen. Denn so gut, wie man uns lehrt sein zu müssen, können wir nie im Leben sein. Somit unterschreiben wir unsere Verdammnis und leben in einem Massenbewusstseinsstrom, den Dingen ausgeliefert, die da noch kommen werden.

Doch jetzt wollen wir aus unserem Tiefschlaf erwachen und sehen, wie wir Hand in Hand mit dem Göttlichen unser Leben verändern können. Strafen gibt es nicht, höchstens Wirkungen auf unsere eigenen gesetzten Ursachen.

Wir alle haben bestimmt schon Situationen erlebt, in denen wir eine Veränderung vorgenommen haben ohne lange auf Ergebnisse warten zu müssen. Wir haben eine neue Entscheidung getroffen, umgesetzt und das positive Resultat bekommen.
Vielleicht dachten wir, genau so schnell müsse es gehen, wenn wir unsere ganze Persönlichkeitsstruktur verändern.
Doch wenn wir unsere Persönlichkeitsstruktur verändern, verändert sich damit unser Leben eher langsam, je nachdem, wie viel Kraft, Überzeugung, Disziplin und Willen wir aufbringen. Neue Anschauungen über unsere Person müssen erst wachsen.

Es kann auch sein, dass, wenn sich unsere alten Knoten lösen, wir erst einmal eine gewisse Spannung und Festigkeit verlieren. Hat uns unsere

bisherige Persönlichkeitsstruktur doch bis dahin gebracht, wo wir heute stehen. Das hat uns auch eine gewisse Sicherheit gegeben.
Jetzt geht es darum, eine neue Festigkeit und Stabilität zu bekommen. Eine große Herausforderung für unsere eingefahrenen Sicherheitsvorkehrungen. Erst einmal müssen wir alles Alte und Unpassende loslassen, ohne zu wissen, was genau folgt. Je genauer wir unsere neuen Ziele in Bezug auf unsere Persönlichkeit und unser Leben setzen, desto eher können wir in diese Richtung gehen und neue Sicherheit bekommen. Doch dies braucht seine Zeit. Und genau diese Auszeit ist für uns Menschen oft unerträglich, da der Zweifel sich breit macht, ob wir denn alles richtig gemacht haben. Und schon beginnt sich die alte Verhaltensschleife nicht gut und würdig genug zu sein, über uns zuzuziehen. Das kann wirklich soweit gehen, dass wir in einer Endlosschleife hängen bleiben, in der gar nichts vorwärts geht, weil wir mit unseren Zweifeln andächtig an unseren alten Kindheitsprägungen festhalten.

Wenn wir das erkannt haben, ist zwar auch eine momentane Durststrecke immer noch beängstigend, aber da wir jetzt um die Gesetzmäßigkeiten von Ursache und Wirkung wissen, können wir leichter damit umgehen. Und wenn wir einmal ehrlich sind: Geduld ist nicht so wirklich unsere Stärke!

Doch auch das Gesetz des Rhythmus sollten wir nicht außer Acht lassen. Gerade in einer Zeit, in der es scheint, dass nichts weiter geht. Diese Ruhephasen gibt es eben. Das Beste ist doch, uns dieser Ruhephasen bewusst zu werden und dazu »JA« zu sagen. So strampeln wir nicht ständig gegen den Strom und verbrauchen nicht unnötige Kraft. Denn, wenn wir gegen den Strom schwimmen und wir nicht vorwärts kommen, setzen wir damit sehr schnell den Samen des Zweifels »Ich will jetzt unbedingt, dass etwas geschieht, aber es geschieht nichts! Bin ich dann noch auf dem richtigen Weg? Vielleicht ist es besser, wieder umzudrehen und im Alten zu bleiben? Da weiß ich wenigstens, was ich habe!«.

Solche Gedanken hatten wir bestimmt alle schon einmal, wenn wir unbedingt etwas erreichen wollten, es uns aber nicht sofort gelungen ist!

Lassen wir uns davon nicht entmutigen, sondern denken an die geistigen Gesetze, die da wohl jetzt wirken. Es wird eine Zeit kommen, da passiert auch wieder etwas. Und dann geht es wieder vorwärts. Schließlich braucht nicht nur äußeres Wachstum seine Zeit, sondern auch inneres Wachstum. Lassen wir dieses Wachstum zu und geben den Zeitpunkt, wann etwas wie geschehen sollte nach OBEN ab.

So ist unsere größte Herausforderung, trotz momentan nicht vorhandener Resultate, an uns zu glauben und uns die Fülle, das Schöne und Gute unermüdlich und immer wieder neu zu erlauben und unsere Handlungen dementsprechend auszurichten.

Lassen wir uns nicht entmutigen, wenn wir unsere neuen Handlungsweisen, die uns zu besseren Resultaten führen, eher zögerlich ausführen können. Vielleicht trauen wir uns noch nicht richtig uns zu behaupten? Vielleicht kämpfen wir noch sehr viel mit unserer Angst dann böse zu sein?
Wir dürfen mit uns selbst etwas geduldiger sein und sollten lernen, eine gewisse Zuversicht zu entwickeln. Egal, wie die Dinge momentan stehen!

In meinen Aurazeichnungen von Klienten sehe ich immer wieder, wie schön alle Menschen mit ihrer noch nicht gesehenen Persönlichkeit sind. Was für tolle Möglichkeiten sie haben, ihr Leben zu bereichern. Lassen wir das doch zu!
Da sind Selbstzweifel und Kasteiung nicht nötig. Da geht es vor allem um die eigene, innere Fülle, das eigene Potenzial. Jeder Mensch hat auch eine ganz unterschiedliche Vorstellung, wie sein Leben aussehen sollte. Keine ist absolut gleich. Und das ist gut so!
Der eine möchte vielleicht materielle Güter, der andere möchte als höchstes Lebensziel nur Zeit für sich haben. Wieder ein anderer möchte

Menschen auf irgendeine Art helfen oder etwas Schönes in die Welt setzen! Manch einer möchte einfach seinen Traum von seiner Berufung verwirklichen.
Wir dürfen uns fragen, sind wir schon auf unserem Weg, uns diese Vorstellungen und Wünsche vom Leben zu erfüllen? Haben wir uns wenigstens schon auf den Weg gemacht?

Wenn ich von Fülle rede, meine ich nicht unbedingt Geld. Für manche bedeutet Geld gar nichts. Sie haben andere Werte. Wobei auch das Verlangen nach Luxus, kommt es aus dem tiefsten Herzen, nichts Schlechtes ist. Im Gegenteil! Haben wir genug Geld, können wir wiederum leichter anderen Menschen helfen.

In Armut auszuharren, nur weil wir meinen damit »rein und spirituell« zu sein, empfinde ich als Blödsinn. Sich die Fülle ohne schlechtes Gewissen zu erlauben, sich daran zu erfreuen…. ist das nicht gottgewollt?

Ja, es wäre jetzt für den einen oder anderen von uns wichtig, sich ein neues Gottesbild zu machen.

Die Transformation meines Lebens – Was ist das eigentlich genau –

Wir reden oft von der eigenen Transformation. Aber was heißt das eigentlich genau? Ehrlich gesagt, wusste ich lange Zeit selbst nicht so genau, was es wirklich bedeuten könnte. Auf Wikipedia wird der Begriff folgendermaßen beschrieben: Umformung, Umwandlung und Umgestalten.
Wenn wir dies auf unsere Persönlichkeit beziehen heißt es: Unsere Persönlichkeit umwandeln! Und zwar von einer fremden Form, durch Fremdbestimmung, in eine echte, wirkliche und authentische Form.
Ich habe anhand von Skizzen versucht, dieses Thema etwas besser zu erklären. Nehmen wir diese Umwandlung bewusst, diszipliniert und guten Willens an, geben wir uns die Möglichkeit, UNSER wirkliches Leben zu leben. Und um das geht es eigentlich. Dieses Ziel sollte unser aller Ziel sein, denn es macht aus uns Individuen, die frei ihr Leben gestalten können.
Aber was noch viel besser ist, wir können damit auch dem einen oder anderen »Schicksalsschlag« entkommen. Denn so einiges an Schicksalsschlägen resultiert aus unserem fremdbestimmten Leben.
Und das macht auch Sinn! Denn, wenn wir unser Leben so einrichten, wie es nicht wirklich unserer Art und Persönlichkeit entspricht, kann kein wirklich gutes Ende heraus kommen. Besser ist es doch, wenn wir uns verändern, bevor eine Lebenskrise uns zu einem Umdenken zwingen muss.

Also machen wir uns lieber gleich an die Arbeit. Studieren Sie die nächsten Seiten aufmerksam und vergleichen Sie es mit Ihrem Leben. Wo stehen Sie?

Die Transformation unseres Lebens

Geburt	Kindheit	Erwachsen	Krise		Neue Erkenntnisse
Aufgabe	Prägungen	Wir leben unserer Leben gemäß unseren Anlagen und Prägungen	Zusammenbruch		Transformation bis zum Lebensende
	Gebote	meist falsches Selbstbild	Unzufriedenheit		Sich Individualität erlauben
	Verbote	meist falsches Weltbild	Hoffnungslosigkeit		Alte Muster loslassen
	Regeln Werte	Schuldgefühle Verdrängungen	Krankheit Äußerer Schicksalsschlag Sinnfrage Überprüfen meines Selbstbildes und Lebens	Transformationstüre	Seine wahre Identität leben. Schwächen in Stärken verwandeln
	Selbstbild (Ego) eigene Anlagen Weltbild				

Lebensweg →

Die Transformation meines Lebens

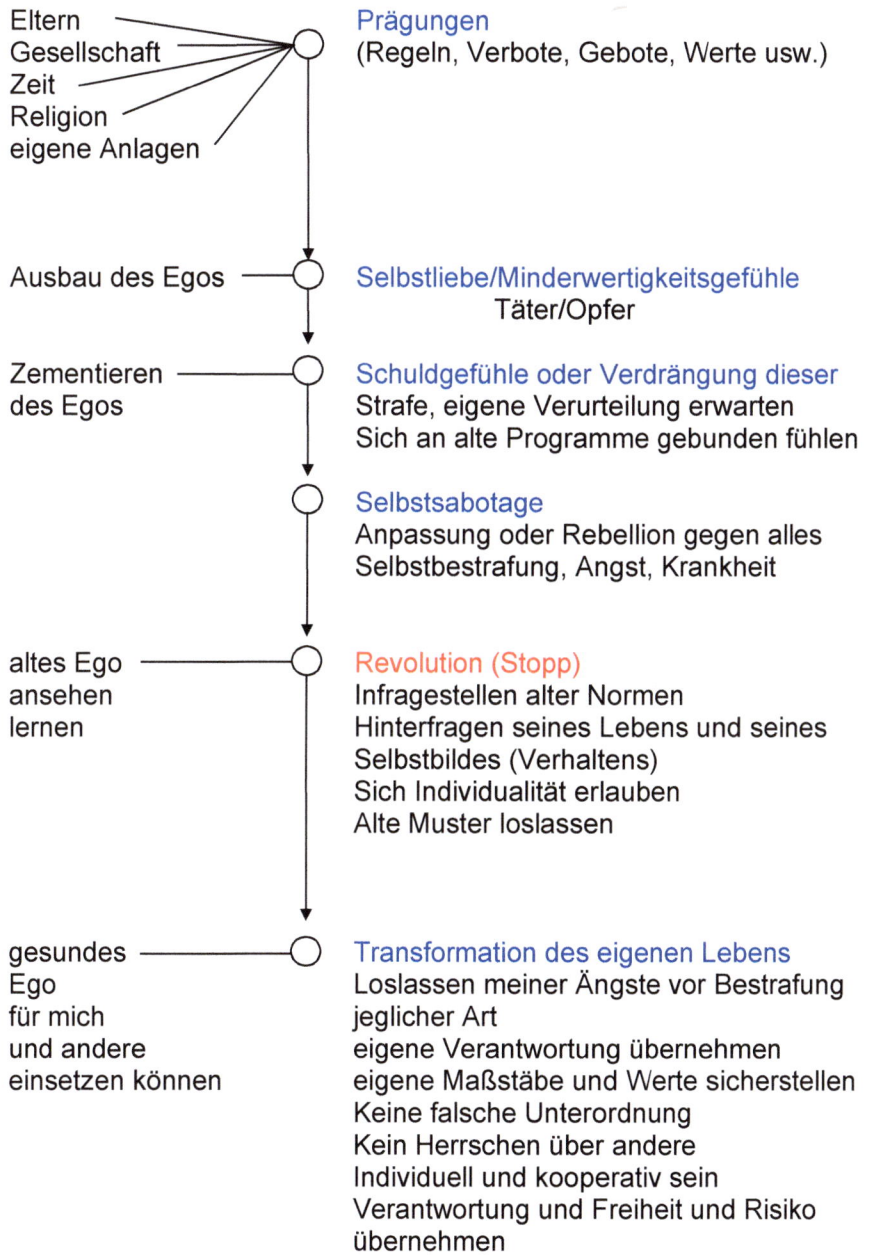

Eltern
Gesellschaft
Zeit
Religion
eigene Anlagen
— Prägungen
(Regeln, Verbote, Gebote, Werte usw.)

Ausbau des Egos — Selbstliebe/Minderwertigkeitsgefühle
Täter/Opfer

Zementieren des Egos — Schuldgefühle oder Verdrängung dieser
Strafe, eigene Verurteilung erwarten
Sich an alte Programme gebunden fühlen

Selbstsabotage
Anpassung oder Rebellion gegen alles
Selbstbestrafung, Angst, Krankheit

altes Ego
ansehen
lernen
— Revolution (Stopp)
Infragestellen alter Normen
Hinterfragen seines Lebens und seines Selbstbildes (Verhaltens)
Sich Individualität erlauben
Alte Muster loslassen

gesundes
Ego
für mich
und andere
einsetzen können
— Transformation des eigenen Lebens
Loslassen meiner Ängste vor Bestrafung jeglicher Art
eigene Verantwortung übernehmen
eigene Maßstäbe und Werte sicherstellen
Keine falsche Unterordnung
Kein Herrschen über andere
Individuell und kooperativ sein
Verantwortung und Freiheit und Risiko übernehmen

Als Kind

sind wir noch

offen,

individuell,

vertrauensvoll,

zielstrebig,

unverfälscht

negativ und positiv

So bauen wir uns unseren Weltenspiegel

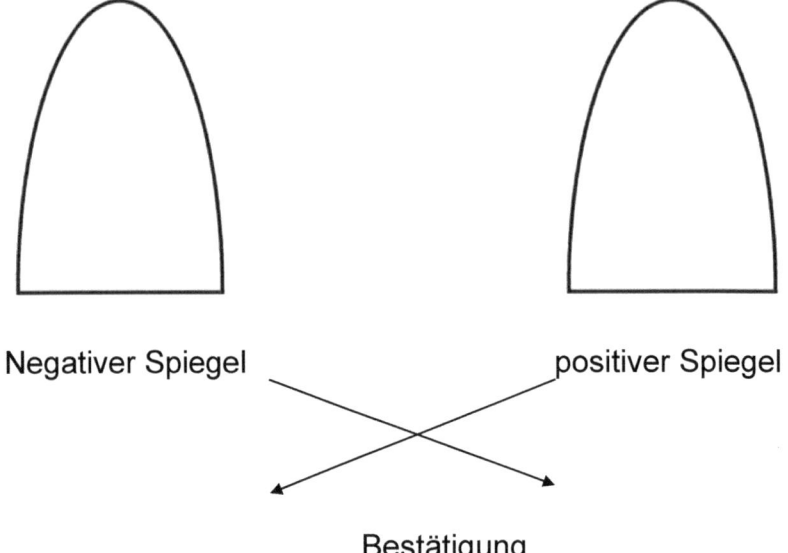

Negativer Spiegel   positiver Spiegel

<u>Bestätigung</u>

positive Erfahrungen	negative Erfahrungen
leichteres Wachstum ↓	schwierigeres Wachstum ↓
Vertrauen	Vorsicht
Freude	Misstrauen zu kritisch
Zufriedenheit	Unzufriedenheit
Glaube an sich	Mangeldenken
Dankbarkeit	Undankbarkeit
Vermehrtes Bewusstsein	unbewusst durch fremde Maßstäbe
Ein „was will ich?" wurde gefördert	„Ich darf nicht ich sein!" Ein „was will ich?" wurde verboten

Überprüfen meines Lebens

Bin ich da, wo ich hinwollte?

Wenn „nein", warum nicht?

Welche Ängste stehen mir im Wege?

Wo passe ich mich zu sehr an?

Wo lasse ich machen, schaue zu?

Was kann oder will ich nicht sehen?

Kenn ich meine Stärken/Schwächen?

Was verbiete ich mir insgeheim?

Wo habe ich ein negatives Selbstbild?

Wo und wie lasse ich mich manipulieren?
oder tue es selbst?

Wo ist das Thema Macht/Ohnmacht in meinem Leben?

Wo gebe ich Verantwortung ab?

Wo tätige ich Schuldzuweisungen?

Was erlaube ich mir im Leben und was nicht?

Was könnte ich verbessern an mir?

Bin ich liebevoll zu mir und anderen?

Kann ich verzeihen?

Kann ich wachsen?

Überprüfen meines Selbstbildes

Mein erlerntes negatives Selbstbild wird zum eigenen Schutz nach Außen projiziert:

Das erlebe ich im Außen:
Ich bin nicht gutDu bist nicht gut

Missachtung meiner Person

Fremdbestimmung

Beschuldigungen

Beängstigende, dauerhafte Situationen

Ohnmacht/Macht

dauerhafte, ungute Situationen

Fragen, die wir uns stellen sollten:

Welche negativen Anteile sind auch in mir und wollen gesehen werden?

Welche negativen Eigenschaften und Reaktionen müssen umgewandelt werden?

Polarität
Ursache / Wirkung

Transformation

Loslassen (sterben) des alten, negativen Selbstbild!

-eigene Prägungen erkennen

-bewusstes Hinterfragen (Schwächen, Verhaltensweisen)

-sich selbst verbessern und wachsen wollen

-Positive Einstellung überprüfen oder korrigieren, Eigenverantwortung tragen

-Keine Schuldzuweisungen sondern handeln

-Von der Selbstliebe zur Nächstenliebe

-Vertrauen und Zuversicht

-Umwandlung meiner Schwächen und Ängste in Stärken

↓

Ziel:

Die Selbstliebe und Liebe zum Nächsten leben!

Ängste loslassen →Vertrauen aufbauen

Karma – die Wahrheit von Ursache und Wirkung

Wir werden nicht zufällig zu einer beliebigen Zeit mit beliebigen Eigenschaften geboren, sondern zu dem Zeitpunkt, an dem die Qualität der Zeit, die Umstände und Menschen unserem »Lernprogramm« für unser Leben entspricht. In diesem Leben bekommen wir ein Bündel an Aufgaben und Herausforderungen aber auch an Hilfsmitteln und förderlichen Eigenschaften mit, um Schwierigkeiten überwinden zu können und damit zu wachsen.
Viele sind der Meinung, eine gewisse Aufgabe oder Schwierigkeit mit einem bestimmten Menschen bekommen zu haben, weil er in seinem Vorleben mit diesem Menschen schon Schwierigkeiten hatte oder ihm sogar etwas angetan hatte, was er im jetzigen Leben wieder gutmachen kann. Sozusagen in umgekehrten Rollen! Das ist sehr weit hergeholt und zeigt, dass wir den Sinn, warum wir ein Schicksal erhalten, nicht wirklich verstanden haben. Es geht um kein Wiedergutmachen oder um Sühne! Dass wir Aufgaben bewältigen dürfen in unserem Leben, ist den meisten von uns schon klar. Dass wir Aufgaben, die wir von unserer Persönlichkeitsentwicklung her, noch nicht bewältigen konnten und jetzt mit neuen Situationen konfrontiert werden, die diese Persönlichkeitsstärke herausfordert, sollte klar sein! Wir sind viele Male auf dieser Welt und bringen jeweils die psychischen Voraussetzungen mit, um die anstehenden Aufgaben zu lösen. Man könnte auch sagen, dass das Leben des Menschen als Evolutionsprozess gesehen werden kann. Je mehr wir die Ursachen für eine Wirkung erkennen können, im besten Fall natürlich unsere eigene Ursachensetzung, desto mehr können wir die Wirkung verstehen. Und je mehr wir verstehen können, warum, wieso und weshalb und wissen, wir können uns jederzeit anders verhalten, desto freier fühlen wir uns. Und je freier wir uns fühlen, desto größer wird unsere Dankbarkeit dem Leben gegenüber. Und je dankbarer wir werden, desto größer kann unsere Liebesbereitschaft werden.

Wie sieht mein Karma aus?

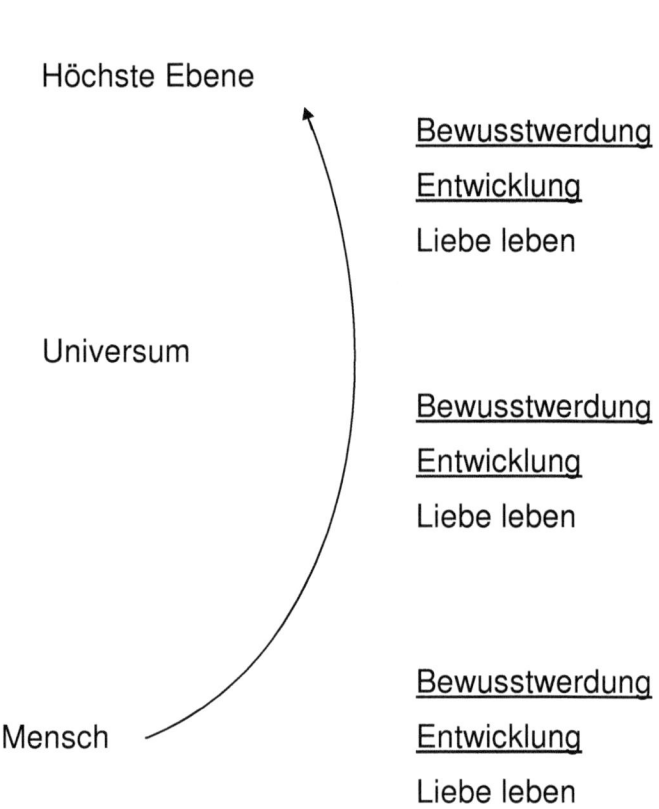

Karma = Durch unsere Entwicklung ein bewusstes Streben nach Vervollkommnung durch unsere Ursachenlegung und Wirkungannahme. Dadurch Weiterentwicklung möglich!

K A R M A

Großes Karma (Vervollkommnen)

1. Leben	2. Leben	3. Leben	4. Leben	usw.

Ursache Wirkung Prinzip

Ein Lebenskarma

Kindheit Prägung Lebensaufgabe zur persönlichen Entwicklung	negative Einwirkung ins Leben negative Erlebnisse	Wiederholung	Wiederholung	Wiederholung Umdenken Neuanfang Entwicklung durch Bewusst- werdung und persönliche Reifung setzt ein	Positive Ergebnisse keine alten Wiederholungen

Was bringt uns unsere Entwicklung?

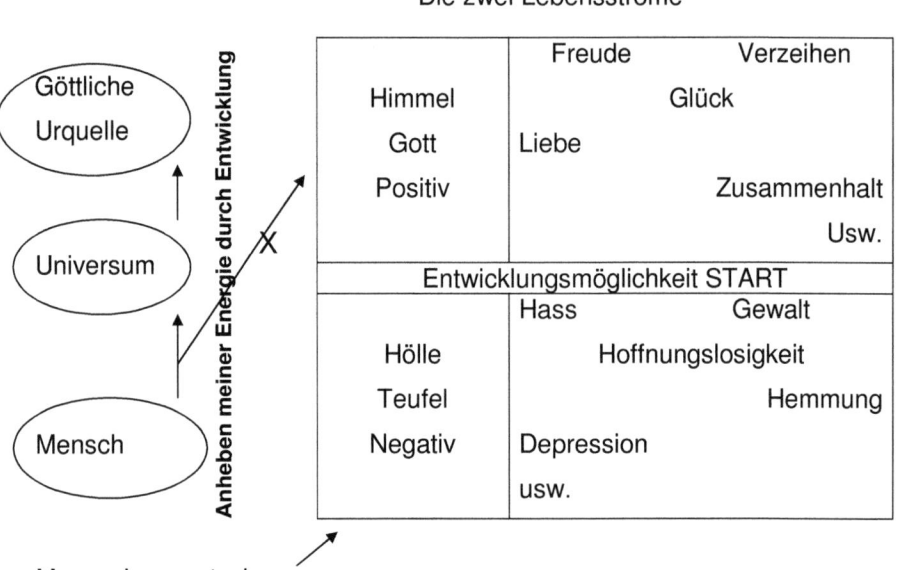

X durch Erlernen von:

- Bewusstheit
- persönliche Entwicklung
- Verbesserung
- Dankbarkeit   neues Entwicklungslevel
- Liebe   <u>wird unsere Energie angehoben</u>
- Erkennen der geistigen Gesetze   (nach Hause kommen)

Die Welt als ein Original verlassen

Haben Sie sich auch schon einmal gefragt, warum Sie auf der Welt sind? Was das Leben für einen Sinn hat? Wer Sie wirklich sind und was Sie ausmacht?

Keine leichten Fragen und doch stehen diese immer wieder im Raum.

Jeder Mensch ist einzigartig. Doch es wird uns nicht gelehrt, diese Einzigartigkeit zu leben. Meist lernen wir, uns nach jemand anderem auszurichten. So zu sein, wie dieser! Gerade bei Jugendlichen ist es oft zu sehen, wie sehr sie sich selbst suchen, meist keine Anleitung dafür haben und dann einfach ihr Idol (Sänger, Schauspieler usw.) kopieren. Es läuft dann z.B. nicht ein Justin Bieber herum, sondern tausende! In Wirklichkeit wollen sie aber eine individuelle Persönlichkeit sein. Ist das nicht schade?
Wir dürfen unsere ganz eigene Individualität erst suchen, dann finden, um sie im Endeffekt zu leben!

Dass das keine leichte Aufgabe ist, haben Sie bestimmt selbst schon erkannt!

Meist irren wir in unserem Leben mal hierhin und mal dorthin. Mal meinen wir, einen Zipfel von uns erkannt zu haben, um ihn im nächsten Augenblick wieder zu verlieren.

Wir alle sind mehr oder weniger auf der Suche nach uns selbst, nach unserer wahren Persönlichkeit.

Diese dürfen wir in diesem Leben ausgraben und Stück für Stück in unser Leben integrieren. Jeder für sich und doch auch miteinander!

Ein ewiges Suchen und Finden! Das kann auch Spaß machen. Je nachdem, welche Sichtweise wir darüber haben oder wie ernst wir dieses Spiel nehmen! Es kann auch zur Pflichtübung werden und Frustration hervorrufen.

Wir wissen oder spüren genau, dass wir noch nicht wirklich das sind, was wir wirklich sind. Und der Weg dorthin ist uns auch oft nicht klar und es ist kein Sonntagsnachmittagsspaziergang! So verweilen wir allzu oft lieber bei dem, was wir JETZT sind und haben! Und darum schrumpfen unsere Erwartungen an unser Leben auch zusehends!

Doch irgendwann kommt eine Zeit, in der wir hoffentlich merken: So kann es einfach nicht mehr weiter gehen! Wir spüren eine Dauerunzufriedenheit oder Leere in uns. Oder äußere Umstände lassen uns aufwachen, weil wir mit erschütternden Situationen konfrontiert werden.

Das ist dann meist die Zeit, in der wir wirklich zu graben anfangen, um zu sehen, wer wir wirklich sind und was wir noch mit unserem Leben anstellen wollen. Das ist hervorragend so!
Auch wenn die Bereitschaft zu graben vielleicht erst einmal durch etwas Unangenehmes hervorgerufen wurde, ist es besser so, als nie eine Gelegenheit zu spüren.
Wir sollten erkennen lernen, welche Lebensbrille (positiv oder negativ) wir erlernt haben und mit dieser unser ganzes weiteres Leben ausrichten und bestimmen. Uns sollte auch klar sein, dass erkannte Negativprogramme nicht von heute auf morgen umgewandelt werden können. Um etwas positiv umprogrammieren und dauerhaft installieren zu können, brauchen wir Zeit, Geduld und Wachsamkeit. Wenn wir wieder anfangen zu schlafen (wenn wir wieder unachtsam sind), kann uns unsere alte Einstellung (negative Brille) wieder einholen.

Wenn wir also zu sehr schlafen, können wir drauf warten, dass wir wieder in alte Verhaltensweisen hineinschlittern. Das geht oft schneller als wir denken. Also: Aufgepasst! Die Mühe ist es wert – allemal.

Entschließen wir uns gleich HEUTE, uns zu finden und lassen uns überraschen, welches Original wir in uns entdecken werden.

Viel Spaß dabei!

Prägungen Vorbilder Eigene Persönlichkeit	Mit dieser Brille baue ich mein Leben auf! z.B. Du bist nicht OK	Überprüfen meiner Brille und eventuelles Ablegen meiner Brille	Bewusste Entscheidungen treffen (da will ich hin!)
Was wir können oder nicht können, was wir sind oder nicht sind, Geldumgang, Kommunikation Was wir dürfen oder nicht dürfen, friedliches oder kämpfendes Miteinander, was wir verwirklichen können... Welche Möglichkeiten es für uns überhaupt gibt, was wir erreichen können oder nicht Reichtum / Armut Gut / Böse Bewusst / unbewusst leben Opfer / Täter sein Umgang mit Risiken eine Brille des Lebens entsteht Positiv / negativ Verhaltensmuster, GS	negativ — positiv Glaubensstärke (neg.) Vorbilder (neg.) Ausrichtung (neg.) Denken (neg.) Fühlen (neg.) → Bestätigung (neg.)	negativ — positiv Erkennen und Aufdecken negativer Muster und Verhaltensweisen und Ausrichtung. Annehmen des Ist-Zustands Annehmen der momentanen Unsicherheit, Leere und evtl. Ziellosigkeit aushalten <u>Hilfen</u> Vertrauen aufbauen Das wird schon wieder Dankbarkeit für die Ist-Situation Neugierde (da bin ich jetzt gespannt)	negativ — positiv neue Ausrichtung ↗ Dauerhaft positive Einstellung üben Klein anfangen Ziel definieren Verantwortung übernehmen Handeln Risiken eingehen Ausprobieren Geistige Gesetze erlernen 2 Seiten der Medaille sehen Flexibel werden (manchmal kommt es anders) → Neues Verhalten ausprobieren

Vorsicht!
Alte Ausrichtung

EPILOG

Hiermit endet unserer Reise, die Doppeldeutigkeit unseres Lebens verstehen zu können. Wir alle haben einen freien Willen für dieses Leben mitbekommen.
Das bedeutet, wir können selbständig handeln oder uns fremdbestimmen lassen.

Wir können selbst urteilen, was für uns gut ist oder nicht gut ist, oder wir lassen andere darüber urteilen!
Wir können uns selbst vertrauen lernen, um zu wissen wer wir sind oder wir vertrauen anderen.
Wir können selbst erkennen, wer wir sind oder wir glauben anderen.
Wir können selbst bestimmen, wie wir unsere Persönlichkeit ausdrücken wollen, um glücklicher zu sein oder wir hören auf andere.
Wir entscheiden uns für unser eigenes Leben oder wir leben ein fremdbestimmtes Leben.
Wir dürfen uns selbst lieben oder wir warten unser ganzes Leben auf »Die Liebe«.
Wir können auf ein Wunder im Außen hoffen oder wir erschaffen es in uns selbst.
Wir dürfen entscheiden, uns selbst als Original zu leben oder als Kopie! Wie entscheiden Sie sich?

Nach Fertigstellung dieses Buches und langer, disziplinierter Arbeit an mir selbst, bekam ich die Chance und große Freude, dass ein Lebenstraum wahr wurde.

Empfehlenswerte Bücher:

Sabine Kluwig	Zurück zum Anfang
Sabine Kluwig	Grenzüberschreitungen
Sabine Kluwig	Alle Vorträge über das Internet oder auf CD
Sabine Kluwig	Die Macht der geistigen Gesetze … die schönste Umstellung zu einem besseren Leben
Antony Robbins	Das Powerprinzip
Erich Fromm	Die Furcht vor der Freiheit
Erich Fromm	Die Kunst des Liebens
Erich Fromm	Vom Haben zum Sein
Sitara Mittag	Wo kommst du her, wo gehst du hin?
Erhard F. Freitag	Die Macht ihrer Gedanken
Ralph Waldo Emerson	Spanne deinen Wagen an die Sterne
Vadim Zeland	Transsurfing
Fritz Riemann	Grundformen der Angst
Luise Hay	Heile deinen Körper
Lise Bourbeau	Dein Körper sagt, liebe dich
Rüdige Dahlke	Krankheit als Sprache der Seele
Arno Gruen	Der Verlust des Mitgefühls
Simon de Beauvoir	Das andere Geschlecht
Marie-France Hirigoyen	Die Masken der Niedertracht
Prentice Mulford	Unfug des Lebens und des Sterbens
Prentice Mulford	Unserer Seele Kraft
Harriet Braiker	Giftige Beziehungen
Wolfgang Schmidbauer	Die Angst vor Nähe
John Tierney	Die Macht der Disziplin
Prof. Dr. Rupert Lay	Führen durch das Wort
Martin Seligman	Pessimisten küsst man nicht
Dr. Donald Curtis	Die magischen Kräfte deines Unterbewusstseins
Thomas A. Harris	Ich bin o.k. du bist o.k.
Chuck Spezzano	Wenn es verletzt, ist es keine Liebe
Hermann Meyer	Die eigene Identität

Mein Dank

Meinen Dank gebe ich dem Leben selbst, den Umständen, die mir zeigten, wo ich stehe, den Menschen, die mir begegneten, den guten Zeiten und den schlechten Zeiten und dem Glück, dies alles verstehen zu können.

Mein allergrößter Dank jedoch gilt meinen Kindern, die immer bedingungslos hinter mir stehen, eine große Dankbarkeit und Wertschätzung für ihr eigenes Leben haben und sich immer wieder selbständig hinterfragen, weil sie sich weiterentwickeln wollen zu noch mehr Selbstverantwortung und Liebe.

Danke, ihr Zwei, dass ihr da seid.

Wahre Freiheit und wirkliches Glück entstehen, wenn man beginnt, sein unverfälschtes Selbst zu leben. Dass dies nur über eine Bewusstwerdung erfolgen kann, erfahren wir von den »Energiewesen«, die in Sabine Kluwig ihre »Sprecherin« gefunden haben. Sie lassen uns ihr Wissen zuteil werden, und führen uns ein, in eine Methode, die es uns ermöglicht, unser »wahres Selbst« zu entdecken, und es zu leben. Es ist ein Weg, der über das Erkennen unserer Programmierungen, unserer Gefühle, Gedanken und Verhaltensmuster führt, der zeigt, wie man diese verändert und sein Leben neu aufbaut. Dies führt uns »zurück zum Anfang«, zu unserer tiefsten Problematik, zu unserem Lebensthema. Zurück zu dem, was uns veranlasst hat »genau dieses Leben« zu wählen, weil es die ideale Ausgangssituation bietet, um sich mit dieser »Lebensaufgabe« auseinander zu setzen. Wir erhalten Einblick in die geistigen Gesetze, die uns zeigen, weshalb unser Leben »genau so« abläuft, und erfahren mehr darüber, was es heißt, sich wirklich selbst zu leben. Man könnte dieses Buch auch als eine Anleitung zum Glücklichsein bezeichnen. Dies bedeutet, die Freiheit haben, seine eigene Persönlichkeit zu leben!

Nach einem schweren Autounfall entdeckt Sabine Kluwig ihren Zugang zu einer ihr bis dahin unbekannten Welt. Schon als Kind hellsichtig, erweitern sich nun ihre medialen Fähigkeiten, und sie gewinnt Freunde aus dieser anderen, rein geistigen Welt, die ihr mit ihrem hohen Wissen und ihrer liebevoll humorvollen Art, immer wieder zur Seite stehen.

Nachdem es in ihrem Buch »Zurück zum Anfang – der Weg zur persönlichen Stärke«, um eine Anleitung, zum Erreichen von Freiheit und wirklichem Glücklich-Sein geht, erfährt man hier vom Werdegang einer Frau, die diese mediale Verbindung ganz selbstverständlich in ihr Leben integriert.

Gerade für die vielen Menschen, die über ähnliche »ungewöhnliche Fähigkeiten« verfügen, diese aber anzweifeln, oder sie gar als »suspekt« empfinden, zeigt dieses Buch, wie der selbstverständ-liche Umgang mit ihnen das Leben bereichern, und eine echte Hilfe sein kann.

Die Suche nach Wahrheit, das beständige Hinterfragen, und die Hartnäckigkeit, mit der die Auto-rin diesen Weg in ihre eigene Freiheit geht, verbinden sich auf erfrischende und spannende Wei-se, mit einer unkonventionellen und humorvollen Art, die den Leser sowohl mit-leiden, als auch mit-schmunzeln lässt.

Einer der wohl bekanntesten und ältesten Gelehrten, bekannt als »Schriftgelehrte der Götter«, war Hermes Trismegistos. Seine Lehren waren das bestbehütetste Geheimnis in frühester Menschheitsgeschichte. Nachalter Überlieferung lebte Hermes Trismegistos im alten Ägypten zu Zeiten Abrahams. Man sagt, die Wurzeln aller esoterischen Richtungen und sogar Religionen entspringen aus diesen hermetischen Gesetzmäßigkeiten. Und tatsächlich: In der Bibel können wir einige Hinweise dieser Gesetzmäßigkeiten erkennen. Viele Lebensweisheiten stützen sich auf selbige. Denn auf diesen Gesetzen baut das Leben auf. Um unser Leben wirklich verstehen zu können und uns die best-möglichste Chance für ein gutes Leben zu ermöglichen, benötigen wir das Wissen über die geistigen Gesetze. Lassen wir dieses unglaublich große Hilfsmittel nichteinfach unerkannt an uns vorübergehen. Vielmehr sollten wir unsere ganze Neugierde einsetzen, um das Geheimnis, wie wir unser Leben besser gestalten können, zu lüften.

Die heutige Zeit erlaubt es uns mehr als jemals zuvor in unserer Geschichte, eine relativ freie Lebensgestaltung vornehmen zu können. Durch die immer größer werdende Möglichkeit einer Selbstbestimmung haben wir die Chance uns vermehrt fragen zu können, wer wir sind und wie wir unser Leben gestalten wollen. Wir haben damit die einmalige Gelegenheit, uns selbst mehr wahrzunehmen und wertzuschätzen.

Und genau aus dieser Selbstachtung heraus, würde sich natürlicherweise auch eine Achtung gegenüber unseren Mitmenschen ergeben. Könnten wir diese Wertschätzung uns selbst gegenüber wirklich ernst nehmen, würde dies zu einem liebevolleren Miteinander führen und für mehr Frieden auf der Welt sorgen.

Leider stehen wir in unserer Gesellschaft in Wirklichkeit einer wachsenden Verrohung unserer beeinflussbaren Emotionen und unserer sensiblen Empfindungen gegenüber. Auf der einen Seite sehen wir uns einer Überflutung von Möglichkeiten und Angeboten, einem auf Materialmus aufgebautem Lebensstil nachzujagen, ausgeliefert und auf der anderen Seite stehen wir einer immer größer werdenden, emotionslosen und gleichgültigen Menschheit gegenüber.

Unser Gesellschaftssystem ist auf »Einverleibung« und nicht mehr auf ein natürliches Wachstum und ein Miteinander ausgerichtet. Der alte Spruch: »Hast du was, bist du was«, war noch nie so wahr und wichtig wie heute. Es geht um ein größer, besser und schöner werden, egal wie hoch die moralischen und menschlichen Kosten sind.

Diejenigen jedoch, die sich korrigieren, eine gesunde Selbstliebe leben und für ein liebevolleres Miteinander aufmerksam machen möchten, haben es schwer in unserer Gesellschaft.

Unsere korrupte Weltgeschichte ist das Produkt unserer veralteten Einstellungen uns selbst und anderen gegenüber, welches wir verändern könnten, würden wir unsere Fremdbestimmung und die allgemeine Übersteigerung der heutigen unmenschlichen Produktivität erkennen, die nur für das Schüren einer materiellen und emotionalen Gier gut ist, anstatt uns an unser Mitgefühl und unser Miteinander zu erinnern. Lassen wir uns nicht zum Objekt der Umstände und unserer Politik machen.

DVD-Reihe für Fortbildungen zu Hause.
Bestellen über zurück-zum-anfang.de

Sabine Kluwig

Autorin, Aurazeichnerin
und Personal Trainerin
Lebensberatung

Homepage:
www.zurück-zum-anfang.de

E-mails an:
sabine.kluwig@t-online.de